ZHEJIANGSHENG CHUBANWU FAXING
YOUXIU LUNWENJI

浙江省出版物发行优秀论文集

浙江省出版物发行业协会 编

ZHEJIANG UNIVERSITY PRESS
浙江大学出版社

序

　　图书发行是一项平凡而辛劳的工作，又是一项光荣而有意义的事业。尤其在今天，传播知识、弘扬文化，满足广大读者精神文化需求，又被赋予了新的内涵和意义，这一本论文集由此应时而生。

　　该论文集的内容涉及范围很广，视野十分开阔，围绕坚定主业的发展、坚持科技创新和应用，围绕市场营销组织、业务能力的提高、实体卖场的转型升级作了大量有益的探讨。在新技术时代下的图书发行，确实面临着前所未有的挑战和压力，随着移动互联的到来、电子商务的兴起、数字化阅读的冲击，在"屏"逐渐替代"纸"的演变过程中，人们的生活方式和阅读与消费方式都发生了根本性的改变，这种改变是颠覆性的，是不以人的意志为转移的。在这十字路口，向左还是向右，还是勇往直前，又到了一次艰难抉择的关口。在这部论文集中，你能找到一些答案，会给你一种信心，给你一种坚持，同时也让人感受到一份激情，弥足珍贵。

　　看了这些文章以后，感觉有一个鲜明的观点贯穿始终，那就是"创新"。这是一个国家、民族，也是企业的灵魂。创新推动我们不屈不挠勇往直前。我们的改革在深化，在走一条前人未走过的创新之路。在这路上，挑战和问题会不断出现，我们敢于直面困难，敢于担当责任，善于思考并解决矛盾，不因成绩而止步，不受习惯局限，不为本本束缚，以求真务实的精神去创新突破，以奋力拼搏的意志去攻坚克难。这样，我们的事业会发展，我们的产业会壮大，我们的队伍会成长，无愧于这个时代赋予我们的光荣使命。

　　书中所选的论文，观点明确，逻辑合理，分析深入浅出，文风朴实明快，具有较强的实践性、指导性和针对性，希望同业者能够结合本职工作，有所启迪，有所收获。

浙江省新华书店集团董事长　王忠义

2014 年 6 月于杭州

目　录

3 技术、管理闯新路

4 教材、教辅拓市场

5 农村市场寻突破

互联网时代实体书店六问

——实体书店转型思考

浙江乐清市新华书店有限公司　李旭曙

在互联网时代,实体书店的不景气,引发了从业者对企业未来发展的焦虑,常常会追问一个命题,实体书店未来的出路在哪里?

我认为,要看清实体书店未来的出路在哪里,首先要看清行业所处客观环境;若客观环境瞬息万变,你看不清楚话,那么我们就审视自己的内心世界,检查我们的内心是否顺应外界的变化? 在互联网时代,就传统行业的变革来说,与其从大处入手,还不如从小处入手,从实体书店的多年积累的商业经验出发,从历史上企业发展的经验出发,思考未来实体书店究竟朝什么方向变? 现在怎么做?未来怎么做? 现我就未来实体书店有否生存空间? 书店,除了书,还有什么能吸引顾客? 如何让书去找读者? 未来的书店如何销售和经营? 全渠道经营的背后是什么? O2O给我们带来什么? 我们能用微信做好O2O吗? 等六个问题谈一下我的思考、实践和体会。

问题一:未来,实体书店有否生存的空间?

这是一个前置性的问题,假设我们的实体店没有希望了,今天我们讨论这个问题就毫无意义了。纵观网络互联发展的走势,我始终认为实体店的存在就如互联移动的发展一样,它的存在也是必然的,只不过是以何种状态呈现。就像曾经我们梦想从农村来到城市,今天我们又希望从城市回归农村;过去,我们希望能拥有一辆自己的轿车,现在,我们却坚持用自己的双腿来走路、骑自行车是一样的道理。事物总是以螺旋式上升方式发展,不管线上如何发展,总要接地气。回顾2013年,一个显著的变化就是线上店开始向线下融合,就像"唱吧"这家著名的手机虚拟音乐商也开始收购线下实体店。互联网经历了网络大战之后,敏锐的商家们最终注意到顾客购物需要体验感,重新发现了实体店存在的价值和魅力。

所以,未来,实体店仍然会存在,关键就是看实体店通过什么样的变革呈现在消费者的面前。

问题二:书店,除了书,还有什么能够吸引顾客?

问题二是问题一的延续,传统书店称顾客为读者,从称谓上看,传统书店的读者就是单一的买书人。当下,在购买图书通路多元化的今天,需要给顾客来书店一个理由?顾客凭什么要选择到你的书店来?当下的书店除了书以外,必须要有更多吸引顾客来店消费的理由。

把视线从我们熟悉的书业零售转到其他商业上,我们会发现服务行业有很多规律是相通的。比如酒店服务的产品是居住文化,星巴克服务的产品是咖啡文化,麦当劳服务的产品是餐饮文化……,产品虽然不同,但服务的本质、管理的逻辑是一样的。都需要规范化、连锁化和品牌化。2013年的商业服务领域有三个变化趋势需要我们去关注:一是多品牌的聚合,二是全渠道的销售,三是线上和线下的加速融合。

单体店,专卖店由于品牌重复率高、承租能力差、聚集人流能力下降,逐渐被品牌丰富度高、聚集人流、租金能力承担强的品牌集合店所代替,从简单意义上来说,品牌的聚合是提高坪效的主要手段,新华书店在面临现代商业各种手段冲击的时候,商品交换已经处于越来越弱的地位,必须要向现代商业的转型学习,把新华书店当成一个平台来经营,从而吸引更多的有实力有潜力的品牌入驻。这个品种其实不仅仅局限于销售类品牌,也可以是服务类的品牌,顾客来到书店除了图书之外,还会有其他更多吸引他们的商品和服务的存在。

乐清新华书店这几年来引入的文化用品、智能玩具、眼镜、数码、咖啡无不是基于这个观点,这些产品的引入是有一定目的性的,举一个眼镜的例子,很多店都有引入眼镜的例子,其实引入眼镜不仅仅在于眼镜的客户和新华书店的客户具有一定的重合性,更关键的是将眼镜的销售介入到学校的爱眼讲座、免费验光等服务中去。所以,实体店消费的模式是符合现代商业思维的。引入的咖啡蛋糕也是同样的道理,一个实体店的体验感很大一部分除了我们销售的商品之外,还要引入其他消费,而咖啡、茶饮这种消费模式和图书有着天然的结合点。

所以顾客进到你的书店,除了你的图书之外,一定还有一样东西,这就是服务。多品种的聚合、全渠道销售、线上线下的融合就是服务的核心。

问题三：如果读者不来找书，那如何让书去找读者？

问题三的提出是很现实的，我们不能不论，未来产品的销售在实体店处于越来越弱的地位的时候，当读者不主动来书店买书的时候，我们的书如何去找读者。现代商业的经验让我们看到，狭隘的思想观念和固有的经营模式是影响顾客进入书店的主要原因。解决的思路我认为有两点：第一，在以图书为主业的平台上，建立多元化产品的经营模式。长期以来，书店作为传播文化知识的阵地之一，都是仅以图书作为唯一的经营产品，唯一的传播文化知识的媒介，而"人民群众日益增长的精神文化需求"显然不是仅靠图书就能够满足的。不敢于突破文化知识传播手段的狭隘观念，在当今人民文化需求日益多样化的今天，已经使书店这个曾经的"文化传播基地"渐渐地变得有些名不副实了。具有文化属性可供书店经营的产品有很多，如文体用品、与教育相关的电子产品、益智类玩具、古玩字画、被赋予文化色彩的生活用品等，除此之外，在书店可以开展的经营活动还可以包括有偿教育培训、影视欣赏、餐饮服务等等。也许有人会说，现在的书店早已经在进行着这样的转变，已经在开展着这样的经营了，但是我认为，多数书店仍没有脱离"书店是图书经营场所"的观念，更没有大张旗鼓地开展这样的经营。经营非图书商品，并非要把书店变为百货店，而是为了满足读者多方面的需求，提供更贴心周到的服务，吸引并留住读者以进一步促进图书的销售。不过，既然是书店，那么，图书将永远是它的主打经营产品，在图书和非图书产品二者的选择上是有一个"度"的，而这个"度"则取决于书店的经营效果。目前来看，绝大多数书店在这个"度"的把握上仍很保守。

第二，要转变书店只是商品销售场所的观念，建立文化体验与交流的营销模式。的确，一个卖场，无论是图书卖场，还是其他商品卖场，商品销售额永远是第一位的。但众所周知的是，提升销售的关键在于吸引并留住客户。在当今人们文化需求多样化、工作生活节奏日益加快的今天，为一个读者仅仅提供只与商品销售相关的服务，已经难以维系与读者的紧密关系。为读者提供诸如公益性知识讲座、终身学习规划、文化艺术主题沙龙等增值服务，把书店从单一的商品销售场所转而定位为"文化体验与交流场所"已是大势所趋。在这里可以举一个乐清"66文化创意园的"例子，几个小年轻就凭借一个3000平方米的旧粮仓，通过举办各种各样的活动，从而积聚了丰厚的人气。

乐清书城引入的"素质拓展课程"和"记忆力培训"就是基于这样的一种思维理念，将销售淡季的周一、三、五的晚上时间充分利用起来，利用社会培训资源和新华书店的平台对接，很好地做到了书城和培训的结合。这种培训通过现场报名,微信平台报名,再通过实地培训,再通过微信平台发布,从而实现了报名、培训、回馈三环节的有机结合。

问题四:传统书店以销售为主,未来的书店将以什么为主?

前三个问题的提出和解决的思路直接为我们导入第四个问题做了铺垫,我认为:未来的书店和现在的书店其实其本质是一样的,市场需求、产品、服务永远是销售服务行业的核心,产品和服务永远是销售服务行业的两驾马车。如何能让一线的服务经营伙伴们在日复一日重复性的劳动中,一直保持他们的激情,这是服务行业的最大挑战。浙江新华十年的计算机连锁发展,我始终认为在会员管理上没有做到最优,和许多优秀的系统相比,会员的管理和服务上始终缺乏程序上和理念上的支持,多年的会员积累缺乏有效的互动平台,从而产生了大量的"僵尸"用户。除了我们的产品之外,未来的书店将更加注重服务的更新,注重多元化的服务体验。

多年来,我一直困惑,除了商品,我们的书店能不能卖服务,实践证明,除了商品新华书店也能卖服务,这种服务就是在重复劳动中建立起来的顾客信任感,就像2013年,我们参与的几项教育投标中能够胜出一样,评委们看中的就是我们的整体服务能力,就某一个单项来说,我们没有任何的产品优势,我们的优势就在于把这么多的产品集中起来服务的能力。

因此必须要转变实体书店永远只能是实体书店的观念,建立实体店与网店互补的经营模式。更好地迎合读者的购买和阅读行为方式的转变,一方面,实体书店可以发挥自身区域读者资源丰厚、配送便利等优势,另一方面,建立网销模式,建立完善的区域客户资源数据库,深入分析读者需求,为读者提供个性化的服务,开展会员制销售,并利用具有"文化体验与交流"功能的实体书店特有的优势,形成网店与实体店的互补经营模式。

分析实体书店读者大量流失的主要原因,多数人会把它归结到实体书店无法提供网络书店那样低的价格,但就我看来,根本原因则在于读者对书店缺乏起码的客户忠诚度,或者说,我们没有给读者一个让他走进书店的理由。忠诚的客户是企业最有价值的资产,哈佛大学通过对140多个企业进行长达10年调查研究发现:当客户忠诚度提高5%时,企业的利润会提高45%~85%。一个企业,最容易形成自己的品牌并据此建立起客户忠诚度的两样东西就是产品和服务,拥有属于自己的品牌文化产品是书店培养客户忠诚度的主要方式之一。试想一下,当我们的用户群达到一万、五万、十万会是什么样的一个概念,我们可以通过这个平台做各种各样产品的推广,或许这将可能成为实体书店立足的又一法宝。

问题五：全渠道经营的背后是什么

全渠道经营的背后是什么？实体店，淘宝店，线上网站店、微信店……这几年，我们相继开通微博、微信、淘宝和网上书城，从实体销售到网站销售，从网站销售到微信查询销售……我认为，全渠道销售的背后实际上就是消费者消费方式的多样化。消费者从电视购物到网络购物到手机、平板电脑购物，全渠道经营的背后是消费者的转移。只有建立全渠道的经营平台，才能适时适应渠道背后的消费者转移趋势，既提升了服务形象，又迎合了消费趋势。

问题六：O2O 给我们带来什么？我们能用微信做好O2O 吗？

我一直在思考，在将近十年的互联时代，铸造了"B2C""B2B"这些互联商业模式，但为什么没有一家实体书店能够在诸如网购这种电子商务模式上取得辉煌的战绩？究其原因，没有真正把线上和线下打通，线上和线下的巨大价格落差，给线下的实体店挖了一个巨大的坑，使得很多实体店不仅触不了网，反而被网触得半死不活。海澜之家是我最早接触的一家实体服装店，线上线下同质同价销售，保护经销商的利益是它的经销商能够沉下心去做它的商品，在实体服装店越来越难经营的时候，海澜之家能够迅速跻身国内第一；银泰百货和北京王府井在和微信合作的时候同样提出线下线上三个月内保持同步价格。如果网上书店和实体书店不能拉近价格鸿沟，很难在传统网购中胜出。

今天，当移动互联时代来临的时候，实体店又会有什么样的机会呢？

2013 年的双 11，天猫应用高德地图与银泰的合作，开启了 O2O 的新浪潮，O2O 将不再停留在概念和试水层面，而是深度发展的阶段。以移动为中心的整合营销会越来越多。移动营销已经不再是孤立，所有的企业都会思考如何将移动纳入整个营销的体系。那么像图书这样的传统零售业如何像百货业一样发起反击。

我觉得 O2O 模式是未来实体店的必经之路，运用 O2O 新技术整合线上线下客户、商品资源是实体书店未来发展的必经之路。如何实施 O2O 模式？我认为当下需要解决线上线下资源如何互通的几个问题：

1. 整合线上线下产品资源，建立快速查询通道。

通过微信或者 APP 建立快速数据查询通道。

2. 线上线下 CRM（客户资源）如何整合？

诸如虚拟会员卡和实体会员卡的打通，将线上申请的会员即时转入线下店，将线下店的数据即时反馈到线上,微信的出现,让这些原本复杂的客户资源管理变得轻松和现实。

3.线上线下的销售如何实现?

线上预订线下购买、线上预订线上购买、线上信息线下导流、线下预订线上发货、线下预订线下提货……各种各样的融合背后就是全新的购物体验。

4.线上线下营销资源如何整合?

营销的最高境界不是把产品"推"出去,而是把客户"引"进来。诸如引导会员去电影消费或餐饮消费,利用微信的平台,实现不同商业形态的互动合作促销,将带来传统营销更阔的空间市场。

在解决了上述问题后,实体店选择微信平台起步"O2O"是最佳路径。2011年微信出现,我们就认识到这个平台的重要性,庞大的用户是微信平台的核心竞争力,六亿用户只在短短的两三年就实现了突破。2013年我们在考察东南亚和台湾文化产业的时候发现大部分的人群都在使用微信,我认为,在目前没有必要另起炉灶开发一个新的O2O平台浪费时间和财力,对于大多数书店来说,利用微信做好O2O可以起到事半功倍的效果。这个平台有明显的成本低、互动性强、效果好的功能。2013年,乐清新华书店将其中运营的两个公共平台进行了注册,一个是服务号,一个是订阅号。在使用的过程中我们深有体会,一是信息的推送要注意尽量选择顾客喜欢的内容,加强内容的编辑。二是微信平台需要有人专门打理,处理反馈的信息,实现互动。三是利用微信做好线上向线下客户的导流是一种较好的方式。四是微信营销需要充分发挥能动性,因为微信的互动功能比传统的平台都要丰富和实用。五是随着微信支付的实现,微信平台使用的最后一个瓶颈已经打通。要注重微商城和平台的互动,重点选择一些极具吸引力的产品在微特卖区做好前端销售。六是微信的会员一旦实现线上和线下的融合后,其扩张力是非常惊人的,微信已经实现了我们多年来不敢想象的一些营销愿望。

综上所述,随着电子商务的推陈出新,随着网络销售与移动技术的结合,实体书店推动O2O模式和全渠道销售的发展,利用书城平台加快多品牌聚合,提高卖场的消费体验,将是未来基层实体书店发展方向的三大法宝,我们可以暂且把这种书业的转型定位为智慧型体验生活书店,虽然它的名字比较长,但是它具备将集合互联移动、多品牌消费体验、多渠道销售融为一体,它不仅仅是简单的线上和线下的打通,更重要的是产生一种全新的购书消费体验,从而引领我们的实体书店成功转型。

社区书店在网络时代生存之我见

浙江杭州市新华书店有限公司　何　骏

【摘　要】随着时代发展,网络和网络书店的日益普及以及读者阅读习惯的改变给社区书店带来了巨大的冲击,但社区型书店仍然有存在的必要和可能,因为他具有自身的优点和立足点,甚至可以和网络相互协进,当然在目前强大的压力下,社区书店还是要转变观念,找准定位,通过拓展经营方式、提高服务水平来求得生存和发展。

【关键词】网络冲击;社区书店;生存发展

近年以来,网络的应用和发展对传统行业的冲击越来越猛烈。许多传统行业尤其是零售业都在面临着最艰难的日子,而且国内和国外均是如此。本文着重想对网络时代的社区书店业作些观察与分析。

一、网络时代对实体书店的客观冲击

网上书店的兴起对传统书店造成了很大的冲击,越来越多的读者倾向于网上购书。网络书店相比于传统实体书店有着天然的优势,如可以做到 24 小时营业,可以做到送货上门,可以做到方便查询,但最根本的就是可以做到低价。网上书店的折扣平均在 7 折左右,畅销书 7.5 折,部分特价图书还能到 5 折甚至 5 折以下。如此低廉的价格,是实体书店只卖正版书籍所难以承受的。

近年来曾经门庭若市、经营有方的各类书店倒闭或停业的消息纷纷而来,如名噪一时的北京第三极书局、风入松书店、上海季风书园等等,尤其是 2013 年,全国多家民营实体书店萎缩、倒闭的消息不绝于耳。为此,杭州还特意出台了《关于扶持民营书店健康发展的暂行办法》,《办法》规定,每年将安排 300 万元专项资金,以资助、贴息和奖励等方式扶持杭州民营书店发展。这个政策出台的背景也是基于书店业生存环境的日趋恶劣,就是放眼全球曾经是城市文化地标的实体书店，也都面临危机。如有着 40 年历史的美国第二大传统图书零售商 Borders 开始关闭旗下的 399 家店面，巴诺书店的华尔街股票迅速贬值，英国水石书店的利润下滑 70％等等。

二、网络时代社区书店的生存现状

相对而言互联网对大型实体书店的冲击较大，社区型书店同样面临着相同的问题和困难，主要是客源的流失。像笔者所在的一家新华书店社区型书店地处老城区，周边皆是居民住宅，营业面积 300 平米，一直以来经营情况良好，年销售额在 450 万元左右。但 2013 年以来也感到了阵阵寒意，销售业绩处于停滞状态，学汛时间甚至出现了负增长的现象，这在往年是不可想象的，考虑到书价上涨的因素，2013 年实际的销售有下滑的趋势，从客单量、销售笔数和单笔销售册数的统计上看也证实了这一点。我们与同样类型的几家书店进行了交流，大家一致认为，网络给社区型书店带来的寒冬即将或者已经来临了。

（一）客源的分流

由于网络的方便性，部分读者如有上网条件的上班族，购书的首选是先查寻网络，如有合适的就下单了，这样不可避免地让实体书店流失了部分客源。加上近年来各区域也新开了不少实体书店，包括大中型的购书中心，对社区书店的挤压效果比较明显，以至于部分时段卖场内会出现门可罗雀的现象。

（二）固定客户的动摇

由于书价的差异，即使是最忠实的读者，在遇到较大的价格差并有选择的情况下，也会有动摇。长此以往，书店很难维持一批固定忠实的顾客群。从书店的现状来看，经常会看见，忠实读者往往是小孩，而随着小孩的长大，也就是他和书店告别的日子。

（三）下一代主流购买群体的缺失

自从 iPad 与 iPhone 的问世，突出了一个观点和趋势——电子阅读已经成为未来主流方向。这些新型阅读方式的出现对传统的阅读习惯带来很大冲击。而这改变的群体中，那些受互联网影响最深的 70 后、80 后是主流。同时随着收入的提高，他们本该是最有文化消费能力的人群，他们的离开将使实体书店的销售雪上加霜。

（四）员工士气的低落

由于销售增长乏力、成本增加,书店的赢利能力受制,员工的收入也低于自己的预期。部分优质员工选择离开书业,这无疑也削弱了书店的实力。

（五）社区书店存在的主要问题

不过和网络书店相比,社区实体书店也存在着不小的差距:一是对流行节拍的把握。网络书店具有宣传的低成本、广覆盖的特点,能及时追踪各类社会热点,推出读者感兴趣的产品。而书店即使是大型购书中心,也无网络书店的反应速度,更不用说社区书店了。二是产品库存。由于场地的局限性,社区书店必须在图书库存结构上做到精益求精。三是成本,社区书店与网络书店相比,最大的劣势还是价格,是成本问题。像笔者所处的社区书店,相对而言效益还算不错,但前提是自有房产。即使如此,由于不断上涨的人力资源费用和运营成本,书店的收益远不如对外的出租收益,更不可能开展一场对抗网络书店的价格战。

三、网络时代社区书店的相对优势

当然我们也要看到实体型社区书店相对网络也有相对的优点:

（一）购书环境

传统书店的购书环境是实体的,有身在其中,真实可感受的卖场、书架;有拿在手上可任意翻阅欣赏的图书;有书店提供的看书场所的便利设施;有服务员的精心服务,这种可视感和真实感可以给读者提供一种安全亲切的氛围,并且能直接刺激读者的购买欲望。

（二）交易迅速

社区书店的最大优势就是快捷的现场交易。对于读者来说购书有二种考虑:一是什么价格,二是什么时候拿到书。由于一般读者都离社区书店不远,所以这一点在社区书店中能得到很好的解决,可以直接付款取书,而在学汛节假日这一优势相比网络更为明显。

（三）查询系统

尽管从绝对数上社区书店无法和网络书店的丰富品种相比,不过目前像笔者所处的社区书店使用的是浙江省新华书店系统,查询的品种也是非常可观,同时还能查询到这本书的历史销售、现有库存数。同时网络并不能让读者了解一本书的全部信息,而社区书店通过服务人员的人工查询能迅速找到这本书的实物,使读者了解到书的全貌,以及书的主要内容、装帧质量,避免了以貌取人的现象。

(四)售后服务

通常实体书店是可见的,心理上的可信度高、安全感强,可以直接退、换书,信誉良好。而网店尽管也承诺可以退换,但周期长,同时由于网店发展迅速,良莠不一,有些网店甚至出现卖劣质书、盗版书现象,让人担心。

四、社区书店未来的应对之策

传统书业似乎已见夕阳,但是黄昏并不代表着消亡。坚守下去,总会寻找到实体书店的出路,许多业内人士也都持这样的观点。

通过以上的分析我们可以看到,尽管传统社区书店有这样那样的弱点,但和网络书店并不是生死对立的关系。大家有各自的特点和优劣,可以寻找各自的目标客户群,甚至可以互动、相互携手。

(一)要让尽可能多的人走进书店,品味书香

杭州市新华书店总经理许悦提倡书店要"聚人气",吸引更多的读者来书店踏踏实实地看几本书,培养和改善读者的阅读习惯。那些在书店里趴着的、坐着的、蹲着的、站着的、年幼的、年青的、年长的,都是潜在顾客。一旦养成了进实体书店、看纸质书的习惯,书店的生命力就会愈发蓬勃。我们要厚待这些读者,尽可能营造一种像家一样的阅读环境。实体书店和网络拼的最终不是商品价格,而是文化体验,看谁能留住读书的人,有了人才有"钱景",也才有前途。

(二)其次要转变经营思路

其实现在所有的书业人士都在提议实体书店转变经营思路,但是转什么?如何转?并无一个清晰的方向。也许书店作为阅读产品销售的主要渠道会消失,但作为文化的体验和享受场所的功能会加强。

上海静安新华书店新概念店打破了传统书店以往规格化的固有模式,为人们提供了一个多维度广视角的文化体验平台。这已不是传统意义上的书店,在这里不仅有图书,还有围绕图书、文化交流展开的餐饮、创意、培训、影视休闲等项目,是集专业书店、数字实体书店、文化教育、文创产品、期刊、咖啡餐饮和视休

闲为一体的综合文化服务体验中心。这样的转型是否能成功现在判断为时尚早,但也给其他的实体书店开启了一扇窗口,社区书店也能有所触动。

社区书店有先天的便利性,在经营中也要突出自身的特点,也是说书店可以是一家文化便利店。如果我们突破原有书店的束缚,那我们经营的思路就可以得到拓展,比如说我们的营业时间能否随社区居民的作息时间作调整,而不是像普通商场一样;而读者在文化、教育、培训、艺术享受等各方面的需求在不出小区的情况下,首先就找书店,这种可能性也是存在的。当然社区书店也要考虑到当地的客观条件,因地制宜地找到适合自身发展的道路。

同时社区书店也可考虑向专业化迈进,做一个全教育系、全少儿系之类的小型专业书店,并引进配套的相关产品,收拢十指,呈小而强的拳头。目前杭州市教育书店就正在考虑转型,与有实力的单位合作,把一家销售类别广而散的小型书店转变成专而精、兼顾目标读者各类需求的专业型社区书店,前景还是看好的。

(三)要控制成本

在拓展财源的同时,社区书店也要注意节流。目前社区书店的开支中除了物业外,最大的开支就是人力成本。这要求我们尽可能地合理安排人员配置,根据学汛、寒暑假客流变化较大的特点,尝试聘用季节工、钟点工的方式来降低用人成本,也使员工配置更合理。同时更多引进自助设备和安全设施,保证服务品质,解除后顾之忧。

(四)最后要与网络结合

网络和社区书店也许是对"冤家",但也可以是"欢喜冤家"。目前我们的生活已经离不开网络,书店的经营也要尽可能地利用和结合网络,达到双赢的目的。社区书店分布广、布局合理,能给周边社区群众提供便利,这也能解决部分网络书店落地的问题。如笔者所在的社区书店目前担当着博库网自取店的功能,取件量也是逐月上升,我们也经历了从不理解到理解,从消极到积极的转变过程。一方面,网络自取吸引了部分读者的入场,对外也宣传了书店;另一方面,读者在入场的过程中,也可能对卖场内的其他商品产生兴趣。至于他因为价格因素不买书,也没关系,因为即使你不是自取点,他也不会特意上门来买。也许从日后的发展轨迹上看,社区书店还可以成为数字体验点,提供图书在线销售;也可能会提供在线下载,或数字图书的即时印刷,满足读者的个性化需求。

实体书店如何应对网上书店冲击

浙江省湖州市新华书店有限公司 俞 松

【摘 要】面对网络书店的冲击,实体书店如何应对? 选择关店抑或转型? 这是当下每一个实体书店都必须思考和回答的问题。本文以一个实体书店从业者角度,提出了当下实体书店如何转变观念;如何扩展营销模式;如何调整经营结构;如何与时俱进做强自己等一些意见,为当下实体书店转型提供思考。

【关键词】实体书店;经营转型;工作研究

一、电商崛起和实体零售业态的困境

在 2012 年 CCTV 中国经济年度人物评选颁奖盛典上,两个同时获得 2012 年中国经济年度人物王健林与马云,在这盛大的颁奖典礼上,引发了两人的一个亿元赌局,王健林向马云发出要约:2020 年,10 年后,如果中国的零售市场,电商占整个大零售市场份额的 50%,我给你一个亿,如果没有达到,还我一个亿。在如此隆重的典礼上,出现这样一个赌约,我认为起码折射出三个问题:一是网购已成为当下消费者不可阻挡的购物趋势,实体零售店独霸零售市场的时代已经结束;二是电子商务的发展将迅速改变我国零售渠道的格局,任何实体零售店都受到了网络的冲击;三是实体零售店如何应对电子商务的冲击,是一个迫切需要解决的课题。

图书产品,作为是电子商务起步最早种类之一,行业实体店受电商冲击影响早在 2007 年就出现端倪,就以浙江新华集团的销售为例,从 2003 年开始,浙江新华集团完成全省基层书店连锁以来,图书销售一直保持两位数的高速增长,而 2007 年开始,集团销售增长速度开始减缓,在 2007 年的 10 月,浙江新华集团引入低价图书,发起卖场"橙色风暴",以应对网上书店低价图书的冲击;没有教材教辅支持的省外连锁书店,销售乏力,开始逐步撤场;基层书店店内生意清淡,开始走进校园;笔者所在的湖州市新华书店有限公司 3000 平方米的观风图书超市,销售也不可阻挡地下滑,2009 年图书销售为 102.5 万册,而 2012 年,图书销售只有 96 万册,两年减少 6.5 万册,秋季的大学汛的客流量骤减。而当当网、卓越网等一些网站,图书销售一路高歌猛进,到 2012 年,全国三家知名电商的图书销售已经占了中国 400 多亿一般图书销售的四分之一。

2011 年,无论国际还是国内,则出现了一股实体书店倒闭潮,美国第二大连锁书店伯德斯集团申请破产保护;中国国内最大的民营连锁书店"光合作用"宣布关闭,北京的地标,北京大学旁的"风入松"书店,也宣布歇业搬迁,一大片原就生存艰难的民营书店,在高房价的挤压下,纷纷选择关闭与歇业。新华书店实体书店今后的路应该怎么走? 我认为作为传统的新华书店,面对网上书店的冲击,要见招拆招,转变传统的经营观念,积极调整经营结构,拓展销售模式,走出困境。

二、网上书店与实体书店差异性分析

俗话说,知己知彼百战百胜。实体书店要应对网上书店,必须要了解对手,了解自己,找到各自的差异,寻找实体书店的经营定位和发展突破口。

网上书店是一个以计算机技术引领的公司,在强大的互联网技术支持下,网上书店的优势在于:一是不需要物理空间,网上书店就能集聚海量的图书信息,所以从理论上来说,网上可以销售的品种可以达到无限多;二是检索查询方便,读者需要什么样的图书,都能在网上查询到;第三是不受地理、交通、时间的限制,网上书店是永不关门的书店,方便和满足了消费者随时购书的愿望;读者可以足不出户购买图书,享受送货上门的服务;第四是价格优惠,消费者能花较少的钱购买较多的书;唯一的缺陷是,网络购书无法享受实体书店购书体验,缺乏人与人之间的碰撞和交流。所以,网络书店的缺陷,就是实体书店的优势,增强读者购书的体验,为读者提供更多的人与人交流的服务和平台,让读者有一个分享读书的快乐场所,这也许是实体书店存在的理由和发展空间。

三、湖州市店应对网上书店的实践

找到与网上书店的差异,也就找到了实体书店的定位,现以湖州市新华书店应对网上书店的一些实践,谈一些实体书店应对网上书店的方法和措施。

(一)转变传统经营观念,找准新的经营方向

就当下网络书店的发展势头,新华书店要有危机意识,首先要改变传统的经营观念,改变经营等客上门的作风。充分利用新华书店在属地多年积累起来的

客户资源,以书为中心增加相关文化产品,以读者为中心,增加文化服务方式,以卖场为中心,寻求文化产业合作伙伴,开展多元经营。将实体书店卖场改造为消费者文化商品消费、文化交流、生活休闲的服务场所,为读者搭建文化消费和文化交流环境和平台,与网络书店进行差异化经营,新华书店也许能摆脱网络书店的冲击,走出当下的困境。

(二)提升卖场服务品质,扩展多样化营销活动

在提升实体卖场服务品质方面,湖州市店进行了下列实践,取得了良好的效果:

1.改善卖场购物环境,增加服务措施和途径

改造实体书店的卖场环境,增加了阅读的空间,为读者营造亲切、良好的购书环境。为方便读者阅览与选购,书店打破传统分类陈列方式,按照客户群的阅读习惯陈列图书,增加了图书品种与品种之间陈列的关联度,创造了销售机会。为方便读者对图书信息的查询,在每一类别区域设置电脑查询台,在系统查询功能中,增加了查询的图书在卖场的位置和具体的架位号,使读者能在卖场陈列的十多万种图书中快捷地找到图书。除此之外,湖州市店还走出店堂,到有读者需要的地方开展流动供应,2012年5月和10月两次到长湖监狱上门流动供应,实现销售18万元。还与监狱管理部门联合,在服刑人员中间开展了《阳光心态》读书征文比赛,销售图书33万元。取得了较好的经济效益和社会效益。

2.组织各类主题营销活动,开展图书宣传促销

2012年8月15日至9月16日,湖州市观风书城针对大学汛策划了"迎接新学年工具书优惠三重奏"活动,以三本工具书为中心点,读者只要购买了工具书,若选择购买其他图书,均享受同等销售折扣。这个活动在活动前通过各种宣传途径预热,吸引了大量的学生和家长来卖场购书,仅三种工具书就销售了1652册,码洋12.6万元。目前,湖州市观风书城每年的图书宣传促销活动计划都提前制定,几乎每月每旬都有不同的主题举行图书宣传促销活动,这些专题的图书宣传促销活动,不仅促进了卖场销售,更重要的是拉近了与读者的距离。

3.抓住热点敏感图书,与网店比价格,以应对网店的价格冲击

从2012年7月开始,湖州市店利用集团的产品资源,在卖场开展"聚畅销"特价图书活动,每季更新一次当下最新最热销的图书,全部五折销售。这些图书的销售折扣已经等于和低于网上销售折扣了。"聚畅销"活动给读者一个实体书店购物的体验,也给了读者一个网购的价格,因此深受湖州读者欢迎。该活动在观风书城开展以来,读者多了一个来书店逛逛的理由,带动了卖场客流量。

(三)积累经验,调整结构,向文化消费综合体转型

书店卖场,在进行以书为主多元经营的过程中,我们是按照"保留动销,撤出不动销"两个原则,逐步进行卖场商品结构调整的。例如,音像产品是最早受到网店和数字化冲击的产品,从 2007 年开始,湖州中心门市音像产品的销售以每年 30% 的速度下降,面对这一现实,中心门市逐年开始调减了音像制品的陈列面积,拓展了其他产品的经营。2011 年我们尝试在音像区引进了手表、地球仪、拼图等产品,当年就产生销售 14 万元,其销售比重占音像组销售的 8.8%,2012年引进了系列游戏软件、文房第五宝等产品,实现销售 15 万元,其销售比重占音像组销售的 13%,2013 年我们又增加了小花农、缤纷熊、益智玩具等系列品种,引进 4 个月就销售 8.4 万元,其销售比重占音像组销售的 25%。由于经营产品结构的调整,稳定了音像组的总销售额。

在有了音像产品经营结构调整的经验后,我们对观风超市卖场进行了整体经营布局,其商品结构在向一站式文化消费综合体转型。图书超市总面积在4500 平方米,图书销售面积为 3000 平方米,其他商品的经营面积为 1500 平方米,多元经营的品种从最初的文具、电子产品,到当下的眼镜、手机、学生电子产品、文具、体育用品等多类品种,多元商品的销售额从 2009 年的 1237 万元增长至 2012 年的 1574 万元,增长了 337 万元,增长比例 27%,远远超出了图书的增长幅度。多元商品的引进,使观风超市卖场的销售得以稳步增长。

有了这几年卖场产品调整的实践,湖州市店最近规划了 15000 平方米新卖场的蓝图,计划图书面积 5950 平方米,销售目标为 1800 万元;多元文化商品占8250 平方米,销售目标为 2340 万元;卖场除了经营多元产品外,还增加了超市、餐饮、儿童游乐场、休闲中心、培训教育中心等文化产业板块。该卖场将于 2014年底开业,届时新华书店大卖场将真正成为多元商品、多种服务、多样文化休闲与娱乐为一体的文化消费综合体。

(四)增加网上销售通路,实现网上网下销售一体化

在互联网时代,新华书店也要拥抱新技术,也可以利用现有资源建设网上书店,实现网上网下销售一体化。早在 2006 年浙江新华就注册了 bookuu.con 的域名,开通了全省基层书店一站多门户的博库书城网站,浙江省内 80 家新华书店全部享受集团公司统一的库存和信息资源,是当时可供图书品种最多的网上书店。一站多门户网站运行后,由于基层书店库存分散,读者订单满足率不高,2009 年,博库书城网站由博库书城有限公司独立运行,基层书店一站多门户网站统一以浙江新华书店网站运行。这样,浙江新华集团所属的基层书店都有了

一个独立的网站,增加了实体书店网上销售的通道。基层书店的实体书店和网上书店实现了销售一体化,2013 年,网络销售达到 3 个多亿,它的优势是:第一,实体书店增加了网络销售通道,方便区域读者实现查、订、送,方便了读者购书;第二,网络书店与实体书店的资源共享,降低了整体运营成本;第三,读者在网上下单后,可以到实体书店取书,读者不满意可以当场退货,减少了读者的退货成本;第四,读者购书能享受网上的销售折扣。未来,我们正在研发网上网下销售一体化的 O2O 模式,让读者既能享受网上购物的优惠便捷,更能享受实体书店购物的愉悦。

结束语

总之,在互联网时代,新华书店除了要转变经营思路,利用自身优势,提升服务品质,拓展营销模式,扩宽经营品种,打造图书与其他文化商品有机结合的一站式文化消费综合体外,还必须要与时俱进,关注行业的变化,关注时代的变化,善用新技术,利用一切资源,在互联网时代寻找属于自己发展的机会和空间。

参考文献

[1] 陈泽烨.我国网上书店发展现状分析.大众科学,2007.

[2] 张皙康.传统书店开展网上书店业务的策略分析.华东理工大学毕业论文,2007.

[3] 张鸽盛.传统书店应对网上书店冲击的策略.图书发行研究,2011(11).

基层新华书店的转型思考

浙江淳安县新华书店有限公司　　徐　践

当下,实体书店转型成为行业的热门话题。新华书店怎么转?往哪里转?本文从实体书店销售下降的原因分析着手,总结了浙江新华基层书店转型的实践经验,对新华书店的转型的升级提出了一点粗浅的看法,以期为未来的新华书店转型提供一些参考。

一、图书实体卖场销售下降的原因分析

浙江新华集团从 2003 年启动连锁经营以来,基层新华书店的卖场销售连续 6 年两位数增长后,从 2009 年开始连续 4 年增幅回落至个位数,且其增长额均得益于团购市场的开拓。从进书店消费的人次看,也正在呈逐年下降趋势,以我店为例:2010 年,进我店消费的人次为 19.6 万人/次;2011 年下降为 17.2 万人/次,同比上年下降幅度为 12.2%;2012 年为 15.5 人/次,同比上年下降幅度为 10%。是什么原因造成出现这些现象的呢?笔者认为,其主要原因有以下几个方面:

(一)文化的多元化和传播媒体的多元化

随着社会科学技术的发展,特别是互联网和多媒体的发展,人们的生活方式发生了巨大的变化。快节奏的生活和文化活动的丰富多样性,让电视、网络、棋牌、健身娱乐等等占据了人们大量的休闲时间,读书不再是主流的文化活动。而传播媒体的多元化,图书已不再是获取知识和信息的唯一方式,视听文化和网络的高速发展,使人们更倾于快捷和海量信息的电视、网络等。

(二)介质载体多元化

根据中国新闻出版研究院发布的第十次全国国民阅读调查报告,2012 年我

国 18～70 岁的国民,数字阅读方式的接触率为 40.3%,而在接触过网络在线阅读、手机阅读、电子阅读器阅读、光盘阅读、PDA/MP4/MP5 阅读这些数字化阅读方式的国民中,有 90.6% 的读者表示阅读过电子书后就不会再购买同类纸质版。调查还显示,2012 年我国人均纸质图书阅读量为 4.39 本,与 2011 年相比基本持平,而电子书的阅读量增幅却达 65.5%。我们不去讨论数字阅读是否会完全取代纸质阅读,但我们应该清楚地看到,数字阅读凭借其快速、信息量大、方便携带、费用低廉等优势在快速发展,而纸质阅读在呈明显的下降趋势。

(三)渠道的多元化

中国互联网信息中心 2013 年 1 月份发布的 31 次"中国互联网发展统计报告"显示,至 2012 年 12 月,我国网络购物用户规模达到 2.42 亿,网络购物使用率提升到 42.9%。电子商务的发展使网上购物非常普遍,而相对于服装、食品、电子等其他商品,图书则是网上最能保质保量的商品,而且非常方便。有数据表明,网上购物首选的商品就是图书和音像制品。读者到书店一翻阅,记下书名,掏出手机或回家上网点下鼠标,便能买到折扣低廉的一模一样的图书,谁不乐意能多省几块钱呢,而对那些经常买书的读者来说,那更是会选择网上购书了。虽然没有当当网、京东、亚马逊图书销售量的准确数据统计,但事实上对实体书店读者的分流是非常大的。

(四)中小学学生人数的持续下降

这几年来,浙江省的中小学学生人数呈持续下降现象。我县 2010 年在册学生数 47110 人,2011 年锐减到 44760 人,减少 5%;2012 年减至 42120 人,比上年减 6%,每年都在以 5% 以上的比例在减少。以学生为主要客户群的新华书店,减少的不仅是教材的销售,其与学生需求相关的一般图书的销售也在减少。

以上四个因素造成了实体书店的客户的消费分流,更使以单一的纸质图书销售为主的传统书店受到了巨大的冲击,靠单一的销售纸质图书商品来实现销售增长,难度已越来越大。

二、基层书店实体卖场转型的几点思考

实体书店转型已是必然的趋势,那么如何转型? 众说纷纭。笔者就总结和研究浙江新华基层书店在转型中的一些实践,提出个人的一些认识和思考:

（一）新华书店实体卖场应该向文化消费综合体方向转型

新华书店卖场不再是一个单一的纸质图书销售的场所，应该以图书商品相关客户群来整合相关资源，建设一个具有多种文化商品销售、展示、教育、交流等文化消费和开展文化活动的空间，或者说是文化消费综合体。在文化消费综合体建设方面，台湾的诚品书店为我们做出了很好的榜样。它以图书为核心商品规划整体卖场，图书卖场占的在文化消费综合体的面积大约是 1/3，销售占1/10，而其他 2/3 卖场销售与图书相关商品或者是经营与图书客群相关产业，如咖啡吧。卖场的装饰布置更多地注入文化元素和生活元素，更多地体现一种人文气息，突出图书阅读和购买的体验享受。让读者一进门感受到的是扑面而来的文化休闲气息，而不是纯粹的商业氛围。

除了图书相关商品的整合，实体书店需要打造"文化传播"基地概念，开发与文化商品有关增值服务，朝文化相关的业态发展。书店通过这几年的发展，积累了一定的企业资本，有能力去开展这样的经营活动。除了门槛较低的"书吧"、"茶吧"这种传统经营外，更要通过"画展"、"摄影沙龙"、"书友会"等类似的文艺沙龙来打造一个读者交流的社区，通过开设"亲子教学"、"创意作文"、"作品解读"之类的公益讲堂或教育培训，来吸引和维系更为广泛的读者群体。虽然大多的文化活动可能一开始并不具备经营性，也难以立即见到经济效益，但这些富有文化和专业特色的体验式服务，会让书店逐渐成为一个环境幽雅、功能众多、充满文化气息、充满乐趣的文化综合体，人们到书店去不再是仅仅是为了买书，而是参与各项文化活动和文化消费的聚集地。

（二）低成本整合与图书相关的文化产品资源

在实体书店转型的过程中，如何引入图书相关文化产品也是值得探讨的。所有相关产品都自己经营吗？显然是成本太高，且有风险；出租场地给文化产品经营者？同一个卖场有不同的经营者，也是会给顾客带来不好的购物体验。浙江新华采用统一计算机平台、统一系统商品资料编目、统一收款、统一结算的方式引入了文化用品的经营者、电子数码商品的经营者取得了很好的效果。在四个统一下，文化用品、数码商品库存、卖场陈列、促销由文化商品合作者负责，销售统一用书店的 POS 机进行收款，书店采用保底销售额加扣点提成的方式合作经营。采用这个方式经营书店不占用资金，经营没有库存风险，也没有人力成本，效益也可观。如：我店 2012 年文化用品销售 120 万，占用卖场面积 90 平方米，净利润 24 万；数码产品销售 250 万，占用面积 60 平方米，净利润 40 万，两者销售码洋约占到 POS 总销售的 40%，每平米坪效分别为 1.33 万元和 4.16 万元,远高于图书每平米 0.9 万元坪效。

（三）依托实体书店自有的网上书城,搭建数字读物聚合平台,实现网上和网下互通

数字出版和数字阅读是科技发展的必然,而数字阅读终究也还需要服务商来推广和传递。多年以来新华书店一直与众多出版社有着良好的合作关系,借助技术服务,完全有能力构建自己的数字读物聚合平台,把出版社的数字出版资源整合到这个平台上来。凭多年对传统图书的发行经验,在对书的了解、市场的需求、专业队伍、读者关系等方面拥有着成熟的资源,在数字出版读物内容的选择、组织和推广上,有着一定的市场优势。省集团公司前几年已构建了博库网和新华书店网群,在运营中培育了一定数量的网上读者客户群,也积累了一些网上销售的经验。这样更有利于将书店数字读物平台与网上书城融合在一起,使电子书成为新华书店网上图书的一大门类,提供给不同需求的读者更多购书选择,同时开展在线阅读、在线视频播放等业务。基层新华书店可以充分依托其区域服务半径的辐射能力和品牌基础,为当地读者提供更加快速、便利、综合的网上服务,提升新华书店数字出版物平台的知名度和美誉度,从而实现新华书店纸质图书和数字化图书发行并重。

三、在实体卖场转型中需要注意的几个问题

（一）加强卖场文化产品引进的管理

在引进相关文化产品合作经营的过程中,要高度重视"新华书店"的品牌信誉和管理。目前文化用品和电子产品的联营,经济效益是不错的,但存在商品质量得不到保证、定价偏高、联营的促销员素质参差不齐、服务水准不一等等问题;对其他代销的非图书商品,没有系列规划,今天好卖什么就卖什么,难给消费者一个相对固定的品类概念。这些问题处理不好,会给书店的声誉带来负面影响。新华书店应该将联营商的促销员当做书店的员工一样来管理,随时检查合作商产品的质量和销售价格,以保障客户在新华书店消费所得到的服务一致性。新华书店的商誉一旦受损,那是多少钱也无法挽回的。

（二）对连锁卖场进行标准化管理

浙江新华的基层书店从 2003 年开始,通过集团总部的信息一体化、库存一体化、市场一体化的计算机平台,实行了多种商品、多种业态的连锁经营。集团

整合的近50万图书品种资源及相关的信息资源全集团共享,基层书店的图书经营按需定进,按需添货,不动销退货,基层店通过连锁实现了品种经营的规模化。实践证明,连锁经营使弱小的、自负盈亏的基层店新华书店得到了最优的资源配置,图书销售连续10年高速增长。这是基层书店最成功的转型。但浙江省的基层新华书店,在经营管理上还是分灶吃饭。卖场的管理还是各自为政。若该基层书店的卖场经理业务水平高,卖场管理就好,若卖场经理水平低,管理就差。因此浙江新华基层店的门店管理可以借鉴"肯德基"等连锁企业成功卖场管理经验,使之在门店装修,员工管理、门店绩效及薪酬福利等方面标准化,这样浙江新华基层书店卖场转型成功的概率会更高。

(三)重视实体书店人才队伍的培养

人才是企业发展的根本,书店转型升级要注意员工队伍的人才培养,鼓励员工通过各种途径努力学习科学技术新知识,提高科学文化素质,提高专业本领。特别是对新的业务领域,要花本钱引进相关专业人才,加强对新老员工进行入职培训、技术培训、岗位培训,让员工能快速进入新的工作状态,并在实践中不断磨炼,培养出自己精明强干的销售团队。

四、结论

实体书店转型是一个不断摸索和尝试的过程,在摸索的过程中要勇于开拓,又要十分谨慎,以防盲目转型,造成骑虎难下的局面。总之,转型必须创新,特别对新华书店这类传统商业企业,创新是企业不断发展的动力,我们应该本着科学、理性、务实的精神,积极去探索书店在转型过程中的商业模式,在探索中走出一条有生命力的新华书店卖场转型之路。转型之路就在我们脚下,最终还是要靠新华人自己走出来。

小型店多元化经营发展的思考

浙江庆元县新华书店有限公司　范正欢

前　言

当前,经过事转企改制后的新华书店,面对般图书市场的整体疲软和新技术带来的新阅读模式、新流通渠道的激烈冲击,无不在惊叹之余,纷纷出击,寻找突破困局之道。而进行多元化经营则自然就成了各个新华书店开拓市场,求得生存发展、做大做强的重要策略。如何找到一条适合自己的多元化经营途径,从而使自己少走弯路,少花冤枉钱,最终达到扩大企业规模,增强企业市场竞争力,增加经营收入的目的,是本文试图阐述的主要内容。而这一点对于一些经济实力薄弱的边远山区小店显得尤为重要。

一、多元化发展的必要性和可行性

新华书店进行事转企的改制以后,其经营方针自然也就由"以社会效益为主、经济效益为辅",向"以经济效益为主,兼顾社会效益"的方针转变。既然是企业,企业就必须通过自身的经营活动获取相应的利润,使之能够生存、发展,企业有了能够生存、发展的前提,才能实现其社会效益。作为企业的新华书店,其主要的经营范围是出版物批发、销售,更精准一点说,其主营商品是纸质图书。由于纸质图书在社会生产、生活中不是必需品,因此社会需求总量相对较少,尤其是剔除学生课本后的一般图书,社会需求总量就更少了。因此新华书店总体经营业绩一直在微利中徘徊,就少数边远小店而言甚至是亏损。

（一）开展多元化经营是市场需求也是企业需要

人类在进步,社会在发展,社会物质生活水平的提高以及大众传播方式的更新,人们的社会需求也呈现出多样化、差异化趋势,随着信息技术的发展和普及,单一的产品和品牌很难满足人们的需要。由此,新华书店必须要进行经营方式的变革,除了经营图书音像外,还要扩展新的产品链,以满足市场需要。

教材的招投标让企业不得不让利,民营书店和网络书店的冲击,折扣支出明显加大,图书发行业进入了微利时代,同时由于市场的多元化趋势加剧,新华书店图书市场份额日益缩小,其盈利的空间亦将会变得越来越稀薄,随着图书发行业宏观政策与微观市场环境的变化,新华书店的经营发展面临着严峻的考验,为了在激烈的图书市场竞争中求生存、图发展,作为发行主渠道的新华书店,必须从外部环境和内部条件出发,改进其营销观念,提高服务质量,以谋取长足发展。多元化经营成为新华书店寻找的新增长点和赢利点。

例如:庆元店地处山区,全县在册人口 20 万,常住人口 14.6 万,其中义务教育学生数 1.6 万人,据统计学生数每年减少 3％左右,书店销售在没有多元化经营之前,80％销售来于教材教辅,20％是一般图书音像产品。开展多元化经营后教材教辅销售比重在不断下降,庆元县教材教辅比重下降到 50％左右,有些店非教材已经超过教材教辅。因此,开展多元化发展对于基层店来说刻不容缓。

(二)开展多元化经营可行性分析

新华书店在通过改革、转制后,经过新华人的共同努力,使新华书店焕发出崭新的面貌。尤其是浙江省新华书店通过这几年的发展,已经成为以计算机信息系统管理为核心的全省新华书店连锁经营的文化流通企业。这就具备了进行多元化经营的渠道优势。而且,各新华书店在所在区域又是一家较有规模的国有流通企业,70 余年的发展历史使之在消费者心中早已成为知名商家,其周围已经形成了一定的消费者群,因此,新华书店利用已有的品牌优势和渠道优势介入多元化经营,这对松散的当地社会资本而言可以说是一种强势介入,这一点就边远山区小店来说显得更为突出。

1.品牌优势

新华书店目前竞争优势尚存,国家给予的一些优惠政策如:增值税减免、所得税减免,多年的积累可以凭借资金、网络、品牌等优势成功涉入文体用品、数码科技等相关文化领域,在宾馆、眼镜、教育培训等多元中也有涉入并形成自己的品牌。但一个企业要想有长足发展就必须具有一定的整体竞争优势,新华书店有着 70 多年的历史,本身就是一个品牌,而且这样的品牌在人们心中是安全、可靠的象征。新华书店在主业的经营过程中也树立了国有企业的良好形象,为多元化经营注入了无形的优势力量。

2.地理优势

新华书店有着非常好的地理优势,90年代起在集团的带领下,大多数基层店都投资新建了卖场,而且地理位置都是黄金路段,是商家必争之地,位置越好,消费群体越集中,是销售数码、通讯产品的绝佳地点,这为产品销售增添了动力。

3.渠道优势

新华书店发行网络遍布全国各地,一个省集团去谈代理产品,就意味着这个产品有了全省的销售点,也就是渠道优势。反过来说,基层店和省店合作一个产品,只要产品出现在网群,也等同于有了全省的服务点。

(三)庆元新华书店开展多元化经营的可行性条件

在激烈的市场竞争中,要想牢固维系消费者对自己产品的忠诚就必须将自己的企业品牌树立在消费者心中。从消费者角度看,品牌就是信誉和质量。庆元县新华书店有着60多年的光辉历史和金字招牌,在庆元人民心中有信誉、有地位,社会形象好,有一定的品牌优势。

经过几十年的发展,庆元县新华书店也积累了上千万的资金,为实现多元化发展奠定了一定的资金和物质基础。而且经过几代人的努力,新华书店物业得到巩固,可改造营业面积达2000多平方米,库房面积1000平方米。

经过事改企后,老员工逐渐退休,员工年轻化,可塑性强,特别是在近几年图书市场受个体书店冲击下,员工都练就一身主动参与市场竞争的能力。

二、小型店多元化经营发展途径

近几年,庆元县新华书店依托全省连锁经营的优势,结合边远山区小店的特殊性,书店上下居安思危,群策群力,共同一致,改革创新,在如下几个方面对多元化经营做了些有益的探索。

(一)相关性多元化经营

所谓相关多元化经营,就是以省新华书店为核心,以连锁经营的方式引进供货方,统一供货,统一定价,同一技术的平台下运行的,省店、基层店、供货商三方协助的一种经营模式,主要经营与出版物相关或相似的商品。目前在庆元店已经做得比较好的项目如"博库文具15万元、步步高系列年销售达70万元、读书郎系列达5万元、诺亚舟系列5万元"等,万利达系列销售30万元,这些相关性多元化产品一年销售140万元左右,对庆元店的非图销售增长起到了关键的作用。对这类商品我们要提高经营能力,提升经营层次,形成体系,形成规模,形成品牌来提高经营效益。

（二）非相关性多元化经营

非相关性多元化经营指基层店根据所在地的特色和产品,采用先进的计算机网络技术,开拓新的渠道、新的产品的经营模式。跨行业发展新的销售模式和新产品,增加新的销售模式和产品,以满足不同顾客的需求。我们主要尝试了以下三个方面。

1. 开展另类小连锁

随着阳光工资制度的执行,行政事业单位不许再发福利,但书是学习用品,有关行政部门和事业单位,没有什么规定不许读书。我们充分运用这一点,把书卡推销出去,但是我们除了图书没有太多产品可供他们选择,有些店账面售出没消费的购书卡已积累上千万元,这不但制约了销售,也制约了二次购卡。因此,我们与当地一些流通企业如体育用品店、服饰、家电、超市等商家联合,用网络技术在商家安装小连锁模式销售系统,购书卡可以在商家购买他们的商品,按实际销售额书店提点和增加销售额。这样既让顾客消费了书卡,我们又有了销售和利润,从而解决了卖场面积有限、产品不够丰富等不利因素。2011 年前庆元店一年购书卡销售只有 10 万元左右,2012 年开展另类小连锁以来,购书卡销售200 万元,不但销售利润有了提升,没消费的购书卡让新华书店的流动资金得到增加。据市场调查,一个产品丰富的中型超市,销售购物卡中没消费的资金可达3000 万～8000 万元,这不但让商家得到巨大的资金流,同时也获得了财务收入。在庆元新华书店不断增加小连锁商家后,相信购书卡销售也将会带来同样的收获。

2. 增加本地农、土、特产品的网络上线

庆元县现有卖场面积有限,在卖场面积不能改变的时候,之前的博库网和现在浙江新华书店网都没有给我店带来太多的县外顾客,如何让产品走向更大的市场? 科技改变生活方式,太多的人生活在网络世界,网络顾客比当地顾客多上万倍,现在省店的信息技术水平已很高,我们要充分运用这一优势来提升我们的销售业绩,如何让网络成为我们的市场,这是我们要研究的方向。庆元有很多特色产品,如竹木业、食用菌等。一方面我们与省店、博库网合作,利用现有的博库网和浙江新华书店网群开展庆元特产频道,把庆元的竹书架、竹砧板、竹家具、各种食用菌等土特产品一起上网。另一方面我们在淘宝网开庆元特产店。"走上去"是省店战略之一,省店将会加大资金、业务、物流、技术投入,我们一边紧跟省店的步伐,一边利用好本地特色产品,就将会有所收获。2012 年庆元新华书店做了尝试,淘宝网销售竹制品 15 万元。

3.打造文化消费综合体

在民营书店、网络书店等多重因素冲击下,以经营出版物为主的单一业态很难有大的发展,面对这一形势,我们以建立文化消费综合体为目标,锐意改革,我们既需要用书吧、时尚用品、儿童玩具等产品来丰富经营品种,同时也需要有创意文化、影视文化、生活体验馆、教育培训等来丰富经营业态。只有进一步改进投资建设和管理方法,加强统筹规划和合理布局,加强投入产出和功能定位研究,整合出有规模、有价值、有效益的综合体,这样才能成为一个多元化的消费综合体。庆元县新华书店现有营业面积 2000 多平方米,分三层,平均每层 700 多平方米,如果按照文化消费综合体来打造,将收回出租的楼层,一楼改造陈列电脑、手机、电教产品、文体用品、时尚用品等,二楼陈列一般图书、音像、儿童玩具等,三楼改造成书吧、创意文化区、多功能小型影院、读者俱乐部等。如读者俱乐部,它集出版物导读导购、信息咨询、阅览租借体育健身等综合服务功能于一体,把众多的读者集成读者群,通过 QQ 群、微信公众号、短信平台等来发布信息,通过会员费、租借费、和其他收费项目来实现销售目标。建立相应的特价会员区,以会员价特供图书、音像及其他产品,投放一些时尚有价值的产品,设计卖点,吸引会员。

三、小型店多元化经营发展的思考

新华书店一直承担着传播主流文化、传承民族文化、提高民族素质的重大使命,而新华书店涉足多元化经营意味着经营者分散了经营主业的精力而经营其他商品,怎样在开展多元化经营的同时又坚守主业?通过几年庆元县店多元化经营的实践,本人以为必须树立如下观点:

(一)理清思路,做强主业,坚持多元发展

不论是与出版相关的音像制品、电子出版物,还是出版物延伸出的电子数码产品以及教育培训、书吧等,都是以主业发展为主带来的辅业繁荣,也只有在不断做大主业的前提下,这类多元化经营才会得到更快的提升,创造更好的业绩。这些业绩的提升则又为主业带来更多的人流、资金流。这里,主业与辅业是一种相辅相成的关系,做好了就能形成良性循环,共同壮大。庆元县店 2008 年门市销售 312 万元,其中非图产品只有 25 万元,占门市销售的 8%;经过四年的发展,2012 年门市销售 1104 万元,其中非图产品达 262 万元,占门市销售的 24%。四年来多元化产品销售上升了 10 倍,图书销售也得到提升。

(二)不断扩展多元边界,做大做强

当主业充分巩固后,外延产品可以进一步扩大,围绕主业圈层开拓衍生品,如有些店提出的特色餐饮、时尚休闲用品、现代生活精品等其他文化产品,只要以"城市文化生活中心"作为书店的功能定位,所释放的文化能量就能成为文化产业以及商业的核心区。如庆元店不断拓宽购书卡可购产品,2011年与艾莱依服饰做了尝试,三个多月销售10万元,不用我们的店面、资金和人员,可得1.5万元利润。之后与耐克、安踏、康奈、特步等运动类品牌连锁,都得到不少销售,2013年产品进一步拓展,与红袖、摩凡、雪歌、三彩等品牌女装连锁,与联通公司联营销售宽带、手机、无线上网卡等,还将与超市、电信、移动等合作。相信外延产品的不断拓展,购书卡的销售将会进一步提升。

(三)提高管理水平,创新机制

基层店要提高企业经营效益和管理水平,特别要提高干部的经营管理能力,加强专业化人才队伍建设,加强员工培训,深化用人机制改革,加快科技和文化的融合,用科技引领企业新业态,多产业的发展,加强统筹规划和合理布局,形成多元体系,不断创新,不断研究多元文化,探索更多文化产业的组合,为新华书店创出新的方向和思路。

总之,企业化后的新华书店,依靠单一的图书销售已不足以形成经营优势或竞争优势,与其他业态充分结合,开展多元化经营从而形成浓厚的文化氛围,才能吸引需求日益多元化的读者。在市场化条件下,新华书店不再是简单的买书卖书这样的交易场所,它更是文化交流和传播的场所,在这一场所中,读者不仅能满足对图书这一精神商品的需求,同时又能方便地满足与这一精神商品相关联的其他物质商品。随着国家对实体书店的扶持与重视,新华书店也在竞争中朝着人无我有、人有我优的方向发展。当然,即使新华书店有再强大的多元化经营,它也离不开主业——出版物的经营,否则它就不再是新华书店了。

参考文献

[1]曹宇.同心圆模式:新华书店经营模式的思考.圣才学习,2010(1).

[2]裘晓东.企业集团多元化经营战略.北京:经济科学出版社,2012.

浅谈城市化进程中书店发展机遇

浙江富阳市新华书店有限公司　章志强

【摘　要】随着"十八大"及"两会"的圆满结束,各界委员对国家新型城市化战略的推进,表示了极大的关注及响应。各级各地政府按照"十八大"关于扎实推进社会主义文化强国建设的要求,加快了城市化建设进度。在城市化进程中,书店将迎来一次新的发展机遇,特别是二三线城市的扩大及发展,为基层书店的发展提供了空间。县(市)级书店应该抓住这次改革的机遇,整合书店现有资源,扩大书店在市场竞争中的优势地位,城市化进程将是书店不可多得的发展机遇。如何有效地抓住这次改革的机遇,使书店在今后的图书发行改革中,继续保持龙头的地位是我们图书发行工作者研究的方向。

【关键词】书店;城市化;发展;机遇;趋势

一、城市化的含义及必然趋势

(一)城市化的含义

1.什么是城市化

城市化,有的学者称之为城镇化、都市化,是由农业为主的传统乡村社会向以工业和服务业为主的现代城市社会逐渐转变的历史过程,具体包括人口职业的转变、产业结构的转变、土地及地域空间的变化。

2.不同学者对城市化的理解

就目前来说,国内外学者对城市化的概念分别从人口学、地理学、社会学、经济学等角度予以了阐述。

(二)城市化发展的背景及趋势

1.政策及改革背景

2011年12月,中国社会蓝皮书发布,我国城镇人口占总人口的比重将首次超过50%,标志着我国城市化率首次突破50%。未来50年,中国城市化率将提高到76%以上,城市对整个国民经济的贡献率将达到95%以上。

2.城镇化的好处

作为区域发展的经济中心,能带动区域经济发展,而区域经济水平的提高又促进城市的发展,促使聚落形态、生产方式、生活方式、价值观等的变化。

3.城市化发展的必然趋势

城市化程度是一个国家经济发展,特别是工业生产发展的一个重要标志。发达国家城市化程度要远远高于发展中国家。发达地区国家城市人口的比例平均为70.9%,其中,美国为77%,日本为78.3%,德国为84.7%,英国为90.8%,加拿大为75.5%。而发展中国家的城市人口比例平均为30.1%,其中不少国家低于20%。

二、书店如何抓住城市化发展改革机遇

(一)书店发展现状及城市化进程中的优势

随着各省新华书店的连锁,各地基层店业务有了长足的发展,特别是前几年每年都有十位数的增长。但近几年,由于科学技术的迅猛运用,电脑、电子出版物、互联网出版物的增多,以及私营企业的竞争,各地基层店也感觉到了挑战,销售疲软、增长放慢,成了各地基层店的普遍难题。

1.分析市场现状及未来前景

(1)我店业务市场层面分析

①一般图书市场现状、风险及优势

2012年度我店一般图书销售(不含教辅)2500万元,同比2011年增长10.7%,看似数据还不错,但细细分析发现,2012年一般图书销售中包括政府采购将近300万元,刨去这部分机遇销售,实际一般图书销售为负增长。对其他兄弟店调研了解,2012年本省其他兄弟店多多少少都存在政府采购机遇销售,实际增幅并不是数据体现的那样乐观。

分析一般图书市场疲软原因主要为:

A.市场基本趋于饱和。投资性销售及机遇性销售明显不足;

B.门市客流偏少。统计显示,2012年我店工作日进店顾客数不足双休日人数的1/3,销售码洋比为1∶4;

C.促销手段单一。传统打折、买赠等促销手段不适应图书商品促销;

D.广告宣传滞后。缺乏对广告效应的认识。

当然,我们也有我们的优势。我们有强大的集团支持,完善的系统平台,优质的客户群,以及多元的供货渠道,这些优势是我们多年积累的物质财富,保障了我们企业发展的基础。

②教材、教辅市场现状、风险及优势

2012年我店教材、教辅销售码洋2500万元,占总销售的40%,同比2011年增幅仅5.1%,其中,教材没有增幅,教辅增幅也仅仅为7.5%,都低于平均增幅。可以看出,近年来,教材实行"一费制"后,政府买单品种明显减少,学校自主权受到限制,以及计划生育政策使学龄人口大幅下降,外来人口的减少及转移等因素的共同影响下,导致了教材、教辅市场的码洋流失。这仅仅是我们教材、教辅市场的基础风险,更大的风险在于,今后教材、教辅市场会不会受到政策的影响。比如,国家放开教材、教辅市场,我们如何面对民营书商与我们竞争的风险,还需要我们更加深入地去探讨和研究。有风险就有潜力,我们也要充分利用好现有的优势,以及将来我们潜在的市场机遇,城市化的推进,给了我们前所未有的市场条件。国家也将不断加大对教育的投入,比如,2013年国家拿出17亿元,为全国农村中小学生免费发放《新华字典》等政策的实施,都为我们创造了市场条件。

③多种经营市场风险及优势

书店的多种经营之路走得并不理想。起步晚、发展慢、渠道窄、理念落后等等弊端,制约了书店多种经营之路。我店从2000年才算真正发展多种经营,起初主要以经营教育数码产品、文化用品起步,年销售在50万元左右,发展到今天,销售码洋已接近1500万元,占总销售的23%,看似销售在10年间翻了近30倍,但我认为,这个潜力并没有被充分挖掘。首先,我们的经营类别没有扩大。2000年我们经营的主要为复读机和文化用品。如今,我们经营的还是复读机的衍生产品"点读机"、"学生电脑"及文化用品。虽然,我们也在试图开拓新的产品线,如:苹果产品、文房四宝、手表、充值卡等商品,但效果并不明显,分析原因,主要是经营思路及经营理念问题。一直以来,书店都把多种经营当作附带经营来定位,不去想如何将"副业"当作"主业"来经营。其次,多元经营之路太窄。书店就只能卖东西吗?能不能开培训学校、办旅行社、开宾馆?我们是企业,企业是要自负盈亏的,再大的企业也不是靠经营单一的商品生存的,要不断开拓新的市场来扶持主业的持续健康发展。当然,我们优势也很明显。我们有"新华"这个巨大无形资产,良好的知名度、美誉度、诚信度,在多种经营的道路上,"新华"有着雄厚的物质及人员基础,我们要充分利用及维护好这些资源。

(2)书店发展层面分析

①分析销售增长瓶颈及销售对书店发展的重要性

随着社会的发展及政策的改变,书店依靠"教材养活门店"的时代已不复存在。书店需要发展,就必须在零售市场拥有长足的发展。如何提高销售,成了各店当务之急。对市场进行细细揣摩,可以看出,影响书店零售市场的最大销售瓶颈是客流问题。基层书店应该从这方面下手,调研、分析、总结书店读者区域分布的情况,读者购书年龄结构情况,需要怎么样的消费服务等具体细节,为零售市场的发展提供重要的数据保障。

②分析现有城市区域对书店发展的局限性

随着城市化进程的推进,城市的现有结构将发生较大变化,特别是人员分布方面,将直接影响到今后书店的发展。通过这几年的发展看,老城区的人口明显出现老龄化,新区及一些城乡接合部是年轻人及学生群体的主要居住地,随着城市化进程的加快,这种现象将不断扩大,书店应该抓住时机,在充分调研的基础上,加快占领新兴城区建店速度,为今后书店在零售市场的发展做好铺垫。

2.书店在城市化进程中的机遇及优势

(1)城市化进程中的政策性优势

2012年2月,中共中央办公厅、国务院办公厅印发《国家"十二五"时期文化改革发展规划纲要》。该《纲要》分指导思想、重要方针和主要目标,加强社会主义核心价值体系建设,加快构建公共文化服务体系等指导性思想,为今后书店的发展提供了有利的政策支持。这些政策的推行,给书店的发展提供了有力的保证。好的政策需要我们主动与政府部门沟通合作,通过沟通,我们可以了解当地城市化进程规划情况,提出书店作为文化产业在规划中的重要性,争取政府对书店发展的政策扶持。

(2)城市化进程中人口学角度市场优势

从人口学角度分析,城市化就是把农村人口转化为城镇人口的过程。书店应该充分调研区域内城镇化发展现状及发展前景,为书店今后的发展提供有力的人口数据保障,特别是在城市化进程中,要充分调研区域内人口变动情况及城市化发展速度等重要指标。人口达到一定数量,就必须考虑建设网点,比如说,在人口达到5万,学生数达到1万的新兴城镇及区域,就要考虑建设网点或连锁门店,来提升书店在本区域内的市场占有率,为今后的发展作好铺垫。

(3)社会学角度市场优势

从社会学角度分析,城市化是将农村生活方式转化为城市生活方式的过程。

目的是提高人民的生活水平,改善生活质量,提高人的素质。城市化使人民的生活质量及生活水平提高,将大大促进对精神文化生活的需求。书店应该抓住有利的市场需求,充分满足人民群众的精神文化需求。根据新闻出版总署的统计,2012 年城乡图书零售比为 82:18,从数据看,城市人口平均对文化产品的需求明显高于农村人口。表明随着城市化进程的不断推进,今后图书市场的主力,仍然是城市人口。

(4)经济学角度市场优势

从经济学角度进行分析,是农村经济转化为城市大生产的过程,城市化是工业化的必然结果。城市化进程,推动了工业及服务业的快速发展,技术的革新需要大批能适应新的技术要求的高端人才,高素质人才的培养是建立在知识及教育的前提下。随着人民的经济生活水平的不断提高,家庭对教育的投入从 2000 年的人均 200～300 元,增加到 2012 年的人均 500 元左右,10 年间,国民家庭教育投入已近翻番,随着城市化进程的推进,家庭对教育的投入,还将不断提高,这给我们创造了无限的商机。

(二)城市化进程中书店如何抓住机遇

1. 根据调研结果,合理制订书店发展规划及战略

(1)完善"走下去"战略。城市中心门市一般图书市场销售不容乐观,各店只有通过开拓市场,把握机遇,通过国家大力推行城市化的机遇,看准时机,在重点乡镇、城郊增开连锁门店,充分占领城市边缘图书零售市场,从而扩大市场份额。

(2)考虑"走出去"战略。依托集团博库品牌的优势,跨地区到偏远地区、欠发达地区的二、三线城市开设卖场。由于沿海地区城市化进程起步较早,人口密集,往往市场已趋向饱和,偏远地区及欠发达地区,城市化进程刚刚起步,存在巨大的市场潜力,所以我们一定要进军这些地区,抢占市场,提高自己的抗风险能力。

(3)力推"走进去"战略。在本地市场,顾客在哪里?读者在哪里?顾客在大商场、大超市,为什么我们不能像耐克、李宁一样进驻商场、超市?一般图书的销售靠的就是大客流带来的机遇销售,要学会主动寻找顾客流,哪里人多我们就进驻哪里,这才是扩大销售的有力保障。

2. 根据发展规划,落实发展目标

再好的假设和构想不去落实等于空想,理论往往是要通过实践去一步步验证的,在这个机遇与风险并存的时代,只有大胆地去实践,才能在瞬息万变的市场中,寻觅到符合自己发展的阳光大道。

3. 评估市场价值及前景

城市化进程已经在悄悄随着我们的脚步走进我们的生活，机遇大于风险。市场价值等待我们去开发、探索，我们必须着眼现在，规划未来，把握主时代的脚步，才能在竞争中处于不败。

三、书店在城市化进程中，必须解决的几个问题

(一)规范连锁经营产业集群，推进连锁形象建设

在城市化进程中，各省各地都在加紧书业的连锁规模及步伐，但从连锁规模看，各地形式不同，标准不一，没有一个真正完成了产业标准化连锁，缺乏统一性。举个简单的例子，浙江省各地基层新华书店，没有统一的店招，没有统一的店内装修，没有统一的书架、书柜，没有统一的员工工服、工号等等，许许多多的不统一。甚至，在杭州市区，杭州市店的购书 IC 卡都不能在博库文二店消费刷卡，谁又知道我们是一家全省连锁的企业。如今，大到肯德基、麦当劳，小到海澜之家、宝岛眼镜，都采用统一店招、统一装修、统一货架、统一工服……为什么我们就不能向他们学习，走连锁形象建设呢？完成了最基本的形象连锁，才是连锁之路的开始。

(二)加强网点改造及建设，提高门店整体形象

城市化进程的推进，必须对落后的中心门市进行改造升级，在人口密集乡镇、城郊开设小连锁门店。浙江这几年应该说在中心门市的建设和小连锁店的发展上，走在了全国的前面。作为"新华人"，我有个职业习惯，不管到了哪里，都要去看看当地的新华书店，看了很多，给人感觉是各地书店对门店形象不重视，特别是一些县(市)级新华书店，不管是店内环境还是员工形象都不尽人意。必须在新形势下，花大力气扭转门市整体形象，提高读者对书店的认识，树立书店在读者心目中的形象。

(三)注重图书商品宣传、包装，组建专业策划推广团队

现代社会，广告是提升销售最快、最直接的方法，图书商品也不例外，尤其是重点图书和畅销图书，广告宣传是必要的。在教辅市场，广告促销俨然成为抢回市场的手段之一，利用广告，宣传我们教辅读物与升学考试题目的贴近度，能迅速迎合学生猜题的心理，博得学生的喜爱。在文学、社科类图书上，通过联合上游出版商、供货商，共同包装、策划、宣传、营销的方式，扩大促销品种与读者的见

面度,从而达到销售目的。

市场经济造就了新华的辉煌今天,国家城市化进程的推进为新华的明天提供了肥沃的发展土壤,我们要充分利用好改革的有利时机,通过我们新华人不懈的努力,必将创造出更加美好的未来。

参考文献

[1]徐冲.做书店.桂林:广西师范大学出版社,2007.

[2]牛文元.中国新型城市化报告(2012)(精).北京:科学出版社,2012.

[3]童中贤.中国城市化大趋势.北京:知识产权出版社,2013.

[4]向春玲.中国城市化发展与反思/民生中国.西安:陕西师范大学出版社,2013.

[5]许学强.中国城市化理论与实践.北京:科学出版社,2012.

[6]董敬畏.十六大以来文化建设与社会公共性问题研究.杭州:浙江工商大学出版社,2012.

浅谈新华书店卖场的转型升级

浙江海宁市新华书店有限公司　钱　怡

【摘　要】当下,社会上出现了一个很有意思的现象,一方面大量的传统实体书店受网店的冲击纷纷倒闭,但另一方面以"方所"为代表的一批跨界经营的概念主题书店诞生。实体书店倒闭潮和新的跨界经营模式创新潮的同步出现,引发了社会各界对实体书店生存问题的进一步关注。本文从研究当下实体书店的转型发展机遇与空间出发,分析倒闭潮和创新潮同步出现的原因,总结海宁书城从"重塑卖场布局"、"营造第三空间"、"创新阅读体验"、"调整商品结构"、"感知社会责任"等五个方面,由单纯卖书向"卖专业服务、卖文化氛围、卖生活方式"方向转型的一些探索,以期和同行探讨新华书店卖场转型的方法与思路。

【关键词】新华书店卖场;转型升级;思考;工作研究

一、实体书店倒闭潮和"方所"跨界经营创新潮给我们的启示

网上购物,改变了人们的购物习惯;数字化阅读的兴起,改变了人们的阅读方式。在网店和新媒体的冲击下,再加上商业地产租金的上升,成为压垮一些传统实体书店最后一根稻草,行业中一些知名的实体书店,如"光合作用"、"风入松"、"三联书店"等在诸多城市陆续倒闭。在实体书店倒闭潮中,我们又看到了一个很有意思的现象,如"广州方所"、"新华书店静安店"、"钟书阁"等一些新概念的主题书店却逆潮流诞生,这股实体书店的创新潮给中国书业带来了前所未有的震撼。仔细分析他们跨界经营的成功逻辑,我认为主要有以下几个方面:

（一）客户价值主张

创新大师克里斯滕森说,优秀的商业模式包括客户价值主张和利润方程等要素。方所成功地将服装、书籍、咖啡、美学生活和展览空间组合到一起,开创了

一种具有复合功能的新型商业模式。方所的"客户价值主张"独特而鲜明,它向人们展示和提供了中国未来可能的一种美学生活方式,为文化如何创意人们的时尚生活提供了一个想象空间。方所从开店理念到选取商品的标准,都围绕着美学文化价值观进行,通过其经营的商品,向顾客传递的是一种接近自然、注重环保、关怀人的精神世界的美学理念。在卖场设计上,从大局到细部,从客户走道动线和商品上的灯光设计,处处体观设计师非凡的文化创意。连员工的围兜工作服,也绣上了台湾著名诗人周梦蝶的诗作《刹那》。

(二)复合经营利润方程

方所 1500 平方米的文化生活概念店,经营业务包括图书、服饰、美学生产产品、植物和咖啡、文化活动、展览,其中 800 平方米经营图书,陈列从世界各地进来的 5 万种图书,其销售额却占总销售额的 40%,复合功能的业务吸引了人气,每天人流过两三千。开业两天营业额突破 30 万元。其中图书销售达 12 万元,年销售超过 2000 万元,图书年坪效高达 2.5 万元/平方米,是海宁书城图书年坪效 0.53 万元/平方米的 4.7 倍。

(三)经营理念创新与引领

方所不是单纯做一个书店,而是一个文化平台、一种未来的生活形态。新一代年轻人,不只需要好的阅读,还需要看好的展览、喝好的咖啡、用好的生活设计品。因此,方所的成功就在于它为人们提供了一个寻找生活方式的场所。在这个平台上,方所让很多有理想、有追求的文化人发声,仅 2012 年免费为顾客举办的图书、文化讲座、展览等各种活动 265 场,深受顾客的欢迎,所以方所不仅是一个时尚文化消费场所,更是一个提供知识与美的地方。

解读方所跨界复合经营成功密码,我们得出一个结论:实体书店倒闭潮背后真正难以维系的是实体书店的传统模式,而并不是实体书店。实体书店在一个城市仍有它存在的非物质文化的价值和生存空间,实体书店迫切需要改变传统单一的图书经营模式。

二、实体书店转型发展的机遇和空间

(一)社会发展和文化消费的关系

1.人均 GDP 与文化消费有关系

随着国家综合国力的增强,国民受教育程度和收入水平不断提高,图书购买力也在增强。2012年全国居民和社会团体出版物零售总额626.6亿元,较2011年增长7.6%;每百万人均拥有当年出版图书306种,增长11.6%;人均年拥有图书5.9册,增长2.3%;人均年拥有期刊2.5册,增长1.3%;每千人日均拥有报纸97.6份,增长2.7%。国际经验表明,当人均GDP超过3000美元时,文化消费会快速增长;而当人均GDP接近或超过5000美元时,文化消费有可能出现井喷。我国人均GDP在2011年已超过5000美元,因此从人均收入及消费结构看,中国的文化产业将进入一个高速发展的阶段。

2. 新华书店作为发行主渠道的责任与担当

党的十八大报告第一次将"全民阅读"列入党的报告,扎实推进社会主义文化强国建设,丰富人民精神文化生活是十八大对文化发展工作的总体指导方针。因此,新华书店作为图书流通的国家队、出版物发行的主渠道,承担着倡导阅读风尚、引导阅读等义不容辞的社会文化建设的责任。

3. 海宁经济强学风浓,城镇化建设成为新引擎

以海宁市为例,海宁是浙北第一经济强县(市),2011年人均GDP已超过10000美元。海宁的"潮文化"、"灯文化"、"名人文化"形成了海宁文化的三张金名片。历届政府重视对文化强市的建设,特别是在新一轮小城镇建设过程中,强调新华书店网店建设在城市生活中具有非常重要的非物质文化价值。

(二)文化发展的宏观环境分析

1. 文化大发展大繁荣史无前例地上升为国家意志

建设社会主义"文化强国"已成为时代的最强音。中国的文化产业将作为国民经济支柱产业,迎来一轮新的发展高峰。根据《国家"十二五"时期文化改革发展规划纲要》,"十二五"期间,文化部门管理的文化产业增加值年平均现价增长速度高于20%,2015年比2010年至少翻一番,实现倍增。

2. 政府逐步出台文化扶持政策

如最近新闻出版广电总局会同国家财政部发文,在"十二五"规划期间,仍保留了原新华书店县级店以下增值税先征后返政策的延续;同时给民营实体书店免税试点工作已经在全国12个城市开始试点;一些地方政府像杭州、上海从2012年就开始从政府的文化发展基金中拿出几百万补贴给予一些有品牌的实体书店;北京市政府正在面向大众,征求关于政府如何支持实体书店发展的意见。

3. 文化消费的趋势分析

近年来快速增长的网上购书确实分流了实体书店的销售,但阅读群体没有消失。以海宁书城为例,在连续三年保持销售两位数增长的基础上,2013年1—

12月比上年同期增长23.37％。网上图书销售更是以100％～200％的速度增长,这些数据都从另一个侧面说明了读者图书消费的需求依然存在,这是实体书店生存的机会和长久发展的动力。

三、海宁市新华书店卖场转型探索

根据创新大师克里斯滕森提出的优秀商业模式的客户价值主张和利润方程的理论,海宁书城的"读者价值主张"围绕"让更多的人有更多的理由来书城",我们的具体做法是:

(一)重塑空间布局,设计"以人为本"、"让书说话"

海宁书城2010年8月重新改造装修。在卖场设计装修中,遵循"以人为本"的理念,大到类别区域的划分、书架展台的设计、阅读区的风格定位、照明的柔美效果、监控的最少化配置,小到卖场背景音乐、指示牌、阅读推荐的文案等细节,处处体现人文关怀。典雅的装饰、充满人文气息的pop海报以及艺术造型陈列的图书码堆,使读者踏进书城,迎面就能感受到浓浓的人文气息。

在图书陈列上,海宁书城可谓挖空心思,用了2000平方米卖场面积(约占总面积的50％),摆放了333只展台式书架,展台上陈列的图书封面全部以15°最佳倾斜视角友好地面朝读者。展台和书架高度合适,读者或站或坐,都可很方便地随意翻阅,既方便了读者找书,也提高了图书信息展示率,使图书信息与市场需求之间得到了充分摩擦。商品陈列的人文化、艺术化促进图书成交率。

(二)营造"第三空间",阅读让心灵深呼吸

根据对海宁书城读者的问卷调查:读者逛书城的目的排名前两位的竟然是:休息、放松心情(38％)和打发时间23％。这两类消费者占进书店总人数的61％。众多读者选择介于"家"和"办公室"之外的书店作为互相交流的"第三空间"。如何做好这2/3读者的服务,是海宁书城服务理念的一次转换。海宁书城在二楼望河临窗处设计了休闲阅读区,铺设地毯、摆放休闲沙发,整个休闲阅读区用木制围杆栏起来,与卖场快速通道分开。每天有很多爱书、爱生活的读者,喜欢在这个小天地休息,随意地翻书看书,与朋友聊天分享生活经验和阅读体会。这些看似漫无目的的读者,为书城贡献了约80％休闲类、生活类图书的客单量。一个小小的卖场休闲空间,卖的是休闲生活方式,买的是阅读文化的氛围。

(三)创新阅读体验活动,传递品牌服务价值

海宁书城用活动激发读者阅读的兴趣,培养读者的阅读习惯。比如请作家来书城开讲座,让读者来书城参加各类体验和交流活动,这已成为海宁书城常态活动之一,邀请人气校园作家杨红樱、央视著名主持人芝麻、动物小说大王沈石溪、北京中医正脊专家刁文昌、亲子专家陆惠萍、台湾儿童教育专家陈鸿铭开设专家讲座,"爱生活"摄影绘画展、外教英语角、巧手工坊、益智数学挑战赛、家庭文化节、手绘风筝创意大赛等主题体验活动,吸引了不同年龄、不同职业的众多读者。几年来,阅读推广活动越来越成熟,几乎月月有活动,暑假期间更是周周有聚会。这些免费的公益活动不仅聚了书城人气,也提高了书城服务的附加值,更展现了海宁书城文化交流的多样性,提升了新华书店的品牌影响力。海宁书城正酝酿着"城市文化约会地"的转型之梦。

(四)调整商品单一结构,拓宽多源营利模式

在网络时代,就商品来说,网络已经无所不能,但网络唯一做不到的是给消费者购物的体验。海宁书城引进优秀品牌多元商品,实现多元化的有效嫁接。在商品选择上,我们努力在"人文"和"商业"之间做好平衡与融合,摒弃在主营业务之外做简单的添加。副业产品的陈列展示兼顾图书主业特性,并结合节日融入相关文化主题,如红酒营销宣传主打"团圆中国年——芬格富为团圆的春节满上一杯温暖";绿色特产馆融入"绿色有机——舌尖美味的养生美食文化",春节期间绿色特产馆内特设"过年的味道"记忆墙;在"行天下旅游类图书"专柜内开设"捷安特青少年馆";结合海宁三大支柱产业(皮革、经编和家纺)设立海宁地方经济科技书专架,展示销售海宁家用经编产品,"米可一家"经编卡通产品带给书城一抹"小清新";依托海宁市虹越花卉园艺公司,推出了"迷你植物"系列,为花卉园艺爱好者们打造了一个淘宝之地。这样的设计布置尽可能体现"人文经营理念"与"商业接受"相融合,复合混搭但不失"文化"气息。图书产品和文化商品的有效嫁接,在满足读者一站式文化消费的同时,提升了书店销售。2013年非图商品销售同比增长5.3%,新引入商品贡献码洋40余万元。

(五)感知社会责任,倡导实践公共空间文化

传统的理念认为企业承担社会责任会增加企业的运行成本,可能是反生产力。2010年美国管理学会波特在提出了"敢于关怀",他认为企业感知社会责任,在造福社会的同时也能增强企业自身的竞争力,将服从与参与社会责任的需要看作企业的商业机会。随着城镇化建设进程的加快,城市建设的硬件可以在

短时期内见效,而城市的软件,包括市民素质、人文精神的体现等,需要长时间培育和完善。因此,新华书店作为城市生活中非常重要的非物质文化价值,应当成为城市公共空间文化认知的首选之地。

一个城市最重要的公共空间可以代表这座城市的气质,当前人们行为中缺乏尊重、体谅、谦让、顾及他人的良好习惯与城市公共空间文化缺失有很大关系。城市公共文化的形成,仅仅靠学校去教育、道德灌输是不够的,还需要来自平时生活大量实践和环境氛围的潜移默化的影响。国有文化企业新华书店理应集政府、非政府和民众之力,共同打造城市公共空间。基于这样的责任与担当,海宁书城组织开展"把爱传递出去"爱心捐赠和义卖活动、"知礼节开心学国学"家庭表演赛、"爱生活讲文明"摄影大赛、"关爱成长、争做社会妈妈"爱心牵手活动等诸多活动,目的就是通过活动让市民相互关爱、彼此尊重。海宁书城为倡导城市亲和感提供了实践的公共文化空间。

从延安走来的新华书店在国家实施全民阅读战略的时代,在传承与创新的过程中,应该找到自己生存与发展的空间。新华书店在读者心中,所代表的不仅仅是买书卖书的场所,更是一个可以享受生活,分享、交流和体验的文化之地,是人们心灵的栖息地,它又是现代生活方式和文化价值取向的倡导者、引领者。

参考文献

[1]沈志勇.重新定义中国商业模式.北京:电子工业出版社,2011.

[2]国家新闻出版广电总局.2012年新闻出版产业分析报告,2012.

[3]孙黎.反思创新与商业模式.北京:北京大学出版社,2012.

浅谈新华书店中小型门市的困局和机遇

浙江淳安县新华书店有限公司　叶建国

【摘　要】新华书店是一个有 70 多年历史的发行企业,在市场竞争和出版物发行改革条件下,企业具有相当的核心竞争力,但是随着网络购书及电子阅读的盛行给中小型门市带来的冲击和危机越来越明显,本文通过中小型门市所面临的困局和机遇进行常规性的探讨。

【关键词】新华书店;中小型门市;困局

引　言

进入 21 世纪以来,新华书店经历了快速的发展和扩张,浙江新华也成功进行了全省连锁,科技进步、计算机技术不断地完善,资源优势的整合和配置,物流的快速发展,为新华书店的发展和扩张奠定了基础。但是近年来随着网购和电子阅读的盛行。对新华书店的实体——中小型门市带来很大的影响,虽然近年来码洋有所增长,但是门市的销售人次在大幅减少。本文结合淳安新华书店的现状从理论上进行论述,分析所面临的困局和机遇。

一、新华书店中小型门市发展现状

新华书店于 1937 年 4 月 22 日在延安清凉山成立,是中国共产党领导下的社会主义事业的一个组成部分,是党在思想战线上的一个宣传阵地。"新华书店"店招是由毛泽东亲笔题写,这个店招激励了几代新华人奋发图强、开拓创新。新华书店是一个金字招牌,同时也是一个文化企业,是一个令广大读者多么亲切和熟悉的名字,读者想买书的第一反应就是到新华书店。改革开放后新华书店的门市都实行了开架售书模式,让所有的图书都与读者接近,新华书店的发展壮大,影响了几代人,几十年来新华书店为宣传马克思列宁主义、毛泽东思想、邓小平理论,传播科学文化知识,丰富人民的精神文化生活做出了巨大的贡献,也努力担当了一个文化企业的责任。

新华书店作为新中国成立以来唯一的发行主渠道,在相当长的一段时期内享受国家政策的支持。改革开放以来,随着新华书店深化改革,新华书店得到了快速发展,而教材发行的垄断运营机制,为新华书店带来了稳定而丰厚的利润空间,从而为新华书店中小型门市的发展和扩大奠定了坚实的基础。

1998年浙江成立了新华书店集团公司,对全省的地市新华书店和县级基层店进行连锁经营,十多年来,随着科技进步,计算机技术不断完善,资源优势的整合和配置,物流的快速发展,为新华书店中小型门市卖场的发展和扩大带来了机遇,连锁以后,省店50万图书品种的资源共享和全省新华书店计算机一体化,为中小型门市的进货、退货及管理节约了大量的人力、物力成本,也极大地满足了读者和市场对出版物时间和品种的需求;也提高了新华书店在市场中的竞争力。近年来全省新华书店几乎每年新增卖场1万多平方米。淳安新华书店十多年来门市也不断地扩大,到2009年新建的中心门市面积达到了1400平方米,经营品种达4万种,销售码洋600万元,几乎是上年同期的翻倍,门市扩大以后,在购书环境、品种、销售都有了一个较大的提升,但是近两年来,销售增长减缓,虽然码洋稍有增长(统计数据为价格拉动),但是销售人次在逐年减少,2010年全年销售196000人次,人均购书20.50元,2011年全年销售172000人次,人均购书22.10元,到2012年年销售155000人次,人均购书是25.80元,三年内销售人次降了5万多人次,销售人次的减少,不是个别书店现象,而是普遍现象,是中小型门市卖场面对网购和电子阅读盛行的直接的市场反应。

二、新华书店中小型门市发展面临的困局

门市卖场作为新华书店的形象窗口和出版物销售的终端,是市场反应的晴雨表,按照钻石销售模式理论,中小型门市在经过多年的发展和扩张,使销售达到了巅峰,但不可能永远处于巅峰时代,一定有它的另外销售替代模式,中小型门市现在所面临的困局也正好验证钻石销售模式的理论。

1. 网购、电子阅读对实体书店门市的冲击

网络已成为人们生活中重要的组成部分,而网购为广大消费者带来了更大的便利和实惠,2012年11月11日淘宝网的销量更是达到191亿元,以致物流几乎瘫痪,而网上购书、电子阅读也渐渐成为不少人与图书亲密接触的新方式,网络书店有着天然的经营优势,它不受实物陈列空间的限制,提供了比实物书店更多的折扣,降低经营成本,而顾客在成千上万的书海中搜索想要的图书,只需

几秒钟的时间,十分方便,通过电子支付、送货上门的服务,人们足不出户就能阅读天下群书,网络书店简直就是购书者的天堂,给传统的新华书店实体店——中小型门市的冲击是不言而喻的。

浙江新华书店集团公司在 2000 年也成立了博库网站书店,经过多年的运营和市场的认可,到 2011 年单独成立博库网上书店,建立内部竞争机制。博库网、当当网、亚马逊等几大网上书店给新华书店中小型门市带来了巨大的冲击。主要表现在以下几个方面:

(1)首先是折扣上,实体门市书店一般不打折,量大的最多可以放到 8.5 折,而网上按书的品种折扣可以 4 折～7 折,这样大的折扣优惠,读者自然就会选择网上购书了。

(2)物流的快捷和便利,在较远的小镇都会有快递到达。在淳安的乡下,只要头天在网上下单,第二天下午就可收到货物。

(3)中小型门市的品种陈列,又为网购者提供看货下单的方便,很多读者在门市看中某种书后,抄下书号就直接到网上下单了。

电子阅读就是把纸质发行物的内容和信息放在数字屏幕中阅读,随着 ipad 等科技产品的出现,电子阅读和手机阅读已越来越普及,所以电子、手机阅读对传统的实体书店影响是巨大的。

2.成人阅读,基本读者流失,购书人次逐年减少

4 月 23 日是世界读书日,尽管政府多年来都提倡全民阅读,但随着人们追求物质文明和竞争压力,当今已很少有人能静下心来好好阅读一本书了,据世界各国每年人均读书本数统计,以色列 60 本,日本 40 本,韩国 11 本,法国 20 本,而我国平均每人每年读书不足 5 本,这是一种痛心和惋惜的思考。在新华书店中小型门市的销售统计数据里,份额最大的肯定是少儿和文教,而代表成人阅读的社科、文艺增长乏力,份额偏低。

基本读者是经常光顾新华书店、信任新华书店有购书欲望和预订图书有联系的读者,统计数据显示,2003 年淳安新华书店在预订图书和有信息联系的读者有 800 多人次,到了 2013 年有预订图书的不到 100 人次,基本读者流失,很大一部分走向网上书店,就连门市员工也常到网上书店购买图书。成人阅读乏力,基本读者流失,使中小型门市购书人次逐年减少。

3.政府加大对图书馆的投入及农家书屋建设对门市的影响

实现中华民族伟大复兴,必须推动社会主义文化大发展大繁荣,兴起社会主义文化建设新高潮,浙江在推进建设文化大省的战略,十多年来,政府对文化的投入不断增加,特别是对图书馆的软硬件建设和农家书屋的建设。

杭州图书馆,在 2008 年由市政府投入 4 亿多元在杭州城东建成,杭州图书

馆新馆建筑总面积 43860 平方米,拥有各类出版发行物、文献资料 280 万册,在"平等、免费、无障碍"的理念指导下,首创平民图书馆,平民大书房,独树一帜的家居式风格、全区城开架、免费服务、全市范围通借还,提供杭州市公共图书馆服务体系内 13 个县(市、区)图书馆图书的通借通还,每年接待读者达 40 多万人次,政府每年还投入巨额资金购买出版发行资料,对全市各县(市、区)图书馆每年接待读人数有具体考核要求,从图书馆考核接待人次来看,每年都在递增,以淳安县图书馆为例,2011 年接待 18 万人次,2012 年接待 20 万人次,从这数据来看,由于公共图书馆软硬件改善,大量读者流向图书馆阅读,从而导致了中小型门市购书人次下降。

农家书屋,是农村文化建设基础性工程,是由政府投入建设的公益性文化事业;2012 年浙江省投入农家书屋资金达 2 个亿,淳安农家书屋资金有 400 万,由淳安县新华书店中标配送,配送图书中,农技书 50%,虽然新华书店完成这笔机会销售,但从 2012 年的 4 月份到 2013 年 4 月份,门市农技书同期下降了 60%,由此可见农家书屋建设对中小型门市的后期的影响是连续的。

三、新华书店中小型门市发展机遇和对策

1990 年,美国两位著名管理专家普拉哈拉德和哈默在从《哈佛商业评论》上发表《核心竞争能力》一文,首次提出了"核心竞争力"的概念,什么是企业核心竞争力? 企业核心竞争力是指企业独具的支撑企业可持续性竞争优势的核心能力,它可更详细表达为:企业核心竞争力是企业长时期形成的,支持企业过去、现在和未来竞争优势。新华书店中小型门市近年来,遇到诸多困局和发展的瓶颈,但是新华书店的企业核心竞争力还是有相当的优越性和延展性,从地理环境和技术环境来讲,中小型门市还是有着较大的竞争能力的,面对行业的困局和竞争对手的变化,中小型门市所应对的策略有以下几点:

1. 做好小中型门市卖场营销细节

卖场营销是中小型门市的一项重要工作,不但门市要有一个优雅、整洁、舒适的环境,更要有一个充满活力、积极向上、创新营销的气氛,以淳安中心门市为例,他们为了应对困局举办了门市营销创新竞赛活动。如分管文艺、社科图书的员工通过对图书品种的分析、筛选,图书信息的收集,判断图书的读者群体和图书销售的预设想,选定一本或二本图书,由员工自己撰写推荐词或书评,制作POP 广告,通过在卖场堆码、口头推荐、进行营销竞赛,到期进行册数和码洋统计;分管少儿文教类图书员工,每个员工布置一期图书营销展台,营销主题、营销品种、营销措施都由员工自己决定,展台布置好后,拍摄照片,统计数据,根据展

台的创新和销售数据进行评选。活动开展以来收到了非常好的效果,在销售排行榜前几名的都是通过员工推荐的图书,从门市卖场来讲,也使读者感到时时有推荐,处处有活动,使门市有活力有竞争力。

2. 抓机会销售,找潜在市场

(1)流动供应创新。作为中小型门市销售终端的延伸,流动供应是新华书店的传统项目,也是一个机会销售,其效果也是非常明显的,近年来为了应对困局,淳安中心门市在流动供应的服务项目上不断摸索,不断创新。比如书店在每年流供的学校都举行一次读书活动的启动仪式,仪式过程是学校拟定主持人、校长作动员讲话,学生代表发言,最后进行读书活动知识有奖"抢答"的互动,奖品就是图书,现场活动相当活跃,受到了师生的欢迎,激发了学生的购书热情,起到了非常好的效果,也淡化了流供售书的商业气氛。从效果来看,创新这样一个活动仪式,效果是完全不一样的,做得最好的一个 160 个学生的小学校,销售码洋达8000 多元,人均购书 50 多元。

(2)抓机会,找潜在市场。机会是给永远有准备的人,中小型门市虽然面临困局,但是机会市场潜在市场还是非常巨大的,淳安中心门市一般图书销售 500万元,其中团购和机会销售有 130 多万元,占 26%。多年来书店非常注重机会市场和潜在市场,一是关注信息流,关注政府对出版发行物的采购信息,及时跟进;二是走出去,通过各种资源关系,与教委、学校等有关单位保持密切联系往来。近两年来,通过多种努力,中心门市在农家书屋、幼儿园图书配送,及各种团购达 500 多万元,在购书人次不断下降的困局下为销售的增长贡献很大的码洋。

3. 调整布局,求效益最大化

浙江新华书店多年来一直开展多元化经营,在实体书店不断受到冲击下,怎样求效益最大化,中小型门市也不断在调整主业与多元化的结构。因为书店的中小型门市都处在城市的黄金地段,作为企业要求效益最大化,又要顾全社会效益,所以新华书店也不断地进行多元化经营的摸索,省店综合业务部引进了许多多元化经营项目,文化用品、数码产品、苹果手机、手表、体育用品等,按照效益的变化,书店也在调整。淳安中心门市现在有经营面积 1400 多平方米,其中文化用品销售 120 万元,占用面积 90 平方米,数码销售 230 多万元,占用面积 50 平方米,全场图书销售 800 多万元,从目前来讲,音像制品处在黄金位置,80 平方米,销售码洋只有 30 多万,书店拟准备调整音像的位置,调整布局求效益最大化,这也是中小型门市应对当前困局的对策之一。

四、结束语

商业模式的改变是历史性、革命性，而网购是人们生活方式的改变，阿里巴巴董事局主席马云曾预言 10 年后电商将占整个零售市场的 50％，这将是一个天大的变化，不管传统的还是非传统都要顺应这个变革，新华书店中小型门市作为传统的零售行业，不但要受网购的冲击，还要受阅读方式、阅读习惯的影响，本文作者所提出的对策是常规性、非转变性的，新华书店中小型门市要在战略上有颠覆性的思维，与时俱进，从理论到实践寻找对策。

固本强基 多元突破

——转型期新华书店发展浅析

浙江绍兴市新华书店有限公司 傅 钧

【摘 要】当前实体书店发展受到网络的挑战,经营出现困难已经是一个客观的现实,国家新闻出版广电总局发布的《2012年新闻出版产业分析报告》显示:2012年出版物发行单位数量较2011年减少4900余家,其中个体经营户减少4100余家。本文结合绍兴市店应对网络挑战的一些工作实践,提出了转型时期新华书店固本强基做大做强主业,多元突破奋力突围的一些思考和实践,以期与同行们分享。

【关键词】新华书店;转型;实践;工作研究

一、新华书店在网络时代遇到的问题和困难

(一)阅读习惯改变、书店人流减少、销售下降

当下,文化传媒数字化的兴起及电子阅读器的推波助澜,越来越多的人开始通过电脑、手机、电子书进行阅读,全民进入"读屏时代"。据中国新闻出版研究院2013年4月18日发布的"第十次全国国民阅读调查"显示:全民阅读量正在下降,1999年我国国民的阅读率为60.4%,而2012年我国18岁至70岁国民图书阅读率已下降至54.9%,与国家的经济GDP增长趋势相反。网店的冲击,新华书店卖场销售也增长乏力。据2013年上半年开卷图书市场监测报告:全国图书零售市场同比下降1.5%,这是开卷图书自1999年开始监测以来,实体书店销售的首次出现负增长。

（二）书店零售折扣折让增加，企业成本上升

在网上书店超低折扣销售的冲击下，新华书店也改变销售策略，开展低价促销活动，从 2007 年开始的全省新华书店卖场统一掀起的"橙色风暴"，又到 2012 年的全省性的"聚畅销"活动，优惠折扣都在 50～85 折之间，改变着新华书店没有低价的形象；走出店外做团购生意，也需要给以一定的团购折扣。如：2013 年绍兴市各企业单位开展的"道德讲堂"活动，活动设计有"诵一段经典"和"给职工送上一份吉祥物"这两个环节，许多单位都选择购书。我们抓住了这个信息，到各单位开展营销，生意谈成了，折扣也下来了。做书店的都知道，图书是定价制，零售的毛利空间是固定的，销售折扣支出大了，企业的成本就上升了。

（三）有些书店生存困难无奈关闭

在阅读习惯改变、网购掀起、销售下降、企业经营成本上升等压力下，有些实体书店抗不住生存的压力，选择了关门。国家新闻出版广电总局发布的《2012 年新闻出版产业分析报告》显示：2012 年出版物发行单位数量较 2011 年减少 4900 余家，其中个体经营户减少 4100 余家。新华书店虽然没有到关门的境地，但生存压力也越来越大。

二、新华书店应对网络挑战的优势分析

新华书店虽然已经改制，但它仍然是国有的文化企业，是国家图书流通的国家队，在当下实体书店遇到网络冲击的困难面前，我们还要看到我们的优势，制定我们的应对策略。新华书店抗衡网店冲击有哪些优势呢？

（一）政策优势

作为图书流通的国家队，目前新华书店还享有下列优惠政策：首先自 2006 年来享受文化体制改革试点单位所得税免税政策。其次县级县以下新华书店和农村供销社享受图书销售增值税先征后返政策；上述两个新华书店享受的税收优惠均要求专款专用，用于新华书店的网点设施建设。这就为新华书店建设自有卖场打下了经济基础。

（二）教材专营优势

从 2006 年开始，浙江省新华书店集团通过教材招标，以全省让利 8000 万元获得了中小学教材的专营权。虽然教材的发行利润有所下降，但毕竟教材量大，

在新华书店经营中起到了固本强基的作用。更重要的是新华书店获得了教材专营权,与学校建立了千丝万缕的关系,为新华书店进校园开展阅读活动提供了方便。

(三)60 多年积累的客户优势

从延安走来的新华书店,它在中国社会的每个城市,都有它的非物质文化价值,它已成为共和国一代又一代人阅读的记忆,60 年的经营,新华书店在属地已经是图书零售业的一块品牌,60 年的经营,在当地已拥有不少良好的客户资源。

(四)自有物业优势

浙江省新华书店集团,从 1995 年起就根据中央十四届五中全会提出的经济增长方式从"计划经济向市场经济转变,粗放经营向集约经营转变"两个根本性转变精神,利用现有政策不断地加快积累,将积累的钱全部投入建设物业,浙江新华从 1998 年到 2013 年 15 年间,合计投资了 25 个亿,全省新华书店卖场面积从 1998 年的 8 万平方到 2012 年的 33 万平方米,全部是新华书店的自有物业,这些物业为新华书店开展多元经营提供一个很好的平台和想象的空间,也为书店在网络背景下的生存发展提供了很好的发展基础。笔者所在的绍兴市新华书店在原有 3200 平方米卖场的基础上,在集团公司的支持下,2013 年又购置新的物业,开设了 5000 平方的迪荡书城。

(五)集团连锁优势

从 2003 年开始,浙江新华依托全省信息一体化、库存一体化、市场一体化的连锁平台,与全省 75 家子公司 300 多个卖场进行了连锁经营,基层书店抗风险能力增强。连锁以后,基层书店通过计算机系统就能享受集团整合了的 50 万品种资源和相关信息资源,市场有需要,只要鼠标点点,集团公司年吞吐量 60 亿的物流自动化配送系统能做到基层当天下单当天出库,第二天到货。为基础书店拓展市场提供了强有力保障。

上述 5 个方面是浙江新华书店正在转型的优势和基础。

三、"固本强基、多元突破"的转型实践

面对实体书店遇到问题和困难,浙江新华的前董事长、总经理周立伟说,"什么是机遇?困难就是机遇。行业的困难,给了新华书店机遇,因为别人比我们还要困难,我们的实力、能力、心力比别人要强"。早在 2007 年,他就在全省经理会

议的工作报告中提出了新华书店"固本强基、多元突破"的工作思路。就实体卖场来说就是要处理好"店内固本强基,店外多元突破"、"图书固本强基,非图多元突破"、"文教固本强基,其他多元突破"的关系。现结合绍兴市新华书店在这三个方面的实践,谈一下体会和认识:

(一)利用教材专营的机会,进校园开展阅读推广

教材招标新华书店获得了教材的专营权,使新华书店不仅巩固了教材的销售,同时也维系了与教育系统的关系,给店校合作提供了机会,为书店进入校园开展阅读推广提供了便利条件,如绍兴市店 2013 年通过与校方的联系,共组织好书进校园流动供应 40 多场次,组织周锐、秦文君、晓玲叮当、杨鹏等名家签售活动 36 场次,通过和当地宣传部门、教委联合开展"学生读书节"活动 80 多场次。

(二)预定和卖场集中陈列相结合,做深教辅市场

教辅图书是出版物中一个很特殊的类别,它是与教材配套,它是教材的衍生品,它是完全按教材内容,进行配套编写和生产。它与教材一样,是学生学习、老师教学的必需品,具有不可替代的作用;正是这种不可替代的特性,也造就了教辅市场的广泛性。当下,只要应试教育模式存在一天,教辅图书市场就必然存在,有多少学生,就有多大的市场。又由于教材的地方性,网站在这块的竞争力非常弱,所以我们在巩固教材发行基础上,在教辅这个品类下功夫。在卖场重点做好多品种的教辅图书陈列,以教材的多样性满足市场的需要,在店外,抓重点品种的征订,提高配套率。通过店内店外的合力,绍兴市店教辅图书销售一直呈增长趋势。

(三)建设自有物业,创造条件开展多元经营

以图书为中心,滚大其他相关文化商品的雪球,是浙江新华卖场转型的一个重要的战略决策。只有有了物业,才能做这种战略转型。绍兴市店新开的 5000平方米的迪荡书城,在卖场整体规划中,我们拿出 4000 平方米做书,1000 平方米开展图书相关的产品经营,开业之初引进了 5 个品牌的数码电子产品,引进了1 家文具用品、1 家眼镜品牌、2 家手机品牌、4 家手表品牌,同时单独规划了 1 个玩具区域,引进乐高等 4 家高档次的玩具品牌、文房第五宝、缤纷姓氏和生日日期小熊。开业后又增设了学生培训区、地球仪展示专区、旋转书架展示区、创想、伊娃健康学习桌、茶艺艺术品等相关产品和相关业态。2013 年 3 月开业以来,多元产品销售节节攀升,3 月份多元销售占总销售的 11.12%,4 月就达到 25%,

5月份达到了30.37％。多元经营的潜力开始显现。

（四）增加服务附加值，将卖场变成阅读推广平台

实体书店与网上书店的竞争，归根到底是对读者阅读和购买习惯的竞争，在这场争夺中，实体书店卖场可充分发挥自身文化实体优雅卖场和雄厚人脉优势，如开展文化讲座、沙龙聚会、名家签售等培育一个庞大的忠诚读者群体。绍兴迪荡书城在绍兴的新区，为了尽快提高在当地居民中的知晓度，我们邀请了著名儿童文学作家杨红樱来新卖场签名售书，在前期做了广泛的宣传准备，签售当晚效果是出奇的好，原定17点开始的签售16：30就有读者排队了，杨红樱整整签售了5个小时，售出图书3000多册。签售后许多读者感叹：哇，这里还有那么好的一家新华书店啊，我以后购书还是到这里来。那天签售我们只是9折优惠，而同样的书，那天京东网5折、当当最低6.5折。给读者提供阅读的附加值，是今后实体书店努力的方向。

（五）走向社会开展阅读推广

党的十八大报告提出"开展全民阅读活动。普及科学知识，弘扬科学精神，提高全民科学素养。""全民阅读活动"六个字首次写入党代会报告中，表明我党已把全民阅读作为重要的国家战略来认真实施，也为新华书店的工作指明了方向。新华书店要跳出图书说图书，跳出营销说营销，开展社会阅读活动大营销，如近年来，绍兴市店与社会各界联合，连续承办了"绍兴市全民读书月活动"、"越城区越都书市"、和教委合办"全区学生读书节活动"、"文理学院大学生读书节"。这些活动均是公益性的，社会效益很好，为培育和建设一个城市的文明，培育一方国民的素养，起到了很好的作用。对新华书店来说，开展这种活动虽然不赚钱，但通过这些活动体现了新华书店作为国有的文化企业价值和社会责任感。

总之，新华书店转型"固本强基"就是做强做深做透图书主业，这是我们的基础，必须稳定而牢不可破；多元突破就是创新，创新销售业态、创新营销、创新销售方式等一切有利于扩大新华书店市场占有的方式、方法、渠道和途径。"固本强基、多元突破"这八字方针将引领我们应对网络时代的挑战，我们一定要把握好机遇，利用一切资源，创造性地向市场的深度和广度进军。

书店联营合作模式中问题探究

浙江富阳市新华书店有限公司　　郭微萍

【摘　要】随着书店主营业务市场竞争的加剧,实体书店不断寻求多元化经营之路,以扩大自己的市场占有率。文具、教育数码产品、电脑、手机、手表、眼镜等等商品,已经成为我们各大书店一应俱全的商品,丰富了实体书店的商品种类。随着经营品种以及入住商户的增多,传统的自主经营模式被打破,带来了一系列的联营合作问题。本文利用详实的案例探究、分析当前书店在联营合作中存在的问题,并提出相应的解决方案及对策,以规范转型期实体书店联营合作中的管理。

【关键词】书店;联营合作;管理

一、书店联营合作必然趋势

随着宏观政策与微观市场环境的变化,实体书店的经营发展面临严峻的考验,特别是书店主业图书商品的经营,竞争与压力与日俱增。在新形势下,书店只有根据外部环境与内部条件的实际情况,改进其经营对策,以谋求可持续发展。

多种经营作为书店改进经营策略的重要手段,成为各大新华书店提高市场份额和竞争实力的必要手段,被书店广泛重视。通过十几年的探索经营,书店的多种经营之路得到了发展和提高,取得了较好的市场业绩的同时,也促进了主业市场的良性发展。从我店及兄弟店十几年的经营数据看,近年来,非出版类多种经营销售超过主营图书零售50%的书店比比皆是,并每年都以10%～20%的递增速度高速发展。随着书店联营合作模式的扩大,引进商户及品种的增加,书店的多种经营之路将更加广泛,这条联营合作之路将成为书店发展的必然趋势。

俗话说得好"隔行如隔山",多种经营往往涉及不同商品,需要具备不同的专业知识,这就意味着从销售、采购到管理各个环节都需要符合多种专业化的需求。同时,还会带来包括供应商开发、物流模式、商品管理等在内的经营思路乃至经营模式的变化。传统的实体书店一直以来都是自主经营,产品单一,管理制度健全,业务流程规范。随着各类非出版类商品的进入,合作、联营等经营模式的加入,传统的自主经营模式被打破,管理制度、业务流程等一些制度和标准已无法满足现有经营管理要求。如何管理好入驻我们书店的"商户",已经迫在眉睫。

二、书店现行联营合作模式现状及问题

谈到书店的多种经营之路,时至今日已不是三天两头的事情了,就拿我们富阳来说,随着书店经营面积的不断扩大和卖场的改造升级,引进、租赁等合作形式成为常态,单一的自主经营模式被打破,带来了一系列的经营管理问题。

(一)联营合作模式现状

1.文化用品现状

2000年,文具作为多种经营的试金石,首先在我店开展与其他公司联营合作模式经营,实现联营体制,主要以销售提成方式进行联营合作,十多年来,得到了长足发展,从最初的年销售30万~40万元,一举达到2012年的700多万,以每年两位数的增长,飞速发展,可谓成绩突出。

2.教育数码产品现状

教育数码产品,2003年前,书店基本没有涉及教育数码产品,有也是卖几个复读机,年销售也就几万到十几万,我店正式引进教育数码产品联营合作是2003年,以销售提成及保底销售方式联营合作,年销售几十万,主要经营步步高复读机产品,经过近十年的发展,我店教育数码产品年销售有了突飞猛进的发展,2012年实现销售789万元,2013年有望达到历史高点,800万以上,且销售形势依旧强劲,成为我店销售的一个亮点。

3.其他联营产品现状

(1)苹果授权店现状

2012年,我店引进苹果授权店,实现销售150万元,由于处于起步阶段,销售没有预期的理想,不过我们相信,通过一段时间的经营发展,苹果授权店也将成为我们销售的一个亮点。

(2)"花世界"手表专柜现状

"花世界"手表专柜,作为一个手表品牌,通过省店的牵头,于2011年入驻我

店,在没有配备人员的情况下,每年为我店带来 20 多万的销售,虽然销售额并不算高,但在没有增加成本的基础上,也为书店的销售做出了一定的贡献。

(二)联营合作中存在的问题

1.文化用品存在的问题

(1)超范围经营

书店与文化用品合作公司早期签订的联营合作协议较为笼统,没有详细涉及经营类别明细,对文化用品及日常用品分类较为模糊,导致合作公司,在多年经营中,擅自扩大经营类别范围,特别是在一些文具与日用百货区分模糊的品种上(例如:洗发水,休闲包等),打擦边球。使得书店对外租赁商铺经营范围受到挤压和冲击,与其他入驻商户矛盾频发,制约书店联营合作发展。

(2)产品信息及商品质量不规范

不管商品大小、贵贱,"一品一码"是零售行业基本原则。在目前书店文化用品经营中,使用代替码信息做销售,导致销售信息与销售实物不一致的现象较为普遍,且问题越来越严重。同时,调查发现,部分商品与书店整体形象不符,品质较差,有安全隐患的品种开始大量出现,导致售后投诉及纠纷频发,破坏了书店在读者中的品牌形象。

(3)从业人员管理体制不健全

由于经营体制问题,文化用品从业人员由合作单位自行招聘录用,合作单位为节省人员开支,一味降低用人标准(年龄、学历、综合素质等),导致整体用人素质偏低,且合作单位管理制度不健全等因素的共同制约,多多少少影响了文化用品的发展。

2.教育数码产品存在的问题

(1)各品牌间恶性竞争

各品牌间的恶性竞争已经严重影响了教育数码产品的发展。每年省店都会通报几起因为恶性竞争导致的冲突事件,各店在日常经营中,小冲突、小矛盾更是层出不穷,在影响销售的同时损害了书店整体形象。

(2)制度不健全及人员管理难

问题是,驻店促销人员管理多层化,业务由品牌公司自行管理,日常劳动纪律由书店管理。促销人员工资绩效考核权限大都在品牌公司手中,书店基本没有对其进行考核权限,导致部分驻店促销人员劳动纪律涣散,对书店的监督管理不屑一顾,平时对其违纪行为进行处罚时,不予承认,与品牌公司协调处罚意见时,品牌公司不予重视,即便认可处罚意见,也是落实消极怠慢,从而促使部分驻店人员不予悔改,变本加厉,使得书店在数码产品柜组管理中处于被动,管理复杂。

3.其他联营产品存在的问题

(1)苹果授权店存在的问题

苹果授权店产品缺乏市场竞争优势。在富阳,苹果 iphone、ipad,市场巨大,小范围调查显示,50%以上的年轻人都使用苹果产品,可见市场潜力巨大。但我店苹果授权店价格普遍高于市场价 10%～20%,成为富阳地区所有销售苹果产品的店中最贵的一家,市场占有率可见而知。

(2)"花世界"手表专柜存在的问题

"花世界"手表专柜目前处于起步阶段,目前专柜品种比较单一,款式更新还比较慢,且最大的问题是,没有配备专业的导购及促销人员。

三、对策及方法

(一)文化用品经营管理对策及方法

1.解决超范围经营问题

针对文化用品超范围经营问题,书店必须从源头出发解决问题。所谓"源头"即修改补充与合作单位的协议文件。首先,与合作单位协商约定文化用品经营范围,补充制定经营范围业务分类目录,在日常经营中严格执行本目录的约定。其次,制定相关管理制度,对文化用品的经营管理加强监督检查,发现超范围经营情况,及时下发整改通知,要求其在规定时间内自行下架,对拒不执行的,予以相应处罚,从而有效控制超范围经营情况发生。

2.规范业务流程及商品准入制度

严抓商品准入许可,规范信息及业务流程。严格下架与书店形象不匹配,质量有瑕疵,存在安全隐患的商品,并制定相关巡查制度,对其经营商品进行不定期检查,发现问题及时整改。对商品信息实行"一品一码"的原则。鉴于目前存在的一码多品的信息,业务系统将保留其中一条信息,其余的进行屏蔽处理。新编品种,遇业务系统中已使用的条码,将不再编入。坚决杜绝使用代替码信息做销售,杜绝销售信息与销售实物不一致的现象。二年以上从未使用的文化用品信息,业务系统将予以屏蔽。

3.解决用人方案

签订用人准入标准或采用全权委托人员管理模式。与合作单位签订用人准入协议可以有效提高文化用品销售人员整体素质,使书店整体形象得到充分提高。当然,最佳方案是合作单位全权委托书店人员管理的模式,从招聘、录用、培训、管理、处罚都由书店全权负责。

(二)教育数码产品经营管理对策

1.制定管理制度,杜绝恶性竞争

有序经营是规范市场环境的基本原则。规范教育数码产品在书店中的有序经营,必须从制度入手,制订相应的数码产品管理制度,避免因为制度不健全导致品牌间相互恶性竞争发生。各大书店在数码产品管理中,都有自家的规章制度,但日常管理中总觉得制度不够健全,往往是遇到问题才会去制订或者修改制度,希望集团公司能够集合各家书店的特点及共识,制订一份统一的管理制度,对今后的联营形式合作提供标准化的制度保障。同时各子公司、门店可以根据自己的特点,制订相应的管理细则,从而提高联营形式下的门店管理水平。

2.解决从业人员管理模式

改变现有数码产品从业人员管理模式势在必行。一直以来,作为书店,在数码产品人员管理中缺乏的是处罚机制。所以,必须解决书店考核对驻店人员工资及绩效的影响,从收入来约束从业人员,从而提高整体形象及纪律。要做到这一点,唯一的解决办法就是书店代发数码从业人员工资。呼吁由集团公司牵头,和各大数码产品供应商签订代发协议。做法是,书店设立代发工资账户,数码供应商每月根据每位从业人员保底工资、绩效提成等工资收入上报工资表到书店,并将工资总额打入书店代发工资账户,书店再根据每位从业人员当月劳动纪律情况,服务质量情况等综合因素,看其是否存在违纪违规行为,代为发放其当月工资及绩效,对存在违纪违规的从业人员,扣罚其当月违规处罚金,这样就可以有效约束其违纪违规行为,对书店的管理起到一个有力的保障。对扣罚的违纪处罚金,可以实行按年度部分或全额返还各家数码产品供应商,并提供相应的处罚依据。

(三)其他联营项目问题对策

1.提高价格优势,抢占市场份额

在市场竞争中,价格优势是占领市场的第一法宝。在我看来书店的苹果产品经营中必须加大价格优势,对部分商品进行让利销售,在顾客中树立品牌优势及价格优势,特别是配件的销售上,更需在价格上体现优势,不能一味追求利润最大化,把上门购买的顾客挡在店外。

2.配备专业导购人员,创造更好业绩

再好的商品没有专职的销售人员,要想取得骄人的业绩,恐怕也是"天方夜谭"。"花世界"手表专柜的经营最迫切的问题是解决导购促销人员。同比调查显示,配备专职销售人员的书店手表销售明显高于没有专职销售人员的店,要想在手表经营中取得好的业绩,必须为其配备专职销售人员。

联营合作已经成为我们书店发展道路上不可或缺的一种经营形式,我们只有学习和探索其他各大商场、超市的管理机制,才能把我们的卖场做大、做全,使书店成为真正意义上的"百货商店",让传统意义上的书店的明天更加辉煌。

参考文献

[1][美]拜瑞·J.内勒巴夫,亚当·M.布兰.合作竞争.合肥:安徽人民出版社,2013.

[2]郭京生,袁家海,刘博.绩效管理制度设计与运作(第2版).北京:中国劳动社会保障出版社,2012.

[3]新闻出版总署职业技能鉴定指导中心.出版物发行员职业资格培训指导(发行师新闻出版行业特有工种).北京:中国书籍出版社,2008.

浅谈校园"小连锁"的开拓和发展

浙江富阳市新华书店有限公司　周伟珠

【摘　要】校园小连锁的开拓和发展是新时期农村出版物小连锁建设的重要组成部分，是出版物发行企业经营和校园文化建设相结合的重要手段和途径。本文首先简析了出版物小连锁建设和发展的社会背景及其内涵，深入探讨了校园小连锁开拓和发展的意义，并通过揭示和介绍松阳校园小连锁经营的实践，重点提出了小连锁开拓和发展的一系列策略，包括：遵循因地制宜的原则，实施可持续发展的策略；审视图书市场的形势，把握教辅市场规范的契机；积极创新经营合作模式，力求实现多方共赢；密切关注校园需求动态，不断优化服务功能；努力探索多元化经营，积极参与校园文化建设等策略。相信本文能为校园小连锁的成功运作提供有价值的参考和积极的借鉴作用。

【关键词】校园小连锁；校园市场；开拓和发展

引　言

2010年2月浙江省人民政府办公厅转发省新闻出版局《关于开展出版物发行小连锁工程建设意见的通知》，通知中就开展农村出版物小连锁工程建设提出了若干意见，要求各地从当地实际出发，采取有效措施，扎实开展农村出版物小连锁工程建设工作。各级新华书店作为农村出版物小连锁工程建设的主要力量，要充分发挥主体作用，切实履行国有文化企业的社会责任。自此"小连锁"一词正式进入新华书店系统的业务工作中。

"小连锁"是浙江省新华书店集团下属各县（市）新华书店，依托自身完善的经营体系，通过加盟连锁方式，与各城乡有关书店合作建立的新型农村发行网点。通过连锁经营的模式，采用"统一标识，统一信息平台，统一业务流程"的规范操作方法，利用新华书店的品牌影响，依托新华书店的科技优势、资源优势、管理优势，以先进的计算机信息管理平台为支持，结合加盟店的地域优势、人力优势，推进城乡文化建设，实现社会效益和经济效益双丰收。

校园小连锁是指在大中专院校、中小学校内开设的小连锁书店,是当下"小连锁"模式中的一种。丽水地区各新华书店目前有小连锁店18家,其中校园连锁店13家,而松阳县小连锁店5家,4家是校园小连锁。可见我们研究小连锁这个新生事物的发展,至少在丽水,在松阳,重点就是要研究校园小连锁的发展背景、实践和其规律性。

一、校园小连锁开拓的市场背景和意义

(一)校园小连锁开拓的市场背景

农村出版物发行"小连锁",是一项"政府主导、企业推进、社会参与"的惠及广大农村的文化建设工程,其运行的特点是政府扶持,企业经营。既然是企业经营,那么盈利或至少保本经营是"小连锁"持续发展的必要保证。由于出版物商品非人们生产、生活的必需品,且对它的消费又有文化程度这一门槛,也就是文化程度越高,潜在的消费量越多,反之就越少。因此,小连锁开办地必须聚集一定数量的有文化基础的消费者,才有可能维持小连锁的生存和发展。在广大农村,学校则是这类人群的主要聚集地,而且学校里的学生也存在对教辅图书的现实需求,在校园开设小连锁也就必然成为各新华书店的选项之一,这一选项尤其适合地域广、人口少、居住分散的小县,如丽水地区的各个县。

(二)校园小连锁开拓的意义

校园小连锁开设在校园里,它面向的服务对象是学校的学生、老师,一般以经营教辅图书为主,兼营其他类别图书及商品。学生对教辅图书现实的市场需求和新华书店小连锁建设的需要,造就了校园小连锁。校园小连锁的建设,从经济效益讲,它拓展了新华书店的经营网点,扩大了销售渠道,提高了市场占有率,同时它满足了学校师生对教辅图书的需求,为学生提供了新的阅读场所,又为规范、净化教辅图书市场做出贡献,承担了国有企业的社会责任。因此校园小连锁具有了实现社会效益和经济效益的双重意义。

二、松阳县校园小连锁的经营实践

(一)松阳四家小连锁的建立

截至2013年6月,松阳县新华书店有四家校园连锁店,分别是松阳一中店、

松阳二中店、民族中学店、城南中学店。第一家开业的是松阳一中连锁店,开业时间是 2009 年 10 月,松阳二中店成立于 2010 年 6 月,民族中学店成立于 2010 年 11 月,城南中学店成立于 2011 年 3 月。松阳一中店和松阳二中店是高中校园连锁店,民族中学店和城南中学店是初中校园连锁店。

(二)校园连锁店的经营情况一览

各家连锁店的各年经营销售情况见表 1。

表 1　各家连锁店的各年经营销售情况　　　　　单位:万元

店　名	成立时间	2009 年	2010 年	2011 年	2012 年	2013 年 1—6 月	合　计
松阳一中店	2009.10	0.4	61.6	74.3	88.5	23.6	248.4
松阳二中店	2010.6		0.7	40.3	4.9	26.3	72.2
民族中学店	2010.11		0.1	11.1	16.5	5.8	33.5
城南中学店	2011.3			8.1	16.7	7.3	32.1
总计		0.4	62.4	133.8	126.6	63.0	386.2

(三)松阳四家小连锁的发展初探

通过几年来书店和小连锁不断的努力和经营,虽然还存在一定大的起落,但四家校园小连锁在稳步向前发展,销售业绩在逐年提高,是不容置疑的。

2011 年、2012 年松阳县新华书店 POS 销售分别为 551.8 万元、606.6 万元,其中一般图书销售 309.6 万元、320.8 万元,校园小连锁销售 133.8 万元、126.6 万元,分别占全店 POS 销售的 24.2%、20.9%,占全店一般图书销售的43.2%、39.5%,小连锁的销售占了较大的比重。小连锁的经营成了松阳县新华书店新的销售增长点,而连锁店醒目的品牌标识、丰富的图书品种、良好的服务态度、浓郁的文化氛围成为学校一道亮丽的风景线,融入了学校的校园文化建设中。

校园小连锁为什么能如此成功地发展?从宏观上讲,是因为它的开设,既为在校学生提供了一个新的阅读场所,使学校提升了办学品位,也为政府规范了校园图书市场;是因为它的开设是出版物发行企业经营和校园文化建设密切相结合的重要手段和新兴途径;是因为它的开设既为新华书店扩大了市场占有率,也为教育事业加强了服务,提供了方便,是一项多方共赢的举措。

三、校园小连锁开拓和发展的策略

校园小连锁的成功发展，还与我们松阳新华书店在企业经营的微观上，注意遵循一定的企业经营原则和重视小连锁发展策略的研究分不开。以下是我们指导校园小连锁开拓和发展的五大策略。

（一）遵循因地制宜原则，实施可持续发展策略

小连锁的设立和发展要根据所在地区的政治、经济、文化、自然环境等各种因素，综合考虑，进行可行性分析，分析它成长的基础、空间、潜力，科学规划和稳步发展小连锁网点，力求加盟一家、成活一家、巩固一家、提高一家。2009年浙江新华创造的"小连锁"模式，得到了国家新闻出版总署、浙江省委、省政府的肯定，2010年8月，时任省委常委、副省长葛慧君赴嘉兴市调研新华书店小连锁时作出重要指示："使小连锁真正做到有活力、管得住、可持续"。政府的肯定和推动，使小连锁模式在全省得到推广。我们清醒地知道，矛盾的普遍性和特殊性的关系，经济发达地区的小连锁经营模式，不能生搬硬套地照搬到经济比较落后的地区，比如丽水地区，比如我们松阳。

丽水市是浙江省面积最大而人口最稀少的地区，2012年全市（八县一区）实现生产总值885.17亿元，仅与义乌一市总量相当，属于经济落后地区，而松阳县常住人口仅18.51万人，集镇人口少，购买力弱。在发展小连锁时，首先要考虑它的生存问题，经营一般图书显而易见无法生存，于是把目光投向教辅市场，定位于文教书店。文教图书的销售占了松阳县店一般图书销售的40%～50%，是销售额和销售利润的主要贡献类别。

综观全县的文教图书市场，各路书商也在争抢这块市场，故有一定的利润空间，所以，经营教辅图书为主的校园连锁店才有生存空间和发展余地。如今从松阳几家校园连锁店的运转经营情况来看，正是由于我们当初设立和开拓校园小连锁遵循了因地制宜、适应市场需要的原则和实施可持续发展的策略，小连锁店才具有了生命力。

（二）审视图书市场形势，把握教辅规范策略

教辅图书经过20多年的发展，品种已达到了相当的规模，学生市场存在现实需求，在各种利益的角逐下，个体书店、民营书商等商家争抢这块蛋糕，由于销售渠道混杂、产品良莠不齐、市场价格虚高、营销秩序混乱，导致近年来教辅市场问题频出，此类问题在全国也有不少的案例。另外，盗版猖獗，如云南省临沧市

临翔区教育局在公开招标过程中把关不严,用国家补助的专项资金采购了27083 册盗版的《新华字典》,造成了恶劣影响。诸如此类的问题破坏了经济秩序,败坏了社会风气,滋生了腐败。

松阳县这几年的情况是:各路书商纷纷进学校找老师,多头征订,老师的征订回扣等问题困扰着学校,特别是几所高中段的学校。高中段学生教辅用量多、定价高、码洋大,是书商的必争之地,学校一直在考虑如何规范使用教辅用书,回到教辅征订的良性竞争中,让老师远离回扣之类的经济问题,而新华书店之前在高中教辅经营上一直处于空白状态。在这个背景下,为了这一市场,填补教辅市场空白点,书店与学校找到了合作的契机。书店进校园,贴近了服务对象,为优质、正规的教辅打开了终端销售的空间。2009 年 10 月松阳一中连锁店开张营业,它的成立源于学校规范使用教辅图书的契机。它是丽水地区与学校合作最早的校园连锁店之一,成功的经验成为之后他们学习的模板。学校领导认为,新华书店进校园,这是一种品牌共建的合作模式,不仅可以规避教师从业风险,规范学生教辅图书,还能提高学校的文化品位。因此校园连锁店的发展,要找准时机,把握住规范教辅市场的契机,这样它才有较好的发展基础。

(三)积极创新合作模式,实现多方共赢策略

校园连锁店是一家实体书店,必须进行经济核算,计算经营成本,盈利或至少保本经营,这是"小连锁"持续发展的必要保证。根据不同学校的实际情况,在此基础上确定适宜的合作模式。目前的合作模式有以下几种:

1.松阳一中店模式,由学校提供两间教室作为门店,教辅按一定的折扣销售给学生,每年由小连锁向学校提供一定的经费用于图书馆购书,此购书经费均在书店采购图书,另支付一个临时工工资。

2.松阳二中店模式,书店按进货价顺加 X 个点给校园店,另支付一个临时工工资,学生教辅按统一折扣结算,差额给图书馆作购书经费购买图书。

3.民族中学店、城南中学店模式,学生教辅按进货顺加 X 个折扣和学生结算,由书店支付临时工工资。

校园小连锁是一种全新的经营合作模式,没有现成的经验可借鉴。在几年的实践过程中,经过多方面的尝试和总结,得出了一些有效的经验,特别是批量的教辅征订销售流程。比如说松阳一中店,学校和连锁店经过反复沟通后确定了规范的操作流程,充分尊重老师和学生的选择。由连锁店提供质优价廉的教辅样书,由各年级任课老师商量讨论选出教辅品种,由各学科备课组长填写教辅征订申请书,报教务处审批,由教务处主任批准,签字同意后将订单报至书店,教辅用书到货后,由学生自行到连锁店购买,尊重学生的意愿,书店以较低的折扣

销售给学生,连锁店微利经营。这样既规范了学校教辅的使用,又方便了学生的购买,而且以最大优惠让利给学生,让学生从中得到实惠,实现了书店、学校、学生多方共赢。

(四)密切关注校园需求,不断优化服务策略

校园小连锁要想在校园获得长久的发展,不仅要从书店自身的角度出发去经营,更要关注校园的图书需求动向,与时俱进地不断完善经营策略。

首先,拓展校园小连锁的外延功能。校园小连锁不仅是新华书店的零售平台,更是书店了解需求、对接图书馆馆配业务的桥梁和纽带,充分发挥利用好校园书店的优势,重点做好教辅品种的上架陈列,围绕教辅发行和馆配图书的采购,进一步加强和校方的沟通合作,实现图书销售和了解市场的多重目的。

其次,逐步提升书店服务质量。把握学校图书消费重点热点,图书进货和陈列要有侧重,要贴近教改与学科设置,贴近学生阅读特点与需求,贴近校园文化建设,尽可能地增加新书品种,加快图书流转,使师生足不出校园就可以买到自己喜爱的书。

最后,完善书店服务功能。做好缺书登记、新书预订、电话通知、送书上门等各种服务项目,让师生切切实实感觉到购书的方便性。做好各种售后服务工作,为师生提供满意的图书售后服务,消除师生购书的后顾之忧,从而促进购书积极性。书店开到了校园,方便、快捷成了校园连锁店的优势。

(五)努力探索多元经营,参与校园建设策略

校园连锁店的经营虽然以教辅图书为主,但它应该站在更高的高度,定位于多元化的经营,类别可以涉及课外读物、励志、文学、艺术等图书门类,可兼营文化用品、办公用品、数码产品,通过各种产品的组合销售,更大范围地服务师生,同时开创书店的经营创新、效益增加的良好局面,实现校、店的互利双赢。例如诸暨市新华书店的校园连锁店学勉书店,除了经营教辅外,还经营相关的课外读物和非图产品,例如办公用品和体育用品,通过这种"贴身服务",进一步密切与学校的关系,巩固和拓展了新华书店在中小学图书市场的份额。

校园连锁店在自身经营的基础上,可以扩大功能,尝试成为学校图书馆强有力的助手,为学生提供新的阅读场所,特别在一些图书馆馆藏相对薄弱的学校,担当和弥补学校图书馆的借阅功能,师生有借阅的需求,书店在系统中开发图书借阅业务,让师生享受书店的图书资源,参与到学校的校园建设中,融入校园,成为校园的一份子。例如,开化县新华书店,在当地学校开办了校园图书室,每学期由学生自愿交纳一定的费用,将这部分经费用于购置学校图书室的藏书,之后

向学生免费开放借阅图书。比如一个学生一年收取 20 元的费用,按一个学校
1000 个学生数,一年可以有 2 万元购书经费,将 2 万元购置新书,给学生免费借
阅,周而复始一年一年良性循环,图书室的藏书越来越多,将一个学校图书室办
得有声有色,丰富了学生的课余生活,书店也实现了销售,这一模式值得借鉴。

　　校园连锁店可凭借在学校得天独厚的资源优势,参与学校的校园文化建设,
倾向公益性,与学校的教育理念、学生的阅读与审美水平甚至学校环境融为一
体,积极开展作家学者讲座、主题式读书会、征文活动等系列公益性活动,加强对
学生的阅读引导与推广,努力让新华书店成为校园文化建设有力支持者和积极
参与者,从而体现书店的自身价值。

四、小结

　　我们深深地感觉到,校园小连锁的开拓和发展,不仅满足了农村小连锁建设
发展的需求,同时也满足了校园图书市场的需求,是书店未来发展的可行之路。
书店校园小连锁只有不断地进行自身的建设和发展,不断地完善校园小连锁开
拓和发展的策略,让校园小连锁在完成企业经营需要的基础上,成为促进学校发
展的有力支持者,成为学校文化建设的积极参与者,共同打造"书香校园",从而
实现书店加快发展和学校文化建设的双赢。

参考文献

[1]汤勇.校园小连锁潜力初探.北京:中国书刊业发行协会,2013.

[2]张福海.职业资格培训教材——发行师.北京:中国书籍出版社,2008.

[3]范征.连锁企业门店营运管理.北京:电子工业出版社,2013.

网络时代新华书店所面临的
挑战及应变策略

浙江景宁新华书店有限公司　李伟明

【摘　要】随着科学技术的不断进步,人们已经进入了互联网的时代。网络在人们生活中的普及,越来越多的人选择在网上买书或者直接购买电子图书,对传统的图书销售企业——新华书店产生了巨大的冲击。在网络时代迎接挑战,克服困难,是摆在新华书店人面前的一个难题。本文简要叙述了这些挑战和应变策略,供相关人士参考、借鉴。

【关键词】网络时代;新华书店;挑战;应变策略;实体书店

引　言

我国新华书店是一个国有文化类型的企业。面对网络飞速发展的新形势,新华书店的业务拓展将面临十分严峻的挑战。这些挑战不仅包括外部环境压力不断加大,还包括新华书店在发展中自身暴露出的一些问题。只有良好的解决问题,应对挑战,才能保证新华书店有更好的生存和发展空间。

一、网络时代新华书店所面临的挑战

新形势下,新华书店面临的挑战体现在以下几个方面:

(1)网络书店大量出现,由于不需要承担高额的店面租赁费,其图书价格与新华书店的图书相比较为低廉,很多消费者为了能节省开支,选择网上购书。另外,科技不断进步,消费者利用便携式电脑、手机等电子设备可以随时随地的浏览网上书店,查找自己需要的图书也比较方便,只需要输入关键词即可,这些都与当今社会的快节奏相适应,相比之下,去新华书店等实体书店买书需要耗费较多的时间和精力。其次数字出版的逐渐成熟,数字阅读的普及,数字图书的出现,将是对纸质书的致命打击。再者网络购物经过多年的发展,市场已变得越来越成熟,更多的消费者也开始信任网上店家,敢于在网上购买物品。价格低,方便快捷,使得当当网、亚马逊、淘宝网等购物网上的许多网络书店市场份额逐渐增大,对新华书店的经济效益产生了巨大冲击,也是新华书店在新时代发展中面临的巨大挑战。

(2)新华书店盈利范围窄,对政策依赖性大。从社会效益的角度看新华书店受政策保护,独家发行中小学校的教材,这已成为了如今收入的主要来源。我们可以从以下这组调查数据中进行分析:

对某市新华书店的营业状况进行调查,结果显示该书店当年营业总额为2400万左右,这其中教材1300万,占总额的54%;实体店的一般图书销售额900万,占总额的37.5%;音像制品78万,占总额的3.3%;电子商品70万,占总额的3%;文化和体育用品52万,占总额的2.1%。

对该市的某县级新华书店的营业情况进行调查,结果显示该书店当年营业总额为700万左右,这其中教材580万,占总额的82.8%;实体店的一般图书销售额116万,占总额的16.6%;文化和体育用品4万,占总额的0.5%;电子产品和音像制品的总额几乎为0。

通过对市县两级新华书店的调查,我们可以发现其中的问题,各级新华书店,尤其是县级的新华书店,其盈利收入主要是依靠教材的发行。换句话说:没有了教材发行权,全国80%的县级新华书店将面临亏损。2008年,国家实行了教材发行体制改革,以省为单位,实行义务教育阶段的中小学教材发行权招标,使得新华书店中小学教材的发行利润缩水,已从原来21%降到18%的毛利。假设哪一年某省新华书店未能中标,该县新华书店仅仅依靠每年120万的销售额,很难维持该新华书店员工的生存。对教材的过分依赖,是新华书店发展中需要解决的一个难题。

(3)部分新华书店的领导和员工观念陈旧,经营理念跟不上时代发展,观念未得到及时转变。通过对个别新华书店进行调查,可以明显感觉出其员工对顾客不够热情。各类图书摆放在架子上,无人问津,店员或是两三个一组在一起聊天,或是看自己喜欢的图书,缺乏对顾客进行推销的意识。与网络书店相比,新华书店干部员工观念十分落后,参与市场竞争的意识不强,"坐堂经营"、"等客上门"思想观念没有改变,经营效果可想而知。另外,为了完成销售任务,部分新华书店会对每一位员工下达任务指标,不同身份的员工的任务额也不同,完不成规定的销售额,就要扣除相应的奖金。员工为了完成销售,无心在店面中卖书,把大部分精力投入到了个人推销中,甚至把有些本该在店里完成销售的,也拉到个人推销中,以期尽早完成任务,或是超额完成任务,获得相应的提成奖励。

网络上的书店往往都是个人开设的,销售额的大小直接关系到自己切身的经济利益,所以他们在推销和客户维护上下的功夫非常大,对顾客的服务态度好,细致周到,很容易将图书消费者吸引过去。

(4)新华书店的管理手段相对落后,程序复杂,常常错过一些商机,影响经济效益。目前,新华书店店与店之间的微机联网系统尚未健全,使得一些程序在进行时需要花费大量的时间。对于一些畅销书和读者喜爱的图书,需要经过多个环节认证后,才能完成店与店的调剂,这样就可能在中间某个环节出现问题,耽误较多的时间,轻则减少了盈利,如果后果严重了,可能使得原本的畅销书过了时效性,成为一本滞销书,本来可以获取较大利润的图书成为仓库积压的库存,造成了不必要的经济损失。而这一现象在网络书店中就可以得到有效的解决,互联网的一个最大特点就是更新快,读者可以及时得到自己需要的图书,方便自己的使用。

(5)员工的整体素质偏低,缺乏懂得经营管理的专业人才,影响新华书店的发展和壮大。新华书店员工工资普遍偏底,对一些专业的经营管理人才缺乏吸引力,另外,员工的综合素质偏低,制约了发展的速度。网络书店店主虽然水平有限,但其规模较小,不需要特别复杂的管理程序,而且工作态度直接与其收入挂钩,其工作积极性较高。

二、新华书店面对挑战的应对策略

针对现阶段新华书店管理和经营方面存在的困难和问题,可以采取以下几点策略:

1.网络发展已经成为一个大趋势,在今后很长的一段时间内必然还会继续发展下去,如何利用好互联网这个市场,是新华书店工作的重点。新华书店可以成立自己的网站,加强自身宣传的同时,可以派专门的人员,在网络上进行图书销售工作。新华书店企业成立时间长,以新华书店的品牌效益,拥有较为广泛的群众基础,深得消费者的信赖,可以利用这一优势,以实体店为基础,进行网络销售工作。例如全国书店系统联网,消费者可凭电子券等凭证,在当地新华书店领取图书,事后总店再与该地新华书店利润分成。这样就可以开拓消费者群体,提高各个地区新华书店的经济效益。

2.新华书店可以利用好教材发行的优势,发展好图书销售的业务,在此基础上,结合自己条件和本地实际情况,追求更为广泛的经济来源。目前,许多行业不太景气,可能会出现资金短缺的现象,新华书店可以利用这一机会实行资本运作或向与文化有关的产品:如体育用品、艺术品等行业投资,丰富自己的营利手段,保证自己的经济利益。新华书店要发挥自身优势,增强危机意识,形成教材、一般图书和多种产业三足鼎立的局面,保证能在激烈的市场经济竞争中实现利润的不断增加。三足鼎立的局面可以促进新华书店的文化发展。当教材政策发生变化时,依然可以抵御风险,把书店经营得更大更强。

3.对员工进行思想教育,改变经营理念。要定期对全体员工进行思想教育,指出新华书店在网络时代面临的巨大挑战和困难,号召全体员工共同努力,提高工作积极性,在服务态度和意识上进一步加强,实现新华书店的不断壮大。另外,书店要积极利用转型升级,换取自身变革再造空间,要加强企业管理,对于先进工作者和销售能手给予一定的物质奖励。新华书店的全体员工要以顾客为工作核心,全心全意为顾客服务,提高自己的业务水平,树立良好的企业形象,为实现经济发展打下良好的基础。

三、结语

新华书店在网络时代面临着许多新的难题和挑战,广大书店人应加强学习,提高思想认识,积极应对这些挑战,把企业进一步做大做强。

参考文献

[1]汪顺安,何春华.新华书店面临的挑战及应变策略.中国出版,2005.

[2]张雪涛.网上书店兴起,实体书店面临经营困局.中国税务报,2010.

[3]封期楚.门市是书店生存与发展的基础.门市工作,2008.

[4]吴建中.传统实体书店突出重围的营销策略初探.市场营销,2009.

县级新华书店实体卖场转型的
实践与思考

浙江海盐县新华书店有限公司　　吴永军

【摘　要】受网络书店和数字化阅读的影响,传统的实体书店图书销量日趋下滑,新华书店卖场不例外,经营成本在逐年增加,运营艰难。本文以海盐县新华书店实体卖场改造为文化 Mall 的实践,对当下新华书店转型如何利用卖场物业资源和属地的品牌优势,抓住各级政府出台的文化产业发展的相关政策机遇,引进与图书相关的文化产品实行多元经营并实现盈利的模式进行了分析和总结,为各级新华书店实体书店转型提供了样本经验,以期与同行分享。

【关键词】新华书店;卖场;转型;实践;思考

引　言

近年来,传统书店卖场图书销售受到电商和数字化阅读的冲击,一般图书销售呈现下滑态势。针对这样的局面,作为已经改制的企业,为了生存,新华书店必须突破现状,寻求发展。本文以海盐新华书店抓住当地政府文化产业发展的政策机遇,将传统书店改造为图书产品为主的文化消费大卖场,在两年内实现盈利,提出了县级新华书店建设文化 Mall,是转型升级一条可行的发展思路,为行业其他县级新华书店转型升级提供了实践经验。

一、实体书店面临困境及问题

据统计,我国每年出版的图书超过 30 万种,但是户均消费图书只有 1.75本。又据 2012 年国民阅读调查结果显示,2012 年我国 18 至 70 周岁国民人均纸质图书阅读量为 4.39 本。再看海盐县新华书店的一组销售数据:2011 年书店卖场销售图书(不含教材及教辅材料)19 万册,2012 年为 18.5 万册左右,2013

年又下降至 17.5 万册,连续三年呈下滑趋势。上述三组数据,从不同侧面反映了当下我国国民阅读现状,也道出了当下新华书店实体书店面临的困境。那么是什么原因导致实体书店经营陷入困境呢?

(一)多元文化的出现,阅读不再是人民的主要的文化生活方式

新技术的出现,特别是互联网和多媒体的发展,使人们的生活方式发生了巨大的变化。快节奏的生活和文化活动的丰富多样性,让电视、网络、棋牌、健身娱乐等等占据了人们大量的休闲时间,传播媒体的多元化,图书已不再是获取知识和信息的唯一方式,视听文化和网络的高速发展,使人们更倾向于快捷和海量信息的电视、网络等。再加上以占有财富为成功标准的价值观,使物化思想得到更多人的赞同,人们的阅读行为功利性趋强,因而使得阅读提升人的精神世界和心灵对话成为一种奢侈,读书不再是人们主要的文化生活方式。

(二)数字化改变了人们的阅读方式

网络在线阅读、手机阅读、电子阅读器阅读、光盘阅读、PDA/MP4/MP5 阅读介质的出现,数字化阅读载体日趋丰富,改变了人们的阅读方式。据 2012 年国民阅读调查结果显示,电子书阅读量增幅较为明显,人均阅读电子书 2.35 本,比 2011 年增长了 0.93 本,增幅达 65.5%,这个数字在未来还将有很大的增长空间。而且数字化阅读人数比例正以每年 80% 的速度递增,可以说,数字化阅读正以不可阻挡的迅猛发展,改变着沿袭上千年的纸质阅读习惯,同时,因为数字化阅读成本低廉,价格及阅读的方便性,分流了实体书店的一部分销售。据海盐县新华书店数据,与数字化阅读有关的类别图书销售是下降的,而与数字化阅读无关的品类销售在上涨,卖场销售结构在调整,如海盐县新华书店卖场销售中小学教辅类、考试类辅导读物占图书销售总量的比重 2011 年为 21%,2012 年为 25%,2013 年为 30%,呈现了高比例趋势。

(三)电商将图书打折作为吸引人流的手段,蚕食了实体店的市场份额

图书由于其标准化程度高,单本定价低,从 2005 年开始,当当、卓越等电商以图书为突破口,将图书打折损失的毛利作为广告费用,亏本赚吆喝,吸引网购人流,打折销售已经常态化,统计显示,在当当网经销的 79 万种图书中,平均销售折扣低于 7 折,有时还推出 3.9 折乃至 1.9 折,再加上满返、满减等促销让利措施,京东基本是低于进价销售,一折、二折抛售新书,"书店看样,网络下单"已

成为网络消费者购书的方式,实体书店的很多消费者被折扣吸引,转至网络购书。实体书店原有的市场份额被电商蚕食。电商对实体书店的冲击从 2005 年开始影响,到 2009 年,已经对实体书店的生存形成威胁,从 2009 年开始出现的实体书店倒闭潮就是最好的例证。

（四）不断上升的经营成本对实体书店生存形成威胁

销售在下降,房价、地价、税收、物流、人力成本等实体门店经营成本却在逐年增加。以投资 2500 万元建设的海盐书城为例:卖场营业面积 3500 平方米,房屋折旧 60 万元,房产税(在享受减免 50％的基础上)10 万元,贷款 1000 万元计算利息 60 万元,水电费 40 万元,卖场营业人员 22 人,人力成本费用为 110 万,合计年运营成本大约在 280 万元左右。海盐县,36 万人口,县城武原街道常住人口不足 10 万,书城图书陈列面积在 1800 平方米左右,一年图书零售 600 万元,按照毛利 30％计算,图书毛利额为 180 万元。显然,书城靠纯经营图书生存存在问题,必须另辟蹊径,寻找书城经营的盈利模式。

二、书城实施多元化经营可行性分析

（一）新华书店品牌优势和区域性图书销售优势依然存在

网上购书虽然有折扣优势,但购书前的阅读体验是缺失的,数字化阅读虽然便捷,但它阅读过程中缺乏书香,难以深阅读。从网络购书和数字化阅读人群来分析,基本上是 20－35 岁年龄段的读者,20 岁以下,35 岁以上的读者的购书习惯还是在实体书店。新华书店是与共和国一起诞生的书店,60 多年来,在属地都有一定的知名度,是存在人们阅读记忆中的书店,新华书店在属地服务了 60 多年,也积累了几代人的读者,有的一家人从爷爷、外婆到儿女子孙均是新华书店的读者,所以,新华书店在它所服务的区域内品牌优势仍在。特别是少儿图书、教育类图书、新华书店卖场的销售优势比电商强。

（二）学习百货、家具等零售业转型的经验,卖书向卖文化服务转型

当下电商冲击的是传统零售业态,大型超市的出现,其实也是传统百货业、杂货业、食品、果蔬等零售业态的整合,为消费者提供了一站式的服务;建材家居行业线上线下并行的销售,从原来单一的卖产品到卖设计、卖风格,到实体店的体验馆建设,改变了过去单一卖产品的零售方式。这些零售行业转型的经验,为书店转型提供了样本。我们图书行业,也可以向超市学习,通过连锁的方式,集

中采购、集中配送,减少基层零售书店的采购成本和库存成本,同时改造基层书店的卖场购物环境,为消费者提供优质的服务。在经营模式上,我们可以向建材行业学习,做文化活动的策划者和引领者,将书店办成区域性文化交流平台,引进文化讲堂,开展读者俱乐部,开展主题读书活动,从卖图书到卖文化服务,提升新华书店的文化品位,创造电商和网上阅读无法实现的人文关怀。

(三)利用连锁集团整合的产品资源开展多种图书营销活动

海盐县店在与浙江省新华书店集团连锁后,充分利用集团已经整合的营销资源开展营销活动。这些图书营销是由图书引起的,并以开发满足读者需求轴心展开,引导图书商品和劳务从生产者流向读者所实施的一项综合性业务活动。如集团统一组织的新年书市、六一儿童节卖场活动、4.23 世界读书日活动和根据供应商产品组织的主题营销、名人营销、重点图书营销等等,这些营销活动都是有意识地利用名人及社会热点、事件,发掘或创造某种特定主题来激发读者购买欲望,提升书店销售的一种营销方式。它将原本单纯的图书,赋予某种主题,可以更好地挖掘其卖点,使销售活动更人性化。在营销活动期间,我们可以在卖场里会举办新书发布会、赠送试读本、码堆陈列、张贴海报、打折让利等各种方式尽力促销。在卖场外,则会根据目标读者的不同,向图书馆、企业、学校、机关单位上门推荐。例如教师节、三八节专项图书营销活动。这些营销活动的有效开展,都大大促进了图书销售,同时又提升了新华书店大卖场在属地的品牌影响力。

(四)充分挖掘大卖场物业空间,为建设多元文化产品创造条件

海盐县新华书店利用改革开放 30 年来的经营的积累,投资 2500 万元建成的 3500 平方米的海盐书城,为海盐新华书店卖场转型升级,发展多元文化产品经营提供了良好的物业条件和发展的想象空间,我们可以在 3500 平方米的卖场中创建一站式购书、读书、品书的高雅文化体验氛围,组建购买图书产品、感悟文化科技、体验文化科技生活的感悟式活动,使海盐书城成为海盐县文化消费的地标。

三、海盐书城多元经营的实践和思考

(一)对卖场多元经营进行合理规划统一布局

海盐县是一个小县,常住人口只有 36 万,外来人口约 10 万左右,根据海盐

县人口的特点,我们在对 3500 平方米卖场做商品结构时做了如下规划设计:在 1800 平方米卖场面积做图书,常年备货品种 8 万种左右,平均库存控制在 400 万元;1800 平方米图书面积中的展台陈列分亲情导购区、精品图书区、重点推荐区、浙版专区,大的板块区域图书分社科、文学、文教、少儿、生活类五大区域设置,在当下销售增长较快的少儿图书区域,又按顾客群消费特点,设立亲子乐园、儿童游乐玩具消费区域,通过这种按客户群为主题设计的相关产品的组合,为读者提供购书、阅读、休闲、亲子、交流等活动的一站式服务。

除图书外,卖场还有 1700 平方米面积,我们根据卖场客户逛书城的行动路线,设计了电子产品区、体育办公文具区、眼镜区域、家居陶艺区、甜品咖啡区等多元产品消费区域,各个经营区域布局和装修计都很有特色,既突出了商品,又很有文化品味,非常人性化,让读者一进书店卖场,就能感受"品读、时尚、休闲"的生活气息,在舒适的购物环境中,享受书店提供的"智慧人生、财富人生、快乐人生"的文化消费服务。

（二）以文化活动引领,提高卖场知晓度

海盐书城坐落在海盐的绮园文化休闲区,离原市中心的书店有一点距离,卖场落成后,我们一方面全方位开展宣传,在书城的主体建筑上增设大型广告牌和电子显示屏,在方圆 5 里以内,书城的标志一目了然,成为海盐城区的一个文化地标,与此同时,我们在卖场、电视、广播等多种媒体渠道发布图书排行榜、热点新书的广告宣传,利用手机报刊登文化书讯,吸引消费者逛书城,以提高书城在海盐城内的知晓度。另一方面,在书城内开展一系列专题文化活动,以文化活动引领,提高书城在老百姓心目中的知名度。如"快乐成长、猜谜语少儿图书展"、"暑期读书夏令营"、"春秋两季中小学教辅大联展"、"冬天里的阅读"、"欢乐度寒假、火红迎新春图书展"、"阳光人生、智慧成长"。2013 年,以海盐书城为摄影点,成功举办了"美丽海盐"摄影大赛。这一系列形式多样的促销活动,一个接一个,全年不断,既营造了卖场节日的气氛,又扩大了销售。据统计,书城每年通过专题性活动实现销售约占卖场总销售的 25%。

（三）多元产品叠加,成功转型,实现盈利

海盐书城由原来功能单一的图书零售卖场变身为一个集信息技术、生活休闲、活动区、咖啡吧、阅读区等文化服务于一体,经营产品也由原来单一的经营图书、音像制品发展到经营图书、音像制品、数码产品、文体用品、商务礼品等多元文化产品的大卖场,经营产品增加了,服务内容扩大了,各种经营资源得到充分整合,完成了由单一销售图书功能向多元复合功能的转换,形成多功能、多元化复合业态聚合的良好局面。通过两年的努力,2013年,海盐书城各项经营项目都有了较大突破,一般图书销售1000万元,实现毛利200万元,多元化经营项目实现毛利128万元,其中电脑(宏图三胞)区年实现毛利25万元,数码电子产品区年实现毛利50万元;文化体育办公用品区年实现毛利20万元,眼镜区年实现毛利6万元;家居陶艺,年实现毛利4万元,甜品咖啡店15万,米奇儿童游乐项目实现毛利8万元,合计盈利328万元,实现了当初海盐书城多元产品经营设计的盈利总目标。

(四)多元经营实践的思考

调结构,促转型,是海盐新华书店多元经营的基本工作方针,经过两年的实践,书店的转型升级有了初步的突破。在转型过程中,我们的认识和体会是,第一,新华书店卖场转型设计必须以书为主,如果离开"书"这个主题,书店就与其他"店"没有差别,做足"书"的概念,围绕"书"将"食衣住行育乐"的各类产品,植入新华书店卖场,围绕"书"滚大相关产品,是书店转型立身之本。第二,新华书店转型发展必须要充分利用政府的文化产业政策,海盐书城坐落在海盐绮园文化休闲区,是海盐县政府文化产业规划中重点扶持的四大文化产业之一,海盐书城的建设,得到了地方政府的各种政策支持,如果没有这些扶持政策,光靠海盐县新华书店自身的力量建设,是有很多困难的。海盐书城的落成,不仅为海盐县地方文化事业的发展和繁荣搭建起了一个平台,也为海盐县新华书店的发展奠定了基础,为书店的转型升级提供了发展空间。第三,海盐书城卖场的成功转型,提高了实体书店的盈利水平,为书店下一步的发展奠定了经济基础。第四,多元经营毕竟是书店转型中的一个新课题,还存在很多问题,我们对多元产品的引入的选择、后期管理还存在一定问题,所以,现有书店人员需要培训,需要提高,书店的管理人员也需要随着书店卖场的转型而转型。一个企业在市场中开展竞争,最终是企业间人的竞争,所以,当下一个新的课题是如何优化员工结构,培养优秀团队,为书店下一步转型升级打下基础。

四、结语

县级新华书店如何依靠各种力量建设大卖场,实现书店经营的转型升级,海盐县新华书店虽然走出了一条路,但还处于起步阶段,我们后面的路还很长,书城虽然已经落成,前期建设的资金还有缺口,经营压力还是比较大,我们还必须提高书城的盈利水平;现有书店的人员结构和队伍还不能适应书城发展和管理的要求,人员结构需要通过培训和引进进行调整。但我们可以自信地说,县级书店将单一的图书销售转型为综合性的"一站式"文化服务大卖场,是目前县级新华书店可持续发展的一条道路。

参考文献

[1]夏夜华霜.中国国民阅读现状,http://topic. hongxiu. com,2012 年 4 月 16 日.

[2]罗捷,李树峰."不阅读的中国人"缘何那么多,http://news. xinhuanet. com/local,2013 年 08 月 08 日.

[3]潘超.从当当与卓越展望我国网上书店前景.合作经济与科技,2009 年第 8 期.

实体书店转型需要创新思维

浙江象山县新华书店有限公司　　鲍先勤

【摘　要】当下,实体书店的转型已成为民营、国有书店乃至全社会的共同话题。实体书店所面临的境遇的原因是什么? 实体书店面临的挑战又是什么? 实体书店应该如何转型,向哪里转? 本文分析了实体书店受到挑战的本质和实体书店自身的原因,从一个书店经理的角度,提出了新华书店在转型时期如何寻找经济增长方式上的一些思考,以期为业界同行深入探索实体书店转型提供参考。

【关键词】实体书店;图书经营;转型思考;工作研究

近几年来,随着网络销售突起,从国际到国内,图书行业实体书店经营都好像遇到了问题,国际上最著名连锁企业鲍德斯的破产,国内出现了民营书店倒闭潮,民营连锁做得最好的光合作用于 2010 年倒闭,2011 年在寻求重新组合,2012 年被新闻出版总署取消全国连锁的经营资格。国有新华书店因有中小学教材专营的因素和卖场物业资源,经营没有问题,但实体卖场图书销售在下降。据 2013 年上半年系统发布销售监测数据显示,下降 1.5%,这是开卷全国图书监测自 1999 年开始监测以来全国图书零售市场第一次出现负增长。从上游出版社反馈的渠道销售趋势看:网商销售增、实体书店降,总体持平。实体书店怎么了,已引起了社会各界的关注。中央电视台 7 月 5 日新闻频道以"实体书店的尴尬与重生"为题,就当下实体书店出现的倒闭潮和创新潮为题进行了评论。如何看待目前的实体书店所面临的境遇,作为一个实体书店的经理,需要对当下出现的问题有一个客观和清晰的认识,特别是要认识现象背后所产生的原因,才能找到一条自己可以前进的道路。

一、实体书店受到挑战的本质探讨

我认为实体书店目前遭遇的困境最本质的原因是受到了新技术的挑战,是信息技术,改变了消费者的行为和需求,从而改变了整个商业的模式,技术改变

需求,需求影响了我们的供给,这是实体书店受到挑战的一个本质的问题。主要为:

(一)网络技术改变了人们消费的行为,分流了实体书店的销售

据中国互联网络信息中心公布的第31次《中国互联网发展调查报告》指出:2012年,中国网民数量达到5.64亿,占总人口的42.1%。比上年增长3.8%,在15岁到59岁人群中,网络普及率已经达到49.5%。劳动人口中网民已占一半;高中以上学历的网民已经达到89%,网民中的城市人口占比为73%。在5.64亿网民中,网购用户已达4.42亿人,比上年增加24.8%,从网购用户的增速来看,已大大高于网民数量的3.8%的增长,其增速是网民增速的6.52倍。这个数据表明,网络服务技术日益成熟,网民习惯在网上购物;又据国家新闻出版广电总局发布《2012年新闻出版产业分析报告》:2012年全国居民和社会团体出版物零售总额为626.6亿元,较2011年增长7.6%,纸质图书总体销售增长乏力。剔除中小学课本的销售额,传统行业中的"一般图书"零售额约400亿左右,而2012年当当、卓越、京东、淘宝四大网站的图书销售约为130个亿左右,四大网站的一般图书销售已经占行业的1/3。以上一些数据充分说明,网络技术改变人们的消费行为已经不可逆转。

(二)阅读载体的多元化改变了人们阅读的方式

在数字化背景下,出现了众多的令人眼花缭乱的数字阅读的载体,网络在线阅读、手机阅读、电子阅读器阅读、光盘阅读、PDA/MP4/MP5阅读,数字阅读凭借其快速、信息量大、方便携带、费用低廉等优势在迅速地普及、快速地发展。中国新闻出版研究院发布的第十次全国国民阅读调查报告中指出:2012年我国人均纸质图书阅读量为4.39本,与2011年相比基本持平,而电子书的阅读量增幅却达65.5%。在18~70岁的国民中,对数字阅读方式的接触率为40.3%,而在接触过数字化阅读方式的国民中,有90.6%的读者表示阅读过电子书后就不会再购买同类纸质版。虽然数字阅读并不能完全取代纸质阅读,但我们应该清楚地看到,电子化、数字化阅读方式替代纸质阅读方式已成为潮流。

(三)文化多元化和传媒多元化分流了人们的阅读的时间

不断升级换代的新技术借互联网和多媒体的平台,催生并丰富了多元文化和传媒多元化,它正影响着人们的生活方式的变化。电视、网络、棋牌、健身娱乐,快节奏的生活和文化活动的丰富多样性,占据了人们大量的休闲时间,读书不再是主流的文化活动,纸质图书已不再是获取知识和信息的唯一方式,而传播

媒体的多元化,视听文化和网络的高速发展,使人们更倾向于通过电视、网络快捷地获取海量信息。

从上述三个方面,我们看到日新月异的创新技术,不仅仅改变了人们的生活方式、阅读方式,而且真正改变了人们的逻辑思维和行为习惯。我理解这不仅仅是一种改革,而是一场不可逆的变革。所以,当下实体书店出现问题是我们传统的业态被新技术创造的一种业态彻底颠覆了;实体书店困难的实质是实体书店受到一个强大的、开放的新技术的市场的影响。

二、实体书店自身存在的主要问题

(一)实体书店传统的经营模式落后于时代

中国目前处在一个农业社会、工业社会、信息社会重叠的这么一个时代,我们的传播技术已经进入到了移动互联网时代。我们还没把 PC 互联网搞明白,移动互联网来了。在我们刚刚学移动互联网的时候,大数据时代又来了。而图书行业说到底是一个非常传统的文化产业,实体书店经营的模式实际上是一个农耕商业。国家新闻出版广电总局发布的《2012 年新闻出版产业分析报告》显示:2012 年出版物发行单位数量较 2011 年减少 4900 余家,其中个体经营户减少 4100 余家。实体书店倒闭的真正原因在于:传统模式的经营模式在新技术和高租金的双重压力下的难以为继。

(二)产能过剩,需求不足

这个需求是和产能相比较来说的,图书供需这一对矛盾,今天出一本书,和 20 年前我们所说的出一本书,完全是两回事。现在出一本书相对容易得多,社会进入工业化以后,产能过剩。不光是图书,目前中国全社会除了少量的产品商品供不应求以外,绝大部分商品产能过剩,因为中国进入了工业化的中期,产品积压,供过于求,图书市场尤其严重。

(三)图书行业技术更新和转型太慢

从世界的发展轨迹来说,就是从农业社会向工业社会转型,工业社会进一步向信息化社会的转型。而这对中国来说是一个难题,既是难题又是挑战。在西方国家从工业化社会进入到信息时代,花了上百年的时间,而中国社会几乎是工业化和信息化时代同时到来。而我们的图书行业工业化尚未成熟,信息化时代一下子就来了。早在 1993 年党的十四届三中全会就提出了经济增长方式要实现两个根本性的转变,即"计划经济向市场经济转变,粗放经营向集约经营转变"。从 1993 年到现在已经过了 20 年,在这 20 年中,图书行业中真正重视这个问题的企业不多。大家思想上都知道要转,怎么转,这里有一个认识的问题,有一个能力的问题,也有一个机会的问题。所以现在实体书店出现的问题是技术更新很快,而我们转型太慢。

三、对实体书店转型的思考

实体书店转型向哪里转?转型就是转换企业的经济增长方式,我们要根据每个书店的实际情况来做企业转型的设计。所以,我认为当下讨论实体书店转型需要创新思维。

(一)调整心态定好位

怎么看当下实体书店受到的冲击?我认为,实体书店首先要调整好自己的心态,全面地研究对手、分析自己。首先我们要看到,有部分民营实体书店做不下去了,他们选择关门也是一种企业的市场行为,是行业的一种很正常的市场生态调整,他们的关门也就是给了新华书店的一次发展机会。其次,移动互联网来了,数字出版到了,不是我们所有传统的产业立即就淘汰了,现在是互联网时代和实体书店并存的时代,实体书店仍然有它的生存和发展空间。与网络虚拟书店相比,实体书店也有两个优势。第一个优势是读者在实体书店购书,是一种走出家门社交性体验和享受,尽管有很多人喜欢在网上看书,喜欢在电子阅读器中阅读,但还是有很多人喜欢到实体书店里跟其他爱书人一道选书购书。第二个优势是读者能够在决定购买之前坐下来浏览图书,而且想看多久就看多久。如何更好地发挥这两个优势,需要实体书店在未来转型过程中进一步营造和建设。原浙江新华集团董事长周立伟在新华书店文化体制改革中说过一段话很深刻,他说:"新华书店转制后,必须要坚持三个文化追求:一是革命的:党中央说要做的,我们就得做;中央说不能做的,就不能做。因为新华书店的根在延安,'新华'这两个字就决定了新华书店必须听党话、跟党走的。二是大众的:我们必须坚持服务于大众的文化,而不是贵族文化,去满足广大人民求知的渴望,这是我们对大众的文化的追求。三是时代的:紧跟时代的发展步伐,办国内一流,世界水平的书店,是我们时代的追求。"我理解,这就是我们新华书店转型的定位。

(二)正确处理好固本强基和多元经营之间的关系

图书是新华书店的主业,是书店生存发展的根基,离开了卖书,就不成为书店了。所以我认为新华书店必须先把书做好，怎么样卖好书呢？新华书店就是要坚守和巩固原有的市场和客户，在经营中坚持教材、教辅和一般图书共同发展；坚持店内和店外一起发展；坚持城市和乡村一同发展。象山县级新华书店自2004年与集团公司连锁以来，图书销售连续8年一直保持着较大增长，就是靠坚持坚守主业不放松。只有在做好主业的基础上我们才有条件和理由扩大非图产品的经营。为什么要扩大非图商品经营？我认为是为了更好地利用图书商品的客户资源，寻找新的增长方式。当下，在图书卖场多元经营中，行业中有一种焦虑心态，很多同行不加选择盲目引进非图商品，最离谱的就是在书店卖场卖水果、卖大米，以为这就是多元经营。我认为是十分不妥的。我认为我们在开展卖场多元经营的时候，需要考虑四个方面的问题：一是产品，引入经营的商品要与书的人流资源相吻合，和我们图书卖场的文化氛围不冲突。二是多元经营管理要规范，要从经营商品向经营经营者转移，经营商品是低级劳动，经营经营者是高级劳动。像从2006年开始的通过集团统一计算机平台开展的文化用品的经营，集团统一标准统一编目，基层书店招标，文化用品经营商不是通过关系而是通过招投标进书店，就取得了很好的效果。象山新华书店中心门市1600平方米的经营面积，主业图书1450平方，多元经营150平方，2012年中心门市POS总销售1023万，其中图书815万，占总销售的80%，坪效5620元/平方米，文化用品208万，占总销售20%，坪效13866元/平方米，坪效高于图书的2.4倍。书店无任何投入，文具销售为书店贡献了35万的纯利润。三是多元经营的开展也要根据书店的场地条件，场地条件不具备，就不能将非图商品全部引入。四是多元商品的引入还要与书店经营商品的财税制度相吻合，要防范书店经营中的税务风险。

（三）书店经营要扩大服务半径和范围，将书店办成一个城市的阅读推广和文化交流平台

在这一方面，海峡对岸的诚品书店为我们这个行业树立了一个标杆。诚品的多元经营路线图是：以卖书人独立的立场和文化修养、以其专业的选书标准，为读者提供独特的文化增值服务。他们在书店长期举办各项演讲、座谈、表演与展览等延伸阅读活动，开创了书店与读者各种对话、交流、互动的可能，在品牌成功的基础上，再带动商场、书店与零售的复合式经营。"让你的书不同于别的书"。书店是一个社交场所，可能越来越不像书店，但是永远以书为主业。新华书店要向台湾的诚品书店同行学习，将新华书店的未来办成一个当地人文的新华书店；一个城市汇流的新华书店；一个生命驿站的新华书店；一个莘莘学子的

新华书店。象山最近正在建造的 5300 平方米书城,我设想要将书城努力打造成集图书销售、数字体验、亲子阅读、创意生活、教育培训、休闲娱乐、儿童乐园、咖啡餐饮等多种文化业态于一体的综合文化空间。我们要在这个书城建设的过程中,像诚品书店学习,在象山书城建设中充分体现和努力创造出一个城市的非物质文化价值。

不断地寻找新的经济增长方式,是新华书店转型时期的一个长期的目标和任务,前面的路还很长,坎还很多,我们经营者和员工素质亟待提高,我们的机制和体制还需要通过不断地深化改革来创新。但我想,只要我们心里有梦想,路就在脚下,我们就一定能走出去!

参考文献

[1]2013 年上半年开卷全国图书零售监测数据.

[2]国家新闻出版广电总局发布《2012 年新闻出版产业分析报告》.

[3]中国互联网络信息中心公布的第 31 次《中国互联网发展调查报告》.

[4]中国新闻出版研究院《第十次人国国民阅读调查报告》.

[5]浙江省新华书店发行集团前董事长、总经理周立伟在 2011 年、2012 年全省新华书店经理工作会议上的讲话.

汽车书店在拓展服务阵地中的作用

浙江余姚新华书店　孙　杰

【摘　要】由于受到移动阅读终端的新阅读方式、网络书店超低折扣竞争、供销社网点的撤离、高房租、高人工成本、低利润等因素的不断冲击,更由于城镇化的快速发展,导致基层书店原有图书发行网点越来越少,新网点建设滞后。在城乡图书发行网点的建设期,汽车书店以方便、快捷、灵活的特点为读者提供服务,是对基层书店图书发行的服务延伸和有效补充,成为扩大图书销售,满足人们便捷购书的有力支撑。

【关键词】网点建设;汽车书店;服务拓展

一、城乡图书发行网点现状

由于受到移动阅读终端的新阅读方式、网络书店超低折扣竞争、供销社网点的撤离、高房租、高人工成本、低利润等因素的不断冲击,更由于城镇化的快速发展,导致基层书店原有图书发行网点越来越少,新网点建设滞后。面对新形势,书店如果固守原来的经营模式,坐等读者上门,就无法在市场竞争中取得有利地位。书店应该由"坐商"转为"行商",更加细化分析和服务读者群的需求,继承已有的成熟经验和优秀传统,由等着读者来买书转为跟着读者走,这是书店应该努力的方向。与建立固定小网点比较,"汽车书店"具有成本较低、机动灵活的优势,是书店业务"走出去"的好方法,是建立城乡出版物发行网络体系的有效补充。

二、汽车书店的功能与作用

(一)汽车书店的定义

汽车书店是指以汽车为载体的书店,其实质是对流动供应这一新华书店传统的推销手段和服务形式的有效提升,是书店服务阵地的拓展和延伸。汽车书店的最大优点是快捷、便利、可移动,在农村、社区、学校或人流量大等没有书店门市的地方,汽车书店可以随时移动到那里,满足读者的购书需求。

(二)汽车书店的特点

1. 成本较低、机动灵活、辐射面广

由于业内众所周知的店面租金、运营成本、人员工资等无法避免的成本因素,设一个固定网点不但成本较高,且辐射面较窄,因而网点需要开在区域人口密度较大、文化消费需求较大的中心地区,无法做到区域内整体网点的覆盖。依余姚市为例,余姚总面积 1526.86 平方公里,东西极距 58.5 公里,南北极距 79公里,现辖 6 个街道 15 个乡镇,常住人口 103 万,中小学生在校人数 11 万,拥有大学学历者 6 万,有着较强的文化消费市场潜力。在余姚市主城区内,现有新华书店的 1 个中心书城及 2 个直营门市,一家规模较大的民营书店及几家专营教辅读物的民营书店,在乡镇,有 1 个新华书店的直营门市和 5 家小连锁,主要也是分布在人口基数较大的乡镇,尚远远不能满足农村、城乡接合部及离主城区有一定距离的新建小区内读者的需求。而汽车书店成本低,具有机动灵活性,大大拓展了书店的服务半径,正好可以填补这一空白点。余姚市店在操作的汽车书店,是一辆 10 万元的依维柯小型普通客车,专门定制 2 只长 2.1 米、宽 0.3 米、高 1.7 米的可脱卸铁制活动书架,固定陈列在车厢两侧,中间留 1.2 米通道可供读者挑书选书。在有限的约 12 平方米车厢内,常年配备近 1500 种图书、音像制品,货源 3 万元左右。车内配置便携式营业电脑,包括无线网卡、数字条码阅读器等,方便读者购书和查询,设立缺书登记,到货送达服务,基本具备一家移动小书店规模。

2. 书店品牌宣传,增强社会公共效应

新华书店由于历史和政策的原因在人们的心目中有着极高的知名度、诚信度和影响力,从而具有巨大的品牌效应。汽车书店要把这个品牌效应用足用好,在汽车书店车身上打上新华书店流动供应车的标识,车上配置多媒体广告宣传机、视听设备,成为图书展示、促销的流动舞台。在各种公众场合设立汽车书店的站点,深入开展营销活动,持续进行品牌植入和图书推介,拉近与读者的距离,更好地适应读者个性化的需求,从而强化读者对新华书店的认知,在图书销售领域构筑核心的竞争优势,在市场上占据主导地位,让全民阅读得到最大化实现,成为当地的特色文化标志。每到一处汽车书店通过拉横幅、贴广告等服务形式,宣传推介图书,特别是农村读书致富、生活小常识、农用书等,在图书销售过程中,不断丰富和发展新华书店品牌内涵。

3. 汽车书店和区域内图书物流的整合

由于受到第三方物流的影响,书店对网点的配供需要支付这块的费用颇大,从经营状况上看往往很难反映赢利效果。借助汽车书店,和各个网点整合为一个相互联系的整体,从而为提高读者服务水平提供支持。可以增强汽车书店的功能,汽车书店出去不单单只是销售,可以结合书店网点和小连锁,成为他们的流动加油站,流动销售结束后的库存可以按需要补充到就近的网点中,并带回需要下架退货的图书,通过点线的结合,集中体现其宣传、配送、现场售卖、促销活动等价值,构筑区域内图书发行网络。

三、汽车书店的主要运作方式

(一)拓展农村图书市场

近年来,由于学校一费制的推行、供销社的解体以及卖书的低利润收入难抵经营其他商品的高额回报,导致农村图书市场出现了空白点,影响了农村图书发行的可持续发展。由于农村市场的不断萎缩,越来越多的农村读者逐渐遭遇看书难、买书难的状况,致使农村图书供求矛盾突出。乡镇上的民营书店也多集中在学校周边,以经营教辅类图书为主,真正能提供农村读者所需的实用图书是少之又少。

如何满足农村读者日益增长的阅读需求,更好地为"三农"服务?目前,浙江新华发行集团以县级新华书店为中心,依托与浙江新华发行集团总部连锁系统相连接的信息平台,发展农村"小连锁"网点,是网络背景下农村图书发行的一种新模式。余姚市现有农村小连锁5家和一个区域人口较多的镇直营门市,由于区域人口数量及地理位置的局限,书店短期内在农村网点推行连锁经营的力度远远不够,尚不能满足广大农村读者的阅读需求。通过汽车书店建立农村图书流动销售点,充分利用政府送文化下乡、农闲、节日和集市等时机,送书下乡,送书入户,积极引导农民读书、用书,培育阅读市场,是对农村图书发行建设的有效补充。如果说小连锁和直营门市是一个点,那汽车书店就是一条线,把农村图书发行市场有效地串联起来。

(二)打造学校书香校园氛围

学生是不容忽视的图书消费群体,同样学校也是书店业务拓展和必争的图书销售阵地。有些学校周边虽然也有书店,但大多经营教辅用书。近年来,随着新教材、新理念的不断深入与推广,在学校教学工作中,对学生课外阅读的重视也在不断推向深入,学生除了购买教辅用书外,现在的学校老师还非常重视学生的课外阅读,这从近几年少儿读物的销售连续实现增长上可以看出。

汽车书店进校的时间主要安排在校园文化节、读书节、各种主题活动日等,服务时间集中在中午和课间,不但能解决家长没时间陪同孩子到书店购书的烦恼,还能配合学校营造书香校园氛围。汽车书店开进低塘五中,受到师生的热烈欢迎,由于这所学校规模较大,有师生1700多人,因此除了汽车书店书架上陈列的品种外,在外围用课桌临时搭建了图书展台,销售图书500册8000余元,实现了校店的互利双赢。

(三)推进社区文化建设

这几年,各地城市空间不断向外推进,城市的规模、功能、格局、品位等也都发生了巨大变化,一些高档小区往往离中心城区有一定的距离,高档住宅区的人口密度将会快速提升,人口数量在短期内将会大幅度增长,居民的学历层次较高且趋向年轻化,由此带来社区居民对精神文化产品的需求将会越来越迫切。以"汽车书店"的形式进入社区,更接近了居民群众,也更方便了读者,使一些居住在远离市区书店、相对偏僻的社区居民也能尽快买到新书、好书,为社区居民提供文化服务的同时提升新华书店的形象。

(四)配合政府文化工程

积极配合政府各类活动开展流动售书,利用各种公共媒体来传播有关信息,争取社会各界的理解、信任和支持,目的不是追求短期销售量的增加,而是着眼于汽车书店在社会中的良好信誉和长远利益,增加与读者之间的互动,从而创造良好的阅读氛围与人文环境。如配合政府部门的文化、科技、卫生三下乡活动,汽车书店和几家单位一同到乡镇定点服务,服务没有特定对象,使人们在享受其他服务的同时,就能方便地购买到自己喜欢的图书。以低保户和新余姚人为公共文化服务对象开展的阳光文化工程,共涉及低保户6000余户,新余姚人15000户,围绕阳光文化工程的爱心卡、共享卡,汽车书店通过串村走户的方式,灵活地服务了低保人员和新余姚人,解决了他们购书难问题,达到了足不出户,就可享受到文化消费。

四、汽车书店存在的问题及解决方案

(一)规模、品牌的形成

汽车书店需要形成一定的规模和品牌效应,依浙江省为例,如由浙江省新华书店集团公司发起并统一规划,在各基层新华书店创立一支统一的汽车书店,形成统一的车型、统一的品牌、统一的宣传、统一的经营模式,在日益激烈的图书市场竞争环境下,充分利用好新华书店这块金字招牌,秉着以读者为中心,一切为读者着想的服务理念,选择合适的产品、创造便利的购书方式、建立健全的售后服务和沟通体系,一个点一个点的积累,最终积点成面形成规模,只有这样,汽车书店的竞争力优势才会得以体现。

(二)资金、政策的扶持

汽车书店要在一个区域内形成规模和制式,最主要的是得到政府部门资金及政策层面的支持,充分利用政府资源。政府也有必要出台一系列的保护措施,比如资金扶持、政府文化工程中汽车书店的参与等等,以文化惠民为出发点和落脚点,以全民阅读长效机制为着力点和支撑点,促成乡镇街道、社区、学校等相关合作单位对汽车书店的大力支持,不断扩大汽车书店的覆盖面和经营规模,形成汽车书店和小连锁、直营或代销网点互动互补的图书发行网络体系,让城乡居民实现"买书像买菜一样方便",从而扩大图书的销售量和体现汽车书店的运作效率。

(三)人员、队伍的强化

汽车书店的常规运作最主要的是需要有一支能拉得出的队伍,其实,说到底,汽车书店就是一家小型的书店,要想把这家流动的书店搞好,组织图书推销员队伍十分重要,更需要有优秀的领导者和员工去支撑,要能随时随地拉出去,让他们既当图书宣传员、征订员,又当图书推销员,这样才能充分发挥汽车书店的作用。组长可以由书店部门管理人员担任,员工就在书店各部门内组合,这样就不需要再另外付出人工成本。

(四)产品、服务内容的充实

汽车书店可以突破经营的内容,增加产品的门类,增加盈利能力。这个过程要注意商品与书籍的契合度,可以把文化产品搭配一下,加强汽车书店的服务内容,根据季节和活动内容的变化,书源做到针对性和常更新,可以着手售前服务、售后服务,设立缺书登记,到货送达等服务。通过了解自己的客户,促进读者之间的交流,加深客户与客户、客户与书店的联系。汽车书店上门为群众服务,遇到文化低的群众,还要作认真细致的讲解。

在日益激烈的图书市场竞争环境下,人们没有时间进书店、逛书店,汽车书店就可以开进人们经常出入的场所,根据区域人口分布情况合理确定服务点,定时间、定路线,以方便、快捷、灵活的特点为读者提供服务,是对图书网点发行的服务延伸和有效补充,成为扩大图书销售、满足人们便捷购书的有力支撑。

参考文献

[1] 师晓微.书店进加油站 人车都"加油".大连晚报.2013.6.20.

[2] 张婷.萧山新华书店推出"汽车书店".萧山日报.2009.2.20.

浅谈基层书店的市场营销

浙江缙云县新华书店有限公司　胡晓青

【摘　要】随着科技的进步、社会主义文化市场体制改革的进一步深入,图书发行体制的进一步搞活开放,图书市场的竞争变得越来越激烈。在这样一个环境下,作为基层新华书店既面临着机遇又存在着挑战。一方面是陈旧的体制和经营模式,决策者的思维定势和惯性经营销售;一方面近年来多媒体技术的加入,在信息时代的推动下发展变化的图书市场和迅速崛起的强劲竞争对手。这一切促使我们需要进行一番认真的思考。思考市场,思考经营机制的转换、销售模式的转换,思考我们应该制定一个怎样的市场营销战略来尽可能多地占有市场份额。本文就基层新华书店营销战略谈点粗浅的看法。

【关键词】市场;营销;战略

受外围和本身体制等因素的影响,基层的新华书店销售遇到了前所未有的困难。学生人数的持续下降,给主要依赖教材教辅生存、发展的基层新华书店造成了很大的影响。缙云县城只有 48 万人口,缙云县新华书店也是一家年销售额只有 2800 多万元码洋的书店。2010～2012 年的三年里,学生数减少了近万人。据统计,仅 2011 年春就比 2010 年春学生减少了 3200 人,同比下降了 6.2%,2011 年秋比 2010 年秋减少 2600 多人,下降 5.9%。仅此一项,2011 年将会比 2010 年减少销售额 120 多万元。学校收费制度在一定程度上限制了学校统一收费的空间。此外,部分教材的循环使用,也对 2011 年的销售产生了很大的影响。据估计,受此政策影响,笔者所在的书店将减少销售额 130 万元,占全年销售额的 4.26%。

此外,图书市场的不规范竞争制约了新华书店的图书销售。主要表现在新华书店在图书市场中要发挥引导和示范作用,依法经营,严格遵守法规,不从非正规出版社、国有发行单位以外的渠道进货,图书发行折扣较低。而个体书店进货渠道较复杂,他们不但与国有书店一样直接向出版社进货,折扣也同等享受,而且有些不法书商还买卖书号、刊号及盗版盗印,以劣质、低价书刊冲击市场,如衡阳的挂历市场就是如此。另各职能部门为了各自的利益,利用自己的职权,摆脱新华书店,直接与出版社或印刷厂联系,采取系统内部发行。如职称考试、自考等复习书就是如此。除此之外,新华书店自身也存在一些不足,如:经营机制不灵活、激励机制不健全等。

一、基层新华书店的优势及弱点

知彼知己,百战不殆。不知彼而知己,一胜一负。不知彼不知己,每战必殆。市场如战场,要制订好营销战略,同样彼知己,才能在市场竞争中取胜。基层新华书店有哪些优势呢?有如下几条:一是国家政策给予新华书店中小学教材的发行权和一些经济政策的优惠;二是经过几十年的艰苦创业发展,且有较大的经营规模和一定的经济实力;三是系统功能的支持与协作以及优良的传统;四是良好的企业形象和信誉及优良的服务等组成的巨大的无形资产;五是庞大的专业队伍和丰富的经营管理经验。优势必须正确认识,必须更好地发挥,为事业的新发展做出更大的贡献。

基层新华书店到底有哪些弱点呢?结合本店实际,也归纳几条弱点:一是缺乏市场经济观念,安于吃教材、教辅的"保险饭",粗放经营,没有把企业真正推向市场,集中表现在长期忽视对图书市场的调查研究和对扩大一般图书销售的市场争夺;二是经营机制转变滞后,至今处处表现出传统的经营模式,坐商作风,"大锅饭"的分配形式,严重制约着自身的竞争能力;三是队伍庞大而且不精,高素质的专业人才缺乏,部分职工素质不高,文化素质偏低。且职工缺乏经营的积极性、责任心和主人翁态度,人浮于事,劳动生产率下降;四是基层新华书店规模小,又是微利企业,经济实力不足,严重制约着网点建设和规模经营;五是经营机制不够灵活,经营管理落后。上述各种弱点和不足,有的是客观原因造成的,但更多的是主观因素。在制订营销战略过程中,必须对自身的问题进行认真研究,努力创造条件,克服缺点,发扬优势,以保证战略目标的实现。

二、基层新华书店的营销战略

(一)树立新的市场营销观念

市场营销是企业最重要的职能战略,有效的市场营销战略是企业成功的基础。新华书店作为图书发行企业,它的中心环节是如何有效地开展图书市场的营销活动,通过图书营销,获得良好的社会效益和经济效益,推动企业的发展。而市场营销就是指基层书店开展市场调查研究,组织各种有效的图书供应、促销、宣传、服务、收集信息及其与此相联系的一切活动。可见市场营销是新华书店生存与发展的生命线。

作为企业的经营者,要领导好一个企业、首先必须制订好本企业的营销战略。即规划好企业发展的方向、营销目标、开发重点目标市场、市场竞争策略、主要促销措施等,以确保企业健康发展。新华书店在计划经济年代一统天下,出版社出版什么书,书店就卖什么书,货源不足,就合理分配供应,根本不需要制订什么市场营销战略。直到现在为止,在许多基层书店经理的头脑中对市场营销的概念仍然非常淡薄。这也是近几年主渠道在市场竞争中处处被动挨打的主要原因之一。所以,树立市场营销新观念是当务之急,也是深化改革的思想基础。

树立新的市场观念,是正确制定营销战略的灵魂。随着中国逐步由计划经济走向市场经济的转型,作为国有企业的新华书店同样必须经受市场经济发展的"优胜劣汰"的考验。过去在卖方市场时形成的以图书产品的销售为中心的经营观念,必须彻底转变。而形成新的营销观念:以图书市场为导向,以读者需求为中心,以提高市场占有率为目标,以规模经营、特色经营为手段,整合资源,实现双效益的最大化,加速自身发展,确保主渠道的地位和作用。

(二)建立符合市场经济发展的营销机制

新华书店长期以来是我国图书发行业独家经营的唯一渠道,在计划经济下形成了半官半商型营销机制。随着图书发行体制改革的深入,单一渠道的经营被多种发行渠道、多种购销形式所代替,新华书店已被卷入到市场经济的大潮中。为此,要适应激烈的市场形势,就必须建立全方位面向市场的经营决策机制、激励机制。作为经营者,首先要转变经营思想和方法,从依靠政策保护转向依靠市场。要经常组织领导班子和各部门骨干,认真地去研究市场,研究竞争对手的优势和劣势,然后组织自己的优势,找准目标市场开展市场竞争。要在激烈的市场竞争中努力找准自己的位置,重塑自己的形象。内部的机构设置,人员配备、管理措施、规章制度、分配制度、奖惩办法等,都要根据有利于提高市场竞争能力的原则和要求,进行调整、修改、重订,所有部门都要以市场为中心开展工作。通过营销机制的转换,提高企业整体素质,增强应变和营销活力,真正建立起与市场经济相适应的营销战略和营销机制。

三、进行合理的市场定位，寻找自身的经营特色

所谓市场定位，是指针对市场竞争态势，企业在市场中，即在潜在顾客的心目中为自己的产品和市场营销组合寻求和确定一个最恰当的位置的活动。没有市场就没有销售，进一步加强出版物市场建设，从广度和深度上不断拓展市场空间已成为新华书店广大干部、员工的共识。

新华书店的管理层可在深入调研的基础上，对当地的出版物市场进行细分，确立自己的目标市场，有的放矢地开展工作。书店可以将当地的出版物市场细分成四大板块，即基础教育市场、社会团供市场、门店零售市场和农村市场。

基础教育市场又可分为教材市场、目录教辅市场、市场教辅市场、学生阅读市场等子市场，主要的服务对象是中小学的老师和学生，这是县级新华书店各类市场中最重要的市场。针对这一市场应组建专门的销售团队（客户经理），划片包干、责任到人、奖罚到位。一定要以优质的服务为切入点，对中小学这块市场精耕细作，做深做细。书店在重视教材教辅图书之外，也应该更加积极主动地开发培育好学生阅读市场。学生阅读市场前景广阔，潜力巨大，是一个颇具生命力的市场。然而，目前这一市场发育并不完善，制约其发展的主要原因是经营者的思想观念和认识。

与教材教辅市场中新华书店拥有的稳定性相比，一般图书市场具有很强的不稳定性。因此，书店必须积极地走出去，拓展自己的一般图书销售渠道。

社会团供市场，包括政治学习材料市场、大中专教材市场、图书馆（室）市场等子市场。这块市场虽不及基础教育市场销售量大，但仍是整个市场不可或缺的组成部分。

这个市场当中，机关团体政治学习材料、培训用书市场是近年来崛起的。对这块市场首先要做好建网联网工作，即将所有单位一一列出，确定需开发的重点单位，按片划分，责任到人，由业务人员分头负责上门联系并做好维护工作，同时要注意建立好客户档案。

大中专教材、图书馆用书市场，则是随着近几年来相关院校图书馆的建设发展起来的。大中专教材、图书馆用书已成销售增长的排头兵，县级新华书店在教材教辅、一般图书销售增长乏力的情况下，大中专教材、图书馆（室）用书成了高增长的新亮点。

四、实行多元化营销模式

在营销中,宣传是一种传播,手段才是实现销售不可或缺的工具,不一样的手段达到的效果往往不同,但都能给门店带来丰厚的利润。在当前市场中,单一的营销模式很难赢得客户的需求,多元化营销模式是必然的结果,在这里,我简要谈一下适合书店开展的几种营销方法。

第一种,门店价格营销法,这对门店来说是最传统的方法,也是最直接、最实惠,读者也最能感受到的方式。门市在一定的时间或者针对一定的品种给读者降价或者折扣,从而带来大量的人流,达到薄利多销的手段。价格永远是顾客购买商品最重要的因素,图书作为一种特殊商品,品种繁多,且每本书的价格都是全国统一,没有时间和空间上的差异。因此价格营销对于图书来说最明了,最能激发读者的潜在需求。当然,作为企业,优惠就等于让利,频繁的价格营销,不仅损失利润,也会让读者出现审美疲劳,达不到预期的目的。因此价格营销法最适合在重大节假日,或有特殊意义的日子开展。例如金华市店每年开展世界读书日分时打折活动,是典型的门市价格营销法,取得了很好的效果。

第二种,二次消费营销法,即通过顾客的第一次消费,赠送一定面值的代金券,让顾客通过使用代金券,实现二次消费。集团曾做过这个活动,它最大的好处是"肥水不流外人田",返还的现金最终又回到门市的销售,一般在某个庆典或节假日时,购买到一定的量再返还一定额的图书代金券,从而实现循环销售,达到回头的目的。

第三种,会员营销法。这是一种针对性很强的营销方法,目的是通过培养一大批忠实的会员,来形成一批相对固定的读者群。目前很多门市都发放有会员卡,而且也带有积分累计,只是没有会员的级别。如果把会员卡设置层次,到一定的销售购买额就会享受一定的会员待遇,那可能也会有些痴迷读者为了达到某种级别的尊耀而产生购书的欲望。尤其对于级别越高的人,拥有的享受也会越高,因为有最优惠的折扣,对看中的书来说是不会考虑到它的定价的。所以发放会员卡越多,有越多的高级别会员,当地的图书消费群体就越大,自然销售的量也就随之增加了。

第四种,依托政府资源营销法。这是营销活动中最具有分量的一种方法,也就是所谓的政府搭台,企业唱戏。新华书店承担着推广阅读的社会责任,这是区别于其他商业企业的最主要的地方。同样,推广全民阅读也是这几年政府一直倡导的一项活动,因此,新华书店可以利用这种优势,与政府部门合作,开展读书活动,举办读书节,各种论坛的讲座,不仅扩大企业的社会影响力,而且能利用政府部门的支持,进行有针对性的图书的营销。这两年浙江新华在这方面的营销做得很成功,如各店的中小学生读书活动,衢州市店的每年一届的书展,都是以政府的名义在操作,实际受益的是新华书店。

第五种,组合销售。也就是捆绑销售。这是我在门市处理一批文具时用过的销售方法。把不同档次的文具与不同价位的书籍捆绑在一起,再以低于书定价的价格销售出去。当时吸引了一些读者,还把一批滞销的书籍给卖了出去。其实就是一种变相赠送的方式。

第六种,互联网营销法。这几年互联网发展迅速,很多企业都开通了微博、微信。利用微博、微信营销是当下最火的一种手段。新华书店也可以利用微博、微信发送各种生活资讯,并进行营销活动的宣传。也可以利用微信回复发送编号,面向微信会员的特殊优惠,以此鼓励读者微信平台,关注卖场活动,吸引读者进店。

第七种,凝聚卖场人气法。营销活动能否成功关键因素是参与人员的多少。这几年卖场人流量不断下滑,因此,如何吸引人气是做卖场营销的关键。在卖场开展各种活动是提升人气最有效的方法,如节假日的亲子互动游戏,可以根据不同时期,推出春节春联年画创作、猜灯谜、儿童才艺比拼、各种卖场讲座,这种看似公益性的活动,能够迅速带动卖场人气,增加客流量。例如浙江新华书店在卖场开展的汉字听写大赛,吸引了大批中小学生参与,也带动家长陪同一起到书店。有了人流,势必带动了图书的销售。

第八种,流动供应。这是增加销售最有效,但也比较累人的一种销售方式。县级书店可以在学校和人流量多的地方分时段进行展销。

五、实施以人为本的指导方针

市场竞争归根结底是人才的竞争,发现人才,培养人才、造就人才是企业获得创新、开拓、发展的最深层的动力和因素。图书发行企业的一切营销活动,都是要人去做的。首先,只有不断加强新华书店领导班子的建设,提高书店企业领导班子对现代化企业的决策、指挥、调控能力和经营管理水平。第二,加强新华书店职工队伍的建设。培养出一支高素质、善经营、能管理的职工队伍,才能在激烈、严峻的市场竞争中立于不败之地。第三,专业人才的引进。当前,新华书店要引进的专业人才主要是计算机技术人才和营销人才。电脑化趋势和网上书店以及电脑管理等都已是强化科学管理的一种趋势,各级书店建立计算机管理系统已迫在眉睫。推销员制度是商业流通领域行之有效的主动促销办法,必须尽快建立。总之一句话,离开了以人为本的指导方针,一切营销的战略计划、决策、办法都会落空。因此,要把加强企业班子建设、培养引进专业人才,提高职工的整体素质,放在制订经营战略的首位。

结合基层新华书店的实际,确立以上五个方面的发展战略思路,并制定出中长期相结合的企业经营战略,扬长避短、优化组合,充分调动职工的积极性,努力拼搏,使新华书店企业做大做强。

参考文献

[1]刘庆元.企业战略管理.北京:中央广播电视大学出版社,2006.

[2]杨伟文.现代市场营销学.长沙:湖南人民出版社,2001.

[3]刘明亮.现代企业营销学.海口:海南出版社,2006.

[4]杨贵山.图书营销实用手册.北京:水利水电出版社,2006.

[5][美]大卫·科尔(David Cole).图书营销全攻略(修订版).北京:中国人民大学出版社,2010.

试论图书店外营销制胜策略

浙江慈溪新华书店有限公司　陈波兰

【摘　要】店外营销作为书店新尝试的营销模式,在营销团队的齐心协力和艰辛努力下,始终以市场为导向,以客户为中心,经过几年尝试与实践,积累了一定的经验,可以说走过了一条学习之路、借鉴之路、探索之路,并开始走上了一条创新之路。本文试图从图书店外营销概念界定、图书店外营销现状分析、图书店外营销竞争制胜策略等几方面展开阐述,积极探索市场营销新策略、新思路,为提高营销效益,扩大图书市场占有率,提升新华书店的外在形象品位,打造企业特色文化等方面,取得了一定成绩,并愿作进一步的探索与努力。

【关键词】店外营销;制胜;价格竞争;营销策略;服务质量

一、图书店外营销概念界定及现状分析

(一)店外营销概念界定

图书店外营销,是书店新尝试的一种营销模式,以学校、机关、企事业单位等为主要对象,以消费者的需求为依据,以双赢共享为目标,以上门服务为主要形式,以实施差异性营销策略为主要手段,以提高营销效益、提升企业文化为宗旨的一种营销模式。

(二)店外营销现状分析

几年来在营销团队的团结合作、艰辛努力下,我们慈溪新华书店经过不断尝试与实践,图书店外营销已积累了一定经验,取得了一定的营销业绩,但随之也出现了一些困难与挑战,需要我们去面对、去克服。

其中激烈的价格竞争是店外营销遇到的最大问题。对消费者而言,在基本符合采购要求的前提下,一般都以折扣低为首选供货商,如教辅当中的试卷类,

中、高考类的辅导资料,好多商家都是以低折扣、高回扣作为立足市场之本;又如某些学校、企业、乡村等图书室,大都也有为应付检查,而以凑册数为主要考量的,不太会考虑图书真正的使用价值及文化内涵,考虑更多的是价格;还有网购与团购折扣上的冲突,如鸿达模具、妈咪宝等企业的网购订数虽然较大,但网购折扣要比团购折扣低很多,甚至不能保本;等等。这样导致图书营销工作基本上都以打价格战来争取市场、建立客户群,新华书店往往处于市场被动地位。

(三)价格竞争的不利因素

显然,价格战并不利于图书营销的理性发展。首先,打折是一种传染力强、危害性大的"流行病"。使用打折手段虽能吸引部分客户、提高一定销售业绩,但并不利于店外营销的健康发展,更不利于引导消费者养成良好的消费习惯。客户一旦体会到打折的甜头,便会乐此不疲,还会传染给其他人群。再加上由于降价各方都从维护自身利益角度考虑问题,总是担心对方降价幅度大于自己而丢掉自身的市场份额,往往会采取更大的降价力度,如此反复,恶性循环,最终导致价格战的形成,这对商家而言是灾难性的,往往以竞争各方销售利润为零,甚至亏本而告终。

其次,打折会惯出消费者"贪婪"的坏毛病。当一个人体会到打折带来的好处时,这种获得好处的"贪念"就会变得一发不可收拾。当你已经提供给客户一个合理的折扣时,对方很可能还会提出更低的打折要求,给营销工作带来更大的难度。

再次,打折有时反而适得其反,把客户逼得更远——"不打折,我不买"。如果仅仅采取价格竞争来争取客户,争取市场份额,有时客户心里反而会产生"买得不放心"的疑虑,只会在客户心中降低企业的品牌效应。

当然还有其他诸如各采购渠道的竞争、单一的营销方法、有限的图书货源、薄弱的营销队伍等问题,都不同程度地影响着我们店外营销工作的开展,成为我们进一步拓展市场、提高营销效益的拦路虎。

二、图书店外营销制胜的策略

在当今优惠折扣、竞争品种、服务项目越来越接近的情况下,我们要认真分析,主动寻求相应对策,始终以市场为导向,以客户为中心,积极探索图书市场营销工作新路子,通过各种创意性的、差异化的营销策略来提高营销活动档次,增加附加值,提升竞争力,寻找"共赢"目标市场,努力扩大图书市场占有率,让销售额和销售利润同步递增,提升新华书店外在形象品位,最终成就企业文化品牌的梦想。

（一）扩大客户资源

要保证店外营销效益,营销工作必须先从市场调查、寻找客户开始。一般是对机关、企事业单位等几个重要的较熟悉的单位进行调查摸底。着重做好"5W1H",即:"Who,谁是我的客户;Where,他们在哪里;What,他们需要什么;Why,为什么选择我们,我们的优势、特色和竞争壁垒是什么;When,什么时间接触最理想;How,如何接近这些客户,整合资源还是直接上门拜访。"从了解掌握客户信息、客户情况的初探,到打探清楚具体有决定权的负责人、经办人,再初步建立与客户的融洽关系,然后进一步创造沟通熟悉的机会,了解潜在的购买动态,有针对性地挖掘客户需求,直至完成业务销售过程中要持续跟进目标客户。

要不断强化老客户关系,通过个性化服务来提高客户的满意度,达到稳定、增加客户资源的目的;充分利用身边亲人,周围的朋友等关系网,帮助自己收集客户信息资料来挖掘团购客户,扩大客户群。

（二）转变客户观念

要引导客户转变思想观念,统一认识:一是明确服务理念。新华书店的服务理念是"为读者找书",经营宗旨是宣传马列主义毛泽东思想,传播科学文化知识,丰富人民群众的文化生活,这是一项非常有意义的服务工作,是有别于其他供应商经营目的的。二是认识图书价值。图书是精神文化产品,它的使用价值主要体现为知识含量、文化科学、审美等价值。三是明白图书定价。图书价格,一般与印张成正比的,但在一定数量规模内,印张对价格的影响呈递减趋势;另外,图书价格会随着印数的增加而有所降低,高印数可以降低印张的单价,靠薄利多销来获得盈利。因此,受盗版盗印等不平等竞争的影响,须及时更正一些消费者对新华书店暴利经营的认识误区。

（三）突出营销重点

1. 抓好教辅市场营销

教辅营销历来是店外营销市场的重点,主要以春、秋两期校汛为营销重点,并结合阶段性教辅需求营销来开展。包括学期学科辅导材料、衔接教材、课外读物、拓展练习类为重点上门推荐品种,通过送书到校、送书到班、送书到人,这样的推荐形式开展。因所选品种针对性强、营销时间提早、注意策略和技巧,使之取得了营销业绩和卖场销售的双丰收。如:衔接教材以初中、高中段为主,慈溪一所高中除了衔接教材订了四百多套外,还带动其他年级段教辅的征订;一所重点高中采取老师发书目单的形式推荐,拉动了卖场高中一般教辅及其他工具书的销售额；又如课外阅读以小学为主，重点学校上门营销，采用按年级段推荐书目的新营销方法，做得也相当成功。无论是城区还是农村学校，都赢得了良好的营销效果。

2. 抓实主题活动营销

（1）围绕政治读物来抓营销

政治读物是每一年营销工作的亮点，要密切关注新的政治热点和社会关注的焦点，注重学习，深入领会，主动把握好店外营销市场的切入点。例如，"党的十八大"的相关资料征订，我们团队从争取全市征订任务数，到向全市发征订单，最终较圆满完成了店外营销任务。

（2）要在创意性活动中抓营销

通过推荐书目、媒体报道、网上发布等营销方式，借助政府机关、企事业单位等平台，充分发挥其影响力，组织开展主题活动，在活动中拓展店外营销市场。倡导"多读书、读好书"主题活动，联络多家市级部门，通过座谈会、读书心得征文、活动录播、主题报道、专题采访等多种宣传形式，激发广大书友读书、藏书热情，营造全市浓厚的书香氛围，创造图书店外营销市场的先机。例如，我们针对方太厨具有限公司等几家品牌企业，根据他们的需要，开展读一本好书《工作就是责任》的主题活动；通过与宣传部、团市委、总工会等联合，开展"书海飘香，以文兴慈"等为主题的全民读书活动；通过推荐100种政治理论、社会知识、文学作品等方面的好书，开展"书香人家"、"十大书虫"评比和读书征文活动；利用教育局开展"提升师德·优化服务"为主题的师德读书活动，为学校提供了100个品种的推荐书目，订购、服务都由我们新华书店提供；邀请名师组织"高考填报志愿讲座"活动，请高考状元和高分考生谈学习经验活动；与体育局合作组织"人文奥运"有奖知识竞赛活动等。所有这一切，不但取得了良好的店外营销业绩，也大大提升了新华书店的美誉度，产生了良好的社会效益。

3. 抓活节日性营销

充分利用节日有利时机，分别根据市场需求，开展节日性营销活动。如：三八妇女节，联合妇联开展系列活动："职业女性修养、成功女人风采"阅读、交流活动；感动慈溪杰出女性学习报道活动等。又如，利用雷锋纪念日、清明节、劳动节、五四青年节、六一儿童节、护士节、国庆节、世界旅游日等节日活动，以电话联系、上门营销、书券营销等形式开展，因主题突出，针对性、时效强，都取得了较好的节日性营销效益。

4. 抓强书券、IC卡营销

书券、IC卡是全额销售的，它的特点是满足个性化需求，被许多单位、个人消费者所认可和接受，已成了单位读书活动、馈赠朋友小孩等最佳选择。因此我们的店外营销,必须顺势而为,应时而动,抓强书券、IC 卡的营销力度,来吸引人气,拉动销售额,既为客户服务,也取得了不错的业绩。

三、在服务上下功夫是店外营销制胜的关键

(一)努力提高服务质量

作为营销人员和团队,必须统一思想,端正态度,以最佳服务赢得客户的忠诚,做深做细做透来深挖市场潜力。

1.打造"四心级"服务

努力打造"四心级"服务,即树立"诚心、耐心、细心、爱心"的服务理念,以此换来客户的深度认同。在体验的过程中让客户充分感知"物超所值",转变那种只认价格不重价值的消费观念,实现"满意—忠诚—推荐"的良性循环,实现口碑相传的品牌效应。如我们为学校、单位的馆藏图书提供 Mark 数据以提高入库效率,上门进行图书贴码、盖章及分类上架等,通过提供个性化服务,让一些馆藏采购单位都认为在书城采购会买得放心、称心、贴心。

2.增加服务附加值

纳爱斯集团总裁庄启传说:"要不断提升客户的生活品质,不断提高产品的附加值,最大限度满足消费者日益提升的生活品质需求的服务。"因此我们极力开发产品附加值及增加为客户服务附加值。

名家进校园——"作家签售"活动。为学校邀请知名作家,进校与学生进行面对面讲座,既激发学生课外阅读兴趣,又为提高语文素养起到一定作用,在"名家效应"的作用下弱化了商业行为,大大带动了课外读物的销售量。

书店在农业银行购买的每本图书盖上精美的印章,又加上美丽的外包装;又如在"六一"节,关工委、方太等企业单位给民工学校赠送图书活动中,我们为他们量身定制了爱心服务。在每本图书中盖上赠送印章及红绸带外包装,在为他们提供精神食粮同时,又附加了纪念意义。因此,每逢节日或需要采购图书的时候,即便在网上或其他供货商有很诱惑的折扣,好多单位与个人,还是会选择在我们书城购买。

(二)加强媒体宣传和注重调查研究

1.加强媒体宣传的文化含量

要加强媒体广告宣传效应。不断创新宣传形式,在报刊、电视中增加书城的企业文化内涵,多开展些专题活动、讲座、学术性研讨会、经验交流会等有品位的

媒体宣传、文化活动,而并不是一味追求经济利润,尽可能避免"商业味"太浓的广告宣传,真正让客户感受到传播精神文化的意义,在消费者心中树立起企业良好声誉和形象。

组织开展"图书室应怎样采购好图书"的研讨会,邀请教育局、文广局、宣传部及一些有代表性的重要采购单位参加,通过互相探讨,了解掌握对方采购地点等各种有用信息,以宣传推广,来影响潜在的客户,引导改变其采购观点和采购习惯;又如我们与教育局、教研室联合举办联谊活动,开展"如何做好学校教辅购买的规范性"为主题的座谈研讨会。加强了沟通联络,为而后的店外营销奠定了良好的基础。

2.开展全员营销宣传活动

在书店内,多挖掘营销人员,扩大营销队伍,通过发订单函的有效途径,不定期向客户发送推荐新书目和其他内容,加大宣传范围,让所有客户能了解慈溪书城店外营销的多种服务功能。

（三）注意调查研究和意见征集

书店还注意开展一些有针对性的社会调查活动,如意见征求式的主题联谊活动,用纸质、网上问卷、电话、上门等方式调查,收集意见和建议。我们还不定期召开重点客户座谈会、新业务推介会,对重点单位坚持年度回访制度,倾听他们的建议,加强沟通交流。既增进了与客户的感情联络,又不断落实整改措施,改进工作方法,提高服务质量,满足客户的个性化需求,赢得了客户的微笑和信任,从而赢得了市场。

在一次我们组织的大客户座谈会上,邀请到了慈溪金融系统、街道、市图书馆、烟草、方太公司等企事业单位的代表,摆上瓜果,端上茶水,征求他们的意见。大家畅所欲言,各自发表了宝贵的意见和建议;客户们还要求我们能定期提供精品书目;图书馆提出对馆藏图书要求,不仅要满足不同层次读者的品种需求,除了大众化的常销、畅销品种外,还要增加一些专业性、学术性的研究品种,这样才会提升慈溪新华书店的品位形象与社会地位;还有书券、会员卡的使用期限,是否可适度放宽的建议,等等。通过这次座谈会,给我们做好店外营销工作不少新的启发与帮助,从而心里更有底,信心大大增强。

（四）提升服务质量贵在队伍素质提高

要做好店外营销,提升服务质量,关键重在打造一支高素质、认真敬业、无私奉献、锐意创新、具有较高忠诚度和专业性的营销队伍。平时要加强学习,无论从自身的心态调整、营销方法、策略、技巧和经验上,都应不断学习、不断反思、不断积累,切实提高营销所需的综合素质和能力;在营销工作中,要自觉培养良好的工作习惯,对分管工作都要有预先的计划安排,随时做好工作日志,今日事,今日毕;还要及时做好阶段性的工作总结和客户归档;营销员之间要增进交流、沟通,多开碰头会,进行知识、技能上的交流学习来取长补短。虽然折扣优惠是目前运用的主要手段,但绝不是唯一的,只有为客户全方位提供方案,综合运用专业化、个性化、情感化等营销方法来抢占先机,才是未来发展的方向。

四、结论

竞争并不可怕,可怕的是队伍缺乏竞争力,缺乏凝聚力,缺乏团队的协作精神。根据目前的实际情况,我们必须整合资源,集中各方优势,发挥团队力量,充分尊重市场,注重调查研究,提升自身素质,顺势而为,适时而动,趁势而上,以企业的文化品牌优势,加强产品、服务的附加值,来提升客户"体验度",通过这些差异化的营销策略,强化服务,从而制胜店外营销竞争,达到提高店外营销效益,实现企业经营目标,提升企业形象的知名度、美誉度的目标。祝愿我们慈溪书城为能在同行业中做好表率,为能赢得市场,赢得读者的信任,继续我们不懈的努力,做出应有的贡献!

参考文献

[1]杨松霖.品牌速成大师.北京:中国经济出版社,2009.

[2]张子凡.替代打折的 24 个策略:让销售额和销售利润双赢的终极策略.北京:人民邮电出版社,2012.

[3]吴丽娜.论我国图书市场的价格战.大学出版,2006(1).

浅谈全民阅读背景下新华
书店经营的转型

浙江海宁市新华书店有限公司　李燕侠

【摘　要】不会阅读的民族是没有灵魂的民族,不会阅读的国家是没有生命的国家。党的十八大首次将"开展全民阅读"写入报告,说明开展全民阅读活动已经列入国家文化发展战略。推广全民阅读的意义在于通过培养国民的阅读习惯,从生活方式上促进国民素质的提高,以提振我们的国民精神和国民素质,为建设文化强国打下最重要、最坚实的基础。处于转型时期的新华书店,全民阅读的提倡,是作为图书流通国家队的一种责无旁贷的社会责任,更是时代赋予的一次发展机遇。本文从研究和分析国家倡导全民阅读的背景出发,总结海宁市新华书店开展全民阅读推广的经验与成果,思考了新华书店在阅读推广活动中经营如何转型问题,以期与业内同仁分享。

【关键词】全民阅读;图书推广;新华书店经营转型;工作研究

一、推广全民阅读的时代背景与意义

阅读可以改变人生,阅读使人充满希望。不会阅读的民族是没有灵魂的民族,不会阅读的国家是没有生命的国家。温家宝同志曾谆谆告诫:"书籍本身不可能改变世界,但是读书可以改变人生,人可以改变世界。读书关系到一个人的思想境界和修养,关系到一个民族的素质,关系到一个国家的兴旺发达。一个不读书的人是没有前途的,一个不读书的民族也是没有前途的。"在今年两会期间,全国政协委员、新闻出版总署副署长邬书林也联名 115 位全国政协委员,提出制定实施国家全民阅读战略,并罗列了五项具体建议:一是成立国家全民阅读指导委员会,以加强领导,统筹协调各地各部门资源,形成合力;建立长效机制,形成国家长远战略;解决全民阅读工作中的重点难点问题。二是设立国家全民阅读节,将孔子诞辰日 9 月 28 日确定为全国阅读节。三是进行全民阅读立法,由全国人大制定《全民阅读法》、国务院制定《全民阅读条例》，以法律法规的形式将推动全民阅读工作纳入法制化轨道。四是制定全民阅读规划，作为开展全民阅读的指导性文件。五是建立国家阅读基金，建设全民阅读重点工程。关于这个阅读活动的提案，是落实十八大提出的"开展全民阅读"活动的一个具体的、详实的、可执行的方案。它将对指导开展全民阅读活动、推进中国社会主义文化强国建设、丰富人民精神文化生活产生重要和深远的影响。

二、转型时期新华书店推广全民阅读的思考

（一）全民阅读推广是新华书店的社会责任，更是发展的一次历史机遇

国民的阅读需求是新华书店存在的价值和赖以生存的基础，没有国民的阅读需求也就没有新华书店，所以国民的阅读需求不仅是一个民族文明传承和文化发展的希望，也是新华书店赖以生存和发展的基础。只有国民阅读真正自觉成为一种习惯而不仅仅是功利的需要，我们的文化和科技才能广为传播和代代相传，并发挥更大作用，新华书店的存在才有所价值。因此，倡导阅读风尚，引导阅读方向，不仅是国家文化发展的一个重大战略，也是新华书店最根本的社会责任。

而目前我国国民的阅读情况令人堪忧，我国的人均阅读量与其他国家相比，还存在着很大的差距。有资料显示：2011年，中国人均年读书量只有4.3本，而韩国为11本、法国为20本、日本为40本、以色列为64本。国家图书馆常务副馆长、博士生导师詹福瑞说：近十年的统计数据显示：我们的国民阅读率一直在47％～57％这一区间徘徊。1996年低到47％，2013年重新回到了57％，形成了一个U字形。这个数据说明，在我国现有人口中约有一半人是不读书的，那一半人在读书的人的阅读状况如何，也是值得认真去研究的。这个数据从一个方面看，说明中国人口阅读量少，从另一个角度看又说明中国的图书市场有很大潜力，若每个中国人每年多读一本书，相对于中国庞大的人口基数，那都将是一个十分巨大的潜在市场。而这个市场的潜力对于转型时期的新华书店来说，是一次发展机遇，新华书店应该抓住国家层面发起的推广全民阅读活动的历史机遇，来促进新华书店的可持续发展。

（二）做好全民阅读推广工作，新华书店必须转变职能

全民阅读推广对新华书店来说是一项全新的工作，特别是在互联网时代，传

统新华书店要开展阅读推广活动,必须以读者为核心,创造给读者带来价值的服务模式。因此,开展全民阅读推广,新华书店必须从下列几个方面转变职能:

1. 从全品种自主选购模式向引领阅读生活服务方向转型

新华书店卖场进入连锁时代以来,提供多品种让读者自主式选购是卖场主要的经营模式,不断地扩大卖场品种也成为新华书店寻找增长方式的主要手段。在没有互联网时代,全品种经营当然是新华书店最大的优势。互联网时代,快速的查询和搜索技术是网店经营的一大法宝,所以,新华书店必须借国家倡导阅读推广的机遇,在经营上要有所为和有所不为,要放弃做大而全的思路,要走"专而精"的模式,要从海量的图书品种中选择适应各读者人群的有阅读推广价值的图书,选择能引领时尚生活潮流的图书,要节省读者在书店选品的时间,要让走过路过的读者看到书店陈列的每一本图书都能心动,爱不释手。当然,要具备如此高水准的选品能力,每一位新华书店员工首先要成为一个爱阅读的人,才能成为某一类图书产品的推荐专家。这条路很长,但新华书店员工服务能力的培养必须从学会选品开始。

2. 做社会阅读推广的活动的设计者、组织者和牵引者

全民阅读推广活动是一项系统工程,它的推动与组织需要政府、企业和全社会的支持,共同营造全民读书的大环境。因此,在倡导全民阅读的大背景之下,新华书店必须借力政府的权威、利用行业的资源、组织的力量,精确锁定目标群体,建立起双方(多方)可以长期合作的阅读平台,把全民阅读进一步向广度和深度拓展。在阅读推广活动中,新华书店要寻找自己的位置,成为社会阅读推广的活动的设计者、组织者和牵引者。要向深圳市新华书店学习,他们从 2000 年开始,在连续十年政府倡导的"深圳读书月"活动中,从一个单纯的图书流通企业,转变成为组织专家阅读指导、发动社会各界参与、争取媒体支持等一系列读书活动的策划者、牵引者、组织者、操作者。不仅使"深圳读书月"成为闻名全国的城市名片和文化品牌,也使深圳市新华书店通过参与"全民阅读活动"在书店经营方式上创新转型成功。

3. 从单一消费场所向读者社交娱乐的场所转型

新华书店的优势就在于在一个城市有实体的门面,能给读者提供各种文化消费的体验,所以,新华书店在阅读活动中,必须改变原有传统新华书店单一的卖书模式,要组织各种文化资源,举办各种文化活动,如展览、讲座、阅读会、亲子游戏、演讲比赛、签售等文化活动,使书店卖场成为一个人们文化交流的场所、社交活动的场所、文化消费的场所。

4. 利用科技手段增加图书商品的传播服务功能

图书是商品,只有实现销售才能实现其从产品到商品的"惊险的跳跃",而销

售实现的前提是商品信息的有效送达和广为告知。现代社会,人们的生活、工作、娱乐、社交、学习等都离不开网络,网络信息传播的能力和影响力都十分强大,新华书店开展阅读推广活动也必须积极学习新技术,拥抱新技术,积极借助网络社区、博客与微博、微信等现代传媒手段来发布图书商品消息,推介新书,挖掘目标读者,从图书商品采购前就设计有针对性的、整体的图书推广阅读方案,使每一种值得阅读的图书商品都能及时地到达它所需要的读者手中。

三、海宁新华书店开展全民阅读推广的实践

近年来,海宁新华书店在阅读推广活动中,积极转变职能,以门店为阵地,以活动为抓手,主动谋求与政府机关、教育行政部门、行业系统、新闻媒体的深度合作,设计不同年龄层次、不同读者对象的阅读计划,开展各种阅读推广活动,不仅全民阅读推广社会效益显著,而且每年为企业带来了近400万的销售。我们开展的主要阅读推广实践活动有:

(一)设计学生各类读书活动,努力培养未成年人的阅读习惯

孩子是祖国的未来,是全民族伟大复兴的希望所在。我国未成年的阅读现状和世界发达国家相差甚远,甚至不及美国儿童的1/10,且多数没有明确的阅读计划。如何引导他们多读书,读好书,提高阅读能力? 我们主要做法是:

(1)联合当地教委,针对中小学生的特点,设计了中小学"阅读伴我成长"暑期读书活动。整个阅读活动从四月至十二月,配合学生阅读,我们设计了"故事大王 PK 赛"、"读书小报编制"比拼、"精选征文,好书出版"、"书香家庭"评选、"家长阅读"图书推荐等一系列活动。五年来,全市共有 465 所学校(包括村校),452550 名学生参加。这种阅读活动,通过孩子读书,带动家长读书,营造全社会的阅读氛围。

(2)以小学生为阅读主体,开展"牵手阅读,幸福成长"寒假阅读活动。我们在市委宣传部、市教育局和《南湖晚报》小记者协会海宁分会的支持下,连续 10 年,开展以小学生为阅读主体的"牵手阅读,幸福成长"寒假阅读活动,每年设计不同的阅读主题。据不完全统计,10 年来共有 610 所小学(包括村小),538570 名小学生参加了该项活动。通过参与阅读活动,小学生的阅读理解能力、写作能力、动手能力有了明显的进步和提高。

(3)举办"国学知识网络竞赛"。2011 年 3 月,为继承中华民族优良传统,提升全市中小学生的国学素养,在市文明办和市教育局的主办下,利用新技术、新形式,举办了海宁市首届"国学知识网络竞赛"。全市共有 93 所学校、45312 名

学生积极参与。比赛充分利用网络技术,整个程序设计合理、便于操作,所有参赛学校和学生可以足不出户地在电脑上完成组织发动、参赛报名、参加比赛、查询成绩及名次、学习正确答案等,真正做到了新颖、便捷、公开、公正、严谨,因而获得了所有参赛学校和学生以及家长的好评,掀起了一次全市学生学习和诵读中华经典文化的热潮。其中在小学低段组,我们设计了家庭诵读视频上传活动,得到家长的欢迎和积极参与,通过"小手牵大手",许多孩子的爸爸妈妈、爷爷奶奶、外公外婆都参与到活动中来,达到了推动全民阅读的作用。

(4)培训家长进行幼儿绘本的推广。幼儿绘本是阅读推广的一个难点,在阅读推广活动中我们邀请台湾资深幼儿阅读推广专家陈鸿铭先生为现场来自全市近70名幼儿园长进行培训,而后又对海宁市幼儿园的骨干教师和家长分别进行了2场讲座培训,使老师和家长切实感受到了绘本阅读在幼儿成长过程中的重要性,努力学习和掌握了绘本阅读的教学和亲子共读方法,绘本的阅读推广活动的设计和实践,受到了广大幼儿园教师和家长的热烈欢迎。

(二)走进机关、企业,推进成人阅读活动

我们借政府开展各类文化活动为契机,走进机关企事业单位,开展送文化、送服务的阅读推广活动。我们通过组织部向"机关干部推荐一本好书",通过宣传部每季为"党政机关干部"提供学习推荐书目,在政府组织的"全民学习月"携科技图书进企业,举办"梦想、知识、力量"图书展,在教师节为"教师推荐一本书"等活动。同时在全民学习月,采用在书店卖场陈列专题图书推荐展台、亲子阅读童话乐园,以及举办科普绘画大赛等活动吸引读者走进卖场。特别是举办"建党90周年"等大型图书展等大型阅读推广活动,效果显著、影响力大,对提高全民阅读能力,发挥着不可或缺的作用。阅读推广,社会与书店互动,不仅吸引了读者、扩大了客流,促进了销售,同时也大大提升了新华书店的企业形象。

(三)发展农村小连锁网店,推动农村阅读

农村市场一直是阅读推广的一个重点与难点,海宁新华书店一直坚持采用各种方式开展"文化服务三农"的探索和实践。从2004年开始,我们依托连锁总部计算机平台,利用社会资本加盟新华书店发展农村小连锁网店,目前,农村小连锁网店已经覆盖海宁的每个乡镇。遍布农村乡镇的小连锁网店已经成为新华书店开展农村阅读推广的服务平台。我们根据农村市场的需求,改善了一些小连锁店的购书环境,花大力气对小连锁书店经营的图书品种进行了调整,送好书、畅销书下乡,书店在组织各类读书活动时,如"牵手阅读,幸福成长"、"阅读伴我成长"、"国学知识网络竞赛"、"梦想、知识、力量"等全民阅读推广活动时,都充

分考虑到了城乡联动的效应,有效地延伸了阅读推广的范围。

结束语

在一个很长的历史阶段中,全民阅读推广活动是新华书店一项长期的、重要的、具有历史意义的工作任务,我们一定要抓住"开展全民阅读"这一国家文化发展战略的历史机遇,转变观念、转变职能,在提升自我服务能力的过程中,实现新华书店的转型,为将新华书店建设成百年老店而努力!

参考文献

[1]王坤.阅读对城市文明有着强大的促进作用.图书馆报,2012—02—10.

[2]王忠义.新华发行集团老总们对新一年的期待和展望.中国图书商报,2013—1—9.

浅谈新华书店多元化经营

浙江金华市新华书店有限公司　傅钟萍

【摘　要】 多元化发展是新华书店探索新型转型方式的重要内容之一,各地新华书店这几年多元化经营取得了长足的发展,文化用品和电教产品成为多元化经营中率先突破的产品,但随着产品的不断引进,多元化经营并没有想象中的快速发展,也出现了一些问题。本人认为新华书店在多元化经营中应该有选择地开展,要以特色形式聚焦消费群体开展多元化经营。大力实施品牌发展战略,是新华书店实施多元经营的长久保障,同时根据新华书店的实际情况努力拓展店外的多元经营。多元化特色发展或许能为新华书店开辟一条新的发展道路。

【关键词】 多元化经营 ,"相关性"原则,品牌,教育装备

网上购物,改变了人们的购物习惯;数字化阅读的兴起,改变了人们的阅读方式。在网店和新媒体的冲击下,实体书店的发展越来越艰难。近年来,实体书店的利润、生存与发展成为业内人士关注的焦点。虽然作为国有老字号企业和图书发行主渠道的新华书店,在房租成本、财政资金等方面比民营书店略显优势,但在实体书店经营普遍受到冲击的大背景下,也为了进一步提升企业的核心竞争力,新华书店开始纷纷摆脱旧有经营模式。而多元化发展则是新华书店探索新型转型方式的重要内容之一。

一、多元化经营的含义

多元化经营,就是企业尽量增大产品大类和品种,跨行业生产经营多种多样的产品或业务,扩大企业的生产经营范围和市场范围,充分发挥企业特长,充分利用企业的各种资源,提高经营效益,保证企业的长期生存与发展。多元化经营至少具有以下特质:(1)多元化是企业一种经营方式和成长模式;(2)多元化是企业能力与市场机会的一种组合。并且多元化有静态和动态两种含义,前者指一种企业经营业务分布于多个产业的状态,强调的是一种经营方式;后者指一种进

入新的产业的行为,即成长行为。所以,公司多元化战略是公司在现有经营状态下增加市场或行业差异性的产品或产业的一种经营战略和成长方式。多元化经营属于公司层的战略,是公司成长到一定阶段的必然产物。

企业多元化经营的形式多种多样,但主要可归纳为以下四种类型:同心多元化,水平多元化,垂直多元化,整体多元化。就新华书店而言,我们现在实现的多元化经营,基本上走同心多元化战略,同心多元化经营的特点是,原产品与新产品的基本用途不同,但它们之间有较强的技术关联性。具体到新华书店就是即以出版物为圆心,与文化、教育相关联的产品作为弧度。其实新华书店早在20世纪90年代就尝试多种经营,结果由于脱离了出版物这个圆心,偏离了文化、教育这个弧度,各个基层店单打独斗,各卖各的产品,服装、电器等与主业毫无关联的产品占据了卖场的主要位置,结果不但得不到发展,还严重影响了主业的提升。实际上那时候的这种方式称之为多种经营,称不上多元化经营。浙江新华实施连锁经营后,做强了主业,主业的市场占有率不断扩大,这两年多元化经营逐渐走上规模化、科学化,但随着业态的不断增加,各基层店也存在一些问题。

二、浙江新华卖场多元化经营的现状及存在的问题

(一)多元化经营已经成为浙江新华销售新的经济增长点

经过多年的尝试,浙江新华书店卖场产品已经从单一的图书业态,扩大到文化用品、电教产品、数码产品,特别是文化用品和电教产品实现了全集团的连锁,销售占据了1/3,2012年全年浙江新华多元销售已经突破7.7亿元,增幅高达37.6%。以金华新华书店为例,2010年多元化销售为830万元,2011年为1050万元,2013年突破1500万元,三年增加了近700万,成为销售增长的绝对主力。正是有了这么好的增长,新华书店看到了卖场多元经营的美好前景,对多元经营充满了期待。浙江省新华书店也特地成立了综合业务部,负责整个浙江新华书店的多元化经营业务,苹果系列、IT、手表、黄金、三星手机、眼镜、玩具、儿童课桌椅、网上土特产等系列产品的引进,使得产品资源得到极大丰富,每个店都根据实际情况引进产品,设置专柜、专架选择性的开展多元化产品的经营。很多有条件的书店也划出专区,准备实现多元经营的二次腾飞。

(二)多元化经营在向更深层次推进中存在的问题

新华书店的多元化经营在取得突破的同时,在向更深层次推进中并没有想象中的那么理想,由于新引进的产品与文化及教育的不吻合,产品与主业的关联

性不够,特别是书店经营的专业化程度不高,使得这些产品在卖场中显得很单薄,既无价格优势,又无服务优势,各供应商分散作战,实力有限,在人员配备和营销上的投入慎之又慎,大部分书店由于人手的限制,对引进的产品基本上是一种放养的状态,观念上只是把多元产品作为丰富卖场产品。久而久之,新引进的产品在销售上都是昙花一现,或者根本就没销售,没能像文具和电教产品一样给书店带来持久的销售。以金华市新华书店为例,这两年金华市新华书店对卖场重新进行了升级,在购书中心一楼实现多元产品的经营,除了传统的文化用品和电教产品,先后引进了苹果、三星、数码周边产品、眼镜、专业的体育用品、金一黄金、儿童书桌等产品,产品资源不谓不丰富但实际结果同样不尽人意,除了苹果系列产品有书卡的支撑,每年实现200多万元的销售外,其他产品经过一两年的运作,都无法继续维持,实际坪效低于主业坪效。2012年金华市店1500万元的多元化销售中,电教产品占了843万销售,文化用品占了280万,苹果数码占了245万元,其他眼镜、电脑等5大系列的多元产品仅占130万销售。场地的投入和产出完全不成比例,结果不是供应商提出撤柜,就是书店主动停止经营。实际上很多产品在其他商场很有市场潜力,但在新华书店中却显示出水土不服。主要问题还是产品与主业之间没有很强的关联性,没有明确消费群体的支撑,书店提供不了专业化的服务标准。据了解全省其他书店除了个别书店上有亮点外,如湖州市店的眼镜和IT产品的经营,能够与文化用品与电教产品并驾齐驱的产品可谓凤毛麟角。

因此,我们有必要对多元化经营进行重新思考和定位。

三、对新华书店多元化经营的几点思考

（一）企业的主业优势能否对所选择的多元化业务提供资源上的支持,是选择多元产品的重要条件

新华书店多元化经营要有选择地开展,新华书店选择辅业进入行业的首要考虑因素是要遵循"相关性"原则,只有选择有利于发挥新华书店原有优势的产业,才能达到资源共享和优势互补的目的,实现"以主带辅、以辅促主"。实际上对新华书店而言,不管是从读者群还是从自身的业态看,关联性最强的产品还是与教育、文化相关的,也就是与学生有联系的产品,文具和电教产品的成功,就是因为这些产品跟我们读者的关联性强,充分发挥了企业的优势和特长,吸引了人流。因此怎样选择多元化产品是当前面临的难题。新华书店有品牌优势、有位置优势,但单一的图书业态约束着顾客的群体的结构。笔者认为,除了文化用品

和电教产品,其他商品类的产品,与新华书店的主业融合度不高,产品分散,各自为战,要想形成强有力的市场竞争度难度很大。而跟我们主业关联度最大的还是培训行业,从目前中国式教育看,培训仍然是一个朝阳产业,特别是青少年的培训,且不受网络的冲击,有条件的新华书店可以充分利用现有的物业,逐步引进培训项目,浙江新华也敏锐地觉察到这一行业的潜力,这两年与社会资本合作,分别在绍兴和金华两家书店开设了蓬皮杜青少年教育中心,虽然合作的模式、办学的模式、品牌的建设、市场的开拓存在着一定的问题,但从两家书店的运行情况看,还是凸显出这一业态与书店行业的相关性,学生是新华书店最大的客户群,而培训学校的目标市场就是这一固定的学生群体,资源的整合和利用,为培训学校创造了很好的条件。再者,各地新华书店与学校的关系密切,培训学校可以充分发挥新华书店的优势,以新华书店这一品牌进行宣传,符合家长及学生的选择性心理。在实体商品网络已经无所不能的环境下,新华书店可以与彩票管理中心联合开展彩票经营服务,彩票实际上是个虚拟的产品,所占位置有限,操作方便,很适合在所有新华书店各卖场开展,条件有限的卖场可以只开设售票点,条件好的卖场可以开设彩票体验店。

（二）加强图书主业的发展,以特色形式聚焦消费群体,是成为开展多元化经营的关键之一

新华书店的品牌是图书,无论怎样开展多元化经营,发展图书主业是新华书店文化传播的历史使命,也是基本要求,多元化经营离不开专业化经营,书店要有特色,打造专业化的空间。譬如美术书店售卖美术用具,音乐书店开设乐器柜台,形成自己的业务强项。专业化越强的书店,吸引的顾客群体越专业,粘性越高。书店要认清核心产品,然后延伸产业链,围绕着图书来做多元,但应在比例上有所协调,譬如西西弗也经营咖啡,但连 20％的营业空间都不到,图书、其他产品要形成相互结合的氛围,打造舒适的阅读空间。县市新华书店除了新造卖场外,中心卖场的空间实际多余的面积并不多,因此在多元化产品卖场的布局和利用上更应该协调和科学,可以试着将一些多元产品作为吸引卖场人气的一种途径。河南中原图书大厦开设了 24 小时数字书店,内设数字体验区等阅读板块,方便读者进行多渠道的阅读。读者通过在数字终端上的检索,可以阅读、下载 150 多万种的图书和 200 多种的报刊,且全部免费。免费的数字阅读并没有使大厦的纸质书销量产生下降,相反起到了吸引顾客群的作用,因此,本人认为,可以在各新华书店少儿区域,免费设置少儿综合体验区,体验区免费提供各类手工制作、插拼图、玩具等等产品,供不同年龄段儿童体验,相信这样的体验区不但可以吸引人流,还能通过孩子的体验带动相关产品的销售。这两年开设了 1500

平方米的文化生活概念店,从开店理念到选取商品的标准,都围绕着美学文化价值观进行,通过其经营的商品,向顾客传递的是一种接近自然、注重环保、关怀人的精神世界的美学理念,正是围绕特色形式聚焦消费群体,其中 800 平方米经营图书,其销售额却占总销售额的 40%。因此,新华书店要围绕主业做特色,如果简单的毫无特色的引进多元产品,呈现在读者面前的就是一个百货商店。如果做强不了主业,保证不了企业的长期生存与发展。当然,很多城市书店打造建设的文化消费综合体是多元化经营的另外一种趋势,这种多元化经营需要强大的物业和城市人群的支撑,这里不做研究和讨论。

(三)大力实施品牌发展战略,整合供应商,是新华书店实施多元经营的长久保障

新华书店在多元化经营中,靠单店的经营很难有所作为,必须依托省级发行集团的优势,大力实施品牌战略,特别是在新华书店已经相当成熟的文化用品和电教产品,更应该打造出一个品牌。简单地说文化用品和电教产品也需要转型升级,要在新华书店文化用品店中开设品牌店中店,除了吸引学生群体外,让更多的品牌文化用品吸引高档消费群体的需求。2013 年,杭州市新华书店解放路购书中心文具专卖区进行了较大规模的升级改造,引入了具有百年历史的"百新文具"品牌,在省内新华书店文具卖场中处于领先地位。百新文具前身为百新书局,百年来,始终倡导品位时尚、新颖独创、简约环保的文化生活方式,这次在解放路购书中心开设的文具馆定位于中高端品牌,类别品种丰富,涵盖绘儿乐、普丽猫、魅克、德格夫、麦浪、玩味、LAMY(凌美)、IWAK、花之洋、博目地球仪、藤井剪刀,以及翰文系列文房四宝和麦和玻璃器皿等优质品牌产品。杭州市新华书店"百新文具馆"标志着浙江新华多元经营实施品牌发展的起步,相信接下去会有更多品牌文具馆诞生。这是发展品牌战略最好的一条途径,将所有品牌商品整合到一个供应商,以店中店的形式开展品牌经营。同样,电教产品,在传统经营的基础上,也需要在新华书店卖场开设专卖店,进行一站式的消费体验服务,提升档次。另外我们在引进产品时更应该与大品牌合作,除了看重产品本身的品牌外,更应该注重合作商的服务品牌和营销能力,只有实施品牌战略才能使新华书店的多元经营得到长久保障,在市场中立于不败之地。

(四)拓展店外的多元经营,是今后新华书店多元经营的又一重要途径

大多数新华书店多元经营受到卖场的限制,要想得到更大的突破,确实存在客观的因素。因此我们必须借鉴图书主业的经营模式,大力拓展店外销售,新华书店要服务大教育,要寻找合适的生意装入原有渠道,培育新市场,这是一个不断整合资源、累积经验的过程。因此介入教育装备,是新华书店店外多元突破的重点。教育装备包括与学生相关的音乐、体育、美术等器材、学生课桌椅、实验器材、学校纸张等等。教育装备基本上实现政府采购模式,这对于各基层店来说也是一个机遇,虽然教育装备市场已经有相对成熟的供应体系,但新华书店也有品牌、渠道、人脉的优势。这两年浙江新华大举进军教育装备行业,取得了不俗的表现,各基层新华书店充分利用集团这一平台,利用当地的人脉资源和就近服务优势,纷纷跟进,在教育装备这一市场上分得了一杯羹。这是多元经营突破中最具分量的一次成功尝试,相信随着新华书店参与教育装备供应的不断深入,经验也会越来越足,各基层新华书店的店外多元经营会更具广阔的前景。

　　总之,单一的图书销售并不足以构成新华书店的经营优势,与其他业态充分结合开展多元化经营从而形成浓厚的文化氛围,才能吸引需求日益多元化的读者。在市场化条件下,新华书店不再是简单的买书卖书这样的交易场所。它更是文化交流和传播的场所,但新华书店也绝不能成为没有书香味的超市。随着国家对实体书店的扶持与重视,新华书店也在竞争中朝着人无我有、人有我优的方向发展,多元化特色发展或许能为新华书店开辟一条新的发展道路。

参考文献

[1]覃志刚.企业多元化经营绩效:理论与实证.北京:中国财政经济出版社,2009.

[2]吴晓立.多元化经营的目标行业选择策略.统计与决策.杭州:浙江工商大学出版社,2005.

创新中卖场建设与营销

浙江兰溪市新华书店有限公司　李晓宏

【摘　要】面对竞争越来越激烈的一般图书市场,以及读者需求的差异化、个性化特征。本文通过建设创新型的多元化经营布局。不断引进和使用新科技、新技术和新事物。运用形式多样的,内容丰富的新型营销手段。及时跟踪市场动态,进一步提高服务,在创新和发展中赢得市场。提出本人粗浅的观点和建议。

【关键词】创新;卖场建设;卖场营销。

引　言

随着经济的发展,人们的工作和生活节奏日益加快。特别是近几年来随着网上阅读,移动互联网和数字阅读内容的不断丰富,手机、平板电脑、电子书阅读器等移动互联网终端的新阅读方式正在改变传统的阅读方式。另外,网上书城和各种低折扣的书展的冲击,使得很多读者(特别是年轻人)很少有专门的时间到书店逛逛,挑选一本自己喜爱的图书。一大批实体书店,如北京的风入松、厦门的光合作用等书店相继关门歇业。实体书店未来的路将会越来越艰难。新华书店作为我国精神文明建设的重要窗口和出版物发行的主渠道,必须要在变革的大潮中迎浪搏击。充分利用自身天时、地利、人和的因素,站稳脚跟,在探索和创新中不断地向前发展。

一、卖场建设

2007年开始,国内以亚马逊和京东为代表的电子商务开始大举介入图书发行业,他们以低价为诱饵、以方便读者为突破口,很快在图书市场掀起巨大的波澜。在电商的"低价倾销"中,一些单一销售图书的民营书店相继倒闭。电商之所以能够成功介入图书市场,首先,它迎合了新生代读者的消费需求,提供了便捷(足不出户)的购书渠道。其次,电商的介入,意味着读者能花更少的钱,买到更多的书。为应对主业的困局,实体书店开始纷纷转型,向提供专业化服务和个性化的方向迈进。新华书店在坚守主业的同时,也开始依托"新华"品牌,走大文化产业的道路,不断地进行产业链的拓展。逐步形成以图书为主业,以电子出版物、文化产品、其他文化业态等为补充的新模式。另外,新技术的应用极大地丰富了图书的品种,便于管理,也方便了读者。

随着人们生活水平越来越好,人们对精神文化生活的需求也越来越高,而且差异化也越来越大。建设良好的卖场环境,多元化的经营布局、新技术的使用是吸引读者最好的手段,也是面对激烈的图书市场竞争求生存、求发展的需要。

(一)多元化的经营布局是新华书店创新的经营风格

新华书店的旧门市虽然大多处在各个城市的中心地段,但由于房屋大多是老房子,结构老化,营业面积小,图书陈列品种相对较少,其他设想很难实现。老门店严重制约了各店的发展。一些读者也常说:他们闲暇时间还是习惯去逛书店,并且每次去都会有消费。他们希望在书店里有那么一个角落,可以让他们坐下来看几页书,享受一段音乐;或可以在书香四溢的环境里,喝一杯咖啡,品一壶香茗。书与茶,书与咖啡,历来就有着深厚的渊源。书店可以考虑开设茶咖吧休闲区,茶吧、咖啡吧所营造的氛围以及目标人群,与书店是有重合的,在阅读体验上也给读者更多的选择,对书店来说影响是积极的。书店能给商业带来不少品位不错的顾客,也可以借助商业来提升整体的销售。另外寒、暑假期间,卖场内各种各样的读书活动,吸引了许许多多的中小学生在新华书店的书香中度过他们的假期,度过他们的童年、少年。因此营造优雅舒适的卖场氛围,进行多元商品的经营是实现新华书店持续发展的重要途径之一。

2010 年,某书店应业务发展需要,通过购买相邻店面,进行中心门市扩建,营业面积由原来的 800 平方米扩大到了近 2000 平方米。扩建后,图书品种由原来的 2 万多,增加到了 5 万多。另外,在少儿区域、社科区域等增加了一些比较人性化的设施,如儿童活动区、安装了凳子等。同时引进了文化用品、数码产品。当年图书主营业务 POS 销售增长了 36％,文化用品、数码产品销售达到了近 200 万元。新华书店也从原来单一的图书卖场,变成了现在以图书为主体,以文化为核心的有文化用品、电子产品、儿童活动区、文化休闲吧等各种与文化产业相关的多元化的新兴的文化综合体。舒适的空调,优雅的购书环境,丰富的图书品种,浓厚文化气息,也开始越来越吸引更多的读者重新进入新华书店来饱览文化大餐。

（二）科技创新是新华书店发展的内在要求

科技创新也不断地推动着新华书店向前发展，这是提升核心竞争力的关键。建立了全省联网的计算机管理信息系统和科学、先进的物流基地。使各个分公司在进、销、存、退等业务流程有了科学、简单的工作方法，摆脱了过去复杂人工的操作。为图书精细化管理提供了科学的保障。有了先进的科学管理方法，各卖场在图书品种上至少增加了一倍以上，同时还大大优化了库存结构。卖场内的读者查询系统，方便并加快图书的流转。例如，某书店有图书品种5万多个，还有文化用品、数码产品。利用先进的计算机管理系统，采用了架位管理，既方便了读者又简化了业务管理工作。同时，建立了自己的网上书城，利用自己的品种优势，参与了网店的竞争。

有了良好的卖场环境，让读者有宾至如归的感觉。有了丰富的图书品种和文化产品，如何吸引读者并且产生购书欲望，最终形成消费，才是我们要达到的目的。

二、卖场营销

良好的环境、丰富的品种能够吸引更多的读者前来浏览、休闲，创造出新华书店门市部生机勃勃的人气氛围。然而，要使这些读者转变为现实的消费者，当然离不开卖场的营销。本人认为，新华书店卖场可用如下营销策略组合，实现销售最大化：

（一）人性化的服务

"为书找读者、为读者找书"是新华书店的光荣传统。也是卖场营销的核心。热情、耐心、礼貌、周到地接待读者是门市员工的工作重点。工作中要做有心人，注意观察、善于倾听。首先，接待老顾客时，因为这部分读者大家相互比较了解，在把他喜欢的新书类别推荐给他的同时，还可以把最近流行和其他读者反响较好的书也推荐给他；其次，有的读者来到书店后，期盼得到营业员的协助和帮忙，接待时要善于倾听，了解读者所需，然后进行热情、耐心的导购推介；相反，有的读者来到书店，有明确的购买目的和意愿，再加上性格等原因对你的热情推介会出现厌烦抵触的态度，所以工作人员要见好就收。因此，在门市的具体接待工作中要注意以下三点：(1)要做到对读者合理分析、善于观察；(2)要多给读者留有空间；(3)要以尊重读者意愿为根本。总之，在日常工作中只有做到多分析、会观察、常动脑、勤总结，才能有的放矢地更好为读者服务。

面对面的人性化服务是电商的短板,却是实体店的优势。

(二)广告宣传

虽然新华书店有几十年的良好声誉。但还是要改变"酒香不怕巷子深"为"酒香还要勤吆喝"。但基层店又不可能拿出很大的财力进行广告宣传。因此,利用和创造各种可以利用的机会。用较少的付出,赢得较大的回报。例如:政府开展的"全民阅读活动"和重要的节日"世界图书日"、"六一国际儿童节"等重大的事件和重要的节日,一般媒体都会在主要版面和主要的时间段作重点报道。一方面,我们都要积极主动参与。精心挑选图书,在卖场显眼的位置布置专柜、展台,在展台布置上要求新颖、创新,以吸引读者、媒体的眼球。利用自有的电子显示屏或拉横幅宣传。另一方面要主动接触媒体、配合媒体宣传。这样既起到较好的企业形象宣传效果,又节省了广告宣传费用,一举两得。

另外,如某店把学生用的课程表设计成精美的小卡片,在反面印制"使用正版、杜绝盗版",把《现代汉语词典》《新华字典》《牛津英汉词典》等工具书小广告印制在上面。利用教材发行的便利条件,动员职工在教材分发时,把一张张小卡片夹在初一、高一的语文课本中,随教材发行到每一个初一、高一的新生手中。利用假期在卖场的收银处分发。并凭此卡片到新华书店各卖场购买工具书9折优惠。这一形式的小广告,花费成本少,每张小卡片费用不到3分钱,收到的效果却是出奇的好。

以下为某店四年来词典销售数据:

年份	2009	2010	2011	2012
册数	1268	1647	2081	2374
码洋	50451	80547	101589	119518

从上表可以看出,该店凭此活动在工具书销售方面一直保持着20%左右的增长速度,既赢得了销售的增长,又很好地宣传了企业形象。

(三)价格促销

商业的现实是竞争性。选择部分品种直接从价格上优惠消费者,即所谓的物优价廉,是吸引消费者的较好手段之一。从"橙色风暴"、"红色风暴"到"聚畅销",新华书店近几年来一直在尝试价格促销这一手段。从目前来看"聚畅销"比较成功。

2012年夏天,浙江全省所有新华书店、博库书城、外文书店,于7月15日全面启动"聚畅销"精品特卖活动。活动期间,只要在指定精品特卖区内购买图书,一律封顶五折。本次"聚畅销"活动参与品种均为畅销书。第一期"聚畅销"书目分为历史和军事,小说和散文,悬疑和青春,职场和人生四大主题,包括《杜拉拉升职记》、《天机》、《山楂树之恋》等超级畅销书,总计共 110 个品种。我们对前三期的具体数据进行对比。

以某店为例:

	总品种	动销品种	动销率	销售册数	销售码洋
第一期	110	86	78.1%	523	14184.8
第二期	137	116	84.7%	683	18781.7
第三期	139	125	89.9%	745	22482.3

从上表可以看出,本活动的品种动销率较高,说明品种适销对路,读者认可度较高。

(四)适时的节日营销

节日营销在企业的日常营销中起着一个至关重要的作用。节日营销必须要有针对性,分清主次,要有量化指标。

六一儿童节当天上午,某市新华书店中心门市部人头涌动,欢声笑语不断。因为卖场内正在开展一场特殊的游园活动。他们与本市机关幼儿园携手合作,将原本在幼儿园内的游园活动现场搬到了新华书店中心门市部卖场内。游园穿插在卖场的各个区域。比如在音像区域开展了夹弹珠比赛;社科文艺区开展了穿珠子比赛;少儿区开展了画画填色比赛;科技区开展了猜谜语比赛。小朋友们每完成一项小游戏环节能领到一张小卡片,集满四张小卡片后方能换领取礼物一份。这次活动充分利用书城的场地资源,需要每位小朋友和家长走完书城的每个角落来寻找活动点才能完成任务。在开展游戏的同时既拉升了人气,又让小朋友和家长熟悉了我们这个卖场,明白了新华书店卖场的分类区域,了解到当天卖场少儿音像 85 折优惠,少儿书满 61 送 10 元书券等一系列营销活动等等,在做销售的同时以小朋友快乐,家长满意为终极目标,几乎以零成本的支出取得了社会效益和经济效益的双丰收。该新华书店中心门市在六一活动当天的销售完成了 39613.17 元,比同期增长 58.58%,而且当天除了少儿类图书增长外,其他类别的图书销售也都有大幅增长。

(五)社店联合促销

出版社离不开书店,书店也离不开出版社。两者的关系就像鱼儿离不开水一样。让出版社的资源和书店的资源有机结合起来,书店成了出版社和读者的纽带,使出版的图书更贴近实际,更好地发掘市场潜力,提高竞争力,合作共赢。

与浙江少儿出版社合作,邀请著名作家沈石溪等名家进校园演讲签售活动。沈石溪有"中国动物小说大王"的美誉,他的好几部作品被选入初中、小学的课本中。首先,在卖场用巨幅广告介绍沈石溪和他的作品,并对活动用书进行了专柜展出。也把其他著名作家的优秀作品陈列在周围。其次,联系学校并确定了小学初中一贯制的聚仁学校,学生人数大约在1200人左右。期间主动地把印有沈石溪资料的宣传单分发给学生,并以校讯通短信形式向学生家长发布活动信息,让学校、老师、学生、家长都参与到活动中来。著名作家沈石溪在现场的精彩演讲为本次活动增添了亮点,他风趣精彩的演讲深深吸引了老师和同学,给师生留下了深刻印象,因此出现了购买沈石溪小说的小高潮。通过名家进校园活动,实现了学校、出版社、书店三方共赢的结果。

当然,卖场营销策略多种多样,除上述几种外,还有如建立读者俱乐部、请当地名人办讲座、突发性事件的展台布置(如钓鱼岛事件)、各种主题展销等等,总之,要结合各店的实际情况,因地制宜。以市场需求为准绳。在活动结束后,要及时总结。对每次活动的成功和不足之处要认真分析。创新的营销理念和手段是新华书店在激烈的市场竞争中立于不败之地的保证。

三、结束语

伴随着社会主义市场经济的发展和改革开放前进脚步的加快,新华书店作为行业的带头人和主渠道,不仅要继承和发扬新华书店光荣的传统,坚持社会效益和经济效益相统一的原则,而且还要抓住机遇,勇于改革和创新,在探索和创新中不断向前发展,为我国的两个文明建设和有中国特色的社会主义建设做出应有的贡献。

参考文献

[1]王官诚,汤晖,万宏.消费心理学.北京:电子工业出版社,2013.

[2]新闻出版总署人事教育司.出版物发行员职业资格培训教材.北京:中国书籍出版社,2011.

图书营销难不难？

浙江大学出版社　赵群伟

【摘　要】根据前瞻产业研究院发布的《2013—2017年 中国图书出版行业市场前瞻与投资战略规划分析报告》看，到2015年，中国图书出版品种将增至41.9万种，图书出版总印数将增至79.2亿册，人均年拥有图书数量将上升至5.8册/人。[①] 这一个个看似喜人的数字背后，给图书营销工作带来的却是新的挑战。出版社如何将图书销售的规模持续扩大，如何应对日益激烈的图书销售市场竞争等一系列问题，亟待解决。

图书营销到底难不难？本文借鉴国外的图书营销理念，对比分析了国内图书市场的营销现状，提出了出版社图书营销的改进方法，寻找一条适合我国图书营销的路。

【关键词】出版社；图书；营销

一、中外图书市场营销手段之比较（以英国为例）

（一）图书的分类对比

在英国，出版商往往会根据不同图书自身的特点，在寻找到合适的目标读者后，制定相应的销售手段。因此，他们将图书分为三大类：市场类读物、教育类读物和学术类读物。

对于市场类读物来说，潜在读者是很难捕捉的。事实上，除了一些真正意义上的"名家效应"，很多销售都是基于铺天盖地的广告、各式各样的折扣或是其他营销手段来促成的。然而，与这类图书的高风险销售相比，教育类读物的目标读者就很容易界定了。无论是中小学课本还是其他学习参考资料，其利润都是相当可观的。至于学术类读物，英国本身就对于这类读物的把控相当严格，每年的

---

① 《2013—2017年 中国图书出版行业市场前瞻与投资战略规划分析报告》[R]. 前瞻产业研究院,2013.

出版品种并不多，复本量在 200～400 册之间，定价也高得离谱。在大学院校里，教授与学生更倾向于选择电子版的学术类读物，当然，这也是要收费的，只是价格比纸质书低些。

在国内，针对受众者的不同需求，图书也同样地分成市场类读物、教育类读物和学术类读物。因此，在图书营销这个课题上，英国出版业的行业现状十分值得我们参考和借鉴的。当然，"取其精华、去其糟粕"还是需要的。

(二)渠道的营销对比

1.渠道的分销量对比

之前也说到了，英国图书的销售渠道可以说是为其图书"量身定做"的，为的就是通过合理的营销手段，将图书利益最大化。这里将英国出版商与浙江大学出版社的分销渠道做一比较。(见图1、图2)

图1所示的是近三年来，英国图书业的主要销售渠道及其所占百分比。

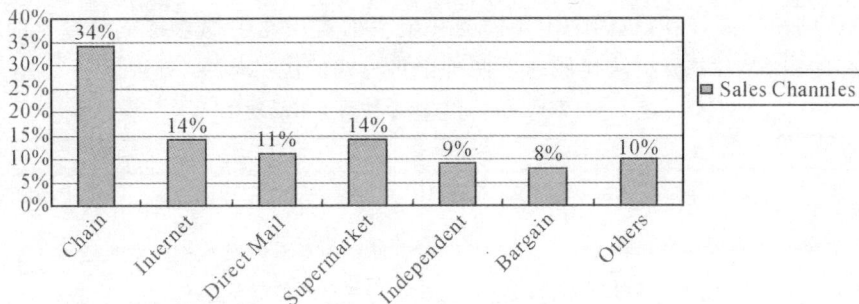

图 1　Volume Share of Sales Channels in 2009

(来源：The UK Book Publishing Industry in Statistics 2009)

图2所示的是近三年来，浙大出版社销售渠道及其所占百分比。

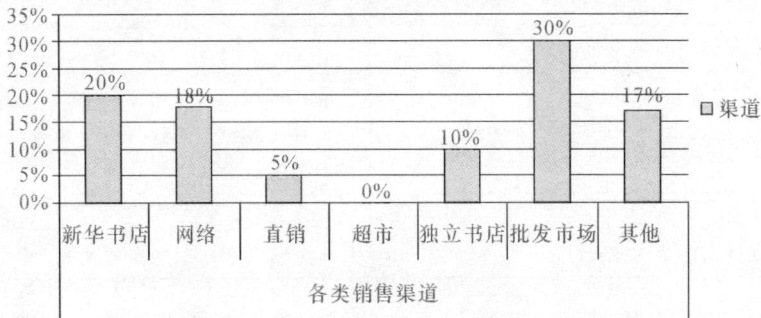

图 2　浙大出版社销售渠道分销量

(来源：浙江大学出版社发行部)

从图中可以看出,无论是国内还是国外,连锁书店在图书销售渠道上还是占有非常重要的席位的。而在英国,图书的销售渠道在最大程度上还是依赖于连锁书店。究其原因,一是连锁书店方便读者近距离接触成千上万个品种的商品,二是其品牌价值也决定了相应的市场份额。在国内,以浙大社为例,每年有20%左右的图书通过新华书店来销售。

2. 网店营销模式对比

相较于占有 1/3 市场份额的连锁书店,网络购书也为全世界的图书销售贡献出了一份力。网络购书的一个非常明显的优势在于,读者都可以以一个非常具有诱惑力的折扣来购买到心仪的图书。同时,网络所提供的全品种目录以及其高效、快捷的搜索途径,是实体书店无法比拟的。无论在海外还是国内,网络购书都被分成两种不同的形式:一是出版社自营网上书店,如:天猫旗舰店(Own Online Bookstore);另一种是综合性网上书店,如:当当、亚马逊等(Online Retailers)。国内外绝大多数出版社都在同时使用这两种不同的形式,以增加自己的销售额;同时也因为电子商务在整个销售行业中越来越举足轻重的地位,在此用 SWOT 分析法比较一下两种销售方式的优劣势。(见表1)

表1　自营网上书店与综合性网上书店对比

自营网上书店	综合性网上书店
优势: 1. 即时掌握所有销售及库存情况 2. 随心所欲地展示出版社的新书 3. 长尾品种的展示与销售	优势: 1. 系统而专业的图书分类管理 2. 比较新颖的促销方式 3. 强大的后台支持
弱势: 1. 缺乏专业的网上销售经验 2. 缺乏专门的工作团队 3. 书店本身的知名度不高	弱势: 1. 无法直接控制和管理库存
发展机遇: 1. 更完善的售后服务	发展机遇: 1. 日益壮大的读者群体和知名度 2. 更完善的图书销售品种
挑战与威胁: 1. 综合性网上书店的流行	挑战与威胁: 1. 出版社自营网上书店的发展

通过上表的对比,不难发现,综合性的网上书店在图书销售的专业化程度上,无论是销售系统还是销售团队,都是自营网上书店无法比拟的。对于出版社来说,既然综合性网上书店能够覆盖到几乎所有读者群体,并能够用各种新颖的

促销手段"拉"住读者,那么出版社自营的网上书店就应该扬长避短,发挥自身的最大优势促进其销售,而大可不必大费周折地在如何实现利润突破上。此举一来节约了出版社的销售成本,二来可以将此类成本让利于批发商(即综合性网上书店),最后让利于终端读者。这样一来便进入良性循环,以此来达到提高销售额的目的。

3."直销"方式对比

"直销"这种营销方式,在国内外还是有着明显的差别的。在国外,往往是一些小型出版商为了节约销售成本,而进行一些直销的销售行为。比如,向已知或未知客户发邮件告知新书信息,甚至于有些小型出版商驾车游历各个城市,直接向终端读者销售自己的图书。而在国内,比如,浙大社的直销仅仅是针对几个高端品种图书,如:《宋画全集》、《元画全集》等。其主要原因在于这两部图书的特殊市场定位。《宋画全集》和《元画全集》汇集了诸多古代名画,面向的读者群非常有限,如:大型博物馆、大型图书馆、高端艺术品收藏爱好者等。另外一个原因在于这两部高端图书不适宜上架陈列。《宋画全集》定价 10 万元人民币,《元画全集》定价 4 万元人民币,若通过常规渠道去销售,读者根本无法在书店里看到这类图书,当然,绝大多数读者也没有选择这类读书的需要。因此,两种不同的直销方式有着明显的差异。

4.独立书店营销对比

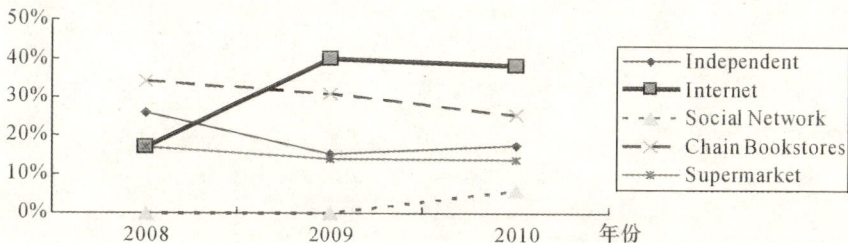

图 3　Where do you most like to browse for books to buy?
(来源：Reading the Future：2010；Pt 2)

如图 3 所示,独立书店(independent)在国外的受欢迎程度在近几年中呈现了下滑的趋势。究其原因,主要还是图书的折扣。英国的独立书店,一般来说都以 8.0～9.0 的折扣向出版商进货,因此在书店里读者很难像在网店里获得诱人的折扣。在国内的情况其实与国外也有相似之处。一则独立书店的进货折扣一般在 6.0 折左右,比网店要高出至少 10 个点的折扣;二则独立书店的运营成本(房租、人员工资等)比较高。因此读者在国内的独立书店中买书,折扣也是难以像综合性网店那样诱人的。不过,从另一个角度去看,独立书店作为图书展示的一个重要窗口,其存在对于出版社本身来说,意义还是比较重大的。

5.社区网络营销对比

图 3 中,社区网络(Social Network)这种图书营销模式近几年从无到有,再到繁荣发展,其速度之快是大家都没有预料到的。国外的 Twitter,国内的微博,都作为一种口口相传的营销方式,为图书市场的营销作出了不可磨灭的贡献。国内大大小小的出版社都拥有属于自己的官方微博,不定期发布新书信息,这种免费的广告正越来越受出版业的欢迎,当然获得的收益也很大。如厦门大学出版社,在这方面做得相当不错。下面两幅截图是来自厦门大学出版社近期有关图书营销的微博。

#新书速递# 陈文胜主编:《蔬菜生产技术》,#高职高专农林牧渔大类十二五规划教材#,厦门大学出版社2013年7月版, ISBN 9787561545928 / S0076-1-1, 16开(260*185mm), 26印张(正文405页), 632千字, 42元。围绕合格蔬菜园艺工的人才培养模式的蔬菜生产技术教材,分3大篇19个单元,22个技能实训。

今天 17:12 来自新浪微博   转发 | 收藏 | 评论

#新书速递# 赵九杰:《麻栗星空》,龚云表主编#人文武夷#,厦门大学出版社2013年6月版, ISBN 9787561546932 / K0582-1-1, 16开(成品260*210mm), 12.5印张(正文197页), 全彩铜版纸, 78元。麻栗是武夷山区深处的一个原生态自然村。作者写下对于麻栗的观察、思考和爱——散文、诗、油画、速写及摄影。

9月22日 15:52 来自专业版微博   转发(1) | 收藏 | 评论(2)

两种图书的微博营销方式,有共性,也有不同。共性在于,微博将图书的相关基本信息用简单的几句话逐一告知读者,让读者在接触实物图书前先在心中勾勒一下蓝图。不同之处在于,厦门大学出版社可以巧妙地将教材微博营销与一般图书的微博营销区分开来,在字里行间中反映出图书的不同侧重点,即使是门外汉也能略知一二。从零投入成本的角度去分析微博营销这种图书营销方式,在这种"零压力"的营销手段之下,会更有利于发挥微博营销的广告作用。

二、数字时代的图书营销

2010 年春天,苹果公司面向市场推出了一款新的电子移动阅读设备——iPad。在当时,苹果公司曾预言,到 2015 年,将会有 15％～20％的阅读人群会拥有属于自己的电子移动阅读设备,同时至少 25％的图书将会以数字形式面向市场。这就是说,一场图书的数字革命正在展开。

从近几年电子书的发展来看,这件新鲜的事物正在引领一个新阅读时代的到来。以电子数字系统为载体的电子图书形式,与传统的纸质图书相比,不需要仓储和运输费用,甚至于所有已订购的电子书,都不存在退货的问题,这是电子书所体现出来的优势。此外,电子书还具有另外一个不可忽视的优势,就是在一定程度上促进了纸质书的销售。其促进作用体现在以下三点:

首先,电子书的"试读"功能促进纸书销售。目前市面上的电子书,都会提供一到两个章节的内容以"免费试读"的形式提供给读者。读者在下载阅读试读内容以后,若对此书产生浓厚兴趣,通常有两种选择:一是可以比纸质书更低的价格购买到完整的电子书,或是直接购买这本书的纸质书。如此一来,纸质书的销量就相应提升。

第二,电子书诱发读者的纸书"实感"体验。一部电子移动阅读设备可以存储海量的图书内容,上至天文,下至地理,无所不及。从内容层面来讲,读者确实是看到"阅读"到了,但是从"是否真正拥有这本书"这个角度去看,读者却仅仅是"读"了这本书,而不是"拥有"了。现如今,许多真正爱好书本的人们,倾向于同时"拥有"和"阅读"一部自己心仪的书。这也促进了那些"阅读"过好书的人,去实实在在地"拥有"这本书,电子书也带动了纸质书的销售。

第三,数字化营销延伸了读者的品种接触面。电子书的销售基于数字化营销,其强大的搜索功能在读者查找图书时,远比在实体书店里的搜索便捷、全面。购买电子书时出现的类似"同类书推荐"或"好书推荐"功能,可以使读者很快了解到市场的其他图书信息,这也为图书营销活动奠定了良好的基础,从而促进纸书的销售。

我们可以通过图 4 来直观地看一下电子书为图书营销带来的正面效应。

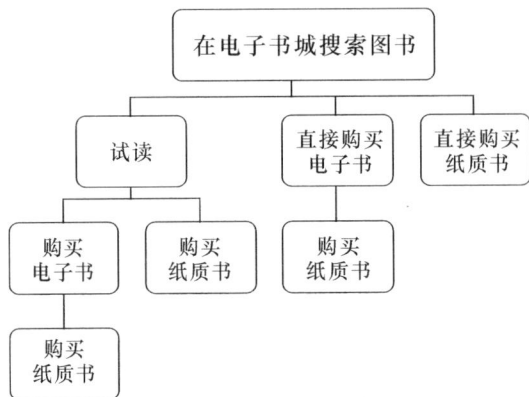

图 4

三、出版社营销改进思路

图书的营销工作做得好不好,得不得当,将直接关系到它们的市场占有率。

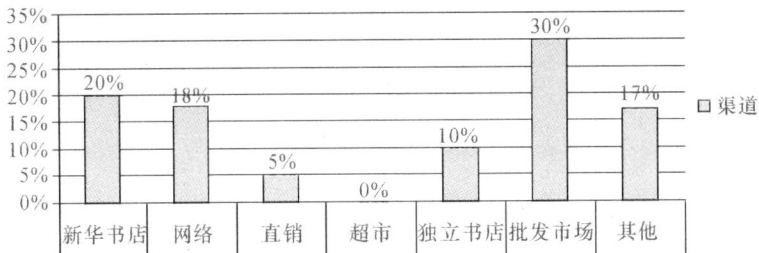

图 5　各类渠道销售情况

图 5 是各类渠道销售情况。图书营销究竟难不难? 就目前图书市场竞争日益激烈的大环境看,图书营销工作有一定难度。出版社如何应对市场竞争,需要从以下四点来考虑。

(一)深入改革营销模式,精细管理营销渠道

出版社应积极调整整体的发展战略,以适应市场变化,突出重点产品线为核心,深化以营销为导向的改革。根据本文之前的对比分析,首先,出版社的发行人员应该借力于新华书店的品牌知名度以及综合性网上书店的市场影响力,重点向这两个市场占有率超过 50% 的销售渠道靠拢,争取实现新的利润突破。其次,继续跟进"直销"这个营销模式,从试水高端图书逐渐向其他品种图书蔓延,力争通过"直销"模式树立起出版社在读者群中的公信力。第三,与独立书店合

作,开展各类读书活动,一来可以为某些品种的图书宣传造势,二来同时奠定书店和出版社的群众基础,提升销售量,实现互利互赢。

(二)树立数字营销理念,建立数字营销机制

在发行团队中不断树立新颖的数字化营销理念,建立完善的数字化营销机制。数字化营销的首要工作是建立产品分类定级机制,客户数据库也是数字化营销的重要内容。从尝试部分产品的数字化营销起步,逐步过渡到全品种数字化产品营销。通过对部分产品数字化营销所取得的效果,进行分析、积累经验、改进机制。今后也将逐步推广到更多产品线的数字化营销。另一方面,数字化营销所起到的效果,可以激励发行团队更好地利用好这一模式开展图书营销,从而增强发行团队的竞争力。

(三)建立良好沟通机制,协同开展营销活动

营销活动的开展不能单打独斗,需要各方面的相关人员相互配合,建立良好的沟通机制就成为图书营销好坏与否的关键问题。

对出版社外部,经常开展行业交流,积累各种经验。可以组织发起具有代表性的出版社发行同仁,共同举办各类发行论坛,从市场需求源头到发行营销策略等方方面面进行交流,提升图书营销能力。

对出版社内部,熟知出版工作流程,实现各部门的协调配合。不定期和社内编辑进行产品沟通交流,针对市场动态、产品特性、营销思路等内容展开讨论;不定期和社内其他管理部门进行沟通交流,讨论发行操作流程的合理性及变通性。避免因内部沟通不畅而引发争议和矛盾,保证图书发行效率。

(四)重视发行团队建设,增强图书营销能力

图书营销工作的开展是否得力与发行队伍的能力密切相关,持续进行发行团队建设,可以有效提升发行人员的业务素质,增强团队的图书营销能力。

首先,是工作方式的转变,创新的团队建设应该是以建立"主人翁"的团队为目标,营造紧密合作的和谐氛围。一切工作都要以务实、讲实效为出发点,无论是成功的还是失败的营销经历和经验,都应该在内部及时分享和探讨,以集体的力量与智慧,将营销发行工作开展得有声有色。

其次,定期(每月或每季度)举行业务岗位能手的评比,包括业绩考评、群众互评、贡献率等指标,树立起团队中你追我赶的工作氛围。

总之,透彻分析不同分销渠道的营销特征,选择适合自己产品线的营销模式,做好以上四点改进工作,出版社的图书营销也就不那么难了。

搭建读书活动平台的实践与思考

浙江乐清市新华书店有限公司　包　旬

【摘　要】阅读是一种生活方式,阅读是一种人生态度,阅读是一种精神的存在方式。党的十八大报告将"开展全民阅读活动"写入党代会报告,这是在新中国历史上第一次从国家层面提出开展全民阅读活动,推行精神健身,其意义就是试图从生活方式上促进国民素质的提高。希望通过阅读,不断提升中国国民素质和国民精神,为建成文化强国打下最重要、最坚实的基础。推广全民阅读,是新华书店作为国有图书流通渠道、文化企业的社会责任,更是企业自身转型和发展的需要。本文从分析读书活动的时代背景着手,总结乐清市新华书店开展"爱国主义"读书活动的经验与不足,就新华书店在转型时期如何搭建阅读平台,推动阅读活动的开展,提出自己的思考,以期与同行分享。

【关键词】读书活动;阅读平台;社会实践;工作研究

一、搭建读书活动平台的现实意义

(一)搭建读书活动平台的时代背景

阅读是一种生活方式,阅读是一种人生态度,阅读是一种精神的存在方式。党的十八大报告提出"开展全民阅读活动"是有其深刻的社会背景和现实意义的。国际经验表明,当人均 GDP 超过 3000 美元时,文化消费会快速增长。而当人均 GDP 接近或超过 5000 美元时,文化消费有可能出现井喷。2011 年,我国人均 GDP 已经超过 5000 美元,而我国的读书现状却远远落后于其他国家,韩国国民人均阅读量是 10 本,俄罗斯超过 20 本,以色列达到 60 本。据 2012 年全国第十次全民阅读调查报告的数据,2012 年中国的人均阅读量仍为 4.36 本,人均阅读量仅比 2011 年提高了 0.02 本。因此,党的十八大报告将"开展全民阅读活动"写入党代会报告,第一次从国家层面提出开展全民阅读活动,开展精神健身,其意义就是试图从生活方式上促进国民素质的提高。希望通过阅读，不断提升中国国民素质和国民精神，为建成文化强国打下最重要、最坚实的基础。

在2013年的全国政协大会上，新闻出版总署副署长邬书林委员作为第一提案人，与115位委员联合署名，提出建议制定实施国家全民阅读战略，并提出五项具体建议。一是成立国家全民阅读指导委员会，以加强领导，统筹协调各地各部门资源，形成合力；建立长效机制，形成国家长远战略；解决全民阅读工作中的重点难点问题。二是设立国家全民阅读节，将孔子诞辰日9月28日确定为全国阅读节。三是进行全民阅读立法，由全国人大制定《全民阅读法》、国务院制定《全民阅读条例》，以法律法规的形式将推动全民阅读工作纳入法制化轨道。四是制定全民阅读规划，作为开展全民阅读的指导性文件。五是建立国家阅读基金，建设全民阅读重点工程。这个关于全民阅读活动的提案，是落实十八大提出的"开展全民阅读"活动的一个具体的、详实的可执行方案，将对指导开展全民阅读活动，推进中国社会主义文化强国建设、丰富人民精神文化生活产生重要和深远的影响。

（二）搭建读书活动平台对新华书店发展的意义

1. 有利于新华书店的转型

由于长期在计划经济下养成的经营思维惯性，新华书店虽经改制，对图书市场已经从买方市场变为卖方市场这样根本性变化缺少对策，在经营模式上仍然保留计划经济留下来的依靠教材、教辅的销售吃饭；卖场经营仍沿袭坐等读者上门的粗放式经营，不知道去了解市场、了解读者、了解使我们赖以生存的客户在哪里，他们有什么需求，我们能为他们提供哪些服务。所以，我认为，这次国家倡导全民阅读，是新华书店在计划经济向市场经济转型的一次发展和改造机会。借全民阅读推广的机会，新华书店要为开展"阅读推广"工作做好产品准备、人员准备、营销推广准备，整合活动资源准备。首先在人员组织上，要提高从业人员的素质，强调练内功，培养阅读习惯首先从每个从事图书销售的人员做起；其次要整合产品和营销资源，将一切有利于阅读推广的社会资源整合起来，搭建读书活动平台，让新华书店真正走向市场、走进社区、走近读者，有效地组织和推广全民阅读活动。通过组织阅读推广活动，扩大一般图书发行，实现新华书店经营方式的转型。

2. 有利于新华书店转变职能

开展阅读推广活动，十分有利于新华书店转变职能。在阅读推广活动中，新华书店的角色要从原来一个单纯的卖书者向阅读推广组织者、服务者转变。比如，新华书店向少年儿童推广阅读，就不是简单地进几本书、卖几本书的事情，而是要按少年儿童不同年龄段的智力和心理发育程度提供科学的阅读计划,根据计划提供阅读清单,使推荐阅读图书与读者产生匹配效应。在阅读对象接受阅读计划后,还要请专家来进行阅读辅导,如果是向幼儿推荐图书,还要组织专家给家长上阅读课,教家长如何与孩子一起读书,如何从小培养孩子的阅读习惯。我们看到,推进全民阅读活动是由一系列相关活动组成的,而不仅仅是多卖几本图书的事情。所以,通过这些阅读活动,新华书店的职能将发生根本性的变化。新华书店职能转变的方向就是要将卖书与推广全民阅读结合起来,用独特的专业性、独有的丰富资源使新华书店卖场成为推广阅读的一个阵地,成为一个不同阅读喜好群体阅读交流场所,成为个体表达阅读体会的平台,成为老百姓心目中推广全民阅读的中坚力量。

3. 有利于新华书店卖场向多元文化中心转变

阅读推广活动的开展,有利于新华书店员工熟悉图书,使图书零售与其他文化产业有机结合,不断延伸文化产业链,才能使新华书店完成从传统的"做书店"向"做文化"转变。向现代复合式书店的方向发展,在主业的基础上,打造一种全新的关联性、复合型营利模式,实现由传统文化企业向现代文化企业的转变,由图书经销商向现代传媒运营商转变,由单一书业营销向多元化营销转变。

二、爱国主义读书活动的实践

(一)爱国主义读书活动的定义、成果及组织结构

乐清市爱国主义读书教育活动是一个以乐清市中小学生为阅读推广主体的读书活动。该活动由全国青少年爱国主义活动中心倡导,乐清市政府主导,由市委宣传部、教育局、新华书店联合主办、全市 200 多所中小学校、20 多万在校学生共同参与。该活动从 2001 年开始,目前在乐清市已举行了 12 届。在 12 年的爱国主义读书教育活动中,累计推荐图书 3600 多种、销售 180 多万册 270 万元。在 12 年的阅读推广中,共计组织名家到校讲座、阅读推广活动 160 多场次、组织学生主题征文 12 次,组织全市性小学生讲故事比赛、中学生演讲比赛各 12 场,累计 90 多万人次学生参与活动,有 600 多人次获得全国级奖项,有 37 位学生和 26 位成人进京参加人民大会堂的表彰大会,5000 多人次获得省级和市级奖项。这一活动为乐清市广大青少年提供了学习知识和锻炼能力的平台、提供了展现才华的舞台,广大青少年通过读书和参加丰富多彩的实践活动,增长了知识,开阔了视野,陶冶了情操,提高了素质,通过阅读使中小学生受到了生动、深刻的爱国主义和思想道德教育。爱国主义读书教育活动已成为乐清市持续时间最长、

参加人数最多、覆盖面最广的读书教育活动。

乐清市爱国主义读书教育活动是一个系统的社会工程。为了使读书活动能深入持久地开展下去,乐清市成立了一个运转高效、上下通畅的领导机构和科学合理的工作机制来保障。读书活动由市委副书记担任组委会名誉主任,市委常委、宣传部长任组委会主任,市教育局局长、宣传部副部长担任组委会副主任,由市文明办、市文广新局、市妇联、共青团、乐清日报社、乐清电视台和新华书店主要领导组成组委会成员。组委会下设办公室,市委宣传部、市教育局、市新华书店都抽专人负责,根据全国组委会的每年确定的活动主题,结合乐清市实际,精心策划、周密安排,认真组织实施活动的计划。参与阅读活动的主体,乐清的中小学校也建立了爱国主义读书教育活动领导小组,一般由校长担任组长,由分管副校长或政教主任、大队辅导员具体组织落实工作。各职能部门组成的阅读推广组织,充分发挥了各职能部门的独特作用,各部门协调配合,各司其职才使这个活动能持续、健康的发展。

(二)爱国主义读书活动的设计和特色

1. 活动的安排和设计

围绕对青少年的教育的引导,每年组委会结合当时的社会热点,推出一个主题。主题确定后,由爱国主义读书活动发动,由于发动面广,时间安排就很重要,组委会为了有效地组织和开展活动,将整个活动分三个阶段进行。

第一阶段是活动宣传动员阶段,在活动设计上我们将全体活动单位参加的上年度的总结表彰大会与新一届活动的动员大会两个内容结合一起开,这样上年度活动表彰总结对各部门、各学区、各学校有宣传示范作用;其次是第二年度活动的主题、活动读本、详细的活动实施计划能提前做宣传;通过这个会议,使所有活动参与者有机会相聚在一起,对下年度的活动的组织安排能进行一次探讨和交流。这个大会我们在每年的 10 月至 11 月举行,这样对落实活动的各项计划、保障活动的顺利开展有着重要的意义。

第二阶段是活动的组织实施阶段。为保证各项活动落实到实处,时间安排为每年的 11 月到次年的 6 月。活动组织实施阶段,组委会围绕主题,结合学校实际,组织各学校积极开展各项活动,如:快速阅读比赛、名家进校讲座、征文比赛、小学生讲故事比赛、中学生演讲比赛、春苗网知识竞赛暑假读好书活动、金秋读书活动等丰富多彩的系列教育活动。

第三阶段是总结评比阶段,时间为每年的 6 月至 10 月。由于活动参与人数多,所以评比工作分两个阶段进行,先由各学校评出在各项读书活动中表现突出的品学兼优的学生,推荐参加全市的比赛活动;再由组委会组织各项活动的现场比赛。比赛完了就在现场对在各类活动中获奖的学生、老师、学校进行表彰。对活动中表现特别优秀的选手、学校,组委会组织推荐到北京人民大会堂参加全国青少年爱国主义活动中心组织的表彰活动。

2.活动的内容和特色

(1)一年一个主题,一本书。爱国主义读书教育活动每届都有一个鲜明的主题。围绕主题由书店推荐一本学生读本,2012年至2013年度的主题是"学雷锋 做有道德的人",书店推荐的读本也是《学雷锋 做有道德的人》。围绕这一主题我们举办了中小学生征文比赛、小学生讲故事比赛、中学生演讲比赛、中小学快速阅读现场竞赛等多种多样的读书活动,既培养了学生的思想道德品质,又提高了学生各方面的能力。而对书店来说,光这一本图书每年就销售了14万册,99.8万码洋(2009年《辉煌共和国》销售140869册、2010年《历史的选择》销售146791册、2011年《建设幸福中国》销售147058册、2012年《学雷锋 做有道德的人》销售140371册),社会效益和经济效益实现双丰收。

(2)围绕主题搭建阅读推广平台,书店组织名家进校园。书店在每年的春秋两季安排时间,邀请著名作家来乐清,轮流到各中小学校开展"校园人文行——名人名家系列讲座",这个活动已经连续开展了8年。2013年春季来乐清讲座的是"热爱自然 亲近文学"沈石溪老师和"一起来玩写作游戏"管家琪老师。在名家进校园讲座活动中,现场老师和学生互动,气氛活跃,激发起了学生们的求知好奇心和学习的兴趣,深受广大师生的欢迎。光沈石溪老师到三所学校讲座期间,就共计销售图书7008册,码洋11.8万。管家琪老师的4天8场讲座共计销售图书9731册,码洋15.6万。

(3)借活动平台,扩展阅读推广范围。在阅读活动后期,我们增加了在学生暑假期间开展"读一本好书,写一篇好文章,自编一份手抄报"读书活动。如:"我最喜爱的一本书"的阅读心得征文活动;小学生"自编手抄报"现场制作大赛和"演绎经典、润泽心灵"经典短剧表演活动,以读书活动丰富学生暑期文化生活。每年,在学生放假前,书店组织相关人员到乐清市各中小学校开展暑假读好书流动供应。2013年上半年,乐清市新华书店到47所学校开展流动供应,合计销售码洋33.47万元。

(三)阅读推广形成品牌

12年来,爱国主义教育活动的内涵一次比一次深化,活动组织一次比一次扎实有效。组委会每年组织一次总结交流会,对上年度活动的不足、下年度如何改进都进行探讨和研究。12年来,整个活动的组织积累了不少经验,活动的组织更加流程化和系统化。在活动开始阶段有些学校、老师,对"爱国主义读书活动"的展开更多的是受命于上级领导部门的工作布置,而现在,许多学校、老师从被动组织到主动参与。他们的主动参与,使读书活动的内容一次比一次丰富多彩,对中小学生阅读的普及面更广了。乐清市新华书店对如何有效地组织活动也越做越好,得到了学校、老师、家长和社会各界的好评。以前活动的新闻报道需要书店主动去请相关媒体,现在是媒体主动找到我们,积极参与活动的报道,爱国主义教育读书活动已成为乐清市公认的对未成年人阅读推广活动的品牌工程。

三、阅读推广活动的不足和思考

连续 12 年爱国主义教育读书活动的开展,积累了很多宝贵的经验,也留下了一些不足,比如说,阅读推广面相对狭窄。爱国主义教育读书活动的阅读推广对象只是中小学生,虽然阅读推广人数比较多,但作为阅读推广面来说,还是相对狭窄。从 18 岁以下阅读推广群体来看,我们还缺一块对学龄前儿童的阅读推广。这一块群体的阅读推广在某些城市的新华书店已经开展得十分成熟,这是我们需要进一步学习的;二是阅读推广中分年龄层进行阅读推广设计做得不够好,还不够专业等等。

12 年的阅读推广活动最重要的是引发了我们对阅读活动一些深层次的思考:

思考一:阅读活动需要平台。从爱国主要教育活动的经验来看,阅读活动推广是一项如全民健身一样需要社会各界参与的社会性活动,是一个系统工程。这个系统工程运行需要平台,所谓平台也就是需要推广阅读活动的组织机构。在这个组织机构中,要强化政府和各级组织在全民阅读活动中的主体地位,有政府有关部门牵头,才会有社会各界的参与,才能有效地开展阅读推广活动;特别在今后开展对成年人的阅读推广,新华书店更要与社会各界联系,借社会各界的力量,将阅读推广走进企业、走进社区、走进机关单位。

思考二:阅读活动必须要有主题,但主题必须要有相关活动做支撑。这样阅读活动才能围绕主题开展各种活动,有活动才有阅读的普及,才有阅读的推广,也就是说,主题是舞台,活动来唱戏。这样才能将活动搞得有声有色;要将阅读活动组织流程化规范化,要不断总结经验,使之成为一个阅读推广品牌。

思考三:在全民阅读活动推广中,新华书店需要进一步改变思维习惯和思维方式,转变职能,要从一个卖书的,成为一个发动社会参与、组织专家指导、要做阅读活动的牵引者、阅读资源的组织者,阅读活动的服务者。如果没有这个角色的定位,阅读活动就容易变味,也很难开展和坚持下去。每一位新华书店人要有一种文化传播理想情怀,要做一个阅读推广的专家;作为书店的经营者,要从经营图书转变为经营读者,经营市场。这是"全民阅读活动"时代对新华书店的要求和挑战。

思考四:建立网络平台,提供推广阅读的多元载体。目前我们阅读推广的"产品"主要是纸质载体,载体的多元性不够。在今后的阅读推广中,我们应该利用一切阅读媒介,如广播、MP3、电视、网络、手机等,用科学技术搭建阅读推广交流网络平台,把读者阅读的交流活动做深做透,增加推广阅读人群的深度和宽度。

总之,全民阅读推广活动是一项利国、利民的重要的文化传播和推广活动,它对改造我们的国民性,提振国民精神,培养国民素质,为将我国建成文化强国打下最重要、最坚实的基础。因此,全民阅读推广是新华书店义不容辞的责任,也将是新华书店一项长期而艰巨的历史任务。

论新华书店建立网上购物平台

——以萧山书城网上书城为例

浙江萧山新华书店有限公司　陈　雯

【摘　要】新华书店是我国图书出版业的旗帜。国内图书出版业普遍不景气，自 2007 年以来网上购物的狂潮席卷而来，当当网、卓越亚马逊及京东纷纷抢占国内网上图书市场，网络的便捷性以及价格上的优势导致国内实体店的全面萎缩。萧山新华书店大力发展网上书城建设。本文首先介绍萧山新华书店的现状，并利用 SWOT 模型对网上书城进行了分析；其次分析萧山网上书城的发展现状；最后以萧山新华书店成功转型为例，为新华书店实现转型提供相关切实可行的政策建议。

【关键词】新华书店；网上书城 ；转型；SWOT

引　言

2007 年至 2008 年，网上书城开始大举进军出版领域，一举拿下整个出版行业 5％的市场份额。之后两年间，新华书店、民营书店、网上书城三分天下，实体书店的经营份额仍占主体地位，但网上书城以梯级增长的速度对市场蚕食鲸吞。

2010 年，图书网购在网购市场的排名已升至第三位，用户比例达网购比例 31.4％。2011 年，网上书城已占据了图书销售 35％的市场份额，到 2012 年，这个数字更是提高到 50％以上。

与之相对的是，实体书店的营收以每年 40％甚至更快的速度下滑，四年间，全国民营书店倒闭了上万家，而新华新华书店系统，销售业绩也因网上的恶性价格战而持续下滑。

如今，网上购书因其低廉、方便、种类全而迅速成为一种大家普遍接受的购书方式。而作为图书零售业中坚力量的新华图书也慢慢转型发展网上书城。

一、萧山新华书店网上书城概况

萧山书城位于萧绍路,由浙江萧山新华书店于 2007 年投资创办,总面积达 5000 平方米,有 10 万余种图书、音像制品和电子出版物,是萧山目前规模最大的一站式购书中心,也是浙江省内县(市)级最大的购书中心。萧山新华书店网上书城是以萧山书城为依托建立的网上购物平台,本文主要以萧山书城的网上购物平台为案例分析新华企业转型的必要性。

二、萧山新华书店网上书城的 SWOT 分析

SWOT 分析方法是一种企业战略分析方法,即根据企业自身的既定内在条件进行分析,找出企业的优势、劣势及核心竞争力之所在。其中,S 代表 strength(优势),W 代表 weakness(弱势),O 代表 opportunity(机会),T 代表 threat(威胁)。

(一)优势(Strength)

1.品牌优势

新华书店是一个拥有 70 年光荣历史的企业,在人们心中有独特的地位。从建国初期开始,新华书店一直是人们脑海中买书的不二选择,这对新华书店来说是一个无价之宝,也使任何一家图书发行企业都无法与之媲美。新华书店这一品牌在中国的认知程度是国内外任何一家企业在短时期内无法达到或者超越的。而新华书店网上书城部分继承着新华书店老字号,得到读者的信赖。

2.渠道优势

萧山书城 2007 年开业,同时以萧山书城为依托建立了新华书店网上书城,该网上书城可以从实体书城以及萧山其他门店调用可用的书籍,萧山新华书店在全区及乡镇都有完备的组织机构,无论在繁华的城区,还是在偏远乡村都有新华书店的存在,发行网遍布全区(目前全区共有 6 家新华书店,下属 8 家农村连锁书店)。读者可以在网上书城下订单并可以就近在最近的连锁书店取书,遍布城乡的发行网点为网上购书提供了配供的方便,同时降低了物流成本。

3.价格优势

在萧山网上书城可以看到"精品畅销直降 50%""暑期少儿聚畅销 5 折"等等优惠力度,而且大部分书籍都是 7.5 折,部分特价图书还能达到 5 折甚至 5 折

以下。实体书店给出的折扣最多只有 9 折,而且还需要办理会员卡,并且要在一年内消费 1000 元才能换取这 10％的折扣,折扣的幅度是促进书店销售增长的原因之一。

同时,网上书城以实体店为依托,相比当当等网上书店,新华品牌是服务质量的保证,享受实体店政策的优惠,加上网上书店经营成本低,可以获得较大的利润空间。

4. 品种优势

在萧山新华书店网上书城的网站上可以看到"品种最多的中文网上书店"的字样。萧山新华书店是全区图书品种最丰富、门类最齐全的图书市场,同时作为母平台的浙江新华书店网基本囊括了所有类型的图书,有如此庞大的实体店和省新华书店网的品种支持,基本不存在断货、长时间缺货现象。

5. 人才优势

与兼营图书销售的网上书店相比,新华人做图书销售更有经验优势。新华书店从成立到目前已经有了 70 多年的历史,积累了丰富的图书销售经验和图书行业管理经验,同时也是不断地吸收新的血液。新华书店从建店以来通过培训把员工的成长和企业的成长紧密地联系起来。这些人才以及管理上的优势都是新兴的网上购书平台所不具备的。

(二)劣势(Weakness)

1. 经营理念落后

新华书店作为中华老字号的书店,还是依照过去计划经济的经营理念和经营方式在经营,这显然已经不能适应快速发展的电子商务时代。电子商务时代的到来无疑是对传统经营模式的最大冲击,为了使新华书店在冲击中存活、发展,新华书店必须彻底改变落后的计划经济经营理念,跟上时代的脚步甚至可以创新出新的经营方式。

2. 缺乏市场竞争力

就目前的新华书店而言,主要的收入来源仍然高度集中在计划经济体制下的教材、教辅发行,很大一部分依靠政策对新华书店独家发行权的保护。自己并不具有排他性的竞争力,一旦市场对教辅教材发行权放开,新华书店将进入举步维艰的地步。

3. 市场体制不完善

新华书店目前依然按照行政区划进行体制布局,按行政机关的设置方式建立图书发行组织,形成了区域性贸易壁垒,从而成为大市场、大流通的障碍,使得新华书店无法在公司内真正落实现代企业管理之道,无法在公司内部建立科学的公司治理结构,不能积极地参与国际市场竞争。

(三) 机会(Opportunity)

1.市场潜力大

目前的市场份额尚少,只占总营业额的10%左右,社会知名度也有很大的提升空间。在销售渠道方面,与具备完善销售渠道的网上购物相比存在着差距,有学习提高的空间。在物流方面,尚没有建立覆盖整个区的物流队伍,而且物流成本较高。

2.与网络服务商合作

着重发展电子商务,与网络服务商展开全面的合作,完善网络技术,增强读者的客户体验,满足读者多样性的检索需求,将新华书店网上书城的品牌打入人心,建立如同新华书店实体店一般的品牌效应,将网上书店打造成读者的心灵寄托之处。

(四) 威胁(Threat)

1.同业竞争对手的竞争

伴随着信息时代的到来,电子商务慢慢充斥我们生活的各个方面,各大网站纷纷涉足网上书店,有的为了提前抢占市场不惜展开了"价格战",最著名的就是2012年京东商城和国美电器、苏宁电器的价格战,大型的图书销售商凭借着自己雄厚的资金优势将小型的图书销售商挤出市场,从而获得寡头垄断利润。

2.电子阅读的普及

智能手机、平板电脑的流行带动了电子阅读,年轻人的阅读习惯已经逐渐从纸质阅读转变为电子阅读。电子阅读的普及势必会造成传统图书销量的下降,这对销售传统图书的网上书店来说是一个潜在巨大的威胁。

三、萧山新华书店网上书城的必要性

本文收集了一些萧山书城以及下属萧山新华书店网上书城的销售额等相关数据,对近6年的数据进行了趋势分析和比率分析,并且对其原因进行分析,得出与本文相关的结论,并对新华书店建立网上购物平台提供指导意见。

图表一 **2007 年至 2012 年网上书城图书类营业额(单位:元)**

年份	2007 年	2008 年	2009 年	2010 年	2011 年	2012 年
营业额	70,534.05	445,528.56	899,519.47	927,309.80	1,037,440.55	973,451.56

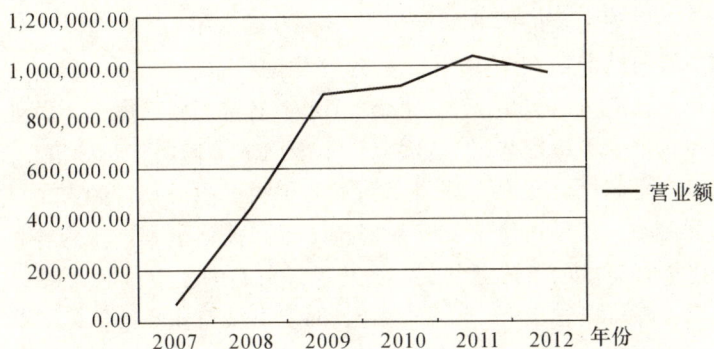

图表二　**2007 年至 2012 年书城实体店图书类营业额(单位:万元)**

年份	2007 年	2008 年	2009 年	2010 年	2011 年	2012 年
营业额	349	780	927	1010	1074	1049

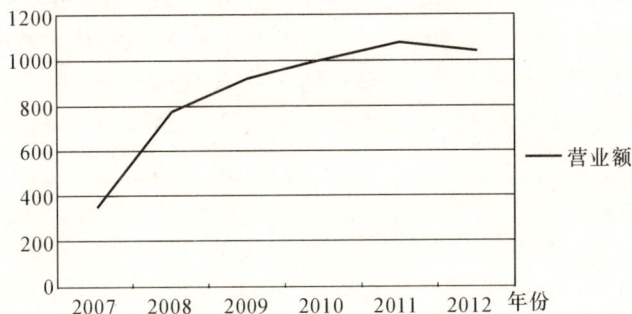

图表三　**2007 年至 2012 年网上图书销售额占书城实体店销售总额比重**

年份	2007 年	2008 年	2009 年	2010 年	2011 年	2012 年
比重	2.02%	5.71%	9.70%	9.18%	9.66%	9.28%

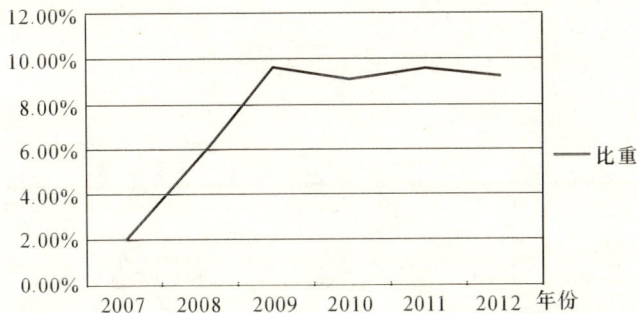

　　从图表一可以看出萧山新华书店网上书城图书类的营业额自 2007 年开业至 2010 年逐年呈倍数快速递增。2013 年上半年的营业额为 544,740.6 元,预

计整年网上书城图书类的营业额保持在 100 万的水平,由此可以看出萧山新华书店网上书城的营业额在 2010 年之后保持稳定状态。

从图表二我们可以看出 2007 年至 2012 年书城实体店图书类营业额也逐年增长,到 2009 年呈平缓趋势,但是增幅远不如网上书城的增长速度。

从图表三我们可以看出 2007 年至 2012 年网上图书销售额占书城实体店销售总额比重在前三年呈飞速增长。后四年由于相关竞争者进入到该市场并瓜分市场导致比重有略微的下降,但仍保持在 10% 左右的比重。

综观三张图可以看出,与实体店相比,网上书城对新华书店的总体贡献度越来越显著。主要原因有以下几个方面:

(一)成本低

在萧山网上书城可以看到"精品畅销直降 50%""暑期少儿聚畅销 5 折"等等优惠力度,而且大部分书籍都是 7.5 折,部分特价图书还能达到 5 折甚至 5 折以下。而实体书店最低的折扣为 9 折,而且新华书店一般的图书并不打折。究其原因主要还是网上书城的成本远低于实体书店,包括房租、人工费、水电费、税收以及运营成本,这些都是网上书城可以以低折扣销售图书的原因。

(二)品种齐全

新华书店网上书城不仅具有主流大型购书网站卓越亚马逊和当当网的销售模式和销售渠道,还拥有新华书店强大的书库作为支撑,往往在卓越和当当上买不到的书在新华书店网上书城都能买到。

(三)快捷方便

在萧山新华书店网上购物平台购物可以送货上门,外加货到付款,读者足不出户就可以买到自己想购买的书籍。其次,网上书店书目查询方便,不用在茫茫书海中寻找自己需要的书,同时年轻人网上购物的习惯也使得网上购书成为一种潮流。

四、结论

首先,新华书店发展网上购物平台潜力巨大,尤其是像新华书店这样具有品牌优势和强大资源的大型新华书店。要利用上述的优势,大力发展网上购物平台,实现新华书店的整体转型。

其次,新华书店的转型任重道远,与其他先进入网上图书销售的企业相比,起步较晚，比重也比较小。以萧山新华书店网上书城为例，图书类的网上销售额不足10％，而且知名度远不及卓越、亚马逊、当当等，甚至不如一些涉足于网上图书购物市场的家电销售商，如京东、苏宁易购等。

最后，加强实体店与网上购物平台的相互支撑，充分利用新华书店原有网点的渠道优势、"新华书店"的金字招牌和便捷的物流优势，同时也要很好地利用读者网上购物的习惯以及网上书城成本低、快捷方面等的优势，实现实体书店和网上虚拟书店的优势互补，最终把新华书店网上书城打造成一个完善的全国性图书服务平台。

参考文献

[1]黄亚男,唐嘉薇.传统实体书店新型发展模式的探究——用 SWOT 模型分析光合作用书房经营模式.现代商业,2010(15).

[2]白小禾.网络冲击下的新华书店如何实现转型.中国图书商报,2012(14).

[3]许健楠.网上书城"博库网"与东家分道扬镳,网上书店竞争将更趋白热化.金华日报,2011(11).

[4]李宇宏,李婷婷.新华书店发展大型网上书店实施策略.湖南大众传媒职业技术学院学报,2006(5).

[5]董端端.实体书店未到穷途末路.http://finance.qq.com/zt2012/shudi-an/,2012(9).

如何应对图书销售的二元化结构

浙江大学出版社　金雁南

【摘　要】在国内发行业日益呈多元化趋势的今天,我国图书发行行业正面临着激烈竞争的行业环境,形势不容乐观。以新华书店为代表的实体书店"独霸天下"的垄断局面一去不复返,多元竞争时代已经到来。因此,如何平衡好各销售平台之间的关系,就变得事关重大。本文将以实体书店和网络书店为例,通过分析各自的优劣势,并结合两者自身存在的问题,对图书行业的未来发展策略进行了探讨。

【关键词】出版社;实体书店;网上书店

一、网上书店冲击下的实体书店生存现状

"众所周知,新媒体、新技术会对传统媒体和行业造成冲击。但近些年,实体书店所承受的冲击之大并非人们所能预料的。"中国传媒大学文化发展研究院学术委员会主任齐勇锋说,实体书店在前些年还有一部分能够盈利,而现今几乎处于全面亏损的状态。市场环境变化之快让社会各界始料不及。

时至今日,几大网上书店的价格战,已经有恶意竞争之嫌。无论是出于什么目的,适度的降价和折扣作为一种营销策略在短期内能够起到轰动效应,这对于短期提高销量占领市场有一定的帮助作用。但如果频繁采用这种营销策略,而且狂言"直至价格降到零"、"真货按假货价格卖"这种血拼式的、不负责任的价格大战,使图书的价格底线被无限制地冲破,不但削弱了其品牌价值,也挤压了图书出版业的利润空间。一般来说,网上书店对出版社的进货折扣不但要求更低,而且要求"一刀切"。在图书同质化严重的今天,这样做不但影响了出版社本身的利润,也影响了出版社进一步开发新产品的信心,特别是那些以学术著作出版为主要方向的出版社,网络销售俨然已成"鸡肋"。众所周知,任何一个产业要生存、要发展,都需要有一定利润来做保障和基础,长期把价格压到无利可图,不光

阻碍了产业未来的发展,更可怕的是它将扰乱图书市场的基本秩序。从读者角度来讲,网上书店价格战,初看是对消费者的让利活动。然而,随着图书市场环境日益恶劣,最终受到损害的将会是读者的利益,因为这既冲击了图书定价体系,也破坏了图书业的生存环境。

据《2012年度中国图书零售市场报告》显示,2012年中国地面图书销售渠道同比增长-1.05%,首次出现负增长。该报告分析认为,这主要是渠道分流直接影响的结果。北京大学文化产业研究院副院长陈少峰说:"一方面要面临电子商务的低成本竞争,另一方面是地价房租、人工开销的快速上升。这种此消彼长的态势加速了实体书店的消亡。"利润薄、成本高、营收差成为实体书店的共性特征。很多在实体书店看书的人只是记下感兴趣的书名,而后回家在网上书店购买。据不完全统计,从2007年至2012年,我国已倒闭的民营书店在1万家以上。国营书店的经营状况也不容乐观,数据显示,过去20年间,仅广州平均每年至少有一家新华书店消失。业内人士纷纷呼吁:"实体书店已到了生死存亡的关头。"

实体书店,我们该拿什么来拯救你?

二、实体书店、网上书店的优劣势分析

(一)实体书店的优劣势分析

1.优势分析

第一,实体书店的首要优势就是有较强的体验感,读者可以在现场直接体验图书的内容、装帧和质量,接受销售人员面对面的服务,这种视觉、触觉和听觉的共同体验可以刺激读者的购买。

第二,读者在没有定向购买需求时,在实体书店舒适轻松的购物环境下细细翻阅、品读,是最好的促销方式,这是网上书店无法企及的。

第三,我国的实体书店以新华书店为典型代表,自20世纪30年代在延安诞生,至今已有70多年的历史,其资产规模和营销资源远非网络运营商可比。人员队伍和业务水平更加专业,并且积累了深厚的经验,形成了较为广泛紧密的社会关系资源,拥有着相当数量的忠实读者,是一笔巨大的无形资产。

2.劣势分析

第一,实体书店在品种陈列方面具有两方面的局限性,一方面,有限的经营面积局限了品种的陈列,势必会局限实体书店对市场需求的满足率;另一方面,虽然大型场卖场陈列品种全面,但读者步入卖场,面对浩如烟海的图书品种,往

往往会感到无所适从,不知该从哪里下手,需要花费巨大的时间和体力来挑选购买,局限了购买成功率。

第二,实体书店的另一个现实问题,就是成本,风入松书店董事长王洪彬曾算过一笔账:"房租、水电、员工工资、经营管理,各方面的费用加起来,只有以8个百分点的差价把书卖出去,才能基本实现保本。"然而,这个8%的差价在实践中很难保证。

另外,网上书店介入图书零售业,因其灵活的经营方式给实体书店带来了巨大的冲击,凭借其品种及高效快捷的服务,以其特有的价格优势,成为制约实体店发展的一个主要瓶颈,大刀阔斧地瓜分着实体店的市场份额,更重要的是,颠覆了传统的购书模式。

(二)网上书店的优劣势分析

1. 优势分析

第一,网上书店涉及品种范围广,品种查找方便,可以分类浏览、模糊查询、相关查询和直接查询等。

第二,网上书店的信息化营销模式,不受时间、地域的限制,客户遍及网络覆盖区域,经营成本低,折扣价格较低。

第三,网上书店特有的售书方式和功能可以更精细地服务客户。如:会员功能,按普通、高级、金牌不同的会员等级提供不同的服务,网站根据客户的购买情况自动升级会员级别。又如:网上书店为读者提供在网站的所有购书记录。

2. 劣势分析

第一,进入网上书店购书首先要完成繁杂的"注册"手续。

第二,虽然所有的网上书店都设有"分类检索"的选项,但是模板五花八门,非常不统一。同时,细分类目也存在不准确的问题,容易给读者造成搜索上的困难。

第三,国内的网上书店,在信息收集处理方面的优势并未显现。网上书店普遍存在信息不全、格式呆板等问题,很多品种只有书名、书号、作者、出版社、定价这些最基本信息,根本无法反映全书内容以及风格。有些网店,为了创造高发行量,甚至不惜夸大宣传,以"噱头"来打造所谓的"畅销书",吸引读者来购买那些毫无"养分"的图书,读者买到手里势必感到失望。

第四,除了当当、京东、卓越、亚马逊这些重量级的网上书店,大部分网店由于经营规模小,无法从出版社那里争取到比实体店更优惠的折扣。并且,有些网店只是实体地面店的衍生,因此,它们与传统实体书店一样,都有库存、成本的问题。

第五,网上购书在物流过程中,常会发生因包装或运输问题产生书籍"折角"

等现象,这对爱书者来说,无疑是无法接受的。

三、如何平衡实体书店与网上书店的关系

(一)政府对实体店的政策支持

实体书店萧条的现状,引起了社会各界专家学者的关注,"实体书店的落寞将是一种文化行为的消逝。"全国政协委员、著名作家张抗抗连续 3 年在全国两会上提交保护实体书店的提案。她认为肩负着传播主流文化责任的传统书店,尚未完成从传统向现代的过渡转型,面临市场化和高科技的双重考验,生存压力巨大。她呼吁,国家要设立实体书店专项扶持奖励基金,用于盘活并推动实体书店经营模式的创新发展。各界对于扶持实体店的呼声不绝于耳,2013 年初始,财政部文资办与新闻出版总署印刷发行管理司联合召开实体书店发展座谈会,研究讨论实体书店的发展问题,与会专家学者对互联网时代实体书店的生存和发展进行了深入探讨,充分肯定了实体书店存在的重要意义。中国作协副主席、北京市作协主席刘恒认为,实体书店就像城市的"精神绿地"一样必须存在,它不是自发形成的,要像开荒一样一块一块地开垦出来。这个"开发者"就是政府,必须强力支持"精神绿地"的存在。北京师范大学教授于丹认为,实体书店是中国城市化进程中文明程度的一个符号。书店不是一个恢宏、喧嚣的购物中心,它不见得创造很高的经济利润,但它是一个城市不可替代的都市气质。在互联网时代,纸质阅读习惯需要实体书店去引领。在未来的城市化建设中,国家应把书店的连锁化、网络化建设列入规划;建设文明城市,要考核书店的数量及连锁化程度。

之后,各省对于扶持实体书店的政策陆续出台,这对萎靡的书业,无疑是一剂"强心针"。例如,北京市新闻出版局就实体书店发展扶持政策向民众征求了意见,反馈的建议集中在开办手续的简化高效,房租、经营成本的直接补贴,税费的减免以及贷款支持和加强实体书店开办地点的规划等方面。上海市新闻出版局发布了《上海市出版物发行网点建设扶持资金管理办法》,文件指出,上海将从新闻出版专项资金划拨 1500 万元支持出版物发行网点建设,其中 500 万元用于定向支持各类实体书店,尤其是形成专业定位和品牌影响的民营实体书店。同时,"办法"对扶持资金的重点对象、扶持方式、申请条件、资金管理与审批、资金评估及监管等内容作了规定,这也是国内首次出台的综合配套扶持实体书店发展的地方政府规范性文件。"新闻出版总署署长柳斌杰在十一届全国人民代表大会第五次会议的场外告诉媒体,2013 年年底前预计将出台扶持民营书店发展的减税、减房租政策。"这些对于民营实体书店来讲无疑是好消息,但是具体的问

题,对于减税,怎么减,是减免所得税还是增值税;对于减租,如果物业属于私人,政府层面如何干预。诸如此类问题,应该具体政策出台之前就多方面听取民营实体书店的声音,结合客观情况,平衡各方利益,准备好配套的解决方案,只有这样,才能将对民营实体书店的扶持真正落实到实处,而不流于形式。未来,还可将民营实体书店纳入公共文化服务系统,在文化发展机制上进行设计调整。

(二)出版社对网上书店的调控

针对现今市场上这种乱象,以中国少年儿童出版总社、接力出版社为首的24家少儿社已集体向京东商城发出律师函,并发表声明,要求京东商城立即停止不正当竞争行为。按照《反不正当竞争法》第11条规定,经营者不得以排挤竞争对手为目的,以低于成本的价格销售商品。

作为出版社方面,在大型网店无法舍弃的情况下,出版社要兼顾到实体书店渠道的利益,坚守发货折扣,可就一些重点产品、系列化的产品与其进行主题营销活动,可分产品、分时段让利。品种要尽量供应全,因为此类网站与"豆瓣"等具有购书单功能的网站大都有合作,最易被检索到图书信息,这有利于产品的宣传;对于新华书店开设的网店,出版社要与其加强沟通、深化合作,跟踪本社图书在其网站上的上架效率,关注其主题活动动态,争取参与其中;对于民营实体书店自己开设的网店,出版社可考虑与其进行一些特色化的合作,比如提供限量签名本图书、个性化的赠品、根据其需要深加工特色图书、在他们开设的"微博"等其他网络空间内与其充分互动,全方位渗透图书信息。另外,关于实体与网络如何平衡的问题,品种方面,出版社可对产品采取"交叉供应"的方式,即在特定的时段中,A部分产品只供实体店,B部分产品则只在网上销售,之后可进行品种的轮换。同时,可在出版社的官网、微博或者自办的网店等公共平台中对这种方式进行宣传,让读者充分能够充分知晓。至于优惠力度,也同样可以采取这样的方式。

综上所述,作为出版社要着眼于未来,应该最大程度地争取网店和实体店的共赢,维护好双方利益,从而达到共同繁荣发展的目的。而实体书店必将经历成长、成熟、衰落这一过程,但并不代表没有未来。若要生存下去,一味地依靠政府扶持是不够的。只有不断创新,根据市民阅读习惯的变化不断调整消费模式才是出路。事实上,目前还是有一些书店逆流而上,并做得有声有色,依靠自己鲜明的风格和准确的定位,吸引了一批忠实的"粉丝",可以这么说,有时候"读书"其实不光是读"书"的本身,也是在"读"书的一种"味道",一种"气质"。而作为网上书店,也将从销售"爆发期"进入"瓶颈期",如何克服自身的"软肋",就成为网上书店未来生存和发展需要思考和解决的问题。因此,书业的未来,需要实体书店的坚守,需要网上书店的理性,更需要出版社的创新。

新华书店开展全民阅读推广活动的实践与思考

浙江萧山新华书店有限公司 杨岳江

【摘 要】阅读既是人的一种精神收藏,也是一个民族文明传承和文化发展的希望。希望通过阅读,深入改造我们的国民性,不断提振我们的国民精神,持续养成我们的国民素质,为建成文化强国打下最重要、最坚实的基础。新华书店作为图书流通的国家队,有着倡导全民阅读风尚,引导全民阅读方向的义不容辞的社会责任。本文从分析与研究国家倡导全民阅读的时代背景和书业机遇出发,总结了萧山新华书店开展全民阅读推广的成果和经验,以其与同行分享。

【关键词】阅读推广;新华书店;实践;思考

一、倡导全民阅读的时代背景与书业机遇

(一)时代背景

当阅读成为生活的一部分,人心自然祥和;当追求知识成为习惯,文明渐入佳境。党的十八大报告在落实推进社会主义文化强国建设中,首次提出了"开展全民阅读活动"。把"开展全民阅读活动"作为丰富人民精神文化,普及科学文化知识,弘扬人文精神的重要方式。

全民阅读起步于台湾,差不多有 30 年的历史。1982 年有台湾学者提倡"书香社会"的口号,以书柜代替酒柜。1990 年全岛推行"故事妈妈"模式。1996 年提出了"书香满宝岛"计划。2000 年台湾"教育部"把该年定为"儿童阅读年",花了很大精力和经费在推广儿童阅读上。目前"故事妈妈"、"儿童阅读会"等组织遍布台湾,阅读蔚然成风,成为很大的社会力量。

大陆的全民阅读首推深圳,从 2000 年开始,十多年来坚持举办"深圳读书月",提出了"阅读是人的基本权利"、"城市因阅读而受人尊重"等深入人心的文

化宣言。"深圳读书月"坚持"政府倡导、专家指导、社会参与、企业运作、媒体支持"的方针,每年六大板块,几百项活动,1000多万参与人群,使"深圳读书月"成为闻名全国的城市名片和文化品牌。

(二)书业机遇

国际经验表明,当人均GDP超过3000美元时,文化消费会快速增长。而当人均GDP接近或超过5000美元时,文化消费有可能出现井喷。我国人均GDP在2011年已经超过5000美元。而当前我国的读书现状远远落后于其他国家,2011年中国的人均阅读量是4.3本,韩国是10本,俄罗斯超过20本,以色列达到60本。随着党和政府提出开展全民阅读活动,中国的人均阅读量还有着巨大的提升空间。所以笔者认为:

1.倡导全民阅读是未来10年国有书店的最大红利

随着全民阅读活动的逐渐升温。今后公益图书馆建设会进一步加快,多种形式的读书活动(读书论坛、读书讲座、读书研讨、读书征文等)蓬勃开展,民间自发的读书组织逐步兴起,读书人群、人均阅读量逐年增加,社会图书销售总量随着全民阅读活动的开展而明显增加。特别是政府投入的加大,给国有书店带来的机会将会增多:例如持续三年,投入高达百亿的全国农家书屋建设就是现实的例证,2012年为浙江省新华书店带来了高达2亿的销售。今后如社区书屋、企业书屋、新生儿阅读礼袋、学生专项阅读经费等政府主导项目将有可能陆续出现。

2.让红利落到实处必须培养读者、培育增量、培植平台

利好消息的出现并不意味着增长的真正落实,全民阅读是一个渐进的过程。深圳读书月可谓气势宏大,台湾的阅读推广活动却是深耕民间。无论各地的全民阅读是否有政府主导的宏大开场,作为每一位新华书店从业者都应该像台湾的阅读推广人一样有对理想的坚持:倡导读书永远有利于社会。用培养读者、培育增量、培植平台的理念,放眼长远,深耕当前。

二、新华书店开展全民阅读推广活动的企业定位

(一)开放系统

生物体的细胞通过细胞壁随时与外界进行信息与能量的交换,是一个相对开放的系统,因此生生不息。而物理体的皮球是一个处于封闭状态的独立王国,受外界影响很小,因此也不能从外部环境中受益。有人把现代企业比作是细胞,

把垄断企业比作是皮球,不无道理。

全民阅读是一个发散结构的呈现,信息来源与客观需求是多种多样的:有政府层面的、有行业系统的、有民间组织的、有读者个体的,封闭系统与其难以匹配。而新华书店逐步从计划体制走向市场体制,与社会环境渐渐融合,面对新的形势,更需要有新的理念。

市场改造组织:企业不应当是现有能力决定目标,而是为目标而逐步培养自己的能力。新华书店如果仅仅停留在单一功能的产品供应商是没有前途的,应努力使企业架构和组织形态适应开放社会的需要。

合作创造共赢:新华书店拥有良好的品牌、丰富的资源、专业的人才,在全民阅读背景下主动寻求与政府、行业、组织相互合作的机会,为对方的需求提供专业服务和系统支持,原有渠道才能发挥更大的作用。

(二)封闭循环

浙江省新华书店原董事长周立伟有一理论:实体书店做的是短半径的生意,网络书店做的是长半径的生意。随着交易平台和物流技术的进步,许多读者通过互联网获得了更长的交易半径,更长半径带来更多的比价效应,因此低价格的网络书店获得了竞争优势。

在商言商,要把全民阅读产生的增量更多地转化为新华书店(实体书店)的销售,可行的办法是通过短半径的模式设计,让新华书店成为全民阅读子系统的组织者和牵引者。

例如萧山区暑假读好书活动的模式设计:

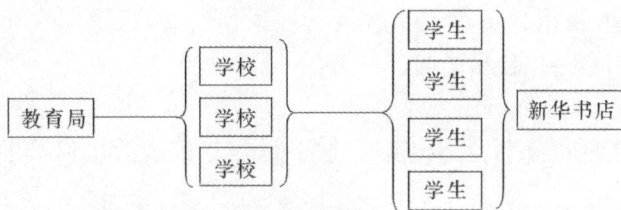

行政手段:学校评优(调动学校积极性)
　　　　　学生评奖(鼓励学生参与活动)
市场手段:流动供应(用最短半径保障学校销售内部循环)
　　　　　发征文卡(新华书店成为活动组织者和供应商)

在常态的交易习惯中,10万群体的学生需求就一定会有N种购买路径的选择。而在上图的活动中,通过发放征文卡,保障了渠道的唯一性;通过流动供应,缩短了学生的交易半径。而且短半径交易能够最大程度地动员读者。所以在全民阅读活动中,我们应积极影响活动策划者,让新华书店成为直接的组织者和牵引者。

（三）渐进过程

全民阅读活动从历史的角度来看是一次社会启蒙运动,政府和民众逐步认识到读书之于社会的正面意义。当时机成熟时,全民导阅读就会汇聚成滔滔向前的正能量。而现在的时点,全民阅读还只是蜿蜒向前的小溪,奏鸣着动人的乐章,期待着更多人去参与和推动。

例如:绘本阅读是国际先进的教育方式,深受幼儿喜爱和家长追捧。笔者有机会走访香港和台湾的综合型书店,绘本在少儿读物大类中的陈列面积往往高达 50%。而当今大陆书店的绘本品种却不多,陈列面积小之又小。绘本阅读作为儿童阅读的方向,其中必然蕴含着广阔市场空间。萧山新华书店在 2009 年启动了"绘本阅读之旅"活动,正是采取了渐进式市场培育。

(1)绘本阅读的主要对象是幼儿,通过幼儿园进行绘本推广是最佳途径。(2)幼儿教育信息的传播路径:园长(骨干)—普通教师—家长—幼儿。家长是绘本的购买决策者,通过教师传播绘本理念能对其产生最直接的影响。(3)萧山区有 5000 多名幼儿教师,如直接对教师进行理念传播将投入不菲,所以先让园长(骨干)接受绘本阅读理念是当前绘本推广的主要工作。

萧山新华书店先后邀请了大陆和台湾绘本界的权威专家:中国儿童文学研究所所长梅子涵教授、中国海洋大学朱自强教授、台湾著名作家方素珍老师来萧山讲座,与教育部门一起组织骨干教师进行绘本教学的培训,为绘本阅读推广打下基础。随着理念的进一步普及,新华书店又将"故事妈妈"、亲子读书会等新颖的阅读方式引入萧山,同时在幼儿园开展绘本展销活动。在逐步开拓图书市场的同时,更是引领健康快乐的阅读风尚。

三、萧山新华书店开展全民阅读推广活动的实践路径

（一）分级阅读:科学引领产生匹配效应

少年儿童是全民阅读的最大参与群体,学生的阅读能力是学习能力的基础和核心,提高学生的阅读能力也是世界各国教育改革的一项重要内容。根据萧山新华书店的统计,学生在新华书店的门市 POS 销售比例中占据了 70% 以上的份额(文化教育,少儿读物,文学艺术,非图商品)。做好学生的阅读推广工作,也就占据了最大的市场空间。而良好的实践必须有先进理念指明路径。

分级阅读,是按照少年儿童不同年龄段的智力和心理发育程度提供科学的

阅读计划,为不同孩子提供不同的读物。分级阅读起源于发达国家,在香港、台湾地区发展了十几年,近几年逐步为国内出版界、教育界所推崇。

例如:0～3 岁 幼儿分级阅读建议。(见表 1)

表 1　幼儿分级阅读建议表

发展领域	心智发展	阅读建议	推荐图书
身体与动作发展	•感官迅速发展,运用五官探索与学习 •对有节奏的声音特别有反应 •强烈对比的颜色及形状有助于视觉发展	•运用五官操作游戏的玩具书 •节奏轻快的儿歌、摇篮曲 •色彩明亮而丰富的图书	《小玻系列翻翻书》《百岁童谣》《小黄和小蓝》
情绪、人格与社会发展	•建立对人的基本信任感 •经验有限,兴趣集中在自己及熟悉的人、事、物中 •学习自理与自护能力	•有关获得爱与情感的生活故事 •有关熟悉的人、事、物的内容 •有关常规及生活习惯的故事	《逃家小兔》《好饿的小蛇》《小熊不刷牙》

萧山区百种优秀青少年读物推荐目录就是以国内外权威机构研究成果为基础,吸收专家学者和一线教师的意见,分幼儿、小学低段、小学中段、小学高段、初中、高中六种推荐目录,每年按一定比例更新,使推荐书目与每个年段学生的阅读需求和认知水平相适应。

分级阅读的核心理念就是让图书与读者产生匹配效应。国内较为权威的新阅读研究所,在 2012 年发布了《中国小学生基础阅读书目》、《中国中学生基础阅读书目》(各 100 种)。作为新华书店的从业人员应当看到,我们有机会接触到大量的图书品种,如果能进行深入学习与研究,制订更适合读者需求的推荐目录,将会获得更多的社会认同。同时出版社应当看到与书店结盟式营销终有尽头,图书内在质量以及读者认同将是最终决定因素。

(二)分众营销:搭建平台助力阅读推广

分众营销就是通过周密的市场调研后,锁定一个特定的目标消费群,然后推出这一特定群体最需要的细分产品,以适应这一特定群体的特定价格,通过特定的渠道,并用特定的传播、促销方式进行产品营销的精确营销手段。

在倡导全民阅读的背景之下,新华书店应更多地借重于政府的权威、行业的资源、组织的力量,精确锁定目标群体,建立起双方(多方)可以长期合作的阅读平台,把全民阅读进一步向广度和深度拓展。

萧山新华书店基于长远发展的思考,主动谋求与政府机关、教育行政部门、行业系统、新闻媒体的深度合作,建立了涵盖不同年龄层次、不同读者对象、不同活动形式的多种阅读平台,形成了比较全面的阅读体系和多个富有特色的阅读品牌,每年为企业带来了 500 多万的增量销售。(见表 2)

表 2　萧山新华书店阅读推广体系

活动名称	活动内容	读者对象	联合单位	运作时间
绘本阅读之旅	推广绘本阅读	幼儿及小学低段	教育局、幼儿教育办公室	3 年
故事大王比赛	推广幼儿期刊	幼儿	幼儿教育办公室	4 年
暑假读好书	推广学生阅读	小学、中学	宣传部、教育局、团区委等 12 家单位	13 年
寒假读好书	推广公益理念及学生阅读	小学、中学	文明办、教育局、	1 年
国学启蒙班	传统文化、国学经典	学生	萧山日报小记者团	4 年
湘湖书市	书香社会、市民共享	市民	区政府、宣传部	4 年
干部读好书	向党员干部推荐好书	党员干部	宣传部、组织部	3 年
手抄报大赛	传播快乐阅读理念	学生	教育局、萧山日报	3 年
童书嘉年华	最美童书你我共读	幼儿及小学生	萧山日报小记者团	3 年
企业好书推荐	好书助力企业发展	企业家及员工	总工会	1 年

平台战略为企业赢得了良好的社会声誉和广阔的发展空间,在今后的发展中,萧山新华书店将努力争取更多的政府资源和合作机会。

(三)系统策划:整合资源服务全民阅读

心有多大,舞台就有多宽。全民阅读为书业打开了广阔的想象空间。深圳新华书店作为深圳读书月的承办单位,为有效拉近作品与读者的距离、强化持续的凝聚力和影响力,策划组织了大量形式新颖、注重参与互动的阅读与文化活动。仅中心书城每年组织实施活动几百场次。"我与作者面对面"、"书友会"、"沙沙讲故事——我讲书中故事"、"厉行环保、珍惜资源——二手书交换活动"、"深圳晚八点"、"深圳艺廊"等品牌活动坚持定期举办,"除夕夜逛书城看春晚"、"世界读书日接力读"、"新媒体艺术展"等活动影响广泛。

萧山区暑假读好书活动与深圳读书月同年诞生,已历经 13 个年头。从开始时仅有数百名学生参与的活动,到现在成为涵盖全区所有学校,每年组织大型活动十多项次,10 多万名学生参与的大型阅读推广活动,可以说是与时俱进的组织策划起了决定作用:"读书征文活动"汇聚师生人气,"课本剧展演"、"激扬经典诗文诵读"展现读书风采,"手拉手读好书"助力公益事业,"名家校园行"星光璀璨,"书香系列评选"(书香少年、书香班级、书香校园)体现阅读成果。暑假读好书深受师生喜爱、社会好评,荣获宣传思想创新奖,成为书香校园建设的助推器、未成年人教育的金名片。

新华书店在全民阅读中的自身定位与策划水平决定了企业影响力,"为书找读者,为读者找书"既是新华书店作为桥梁作用的体现,也同时说明了新华书店有着整合上游(出版)、下游(读者)资源的广阔空间。

(四)专业服务:贴近社会构建企业品牌

所谓专业服务,是指某个组织或个人,应用某些专门知识或者大量的实践经验为客户或消费者提供某一领域的特殊服务。新华书店算不算专业服务有待商榷,但在市场竞争日益激烈的环境之下,唯有专业才能生存应该是企业不变之道。

在倡导全民阅读的背景下,新华书店与社会各界进行合作,依托的正是书目推荐、名家资源、活动策划、采购渠道、组织实施等竞争者难以替代的服务。如果没有相应专业资源和专业理念的支持,新华书店又有何品牌优势可言?因此在服务全民阅读的每一个环节中,新华书店应努力提高自身专业水平,筑高竞争门槛。

网络书店具有很高的比价效应,但网络购书的信息量之大往往让人无所适从。选择需要时间,作为读者来说时间同样是成本的一部分,如果能有专业人士给读者以合适的推荐,价格就不一定成为决定购买的唯一要素。因此专业服务的核心是人,具有推荐好书等专业能力的员工,可能是今后决定一家书店品质的第一要素,在开展全民阅读活动中更是如此。

2013 年新年伊始,萧山新华书店联合区文明办、区教育局在寒假期间联合发起了"用好压岁钱,买一本好书;计划好时间,读一本好书;奉献你爱心,捐一本好书"倡议活动,受到广大学生的热烈响应。短短一个月收到各界捐赠图书 4 万多册,销售推荐图书 100 多万。倡议活动向社会传递了三大正能量:合理消费、读书上进、友善互助,新闻媒体争相报道,取得了良好的社会效益和经济效益。专业服务与人文关怀相得益彰,新华书店作为国有文化企业,用实际行动参与和推动全民阅读,社会也同样有更大的回报给企业。

结束语

全民阅读活动就是试图从生活方式上促进国民素质的提高,党和政府已经吹响号角,同时也赋予新华书店新的历史任务。新华人需要转变思想、转变职能,走向社会、走入企业、走进学校,让阅读与生活同在,让推广与成长同步,将全民阅读推广作为新华书店新的光荣征程,必将大有可为!

参考文献

[1] 王林.看台湾的儿童阅读运动.摘自中华读书报.

[2] 聂震宁.全民阅读是精神上的全民健康活动.摘自首届"博雅出版论坛".

出版商微信营销观察

浙江大学出版社　钱秀中

【摘　要】微信历经两年多的发展,积累了超过 6 亿的稳定用户。服务号、订阅号、朋友圈、微信支付等各种功能,都让微信作为一种数字化媒体营销工具进入人们的视野,也逐渐为出版业所重视。许多出版商都通过微信平台创建了自己的公众账号,向目标读者推送信息,有些甚至在微信平台上开起了微店,卖起了图书。微信作为一种新型营销工具对于出版商来说意味着什么? 出版商应该如何利用微信平台开展营销?

【关键词】微信;营销;微店;出版商

微信是 2011 年腾讯推出的一款通过网络快速发送语音短信、视频、图片和文字,支持多人群聊的手机聊天软件。用户通过智能手机下载客户端,就可以以手机通讯录、常用 QQ 好友等一定范围内的微信使用者为好友名单,通过 GPRS 流量给好友发送语音、视频、图片等内容的信息形式。微信将虚拟社交圈与实际社交圈进行了"无缝对接",使信息传播与交流更加紧密。据目前腾讯官方提供的数据,微信注册用户数已经达到 6 亿。

尤其值得一提的是面向名人、政府、媒体、企业等机构推出的微信公众平台,主要功能包括实时交流、消息推送等。每个人、每个机构都可以通过微信公众平台创建自己的公众账号,向关注者们推送消息。公众账号可以通过后台的用户分组和地域控制,实现精准的消息推送。任意一家出版机构都能在微信公众平台上注册,通过简单设置获取一个属于自己的公共账号和二维码身份。

一、微信营销现状

2014 年 3 月 30 日,笔者在微信公众账号中搜索"出版"关键词,发现已有近百家出版商开通了官方微信。这还不包括以其他关键词注册的出版企业,比如中国轻工业出版商注册的是"活力轻工"、广西师范大学出版商北京贝贝特注册

"理想国"等。

这些开通官方微信的出版机构大致可分为以下几种情况:一是以出版集团的名义设立,如凤凰出版传媒、北京出版集团等。二是以出版商名义设立,如中信出版商、时代光华出版、童趣出版公司等。三是以出版商下属部门名义设立。因为一些综合性出版商产品线比较多,出版商用一个微信号难以兼顾各个(或重点)产品线的图书内容。为起到更专业化的推送效果。这些综合社按照出版类别设立了公众号,例如外研社科学出版、电子社大众出版、清华社文科出版等。当然其中也有不少是空号,尚未上传推送内容。

建立公众账号后,接下来就要让更多读者得知并关注出版商微信账号,提高粉丝量。由于读者知道出版商微信账号的渠道比较少,微信的粉丝量增长比微博缓慢。出版商常用方法有以下几种:一是通过微博等媒体发布公告,邀请读者直接关注微信;二是通过读者扫描二维码关注微信,如在图书封面或是网络平台上发布出版商微信二维码;三是在各类书展及线下活动时将出版社二维码印在宣传海报或图书目录上。以上方法均可以帮助读者获取出版商微信信息,提高粉丝量。

微信平台可以让出版商主动与读者一对一互动,出版商可以借助微信免费搭建自己的用户社区,借助微信的传播能量,衍生出更大的用户社区。这是出版商自己建设用户管理平台很难做到的,也是一个有想象空间的机遇,读者可以通过微信获取个性化的内容,出版商也能通过微信找到任何想找到的用户。读者反馈的任何一个问题,都可以非常方便地直接到达出版商。因此,越来越多的出版商开始尝试微信营销。

二、微信营销的优势

(一)与微博相比,微信发送的内容更可信,目标更精准

与微博一样,微信的主要功能也是发布信息。但是与微博相比,微信的信息发布有着自己的特点,其关键在于微信设置了更为严格的门槛,主要包括:一是公众账号必须实名注册,改变了微博圈流行的一个人养一批小号、水军互相影响的模式。二是每天只能群发一条微信消息,控制公众账号滥发消息。三是微信公众平台有意识地设计成只能由维护者与用户的一对一互动,不支持用户之间的互动,从而把公众平台内容创造的压力全部压在了公众账号的运营者身上。这些严格的门槛无疑都是逼迫出版商公众账号考虑如何提供用户会真正长期感兴趣的服务,而不是靠各种段子或是东拼西凑的东西吸引粉丝。这种设置有助

于那些真正有内容、有服务、有长期坚持意愿的出版商与读者建立更可靠持久的关系。

读者关注出版商微信，一开始或许只是因为好奇，但让读者长期关注某个出版商微信，一定要提供让他觉得有用、有趣的信息。微信作为一种点对点的推送，几千人每人都会在同一个时刻收到机构推送的东西，如果不合胃口，'掉粉'会非常厉害。事实上，已经有一些出版商感到，当微信粉丝数量达到一个阶段后，不仅上升困难，甚至会出现下降的情况。这和微博粉丝呈几何数量级上升完全不同。因为微博的内容很多时候粉丝浏览一下就过去了，或者根本没有在意，粉丝量不会因为内容的偏差而损失严重。

从笔者关注的若干家出版商微信账号来看，目前出版商通过微信推送的内容大致有几类，书讯、书摘、活动邀请、各类资讯，主要与出版物相关；发布形式主要是图片和文字，也有一些出版商使用微信的语音功能进行信息推送。例如中央编译出版社前后录制了20段音频，包括总编辑发表的"出版商介绍"，责编对于图书的介绍以及邀请播音师录制的图书片段朗诵等。新星出版社的微信推送内容则从该社的科幻小说品牌"幻象文库"和轻小说系列中提取，每天按不同主题，按不同日期推送有声小说片段给读者。还有少部分出版商，例如译林出版社的推送信息涉及了视频，使内容看起来更有吸引力。

由于微信发送有三大特点：一是碎片化，微信的交流发生在碎片化的时间，利用各种闲暇完成阅读、分享或者沟通；二是轻阅读，碎片化阅读决定了微信目前还不太适合有深度、需要太多时间思考和消化的内容；三是亲密化，微信更多关注个人的生活圈、朋友圈，大家倾向于和熟悉的人交流，也不希望交流的内容被太多不熟悉的人关注。基于以上特点，出版商在微信发布信息的方式上已经摸索出了一套模式，一般都不会进行直白无味的广告式推销，诸如"本社近期推出某某新书，敬请大家关注、购买"之类，而是将产品内容内化到一些新颖、有趣的主题当中，让用户在看完一个故事或一则文化评论之后，潜移默化地接收到关于新书的信息。而这样的营销策略更能激发受众对产品的兴趣。

就目前来看，读者对出版商公众账号的感觉也是模糊的，他们好奇会收到什么推送信息。很显然，读者喜欢更好玩，更有趣的，值得分享的东西。这需要出版商要不断寻找新鲜的内容，不断调整推送内容。只为了推送广告而运营的出版商公共账号是没有意义的。要了解用户的真正需求，提供积极的服务，如果只是利用各种吸引眼球的手段汇聚粉丝，最后只会让微信账号成为垃圾广告营销推送的代名词。出版商微信公众号不仅是一种低成本的传播渠道，更应该是服务客户的渠道。

(二)客服功能与线上活动

读者互动主要包括出版商针对读者的客户服务以及开展的各类线上活动。首先在客户服务方面,由于微信本身具备的实时沟通功能,读者可随时针对某些问题与出版商进行交流。例如北京凤凰壹力文化发展有限公司就设置了微信客服,由专人在微信平台上为读者服务。读者可通过微信平台询问新书、索要书目,甚至咨询招聘,相当于一个"综合办公室"。尽管之前出版商广泛使用的微博也具备客服作用,但从实际功能来看,微博可控性相对较差,用户的意见让所有人尤其是竞争对手可见,容易大做文章。而微信则不易扩散,方便私下解决。其次现在也有一些出版商开始通过微信做抽奖之类的读者活动,增强用户黏性。微信活动与此前盛行的微博活动相比,微博活动总是会碰上"抽奖一族",真正的用户反倒没落着好处。在微信里做活动,可让真正的用户受益。从推送受众来看,微博粉丝不好分类,想把某类活动信息发给一部分用户十分不便,而微信就好办多了。

(三)图书销售新渠道

微信公众平台模式的核心是将线上的资源经过微信的支付平台导入到线下模式,也就是所谓的 O2O 模式。让现金流经过微信才是最终目的,尤其是在微信 5.0 推出微信支付功能之后,这一点表现尤为明显,也有越来越多的商家选择在微信上开店。

当然并不是所有的商品都适合在微信上进行销售。显然,由于用户无法在手机这样的小操作界面完成繁琐的比价等动作,移动电商难以覆盖到高交易额产品,例如汽车、房产、奢侈品。只有匹配用户刚性需求的通用类产品才能在微信电商寻找商机,图书是其中之一。当出版商微信发展到一定规模,具有可观的粉丝量和影响力之时,出版商就开始考虑开展直接盈利的项目,如增设个性会员服务,并收取一定费用。

例如,2013 年 5 月,畅销书作家南派三叔开通了个人微信账号,积累了 40 万订阅用户,并在 8 月正式推出了会员制收费方案。南派三叔将部分未公开的作品放到了会员才可阅读的权限中,使读者愿意付费以求一览真相。会员收费标准是包月 6 元,包季 15 元。用户可在阅读到付费章节时用微信支付直接完成,也可以购买会员充值码进行充值。2014 年初,华文天下图书和读库图书也在微信上开通了网上书店,销售自己出版的图书,用户只需要关注两家出版商的公众号就能购买图书。一般来说,这类微店都不会将全品种图书上架到店内,而是精选内容、价格上更有竞争力的几十种产品在微店进行销售。例如华文天下微店推出的商品就以套装书为主,一共只有七八个品种。除了这两家,更多出版商的微店也在筹备中,例如北京磨铁图书有限公司、北京时代华语股份有限公司、人民交通出版商、中央编译出版商等等。尤其是时代华语在 2014 年 3 月 6 日将 4000 本余秋雨签名版《文化苦旅》在微信上推出销售,3 天内全部售罄,使得业内对微店的销售潜力有了新的认识。

微信售书把图书的销售、营销、客服以及活动都整合到了一个公众号中,读者在购书时需要关注公众号,无形之中就把读者变成了粉丝。这一方面有助于出版商塑造自己的品牌,另一方面也增强了出版商与读者之间的黏性。通过入驻微信这样具备社交性质的卖家平台,出版商获得了两大收益:一是读者的每笔交易金额都会直接打到卖方账户,在资金流动上加快了运转;二是出版方可以通过交易数据,直接掌握到每一本书的去向,与读者进行一对一的交流。

三、理性看待微信营销

越来越多的出版商在图书推广过程中开始尝试使用微信作为图书营销工具,但对于其目前产生的实际功效,还应理性看待。

首先,由于微信本身特性所限,它更多被用在碎片化时间的阅读和沟通,信息只能通过私人圈传播,所以微信不可能是万能的。在营销传播方面,出版商在微信方面的应用暂时还没能达到微博那样的能量,所以不能盲目夸大微信的作用,认为微信可以取代传统媒体和其他网络媒体也并不客观。

其次,微信营销虽然在其他行业发展较快,但在出版行业还缺乏有说服力的成功案例。对于原本缺乏渠道的商家来说,微信是他们新的推广渠道。例如,一家门庭冷落的快餐店也许可以通过微信提供外卖服务而起死回生,但对于原本就拥有渠道的出版商来说,微信只是众多推送渠道之一而已。

而且,对于一些出版社来说,他们对于微信公众账号的态度可能是这样的,不开通,生怕错过了什么,开通了,又不知道做些什么,也没有时间精力长期投入。其实,微信账号的经营需要完成许多长期琐碎的工作,例如有些出版商开设微信公众账号后,每天要回复读者 1000 多条询问。

最重要的是,图书具有自身属性——每本书的目标读者不同。这导致了出版商难以照搬其他行业的微信营销经验。因为对于大部分行业来说,企业平台的微信公众账号粉丝本身就是企业产品的使用者或潜在使用者。就拿人们总是津津乐道的创造了微信销售奇迹的小米手机来说,2013 年 11 月 28 日,小米手机微信专场正式开启后的 9 分 55 秒内,15 万台小米手机 3 抢购一空。因为在小米微信账号的 100 多万粉丝里,超过 60% 是"米粉"或是小米的使用者,他们对于小米这个品牌比较忠诚。由此可见,关注小米手机微信的粉丝本身就是小米手机的目标用户,然而,关注出版商公众账号的用户却远远小于出版商所出图书的全部目标读者。对于目前国内大部分出版商来说,其出版方向是综合的。一家综合性出版社一年出版一两千品种,包含文学、历史、理工、医学、少儿各品类。其微信公众账号也许今天发的是理工书的资讯,明天发的又是少儿书的资讯。假设一位因为爱好历史的读者关注了该出版社,但接连几天收到的却是与历史完全无关的理工、少儿、医学等图书信息,他也许要很多天才能等到一条对他有用的信息,最后可能因为得不到自己有用的信息而取消关注。因此,微信的覆盖面对于出版商来说是有限的,通过微信扩大用户群仍需投入很大精力。

从目前较为读书人所认可的微信公众平台"罗辑思维"的运作中也可以看出,其红火除了依靠定时发布与组织有用、有趣的信息和活动之外,与背后的运作人罗振宇的个人魅力有一定关系。"罗辑思维"微信公众账号自2012年12月21日上线,以每日60秒语音加输入关键词看文章的模式,配合每周五《罗辑思维》视频,在短短8个月内聚集了50万忠实粉丝。随后"罗辑思维"开始寻找某种付费模式。2013年8月9日,罗振宇(又名罗胖)在微信发出《也许·爱:史上最无理会员方案》,声称如果你爱这个胖子,请交保护费:5000名发起会员,会费200两银子;500位铁杆会员,1200两银子。在方案发出6小时之内,5500个名额被一抢而空,收入160万人民币。"罗辑思维"会员的收费事件正如罗振宇一直所强调的那样:在互联网上真正有诱惑力的不是内容,而是人。罗振宇曾经在《罗辑思维》视频中说:他是帮人读书的人,微信公共账号打造的是一个有灵魂的知识社群。这或许可以是出版商微信的发展方向。但很显然,这条路还有很长的时间要走。

新华书店营销创新初探

浙江兰溪市新华书店有限公司　陈秀红

【摘　要】当前,由于受到新兴电子媒体的强烈冲击,一般图书市场欲振乏力,各新华书店销售增长低迷。面对当前新华书店所遭遇的发展瓶颈,只是运用传统的价格促销、人员推销已经无法获得突破性发展了。因此,在一般图书发行上有必要进行全面创新,即,进行组织结构创新,使新华书店对读者需求反应更加有序、高效;进行营销策略创新,利用先进的信息技术,使各项营销策略更加精准地注重读者的需求,满足读者日益个性化的需求;进行人才培养创新,利用制度培养起具有良好人格特质、强烈创新意识的,紧跟市场环境变化的创新性人才。只有通过对新华书店各个方面的全面创新,才能使其在不断发展的新的出版物市场环境中,谋求发展壮大。

【关键词】新华书店;创新;组织机构;营销策略;人才培养

引　言

新兴电子媒介的飞速发展,给新华书店的出版物发行带来了极大的冲击,面对这种冲击,新华书店只是做些被动的调整,做一些较低层面的营销活动,显然已经无法适应市场的变化了。因此,新华书店有必要建设以读者为导向的、以先进的信息化技术为支撑的、适应不断变化的出版物市场为核心的全面的结构调整。本文主要从创新组织机构;创新营销策略;创新人才培养等方面对上述的全面结构调整作如下部分的阐述:

一、营销组织创新打造指向市场的营销流程

浙江省内各地新华书店有限公司脱胎于传统的事业单位,虽经历了事转企的体制、机制改革,形成了连锁经营的现代经营格局,近些年,我们新华书店系统

在营销上也做了多方尝试,如开展了红色风暴、橙色风暴、限时抢购、聚畅销等活动,但其组织结构、业务模式依然带着传统事业单位的烙印。其管理模式并非一个健全的营销管理模式,并未完全建立与竞争环境相适应的完善和高质量的营销管理体系。例如,我们发行业最基本的困惑时常是一本书的图书信息虽能到达终端读者,但工作人员并非都能准确了解图书的营销精义,这就无法向不同读者作有针对性的介绍。由此,可以看出我们营销模式的劣势,更谈不上靠战略取胜的层面。因此,如何创新营销组织来提升营销绩效,已是我们迫切需要解决的问题。

（一）营销组织创新必须与公司营销战略相结合

企业应制定创新的远景目标,它包括企业的价值观、企业的发展目标和员工的成长预期。这一远景目标引导营销组织的行为。同时,企业应制定可实现和能感受到的短期目标,只有这样,才能激发和维持员工创新的热情。远景目标是各项营销活动的战略出发点。在远景目标的指引下,在日常工作中以树立典型,用现实的案例让更多的员工和部门模仿和跟进;及时发现创新过程中的问题,并迅速制定改进措施;及时总结创新结果,使之成为新的习惯和文化,并将这种习惯和文化用组织架构的模式予以确定。唯有如此,才能完成从创新到日常行为的转变。

（二）业务流程的组织应该是矩阵组织

当前的新华书店,尤其是一些基层新华书店,由于总体规模不大,一个人可能同时担任多个角色,面临多个上司、多项任务,如果企业不淡化领导概念、不强化小组概念,不淡化等级概念、不强化流程概念,将阻碍工作效率的提高。职能部门必须根植于基层,组织重心必须下降。比如业务科、平衡仓库可并入一般图书销售部门,这样可使本身就是营销环节的相关部门直接融合在一起,从而减少流程环节,使营销部门对读者的需求反应更加迅速,效率更高。

（三）业务流程标准化、网络化

虽然新华书店都已实现了计算机信息化、网络化管理,但不同岗位的员工对自己分管的工作只能进行一般操作,对其他工作的流程知之甚少,由此带来的弊端便是各部门、员工之间无法有效沟通,遇到问题不能及时解决。公司有必要制定出与计算机管理系统,尤其是与市场瞬息万变的需求变化相适应的日常业务流程规范,用流程规范让组织内的员工了解自己在业务流程中的角色定位、业务权限、努力方向,使业务的整个过程变得透明、一目了然。这样既能使员工在自己的岗位上依据规范承担责任,做好销售,又能使新员工或到新岗位就职的员工很快熟悉岗位业务流程,快速进入角色。这样还避免不同的人在处理同一件事采用不同的流程,造成流程混乱,进而影响整个公司的营销效率。

当然,公司的整个营销活动并非是一成不变的日常业务,对一些个别的、复杂的营销业务,需要由经验丰富的员工按照公司的基本规范进行创新性开拓。

二、营销策略创新探索适合实体书店的营销策略

面对当前竞争激烈的一般图书市场,无论是新华书店还是其他发行企业,运用最多的营销策略都仅停留在价格策略、人员推销策略上,很少运用其他营销策略。当然,这类营销策略在图书市场不是很成熟的情况下起着重要的作用,它能使一个企业迅速在市场中占据一定的份额,可是其后果也是明显的,那就是大幅度摊薄一般图书市场的利润,造成一些无核心竞争力的图书发行企业无法生存。因此,作为以图书发行为主业的新华书店,在面对薄利时代的到来,有必要在原有的营销策略基础上,创新策略,扩大营销总量,提高利润绝对量,以期在风雨飘摇的一般图书市场中生存、发展。

(一)数据库营销创新,创造和开发读者终身价值

顾客数据库是开展目标营销和直接营销的关键所在,是企业创造和开发顾客终身价值的强有力工具。曾在报上读过一位县级邮政局投递员的"千家本"。其管辖区域家家户户的资料详细得让人吃惊,包括发薪时间、交通工具、收入水平,是否邮政储户、保户、存款到期时间、保险种类、订阅报刊等等。我们国有书店的员工对客户资料掌握又有多少?

大多书店(特别是基层店)没有建立销售商客户数据库。客户名单大多在业务科人员的"脑子"里,属于个人资源。虽然这在中国很"人性化",但对书店本身而言却是一个严重的缺陷:书店已经是走向市场的企业,人员流动越来越频繁,人一走,客户全带走了,这对企业来说是致命的。因此,数据库营销创新应该成为今后营销创新的重点。书店必须建立一套良好的、完整的顾客(户)数据库,包括读者的各种可衡量指标。只有建立起一套看得出供需要求的分类系统,才能建立起一套可衡量营销活动效果的系统。

(二)营销技术创新,整合多媒体变身数字化

由于社会的发展,信息技术的不断提高,人们已越来越离不开一些高新技术,因此,我们将对图书利用新媒体营销的关注点放在网站传播、博客模式、3G

手机电影与广告、手持阅读器、网络电台、BBS营销等方面。图书只是知识的载体之一,现代技术的进步使得各种新媒体不断涌现。这就要求我们发行人要紧跟潮流,善于把握新媒体技术以及运用新媒体技术,如网络、微博、微信、手机、网络电话、博客技术、手持视频技术、游戏及 FLASH 等等;要求书店的工作人员了解以上新技术,能对不同的读者作详细介绍,即做好导购服务。总之,书店工作人员在加强自身创新过程当中,要紧跟出版社的营销模式创新,共同合作,在继承和创新中探索书业营销的有效途径,将新书既快又省地推向读者。

(三)渠道构建创新,非正式路径争取市场增量

暂且将我们的市场分为正式渠道与非正式渠道。正式渠道包括各地的国有新华书店以及一些加盟连锁经营的个性化图书专卖店,如教育书店等,读者需求细分度的提高和需求个性化程度的增强,将催生更多的差异化图书和专业性更强的书店。我们在对上述传统渠道进行有效控制时,还应开发新的渠道,即非正式渠道。它包括超市、机场、火车、医院、银行、保险、美容、通讯以及其他企业,网络销售、俱乐部销售与团购。现在,机场购书、网络销售、俱乐部销售、团购均较为成熟,但其他形式的非正式渠道仍然没有被深度开发。把思维放开去,很多渠道都可以利用。非正式渠道能弥补正式渠道的缺陷与不足,利用非正式渠道进行灵活销售,将我们的触角伸向每一个角落,以争取市场增量。当然,并不是说同样的图书去寻找非正式渠道就行了,而是需要根据不同渠道调整营销策略。

三、人才培养创新系统化建设专业人才

我们必须看到,网上阅读和数字出版是不可阻挡的时代潮流,特别是数字出版已形成了全新的出版业态和完整的经济产业链,是出版产业发展的一大趋势,呈现出以产值屡创新高、赢利模式不断创新的态势,这些新的阅读习惯和购买方式的确对我们的实体书店产生了不小的冲击。如何在图书营销中主动适应新技术的发展,依托数字和网络技术创新方式,搞好经营,扎稳脚跟,这是我们实体店必须面对的问题。新的形势需要我们统筹产业布局,坚守主业多元发展,更需要我们创新人才培养,提升员工队伍素质,使书店真正成为"传播科学文化知识,营造书香社会"的文化殿堂,借以提高书店的发行传播能力。

(一)着力创新人才的人格塑造

培养发行行业人才,注重品德修养的提高与完善应该摆在首位,以人格塑造品格,树立崇高的个人志向,培养良好的道德风尚和行为习惯,在发行队伍中发

挥较强的示范、辐射和带动作用,借以提升整个营销队伍的综合水平。企业要多开展形式多样的道德文化教育,通过寓教于乐的组织活动,培养自信、进取、积极主动的图书发行员工,树立良好的企业文化。同时,企业要帮助员工规划自己的职业生涯,使其对图书发行职业前景充满信心并认同我们经营思路及文化传播理念,增强企业人才的归属感,引导员工在对待利益关系中树立正确的人生观和价值观,使其成为真正有德行、有胆识、能开拓的营销排头兵。

(二)强化创新意识的培养

无论是营销组织创新、业务流程创新还是营销策略创新,其实都是人的创新,是人的观念意识、思维习惯的创新。

创新意识教育首先要优化创新人才培养机制,用来强化创新动力观教育,也就是让人才有一个不断进步的动力来源。在图书营销人才发现、培养、使用和评价激励等方面积极探索,遵循人才成长规律,激发人才爱岗、敬业、奉献、求真务实的内在动力。创造轻松、自然、愉快的工作氛围,在图书营销过程中理性对待创新人才独立思考的行为模式,及时总结推广在创新过程中创造的典型经验和成功做法,建立有利于创新人才潜心研究和专心创业的良好环境。其次是强化创新人才的主动学习能力,为员工实现职业抱负奠定坚实的思想和知识技能准备,学以致用,能够创造性地运用所学知识、所训练的技能,从事创造性的图书营销工作。再次是强化创新主体观教育,鼓励人才冲破求稳循规的思想羁绊,敢于挑战旧思维,提出新问题,推陈出新,敢想敢说,勇于实现自我价值。

(三)建立良性的用人和人才轮岗制度

国以才立,企以人强,人才使用,是企业发展的关键。企业要建立系统的考核制度、激励制度和薪酬分配改革制度,通过"引进来、送出去"的方式全面培养人才,善于将思维敏锐、朝气蓬勃、德才兼备的人才引进,并委以重任,给真正的营销人才脱颖而出的机会,建立良性的用人机制,给我们的书店发展注入活力。此外,企业要推行有秩序的实施店内店外岗位轮换制度,有效发挥员工的工作潜能和积极性,使整个图书行业保持一种生机,更利于员工成为一名全面的管理营销人才,业务多面手,在各项工作开展上能独当一面。

总而言之,出版发行业经济发展方式的转变,必然带来经营理念和管理技术的更新,必然伴随着新的利益关系不断地兼并和重组。这为出版产业链每一个环节都带来了机遇和挑战。在信息化社会、数字化时代背景下,我们要拓宽视野,虚心学习借鉴先进经验,积极探索创新营销观念、方式、方法,才能经受新媒介阅读带来的潮头冲击,屹立不倒,顺势而为,创造新的业绩。

参考文献

[1]王喜凯.新时期新华书店市场营销战略研究.对外经济贸易大学,2002.

[2]周秀霞.电子图书整合营销策略研究.东北师范大学,2003.

[3]黄健.弘道文化图书营销策略研究.中南大学,2005.

[4]刘光英.网络出版及网络环境下图书的营销研究.山东大学,2007.

新华书店与图书电商竞争对比分析

浙江衢州市新华书店有限公司　周建平

【摘　要】随着经济全球化加速发展,互联网日益普及以及电子商务市场不断成熟,网络购物越来越流行,网上购书也进入了热潮,一系列图书销售网站应运而生。从最初新华书店一枝独秀到如今各种电商及相关实体书店的百团大战,传统的龙头老大新华书店已经渐渐难以独享图书市场这块大蛋糕,尤其网上书店冲击最为强烈,如何在图书销售市场上保持和创造竞争优势十分重要。

【关键词】新华书店,网购,对比分析

一、新华书店概述

(一)新华书店发展历史及其现状

新华书店总店是中央一级图书、音像出版物大型批发企业,隶属中国出版集团。新华书店总店具有丰富的书业营销运作经验,在长期发展中,构筑了全国性的购销网络、仓储运输网络和资金结算网络,具备集约化、规模化经营条件。近年来,为适应图书市场日益发展的需要,在图书发行业务中加大高新科技手段的利用,正在建设全国出版物信息网络系统和企业管理系统。

随着社会主义市场经济逐步建立和完善,新华书店总店不断加快改革步伐,在改革中发展壮大。根据 2012 年出版物发行单位公布的结果,全国新华书店出版物销售总额累计达 799 亿元,增长 12.3%,超过全行业平均增长速度。新闻出版总署印刷发行管理司相关负责人在接受《中国新闻出版报》记者采访时表示,从这组数据上看,新华书店依然保持着主力军的地位。记者对销售总额前10 名的发行单位的营销数字进行分析后看出,在应对新形势的压力时,各地新华书店(发行)集团立足本地,坚持主业,突出特色,发展自我,呈现出明显的地域发展特点。在全国 12 万多家发行单位中,有 4 家是国有上市公司:新华传媒、广弘控股、新华文轩和皖新传媒。后两家分别于 2007 年、2010 年上市。这两家公司上市后,在发展上坚持主业不放松。

(二)新华书店优势

经过多年的改革发展,新华书店已经具备了较强的综合实力,成为一个含金量非常高的自主品牌。主要表现在 6 个方面:(1)形成了一定规模优势,具有了很高的知名度、美誉度和诚信度。在多次市场调查中,始终是读者和出版社认可度最高的发行商;(2)建立了以行政区划为单位、较为紧密的区域系统,占据市场主导地位;(3)构建了一个庞大健全的分销渠道,发行网点遍布城乡;(4)有了较为雄厚的经济积累;(5)培养了一支较高素质的专业发行队伍;(6)形成了较为广泛紧密的社会关系。

二、新华书店面临的挑战

(一)内部挑战

新华书店的经营体制主要是独立门店、分散经营,其体制僵化、激励机制不够灵活、竞争意识不强、社会的负担比较沉重。每个新华书店业务自成体系、功能齐备、环节甚多,同质同构现象十分突出,资源的有效利用率低,无法获取规模经济效益。

就成本而言,出版物发行成本高、市场价格高、速度慢、效益低,市场覆盖能力和控制能力都很弱。

管理方式上,新华书店的管理方式存在着严重的产权关系不清,其主营业务高度集中在教材教辅发行上,经营结构单一,经营风险很大,组织化程度低,融资与投资能力很弱,大多靠自身积累来缓慢发展等等。伴随着教材发行方式、销售方式及相关产品市场结构的变化,在新的市场形势下,新华书店"造血"功能遭受重创,盈利模式受到挑战。在营销网络、物流配送、信息系统、队伍建设、公共关系等各方面都需要变革与整治,建立一体化的营销服务网络,引入现代物流、信息技术,实现商流、物流、资金流、信息流"四流合一"。降低教材发行成本,提高教材发行效率和服务质量,势在必行。

新华书店集约化、规模化经营程度低,出版物的发行结构不合理,企业内部缺乏科学性的管理制度。在发行业务的管理上,管理战线长,难以快速、灵活地参与市场竞争。书店内部管理问题偏多,主要体现在营业员素质低,服务质量低,缺乏科学选聘员工的机制,造成员工整体素质偏低;缺乏有效的激励措施和奖惩机制。员工普遍缺乏积极性和责任心;不重视员工的再教育和再培训是造成员工素质偏低的主要原因;缺乏营销管理措施难以刺激读者的购买欲;图书品种管理方式不合理。

业务结构上,单一的经营格局,单一的利润构成,致使新华书店存在巨大的经营风险。一旦失去教材的发行权,新华书店将遭到致命的打击。

(二)外部挑战

网络书店、外资图书发行机构以及民营书店等新生势力开始逐渐瓜分书籍销售市场,其中以卓越网、当当网、京东网等电商的影响最为显著。

随着信息技术的日新月异、大众消费方式的创新,被称为"第三渠道"的网络书店已经成为图书消费的重要场所。以大中专教材为主要经营内容的网络书店也层出不穷,如蔚蓝网络书店、中国高校教材图书网等。

从 2007 年开始,我国对外资全面开放图书的发行权,资金实力和运作经验都比较丰富的外资图书发行企业在研究中国市场的同时,已经开始进行先期尝试。很多国外大公司如麦克劳•希尔教育出版公司,皮尔森教育出版集团等机构早已深入国内高校开始了需求、现状等的调研,对国内大中专院校并提供国外原版教材的使用及培训,为进军中国的大中专教材市场蓄势待发。

三、电商竞争背景下新华书店对比分析

根据 2013 年 7 月 17 日,中国互联网络信息中心(CNNIC)在京发布第 32 次《中国互联网络发展状况统计报告》(以下简称《报告》)显示,截至 2013 年 6 月底,我国网民规模达到 5.91 亿,互联网普及率为 44.1%。在 2013 年上半年的互联网发展中,手机作为上网终端的表现抢眼,不仅成为新增网民的重要来源,在即时通信、电子商务等网络应用中均有良好表现。《报告》显示,截至 2013 年 6 月底,我国使用网上支付的网民规模达到 2.44 亿,与 2012 年 12 月底相比,网民规模增长 2373 万,增长率为 10.8%。这说明网上书店有着强劲的发展潜力。在此背景下一系列电商开展网上书店平台。

面对日益激烈的电商市场争夺背景,新华书店如何面对机遇和挑战,本文将以对比热门图书销售网站为例展开分析,主要包括新华书店网上书店、当当、卓越、亚马逊、京东等。

（一）搜索排位对比

在百度和谷歌搜索分别输入"图书"和"图书网购"关键词，与"图书"相关的百度界面前 5 位词条分别为京东、当当、图书百度百科、中国图书网、中国国家图书馆；谷歌界面前 5 位词条分别为当当、谷歌图书、卓越亚马逊、京东、图书新闻。与"图书网购"相关的百度界面前 5 位词条分别为当当、易易网购图书、一号店、智购网、网购图书百度知道；谷歌界面前 5 位分别为当当、中国图书网、网购书籍百度知道、图书网购 GOGO 淘宝网、china－pub 网上书店。在百度和谷歌搜索界面前 5 页都鲜有与新华书店有关的词条。

再输入"新华书店网上书店"关键词，百度和谷歌界面都是以省市地区为单位的新华书店网上书店，如北京新华书店王府井书店、博库网（浙江省新华书店）、一城网（上海市新华书店）、广购书城（广州新华书店），依托传统的图书储存来进行网络销售，并没有总的新华书店网上书店来进行单独的公司运作，这样机构累赘，管理分散，难以打响知名度，只能作为图书邮购渠道的拓展。

（二）用户体验对比

如今互联网时代都注重用户体验，关注用户的主观感受和价值观等等，这就对网页设计提出了新要求，要结合不同利益相关者的利益——市场营销，品牌，视觉设计和可用性等各个方面。市场营销和品牌推广人员必须融入"互动的世界"，在这一世界里，实用性是最重要的。这就需要人们在设计网站的时候必须同时考虑到市场营销，品牌推广和审美需求三个方面的因素，使网站容易使用、有价值，并且能够使浏览者乐在其中。

以最近热销图书《了不起的盖茨比》（南海出版社版本）的购买界面为例，京东界面最为简洁明朗；卓越提供在线试读和 Kindle 版，方便喜欢阅读电子书的读者；博库提供在线试读但界面设计比较简陋；当当界面并无特殊之处。另外京东和卓越还有购买组合推荐，一方面为喜欢同类书籍的消费者提供建议，另一方面一定程度上还可以增加销售额。

（三）图书储量对比

在各大图书网购站点分别输入"考研"、"公务员"和"中学英语"3 个关键词，其书籍库存（品种）分别如下表所示：

	当当	卓越	京东	苏宁	博库	文轩	广购书城	总数
考研	7671	6538	6899	2027	5663	1531	6444	36773
公务员	8569	11083	10582	2202	5530	789	4965	43720
中学英语	2355	2732	2405	327	4679	163	1072	13733
总数	18595	20353	19886	4556	15872	2483	12481	94226

各网上书城"考研"、"公务员"和"中学英语"三类图书分别占总数百分比如下图所示：

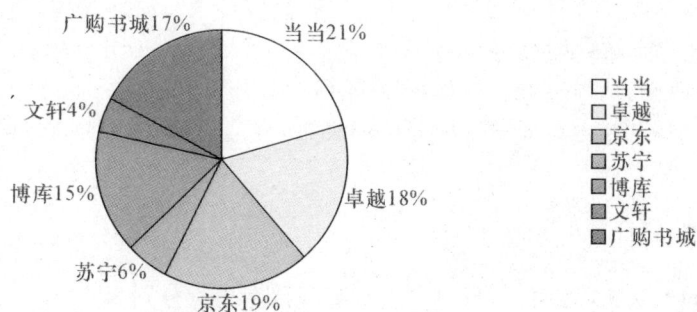

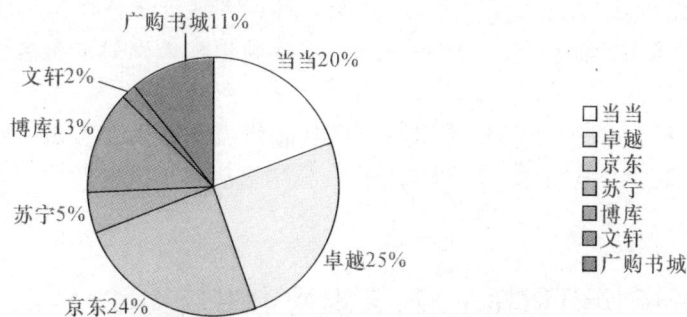

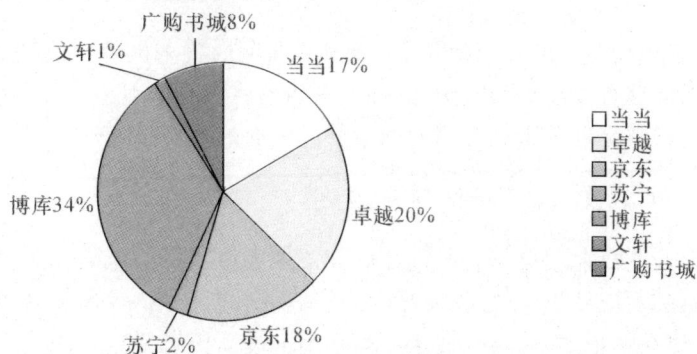

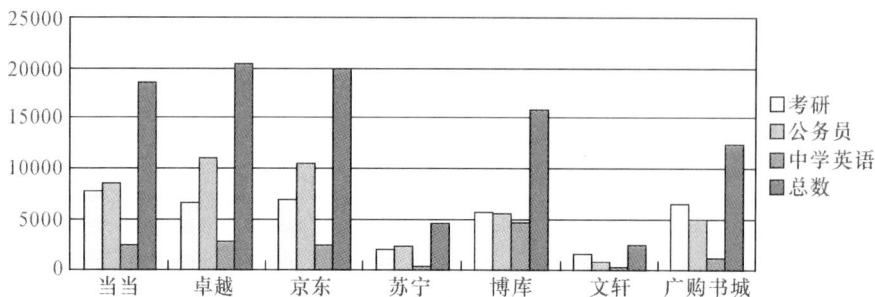

从"考研"、"公务员"和"中学英语"三类图书的总数来看,卓越、京东和当当分列前三,博库列第四;"考研"类书籍,当当(21%)、京东(19%)和卓越(18%)分列前三;"公务员"类书籍,卓越(25%)、京东(24%)和当当(20%)分列前三;"中学英语"类书籍,博库(34%)卓越(20%)和京东(18%)分列前三。

就传统教辅书籍市场,新华书店优势依旧突出,但当当、卓越和京东大有赶超之势。

（四）图书售价对比

以《了不起的盖茨比》为例,当当、卓越、京东和博库售价分别为 22.1、21、21 和 24 元,相比卓越和当当的售价,博库高了 3 元。而读者评价量分别为 17、27、7 和 0 条。博库网未有商品评价,一定程度上可以反映出博库网对消费者的吸引力度不够。

另外,当当、卓越和京东不定期推出图书优惠活动,满 100 减 30,满 200 减 50,京东有时还有满 200 减 100 活动,相比而言,新华书店旗下的网站优惠力度并不明显。

四、新华书店如何稳抓主业,实现网上书店突破

新华书店有着传统龙头老大的地位,然而在互联网时代未能够重视网上购物的重要性,如果能够有效地扬长避短,其网上书店也将大有作为。新华书店应该借鉴当当、卓越特别是近年来崛起迅速的京东等电商的成功经验。

（一）抓住主业不放,向产业链前端逼近

稳抓市场,向产业链前端逼近就必须要研判市场规模、购买力及城市人群知识消费、文化消费的主流状态。新建的衢州市新华书店西区书城,面积约 8000 平方米。一楼主要是畅销图书、新书展示厅。在周围设文化用品专区,电子产品专柜、电子读物、手机、文化礼品等。二、三楼布局是书店主营业务,图书布局分

类清晰,陈列突出特色,并设读者休闲区,茶吧等,充分体现文化氛围。非图销售一年达到 500 多万元。目前四楼 2000 平方米待用,准备和电影公司联合经营图书影视娱乐文化城,以影视带动图书销售。

图书发行业是新华书店的主业,是生存发展的基础。做大做强主业是实施多元化发展的前提。新华书店实施多元化经营,应该在突出主业优势和核心竞争力的基础上,以提升经济效益和市场竞争力为目标,向相关产业或较为熟悉的领域拓展。发展具有一定规模和实力的项目,形成对主业的强大支持,充分发挥多元产业对主业的补充与调节作用。

做大做强主业与多元化经营,两者相辅相成,并不矛盾。关键是在具体工作实践中找准主业与多元化产业之间的平衡点,既要充分利用好主业优势资源,抓好多元化产业,为企业带来利润,创造效益。又不能分散主业的人力、物力、财力,拖主业发展的后腿,最终实现主辅业的统一协调,共同发展。

2012 年浙江省新闻出版局提出《关于加快推进我省农家书屋工程建设意见》的要求,根据省集团公司布置,衢州市农家书屋采购图书、音像制品共计 500 万码洋,衢州市新华书店主动与市文广局,柯城文广局,衢江文广局联系对接。新华书店与市县文化局、教育局等有着长期良好的合作关系,根据他们要求所选书目共分为六大类,即政治经济法律占 4%、历史文化类占 16%、文学艺术类占 25%、科技农业类占 25%、医药卫生类占 10%、教育少儿类占 20%,图书品种的选订要让基层满意,让农民兄弟满意,三个局把选购订书工作交予我们书店,要求在 1 个月内,完成 350 个村,共计 175000 册图书的配送。重压之下,我们充分发挥自身整合资源的优势,通过合理的配送规划,在规定时间内完成配送任务。同时帮助各乡镇建立乡镇图书馆,提供目录,资料等图书信息。此次工作得到了基层群众和领导的肯定和一致好评。最终通过书店服务,农家书屋覆盖 650 个村。农家书屋 1100 万元图书全部交予衢州市新华书店配送。由此可见,只要拿出更为灵活高效的市场服务意识,就能发挥出新华书店主渠道优势和集团优势。同时新华书店也存在不足之处,网上书店由旗下各省市门店投资兴建的电子商务网站,资源分散,难以形成集群优势。为打响知名度,应该着力整合各门店优势,合体经营,力往一处使,从而形成 1+1 大于 2 的优势。

(二)丰富图书种类

从前文分析中可以看出,新华书店网上门店图书种类不及卓越、当当和京东,种类不齐全,消费者难以买到自己中意的图书,客源易流失。新华书店应该加强与各地出版社联系,丰富图书种类,增加消费者的可选择性。

(三)打造价格优势

图书网络销售省去了许多中间环节,成本也大为降低,要想留住消费者,应该打造价格优势以低价格扩大市场占有份额。相比卓越、当当和京东,新华书店的网上售价偏高。

(四)重视用户体验

优化网站界面,应该大方明朗;完善图书信息、图书试读和书评等资料,方便读者了解图书;优化图书数据库和检索系统,方便读者检索自己喜欢的书目;重视售后服务,图书在打包邮寄过程中会出现邮寄错误或者图书破损等情况,这时候新华书店应该承担责任,如果读者发现图书不是自己所需要的,新华书店可以在图书完好无损的前提下允许退换货,可适当收取手续费。

(五)加大宣传力度

品牌是一个企业宝贵的无形资产,新华书店必须加大宣传力度创造品牌效应。可以利用传统媒体来宣传网上业务,还可以在其他网站发布广告来提高知名度。其中最重要的就是提升搜索引擎的排位,从百度和谷歌搜索引擎页面上看,与"图书"和"图书网购"相关词条的前几页都难以找到"新华书店"。另外还可以在淘宝天猫建立专门旗舰店,与其他小型图书网购网站有偿结盟创造双赢,利用微博和微信等客户端开展手机营销。

(六)提高特色服务

开发手机购书 APP,提供丰富的电子书满足年青客户群体的需求,还可以以本地的新华书店实体店为平台,不定期开展书友交流活动或者请热门作家现场售书等等。

互联网时代的到来,已经不能固步自封以传统优势来绘制蓝图,传统胶卷大户柯达公司的破产就是前车之鉴。新华书店必须充分做好前瞻性分析,紧跟时代潮流及时调整经营战略和部门结构,把握时机。近年来,聚美优品和 1 号店异军突起,在美妆和百货网购领域风生水起,虽然起步晚但发展潜力不容小觑。实践证明新华书店在读者心目中是金字招牌,发展电子商务不仅能提升服务品质而且能受到读者的广泛欢迎。新华书店应该应用多门店优势,形成具有绝对优势的配送渠道来获得比电商更加卓越的性价比;通过自身服务优势来给予读者比电商更优质的预读服务;通过多元化的经营模式增加新华书店图书的更多附加值,让消费者在新华书店能够得到全方位的图书购物体验。新华书店更应该借鉴多方的经验,走出一条有自身特色的发展道路,让新华书店真正成为图书销售的新型 SHOPPINGMALL。

参考文献

[1] 陈进才.新华书店的网络营销策略.出版发行研究,2006(8):45—47.

[2] 苟德培.新华书店的微博营销.文化产业导刊,2012(10):65—68.

[3] 李广民.基于价值链模型和竞争力模型分析新华书店和当当网,2010(10).

[4] 李东华.谈新华书店核心竞争力的构建思路.出版发行研究,2011(5).

[5] 王永刚.浅议网络营销的发展趋势.资治文摘(管理版),2009,(4).

[6] 瞿彭志.网络营销.北京:高等教育出版社,2009.

基于 4C 营销理论的新华书店
竞争力的提升

浙江余姚新华书店　袁　望

【摘　要】竞争力是企业赖以生存的根本,目前图书市场的竞争十分激烈,大量民营书店拔地而起,同时也受到网络书店的冲击,这些销售渠道对新华书店的业务造成了一定的影响,因此新华书店需要建立自己的核心竞争力才能立于不败之地。本文利用 4C 营销理论对消费者及图书市场做了详细的分析,提出了提升竞争力的对策,从而让新华书店继续领跑图书市场。

【关键词】竞争力;4C 营销理论;新华书店;对策

一、提高书店竞争力的重要性

图书是人们生活中追求更高的精神需求的必需品,书店正是集中展示这种特殊商品的前沿阵地,但书籍本身又缺乏独特性,每家书店经营的图书都是大同小异的,那么书店能为读者创造更多的价值就是赢得竞争的关键,这样才能吸引更多的读者来书店购书。书店的核心竞争力是吸引消费者最直接的因素,直接决定了书店的销售业绩。目前,整个图书行业面临着激烈的竞争,主要威胁来自于网络购书渠道的逐步成熟,线上书店逐步侵蚀着线下实体书店的市场份额。但基于比较优势理论的分析,实体书店仍然存在巨大的优势。通过以消费者为中心,不断提升书店竞争力,这是书店发展的重中之重。

二、基于 4C 营销理论的消费者购买行为分析

书店直接面对的是消费者,因此构建竞争优势要围绕消费者展开,了解消费者的需求才是构建竞争力的核心内容,下面通过利用 4C 理论分析消费者的消费行为,通过改进目前存在的问题而达到进一步提升竞争能力的目的。

（一）消费者需求

由于消费者的生活经历、受教育程度、工作性质、个人兴趣等各方面因素的影响,每个读者对书籍需求的侧重点也各不相同,目前图书市场出现越来越细分的趋势,读者的诉求在小众市场就可满足。4C 理论认为,了解并满足消费者的诉求不能表现在一时一处的热情,而需要始终贯穿到服务中去。新华书店始终贯彻"想读者所想,急读者所急",在门市服务上贴近读者、了解读者并尊重读者的诉求,在更多的方面满足消费者的个性化需求,进而形成差异化的竞争优势。

（二）消费者成本

虽然书籍是文化生活中的刚需消费品,但读者对书籍的消费也是理性的,故除了书籍的定价需要将读者考虑在价格体系之中,对于读者来说,更关注自己的消费能力和购书经历所创造的价值,读者的购书体验能否获得与付出价值等值甚至超值的价值是决定其消费的根本。现在网络电子书籍很普遍,但很多读者仍然会很尊重纸质书籍,如果并不是一本特别值得花钱消费的书籍,只是想看那么一两眼,网络途径是其最佳选择,几乎不需要成本。正确的定价方法是读者为满足自身的需求所愿意支付的成本。消费者成本并非读者为了满足需求所购买书籍的成本,还包括为了达成购买行为所付出的代价,如时间、精力方面的投入,在阅读完书籍之后能否获得购书前的期望等,这些都增加了读者的成本。书店虽然没有定价的权利,但有营销手段,通过营销策略的应用,为书籍销售制定合适的价格策略,提供更优质更贴心的服务,并为读者创造更多的价值。

（三）消费者方便

提供消费者方便就是为读者提供更全面的服务,对于地理位置交通相对便利的新华书店,为读者浏览书籍、购买书籍节省了时间和交通费用,这是为读者提供方便的最直接体现。由此导购成了门市服务中的重中之重,有针对性地推荐不仅会赢得顾客的信赖,而且会在顾客心中根植良好的印象,促进与读者兴趣相关的图书的销售,并且能帮助读者了解店内的活动以及优惠措施,使读者获得更好的购书体验。对于一家大型书店来说,书籍的定位显得比较困难,尤其对一个对当前购书环境不熟悉的读者而言更是如此,导购咨询能很好地帮助读者解决燃眉之急并提供力所能及的帮助。售后服务对读者来说相对比较陌生,由于书籍的特殊性,使得读者对售后服务不是很重视,但对书店来说,正是提高服务质量并实现与其他书店差异化的一个途径,随着读者对质量和体验越来越重视,售后服务是提高整体服务质量的一个关键点,门店服务可以为读者带来更多的购买实惠和方便,减少读者购买图书的机会成本。同时通过建立网站互动,读者可以通过网络了解最及时的图书资讯,书店可以为读者提供价格、信息和质量完整统一的服务,也是方便读者的重要手段。

(四)与消费者沟通

消费者日益成熟的消费观念使得自身对于消费有着较为明晰的评判标准,书店单方面的促销行为,需要以积极的方式适应读者情感,建立基于共同利益的新型书店与读者的关系。书店应真正重视进入门店的读者的行为反应,通过书店与读者的双向沟通,建立长久稳定的关系,在图书行业树立品牌形象和竞争优势。当今人们获得信息的模式已经发生了深刻的变革,任何的宣传都难以接触到所有的目标读者。只有当书店的营销活动所传达的信息传达到目标读者并且与目标读者原有的资讯、观念相契合时,书店与读者的沟通才能成功,才能通过营销活动激起读者的兴趣。

三、提高新华书店竞争力的对策

(一)细分市场、精选品种

目前细分品类的图书销售越来越火爆,比如计算机、饮食文化、时尚绘画等细分领域的图书销售量逐年增加,这是消费者消费行为的变化,因此书店需要根据这种变化做出相应的调整,在采购图书过程中需要更多地考虑细分市场,不能只局限于目前的采购品类。在书店的经营过程中发现这样一个问题:很多消费者只能找到相关图书却找不到想要的书籍。这一现象说明书店的书籍品类质量根本不能满足消费者需求,因此在采购图书的过程中,新华书店需要首先调研图书的质量,建立专业的图书分析小组,在采购前需要规划好采购种类以及指定书籍。

(二)建立图书价格优势

目前对于整个出版行业来说,定价居高不下,这是影响消费者购买意向的一个重要因素,因此书店需要在价格上面做改进。现在团购形式的消费很受欢迎,新华书店可以通过团购的形式与出版商合作,先预定再采购,大大降低采购成本,这样可以为消费者带来更多的实惠。另外还可以采取绑定销售的策略,将相关性强的书籍绑定销售,给予一定的折扣,这样做的目的不但可以促进销售量,还可以提高消费者满意度。现在小型民营图书店对新华书店有一定的冲击,这些小型民营图书店规模小,投资小,这是民营图书店的竞争优势。但是由于小型民营图书店的采购量小,议价能力有限,因此新华书店可以通过建立采购商盟,统一向出版社采购,这样大大增加议价能力,在销售的时候可以适当给予折扣,同样会给消费者带来实惠。

(三)建立便捷的购书体验

由于现在大部分人工作繁忙,很难挤出时间亲自到书店选购书籍,这种现象导致目前的网络书店非常流行。新华书店目前网络资源利用率很低,使用的网站用户体验度很差,因此书店可以采取加大网络资源的利用,开展 B2C 业务,对于没时间到书店的消费者可以采用网上选购,货到付款的购物流程。另外还可以与大型 B2C 网站合作,比如京东商场,天猫商城等,利用这些大型 B2C 平台进行网络销售。

(四)建立数字产品平台

目前很多图书都以数字形式出版,而实体店根本不能满足这样形式产品的销售,因此新华书店需要重视网络的利用,在开展传统书籍网络销售的同时还需要开展数字产品的销售,进一步满足消费者的需求。这是小型民营图书店所不能提供的服务,这会成为新华书店特有的优势。

(五)加强与消费者的沟通

目前新华书店在与消费者沟通方面做得不是很到位,这体现在导购、服务、售后三个方面。很多新华书店缺乏专业的导购,但是聘请专业的导购员会增加书店成本,因此可以对现有的导购员进行专业培训,慢慢地提升他们的导购能力和专业知识,最大限度地为消费者提供优质的导购服务。另外新华书店在服务过程中缺乏创新,目前大多新华书店没有专门的阅读区域,有些消费者习惯预先阅读书籍,但是没有阅读区就降低了选购体验,因此可以在新华书店卖场规划阅读区,方便消费者临时浏览。在服务过程中还可以建立会员制度,给予不同等级会员不同的折扣率,这会增加书店的凝聚力。售后方面主要是书籍的退换和团购预订,目前大部分书店都没有严格的退换和预订政策,因此新华书店需要建立起严格的退换和团购预订政策,对于符合要求的给予退换,另外团购预订需要与出版商建立起稳定的合作关系,给予消费者最大限度的优惠。

四、结论

在日益激烈的图书市场竞争环境下,作为传统书店,应充分利用好新华书店这块金字招牌,秉着"以读者为中心、一切为读者着想"的服务理念,选择合适的产品,采取更为灵活的价格策略、创造便利舒适的购物环境及购物方式,建立健全的售后服务、沟通体系。只有这样书店的竞争力优势才可以提高,在当下网络书店、小型民营图书店的夹击下处于不败之地。因此提升竞争力是新华书店发展的重中之重,通过构建核心竞争力才能以不变应万变,这是书店发展的根本。

参考文献

[1]包国宪,张墥.公共服务社会化对行政组织文化创新的影响.西北师大学报,2006.

[2]管益忻.企业核心竞争力—战略管理赢家之道.北京:中国财政经济出版社,2002.

[3]郑文全.连锁经营的竞争力:经济学的分析.北京:中国财政经济出版社,2002.

[4]吴维库.企业竞争力提升战.北京:清华大学出版社,2002.

[5]周卉萍.如何提升企业核心竞争力.政策与管理,2000(11).

基层新华书店核心竞争力分析

浙江云和县新华书店有限公司　叶少英

【摘　要】随着市场经济的发展、互联网的普及,网络书店及电子书籍等图书市场的替代品大量涌现,加上 A 县新华书店自身品牌化意识淡薄,物流发展滞后,用人机制不完善,使书店面临了前所未有的竞争压力。面对挑战,基层新华书店只有积极走品牌化发展道路,打造其特有的企业文化,发展现代物流,完善用人制度,提高员工素质,创新经营方式,才能不断提高书店核心竞争力。

【关键词】新华书店;核心竞争力;分析

长期以来,新华书店作为我国出版发行领域的领导者,在树立和传播主流文化、构建民族精神方面始终发挥着举足轻重的作用,是建设和发展经济、政治、文化、社会和生态文明五位一体社会主义和谐社会的重要途径,是宣传党和国家重要决策及十八大精神的重要窗口。它承担着传播主流文化、传承民族文化、提高民族素质的重大使命,承担着为现代化建设提供精神动力、智力支持的重要任务。但是,改革开放以来特别是加入 WTO 后,随着民营企业和外资企业的进入,图书市场机制发生了重大变化,新华书店的地位受到了威胁,而到 20 世纪 90 年代末,教材发行的公开招标以及民营书店、电子图书的迅猛发展,使新华书店的竞争力受到前所未有的冲击。A 县新华书店作为一个县级新华书店,在发展中也遇到了同样的瓶颈。如何提升新华书店的核心竞争力,成为 A 县新华书店关注和亟待解决的首要问题。

一、核心竞争力的相关概述

所谓核心竞争力,是一个企业能够长期获得竞争优势的能力,是企业所特有的、能经得起时间考验的、具有延展性,并且是竞争对手难以模仿的技术或能力的集合,是能够使企业在一定时期保持现实或潜在竞争优势的动态平衡系统。核心竞争力不仅是企业在本行业、本领域获得明显竞争优势的保障,而且是企业扩大经营范围的广度与深度,建立新的利润增长点的重要手段。作为世界上最大的连锁零售商沃尔玛,它在 40 多年的经营中,形成了自己独到的核心竞争力,它把天天平价低成本和顾客至上优质服务作为了自身的核心价值力培育。正因为它对核心竞争力的重视和构建,才使其在 2008～2012 年这五年中有三年位居《财富》全球 500 强榜首,两年位居第三。

新华书店作为一个企业,也面临着市场的检验和众多竞争对手的挑战。能否有效构建和培育其核心竞争力,决定着新华书店可否在激烈的竞争对手中立于不败之林。新华书店的核心竞争力,是相对于民营书店、电子图书市场等而言,其在品牌效应、企业文化、物流配送、优质服务、图书质量、购书环境以及人才队伍等方面所特有的优势,是使新华书店在激烈竞争中永葆战斗力的能力的集合。在长期的发展中,很多新华书店形成了具有特色的经营之道,核心竞争力得到了有效培育,核心竞争力构建的作用不断显现。新华书店核心竞争力缺失,竞争手段单一,品牌文化价值含金量低,物流等经营成本高,专业人才缺乏等等,这些都导致新华书店核心竞争力减弱,影响了企业的生命力。A 县新华书店正是其中的一个例子。

二、A 县新华书店的现状分析

A 县新华书店现有员工 18 人,2010 年,A 县新华书店搬到宽敞明亮的新的营业场所,面积有 900 平方米。新招美术专业的工作人员 1 人,计算机专业网络管理人员 1 人,还加盟了博酷文具、步步高等数码产品。以下是 A 县新华书店 2009 年至 2012 年卖场销售情况统计:

年　份	销售量(册)	销售额(万元)	年利润
2009	147812	201.73	47.09
2010	162629	231.97	37.67
2011	210256	287.02	25.10
2012	249467	375.40	11.18

从上表可见,2009 年至 2012 年,A 县新华书店销售额虽然稳中有升,但是年利润却在逐年下降,究其原因,主要是该书店核心竞争力的减弱,具体表现在:

(一)品牌化意识不强,经营力度不够

品牌化作为一种无形资产,对提高企业的核心竞争力发挥着不言而喻的作

用。一个企业要提高核心竞争力,不仅要有创品牌的意识,更要有品牌营销策略。作为基层县店的 A 县新华书店,因为在长期的计划市场的束缚下,管理理念落后,品牌化意识缺乏。再加品牌经营力度不够,只是把品牌经营当作简单的销售行为,没有认真领会品牌建设的实质内涵,以为只要拉个横幅、门前摆个告示栏就是品牌建设,极大地削弱了书店的竞争力。

(二)物流成本较高,发展滞后

当前,随着劳动成本、运输成本和仓储成本等的增加,物流成本上升较快,物流总成本已占我国 GDP 的 18%,平均物流成本比世界平均物流成本高出一两倍。新华书店是全国性的图书零售实体店,图书物流成本占书店成本的比例也相当之高,部分书店的销售增长速度跟不上成本上升速度,盈利能力不断下降,书店经营面临的压力越来越大。地处浙西南的小县城——A 县,相对其他大城市而言,物流成本更是偏高。在一定程度上制约了核心竞争力的提高。

(三)专业人才缺乏,员工素质不高

长久以来,新华书店因为拥有课本和政治读物的专卖权,书店员工待遇丰厚,众多非专业人员托亲戚走关系进入新华书店系统,使得新华书店的人员素质参差不齐,此问题在 A 县这个小县城尤为突出。A 县人口少,专业的图书人才更是少之又少,引进的人才由于县域环境较一二线城市差,往往来了不久又走了,难以留住。由于新华书店对现有的员工培训力度不够,缺少职业成绩提升机制,使得员工整体素质不高,服务水平落后。如:因人员调动频繁部分营业员服务态度欠佳,顾客有购书需求时找不到营业员咨询或得不到满意的答复;员工普遍缺乏积极性与责任心,缺乏正确的营销观念,难以刺激读者的购买欲;售后服务普遍偏低。这些都导致书店核心竞争力不强。

(四)外部竞争愈演愈烈

近年来,随着互联网技术的急速发展、数字阅读的兴起,使得图书市场的竞争更加激烈。新兴的网络电子出版物,如"起点小说网"等,以其快捷方便低廉的优势,有力地冲击了传统书业。A 县新华书店,由于场地、资金等条件的限制,书籍种类难以全面满足消费者的需要,众多读者选择通过淘宝网、当当网等网络媒介购买书籍。此外,随着国家图书市场垄断格局的打破,民营书店和网络书店如雨后春笋般涌现,使新华书店原有的市场份额不断减少,而民营书店因为环节少成本低,使新华书店在价格上失去了原有的订单优势,竞争能力明显减弱。

三、提升 A 县新华书店核心竞争力的策略

(一)注重企业文化,加强品牌化经营

1.树立品牌意识,打响企业文化

新华书店数码学习产品、博酷文具产品的热销正是因为新华书店品牌的效应:消费者无论购买的是不是新华书店自营商品,其潜意识认同的是新华的品牌。因此,在今后的发展中,A 县新华书店应更加牢固地树立品牌意识,在品牌定位上要着力提升文化品位,塑造一种文化气息浓郁、品牌高端的形象,并确定合适的品牌推广方案。同时,新华书店应注重企业文化价值的增长,突显其特有的文化底蕴,弘扬新华精神。可以将企业文化的打造与地方文化特色相结合,发挥其本土优势,延长企业生命周期。地处人文气氛浓厚、本土文化丰富的 A 县新华书店,更应唱好文化这台戏,把本土文化打造融入企业文化发展中去。

2.明确发展理念,确定发展目标

新华书店应该把全心全意为读者服务作为发展理念,把服务政治经济、文化教育和社会科技作为发展目标,不断提高社会效益。A 县新华书店也应该立足 A 县实际,把"服务 A 县、服务老百姓"作为自身的发展目标,只有这样,新华书店的发展才能持续健康,才能真正实现社会效益和经济效益最大化。

3.树立品牌形象,提高服务水平

新华书店要内强素质外树形象,努力强化书店内部管理,提高管理人员和工作人员素质和服务水平,提升读者满意度,树立良好的服务形象。针对 A 县的特点,可以利用手机移动平台,以短信的形式及时发布新书上市、畅销书排行等信息,方便读者知晓书业信息,激发读者的欲望,发掘消费的潜力。

(二)加强物流基础建设,发展现代物流

要提高新华书店核心竞争能力,必须发展现代物流业。位居全国新华书店前列的浙江省新华集团,它的成功很大程度上得益于其有先进的物流管理和现代化的物流模式:它有自动高速托盘式立体仓库,能容纳 100 万包书籍,在 14 万平方米的面积,创造了 60 亿元的年流转规模。此外,它还承担着教材教辅发行、连锁中盘图书物流及出版社代储代运第三方物流这三个功能。A 县新华书店应依托和借鉴其先进经验,积极发展现代物流:

1.加强基础管理工作,提高物流从业人员素质

要完善物流制度,明确分工,确保发货迅速,运转高效。要加强资金和技术

投入,完善基础设施建设,并运用科技手段改善原有落后储运设施设备,实现科技化、自动化。要提高物流从业人员安全意识、责任意识,加强从业人员培训,提升物流工作质量。

2.积极发展第三方物流,拓宽经营领域

在做好本行业物流的基础上,新华书店应该积极开发第三方物流,充分利用现有物流仓储和设备,最大限度地发挥物流中心效能,实现规模化效应,创造新的利润增长点。

3.建立 ERP 系统

结合电脑数据的分析和工作人员对市场需求的分析预测,做出合理的判断,从而在保证图书供应情况下减少库存积压量,减少退货量,从源头上降低图书的物流成本、工作人员的工作量以及图书破损造成的成本损失。

(三)完善用人机制,提高员工素质

针对专业人才匮乏、员工整体素质不高的现状,A县新华书店应从以下两方面努力:

1.改革和完善用人机制,留住人才

留才,首先要从招聘入手,把住源头关。因为只有坚持人职匹配,人事相宜,做好应聘者的测评工作,保证所招募的人员是合乎企业需要的合适人才,企业后续的留才策略才能对其行之有效。其次,要为人才的成长提供良好的发展平台,满足员工个体的自我发展的需求。最后,要为人才提供具有竞争力的薪酬。这既满足人才基本物质需求的需要,同时也是对人才价值在物质层面的认可。

2.通过培训和后续教育,提升员工素质和服务意识

在工作过程中,以竞争来促动人员的自我学习与提高。同时,建立健全对书店员工的任用、培训、升迁等激励考核长效机制,将员工工作纳入绩效管理范畴,通过监督和考核,充分发挥人员的工作积极性和主动性,提高书店经营工作效率和质量。

(四)创新经营方式,积极应对挑战

面对网络图书、电子阅读等市场竞争,A县新华书店要积极应对,通过创新经营方式来应对挑战。

1.优化店内读书环境

A县新华书店2010年刚搬迁到了新址,店内整洁明亮、设施齐全,硬环境相对比较好。因此,更要从创新服务软环境着手。每位员工应以微笑、热情、主动的姿态来迎接每一位读书者,切实改变以往顾客上门的营销模式,完成从顾客要

找到向顾客推荐的转变。

2.准确定位读者需求

应结合 A 县的人文环境、居民的喜好及购买力的不同,通过街头调查、上门拜访形式等对本县的读者需求、意愿和习惯进行调研,准确定位市场需求,为今后的进货提供依据,最大限度满足 A 县读者对书籍的需求。

3.拓宽经营领域,发展多元化经营

浙江新华书店凭着"走出去,走上去,走下去"这三步走,实现了多元化经营,成为书业领头羊。A 县新华书店也不能仅仅局限于当前领域和模式,要积极开拓市场,向省新华书店看齐,寻求多元化发展。可以试着与周边县市业务合作,实现连锁经营,也可以通过博库网和新华书店网,搭建出版物网络销售平台上互联网,或者积极推广颇具特色的农村图书市场"小连锁"经营模式,抢占农村图书市场空白。

总之,面对当前市场的各种竞争和挑战,A 县新华书店必须解放思想,拓宽思路,创新经营方式,牢固树立品牌意识,坚定不移地走品牌化发展道路,打造新华书店特有的企业文化和文化产品。同时,要大力发展现代物流,通过第三方物流等拓宽经营领域,提高模块效应,降低书业物流成本。此外,还需不断完善企业用人机制,吸引人才,留住人才,大力做好员工的教育和培训工作,提高队伍综合素质和服务水平,提升新华书店主渠道地位和核心竞争力,确保企业持续健康快速发展。

参考文献

[1] 李东华.谈新华书店核心竞争力的构建思路.出版发行研究,2011(5).

[2] 赵卫斌.新华书店多元之路经营可行吗.中国出版,2006(3).

[3] 陈友学.企业核心竞争力培育.全球科技经济瞭望,2004(4).

[4] 戚波.试论企业核心竞争力的培养.中国新技术新产品,2009(6).

[5] 孙玉梅.论企业品牌经营.经济研究导刊,2012(12).

互联网背景下传统书店的网络营销

浙江舟山市新华书店有限公司　潘建军

【摘　要】互联网彻底改变了现代人的信息获取、社交、阅读、消费等生活习惯,由于读者消费习惯、阅读习惯的改变,传统书店图书销售的份额在逐年下降,传统书店虽不至于苟延残喘,但已经困境重重。为了吸引读者传统书店几乎每天都会推出优惠促销、限时抢购、买书赠礼、专题展示、读书讲座等多种促销活动,但由于宣传推广手段的局限,传播范围小,效果不明显,严重影响了多种促销活动的效果。本文就传统书店如何利用网络、借鉴网络营销的模式把传统书店的多种促销活动通过网络进行广而告之,从而吸引读者扩大销售。文章首先分析了互联网对传统书店的影响,再比较了网络营销与传统营销的优劣,最后分析了传统书店进行网络营销的策略及方法以及注意的事宜,最终达到传统书店借鉴网络营销扩大影响,吸引人气扩大销售的目的。

【关键词】互联网;传统书店;网络营销

前　言

说到网络营销首先就会想到网上书店,网上书店到目前为止还没有成功的赢利模式,基本上都是赔钱赚吆喝。浙江新华书店建立了一站多门户式的网上书店浙江新华书店网,舟山市新华书店也参与其中,由于受区域、财力、人力、赢利等因素限制,舟山市新华书店网络销售一直徘徊在近百万元的水平,没有想象中的快速增长,所占销售比重也比较小,在网络高速发展的今天,要进一步提高新华书店在当地区域内的影响,新华书店也要适应网络的发展,除网上书店外,更要充分利用网络传播快、传播广、低廉快捷等特点做好网络营销,把新华书店在卖什么、做什么、能做什么等信息通过网络营销工具传播出去,加强书店与读者间的信息交流,使读者更全面、更及时地了解书店,提高书店在当地的认知度、美誉度,吸引更多的读者关注书店、来书店逛逛,这个更现实更值得探究。

一、互联网对传统书店的影响

从起床打开智能手机,看新闻,到了公司挂 QQ,中午休息逛淘宝,晚上睡觉前刷微博、发微信,陪伴我们最多的不是家人,不是同事,而是互联网。当下,互联网彻底改变了现代人的信息获取、社交、阅读、消费等生活习惯。作为传统书店更受网络影响,由于互联网改变了读者的消费、阅读习惯,使更多的人转向网络阅读、电子阅读,更多的人转向网上购书,互联网也使人们渐渐远离了书报摊,淡忘了图书馆,淡忘了传统书店。

(一)互联网改变了人们阅读习惯

互联网正在悄悄改变着人们的阅读习惯,特别是近几年智能手机的普及,使网络阅读、电子阅读更是随心所欲,这种自由、方便、个性化的阅读深受人们的喜爱。在互联网我们可以轻松找到当下流行的网络小说,也可以阅读历史、军事或者专业知识较强的书籍。网络阅读虽然与纸质阅读有所差别,但已经成为一种很重要的阅读形式,对人们传统的阅读模式产生了巨大影响。网络阅读、电子阅读的日益受欢迎,首先受到冲击的就是传统的阅读方式,纸质图书受到很大影响,纸质图书的市场份额在逐步下降。根据 2013 年发布的第十次全国国民阅读调查报告,数字化阅读方式的接触率为 40.3%,比上年的 38.6% 上升了 1.7 个百分点。从国民阅读量看,2012 年我国 18 至 70 周岁国民人均纸质图书阅读量为 4.39 本,2011 年则为 4.35 本,只增加了 0.04 本,增幅只有 0.92%。2012 年我国电子书人均阅读量为 2.35 本,比 2011 年增加了 0.93 本,增幅达 65.5%,这个数字在未来仍有很大的增长空间。可见随着科学技术的快速发展,电子化阅读将以全新的阅读方式走进千家万户,对传统的阅读方式产生巨大的冲击。

(二)互联网改变了人们购买习惯

根据最新《中国互联网络发展状况统计报告》,截至 2013 年 6 月底,我国网民规模达到 5.91 亿,互联网普及率为 44.1%。互联网普及使电子商务、网络交易迅猛发展,图书作为一种商品,因为售后服务简单,成为一种最适合在网上销售的商品。人们足不出户就能在网上自由寻找到自己想看的书,还能以比传统书店更低廉的价格,享受送货上门的便捷服务,网络书店渐渐成为很多读者的首选。有关资料显示,2012 年国内网络市场销售交易额超过了 1.3 万亿元,网络购物用户规模达 2.42 亿,在网购群体中购买图书排行第三,有 33.1% 网购用户有过网购图书。根据最新网易财经消息 2013 年国内网上交易额预计可达 1.8

万亿,同比增加在 40％左右,2013 年双"十一"活动,天猫的一天销售额是全国日零售总额的一半,由此可见网络购物正在成为一种无法逆转的趋势。由开卷公司制作的《2013 年度中国图书零售市场报告》也显示,2013 年全国图书零售市场同比下降 1.39％。网络书店、电商等新形式售书渠道的快速发展对传统书店的造成巨大冲击,传统书店的销售份额在逐步下降。

二、网络营销与传统营销的比较

(一)网络营销的含义及特点

网络营销就是以国际互联网为基础,利用数字化的信息和网络媒体的交互性来辅助营销目标实现的一种新型的市场营销方式。简单地说,网络营销就是在互联网上卖产品,这里说的产品,不仅单纯指普通产品,还包括诸如品牌、服务等与企业经营有关的东西。网络营销具有成本低、传播形式多样化、传播范围广,信息量大,互动性强等特点。

(二)网络营销与传统营销的比较

网络营销就是以国际互联网为基础,利用数字化的信息和网络媒体的交互性来辅助营销目标实现的一种新型的市场营销方式。传统营销是一种交易营销,强调将尽可能多的产品和服务提供给尽可能多的顾客,顾客在消费过程中可以看到现实的产品并体验购物的休闲乐趣。

网络营销与传统营销比较,主要优势在:(1)传播范围广、影响面大。网络营销打破了空间地域,只要具备上网条件,任何人,在任何地点都可以阅读,这是传统营销所无法达到的。传统营销方式传播范围小、影响面小,很多活动只有进入卖场才知晓。(2)节约费用。网络营销是利用互联网平台,可以说基本不需要什么费用,同时网络营销无时间、无区域的限制,增加了销售的机会。传统营销方式以产品展示为主,配以主题展示、卖场海报、横幅、电子屏、DM 等,受到时间、区域的制约,成本相对较高。(3)方便与顾客互动沟通。网络具有主动性与被动性的特点,在网络环境下可通过 Email、公告、论坛等方便与顾客间的交流沟通,提前知道顾客的需要,满足顾客需求。传统营销只有顾客在消费过程中才有交流。

网络营销与传统营销相比,主要劣势体现在:(1)网络营销缺乏信任感,人们仍然信奉眼见为实的观念,买东西还是要亲眼瞧瞧,亲手摸摸才放心,传统营销是以实际产品展示为主,可亲眼瞧、亲手摸,更具信任感。(2)网络营销缺乏生趣,面对的是冷冰冰、没有感情的机器,没有卖场里优雅舒适的环境氛围,缺乏购物的乐趣,有时候逛街的目的不一定非得是购物,可以是一种休闲和娱乐,传统营销可享受购物过程,体验购物乐趣。(3)网络的技术与安全性问题尚待改进。(4)网络营销的被动性,网络营销实现的只是点对点的传播。传统营销以大众消费者为对象,是点对面的传播,但受地域的局限性,一般只能在当地购买和消费。

网络营销的劣势归纳起来有网上支付、物流配送、信息安全性、媒体信息传递的局限性等,随着网络营销劣势的逐一解决,网络营销的优势就更加明显,网络营销将会显得越来越重要。

三、传统书店的网络营销策略分析

传统书店面临最大的问题是与读者间的信息流通的问题,书店与读者之间存在着严重的信息不对称,读者不知道书店里有什么书,书店不知道读者需要什么书,传统书店的网络营销就是要通过网络建立图书和读者之间、书店与读者之间信息的有效沟通。网络营销的模式有很多,如网络广告、媒体营销、事件营销、Email营销、短信营销、电子杂志营销、问答营销、QQ营销、博客营销、微博营销、论坛营销、微信营销等,对传统书店来说做网络营销要适合实体书店的特点,既要成本低、速度快,更要灵活、与读者互动相结合,传统书店使用的主要网络营销方式有Email营销、短信营销、QQ营销、论坛营销、微博营销、微信营销等。

(一)Email营销

Email营销是在用户事先许可的前提下,通过电子邮件的方式向目标用户传递有价值信息的一种网络营销手段。Email营销有三个基本因素:用户许可、电子邮件传递信息、信息对用户有价值。Email营销具有快速、低廉、准确等特点。书店可充分利用读者会员资料,细分用户确定目标客户,向目标客户传递有价值的信息。舟山市新华书店从2003年开始在申领读者会员卡时要求读者必须填写会员登记表,在会员登记表背面有份读者阅读调查表,阅读调查表细列了许多图书阅读类别供读者选择,要求注明是否接受图书信息介绍的电子邮件并填写电子邮件地址等内容,收到阅读调查表后书店对读者会员资料进行分类管理,定期通过电子邮箱对不同类型的读者传递图书、卖场活动等信息,效果明显。

(二)短信营销

短信营销是通过短信平台把相关信息发送到普通手机短信的方式来达到营销目的的营销手段,手机短信平台具有速度快、效率高、成本低、高精确等优点。

浙江新华下属各新华书店在网上办公平台都拥有短信平台发送号码,各新华书店完全可以利用短信平台通过短信群发功能把图书、卖场活动信息发送到目标客户。舟山市新华书店就利用了读者申领读者会员卡时所填写的资料,在得到会员许可的前提下,对会员进行分类分组,通过短信平台把"打折信息"、"促销活动"、"新书信息"等相关信息发布到目标客户的手机上。短信发送时要特别注意发送时间,尽量避免晚上休息时段发送。

(三)QQ营销

QQ对于中国的网民来说是无人不知,无人不晓,是中国最主要的网上实时通信工具。QQ营销就是运用现有的QQ网络通信工具实现及时的实时的信息交流从而实现营销目标的一种营销手段。QQ营销对象主要是固定读者、团购客户。舟山市新华书店一直在利用QQ工具进行对固定客户、团购客户进行维护,目前对已拥有的QQ客户进行分类,建立三大客户群体:学校客户群体、大客户群体、固定读者群体,并分别进行信息交流。学校客户群体主要进行阅读推荐、作家进校园等对象是学生的一些促销活动进行即时交流,其中作家进校园活动效果最明显;大客户群体主要针对重点图书、高定价有价值等图书的信息沟通,对馆藏的大客户还定时发送书目;固定读者群体是书店最忠实的客户,主要是相互交流,了解读者需求,及时满足读者需求并及时指导书店的业务采购。在QQ营销的过程中要注意客户间的交流技巧以及运用合适的语言。

(四)论坛营销

论坛营销就是利用论坛这种网络交流的平台,发布产品和服务的信息,最终达到企业宣传目的、加深市场认知度的网络营销活动。传统书店在论坛营销时可以根据图书的特性,对目标客户群的不同特质,如行业、爱好、性别、年龄、学历等,对目标客户进行细分,从而大大地提高了营销推广的精准性。通过论坛会员与书店的良性互动,也大大增加了会员对书店的好感,良好的印象自然有助于会员的购买行为。舟山市新华书店曾经与舟山网舟山论坛合作,进行论坛营销推广,通过图书介绍、通告各种活动信息、回帖会员以及在论坛进行舟山网上书店链接等,取得一定成效,后来由于人员、合作费用等原因没能坚持。论坛营销最核心内容是与会员进行互动,对会员及时回帖。论坛营销最好能有自己的网站,这样维护方便、成本低。论坛营销是一种见效快、传播广,可信度高、互动、交流信息精准度高、针对性强的营销方式,特别对在一定区域内扩大影响,提高区域认知度很有效,值得传统书店去尝试。

（五）微博营销

微博营销是指通过微博平台执行的一种营销方式。中国互联网已经全面进入微博时代,截至 2013 年 6 月微博注册用户总数已经突破 5 亿,日登陆数超过了 5000 万。微博营销是投资少见效快的一种新型的网络营销模式,其营销方式和模式可以在短期内获得最大的收益。微博营销最大的特点:(1)发布门槛低,成本远小于广告,效果却不差,140 个字发布信息,对于同样效果的广告则更加经济。(2)微博传播效果好,速度快,覆盖广。微博信息支持各种平台,包括手机、电脑与其他传统媒体,同时转发非常方便。(3)微博针对性强、多样化、人性化,微博可以利用文字,图片,视频等多种展现形式,微博只需要编写好 140 字以内的文案,经过微博小秘书审查,即可发布,从而节约了大量的时间和成本。然而微博营销最大的缺点是,有效粉丝数不足、微博内容更新过快等。因此微博营销最关键的就是扩大有效粉丝数,舟山市新华书店自开通微博账户后一直在为增加粉丝数而努力,目前主要通过以下方式增加粉丝数:(1)在舟山论坛上进行推广,置论坛首页。(2)多次参与浙江海洋学院学生会、团委举办活动进行微博推广。(3)在门市各种海报、展台牌上印制微博地址。(4)购书卡背面、会员卡背面印制微博地址。(5)电子屏上不停轮播微博地址等多种方式进行推广。在不断增加粉丝的同时,还不定时推出对转发微博的粉丝进行奖励活动,如赠送读者会员卡、赠送小礼品、超低折扣购买指定图书等。目前已有粉丝 500 多人,对热点图书、畅销书、各类活动促销信息进行的广播效果很好。如 4 月 23 日世界读书日限时打折活动有部分读者就是通过微博知道有这个活动才来书店,又比如最近《舟山行政区词典》到货后第一时间发布信息,当日就销售 18 本,效果都十分明显。

（六）微信营销

根据相关报道,截至 2013 年 6 月微信用户将突破 4 亿,微信营销就是伴随着微信的火热而产生的一种点对点的网络营销方式。微信公众平台是腾讯公司在微信的基础上新增的功能模块,通过这一平台实现与特定群体的文字、图片、语音的全方位沟通、互动。微信的最大特点:(1)高曝光率,在微博营销过程中,微博很快就淹没在了微博滚动的动态中,而微信随时提醒用户收到未阅读的信息,曝光率高达 100%。(2)高便利性,智能手机携带方便,用户可以随时随地获取信息,给商家的营销带来极大的方便。(3)形式灵活多样,可采用漂流瓶、签名、二维码、公众平台等手段全方位与粉丝进行沟通和互动。现在有许多传统书店都建立了微信账号,在微信中搜索一下书店就会出现好多传统书店,舟山市新华书店也不例外建立了自己的微信账号,利用微信做营销推广,坚持发有价值的内容,在第一时间把最新书讯、好书推荐以及优惠活动信息发布出去,吸引粉丝长期关注。微信营销的关键是粉丝量和互动,微信营销要着重做好微信的推广,扩大粉丝量,可通过微博、QQ、论坛等进行推广,同时在名片、宣传资料、海报上印上二维码及微信号,并写上订阅方法。建微信账号容易,维护账号难,与粉丝的互动十分重要,在进行互动时要注意切忌从自己的角度出发,发一些自己要给用户知道的东西,而是从用户角度出发,发他们想要知道的东西,还要把握好时间节奏。微信作为纯粹的沟通工具,书店与用户之间的对话是私密性的,不需要公之于众的,所以亲密度更高,完全可以做一些真正满足需求和个性化的内容推送。书店更应将微信作为品牌的根据地,吸引更多人成为关注你的粉丝,再通过内容和沟通转化为忠实粉丝,当粉丝认可品牌,建立信任,他自然会成为你的顾客。

结束语

当今互联网技术快速发展,互联网的竞争越来越激烈、越来越多样化,网络营销从最初的短信营销、Email营销、QQ营销、论坛营销发展到现在的微博营销、微信营销,传统书店要紧跟时代步伐,要充分利用好网络的新技术、新工具,只有这样加强了与读者间的信息沟通、互动、交流,才能吸引更多的读者回归传统书店,提升书店卖场人气,最终促进书店销售。

参考文献

[1]新奇e族.网络营销技巧策略案例.北京:化学工业出版社.2013.

[2]陈墨.网络营销应该这样做.北京:机械工业出版社.2011.

[3]贾森.米列茨基.网络营销实务工具与方法.北京:中国人民大学出版社.2012.

[4]所志国.网络营销一本通.北京:电子工业出版社.2013.

[5]王金泽.微信营销完全攻略.北京:人民邮电出版社.2013.

[6]石建鹏.网络营销实战全书.北京:京华出版社.2013.

出版物流通业务电子信息交换的
实践与思考

浙江教育出版社　　陈颖男

【摘　要】2006 年,国家新闻出版总署为解决行业上、下游业务管理信息系统的业务信息互联互通问题,颁布了《图书流通信息交换规则》行业标准,为我国出版发行供应链提供了上、下游信息有效对称流动的解决方案。本文回顾了浙江教育出版社与浙江省新华书店发行集团有限公司依据《规则》实现异构系统间信息交换的应用实践,总结了打通社店业务信息链的实施过程和操作方法,提出了在标准应用中的思考和建议,以期供同行参考。

【关键词】出版;供应链;流通;信息交换;工作研究

一、《图书流通信息交换规则》标准发布背景

自 20 世纪末,中国出版业进入买方市场以后,产业链上下游信息不通形成的行业四大顽疾一直阻碍着行业的发展,一是产品"势差",即生产的品种和市场陈列的品种之间的"势差"未能消灭,造成产品和读者之间无法有效"碰撞"而过剩;二是信息"势差"。即下游交易瞬间产生的信息,上游出版社无法及时准确地获取,也就无法科学合理地对市场做出判断,从而造成了生产的盲目性;三是在无法有效获取市场信息的前提下,出版社生产盲动、发货盲目,由此造成退货剧增,库存暴涨,库存积压严重;四是资金回笼困难,出版社有资金链断裂的危险。这四大顽疾磨损和消耗了大量的行业资源,使本来有限的行业利润急剧下降,捉襟见肘。因此,利用信息技术打通产业链,使上下游信息有效流动,是行业亟待解决的一个问题。在这个背景下,2006 年 4 月 1 日国家新闻出版总署颁布了行业标准《图书流通信息交换规则》(以下简称《规则》),这是中国书业第一个供应链异构信息系统的信息交换的标准,它约定了供应链上、下游业务信息的互通规

则,为解决行业供应链上下游企业间业务信息不畅的问题提供了解决方案和模式。

《规则》不是信息系统软件,也不是数据库,而是对异构信息系统数据交换模式的标准化约定。它可以帮助出版供应链上的企业实现"进、销、调、存、退、结"交易信息的电子数据交换,采用这个标准,交易信息就能在供应链上自动、有序、准确、有效地交换和流动。应用《规则》实施流通业务的信息交换,可以达到产业链上、下游的信息对称,对促进行业发展有着深刻的意义。

二、浙江教育出版社信息交换的行动路线

(一)明确《规则》实施的工作目标

与行业中其他出版社相比,浙江省的出版社实施信息交换有着得天独厚的优势,从 20 世纪末,全省出版社自办发行产品的物流配送就已全部委托浙江省新华书店集团有限公司(以下简称"浙江新华")代储代运,即:从印刷厂送书开始,到入库存储、按单捡货分发、出库发运、接受零售店退货等图书流通环节的实物操作,全部由浙江新华物流部承担。在手工时代,社店之间的采、供业务信息和委托代储代运的业务往来信息,全部通过纸质单据传递,效率较低,在实时性和准确性方面都不尽如人意,不能适应瞬息万变的市场变化需要。《规则》颁布后,浙江教育出版社(以下简称"浙江教育")决定应用《规则》解决长期困扰与下游业务信息沟通不畅的问题。

首先,明确了《规则》实施的总体目标是:打通流通信息链,实现出版社与下游书店之间的业务信息即时、准确地传递。

其次,将《规则》实施的对象定位为"浙江新华",其理由有三:其一,"浙江教育"与"浙江新华"的业务合作范围最广,实施信息交换的收效也会更大;其二,"浙江新华"在发行领域率先应用《规则》,已有成功经验,实施过程会较为顺畅;其三,"浙江教育"和"浙江新华"同属浙江出版集团,具备沟通协作的有利条件。

第三,明确了《规则》实施的业务范围:在业务上确定了"代储代运、商品交易、教材征订"三部分合作业务;在《规则》应用上,决定进行"发布、采购、发货、退货、对账、结算、统计"七方面业务数据的交换。

(二)理解信息交换的业务内涵

通过全面解读《规则》的标准化约定,我们理解了《规则》是通过 7 个业务环节、15 个业务单据、17 种数据文件(详见表1),来实现供应链全流程交易业务信

息传递的,使供应链上的企业原采用传统的手工方式进行的交易业务,可以全部改变为 EDI(电子数据交换)方式。

表1　流通信息交换数据归类

业务环节	业务单据	数据内容	数据含义
1. 发布	1. 商品目录	(1)商品目录 (2)图片文件	上游新品目录及图片
2. 采购	2. 征订目录	(3)供货目录 图片文件	上游供货商品目录及图片
	3. 采购单据	(4)采购单据总目 (5)采购单据细目	下游向上游采购的品种和数量
	4. 采购确认	采购单据总目 采购单据细目	上游回告下游可供的品种和数量
	5. 库存清单	(6)库存清单	上(下)游存货品种和数量
3. 发货	6. 发货单据	(7)发货单据总目 (8)发货单据细目	上游向下游发货的品种和数量
	7. 收货确认	发货单据总目 发货单据细目	下游回告上游收货的品种和数量
4. 退货	8. 退货单据	(9)退货单据总目 (10)退货单据细目	下游向上游退货的品种和数量
	9. 退货确认	退货单据总目 退货单据细目	上游回告下游收退的品种和数量
	10. 通知退货	(11)通知退货	上游通知下游退货的品种和数量
5. 对账	11. 对账单据	(12)对账单据总目 (13)对账单据细目	上游向下游核对发、退货账
	12. 对账确认	对账单据总目 对账单据细目	下游回告上游对账结果
6. 结算	13. 结算单据	(14)结算单据总目 (15)结算单据细目	上游向下游发送结算数据
7. 统计	14. 分销统计	(16)统计单据总目 (17)统计单据细目	下游向上游发送批量发货统计数据
	15. 零售统计	统计单据总目 统计单据细目	下游向上游发送零售统计数据

《规则》的应用对联通上、下游流通业务信息可以起到以下作用:

第一，产品发布。出版者在第一时间向下游传递新出版品种的电子商品目录和图片，便于下游即时掌握出版动态，及时采购，使新书尽早面向市场。

第二，采购商品。下游按电子供货目录向上游发出电子采购单；上游确认能否满足所采购的品种和数量后，向下游反馈电子回告单。电子化采购既缩短了采购周期，又便于下游及时向客户反馈所需商品的可供情况。此类业务中，上、下游的电子库存清单可以双向传递，一方面，下游在采购时对上游的可供程度可以做到心中有数，增加采购满足率；另一方面，上游可以了解下游的库存分布情况，决定商品是否加印或通知退货。

第三，商品发货。上游依据下游的电子采购单进行实物发货，并向下游传递与实物一致的电子发货单；下游将电子发货单转入系统，等待收货；下游在实物收货的同时，确认上游的电子发货单，并向上游反馈电子回告单。上游的电子发货单先于实物到达下游，可以加快收货速度，缩短商品上架周期；收货时的电子回告单据解决了长期以来因信息与实物脱离管理的账实不符现象，作为后期对账的基础，降低了结算的复杂度。

第四，商品退货。退货业务分下游主动退货和上游通知退货两种情况，主动退货是下游将无法销售的商品退回上游，通知退货是因产品问题而由上游通知下游停止销售并退回商品，通知退货是在下游接到上游电子退货通知单时开始执行退货。作为发货的逆向业务，信息与实物的操作过程相同，同理，电子退货单先于实物到达，方便了上游退货收进时的入库处理，提升了作业效率；上游向下游反馈确认的退货信息同样为后期对账打下了账实一致的基础。

第五，对账结算。结算前，由上游发起与下游的货账核对，上、下游在发货和退货电子确认信息的基础上核对货账，下游确认上游的电子对账数据后，上游即可按合同约定的账期发送电子结算数据，结回货款。电子数据交换在收货环节无形中增加了货账与实物的核对，避免了因信息与实物不符造成的账实差异，严谨了结算过程，规避了企业风险。

第六，市场分析。下游定期提供分销和零售的电子统计数据，节约了上游收集和调研市场情况的成本，为出版企业控制库存按照市场需求生产提供了有效的信息支持。

（三）选择信息交换的技术路径

考虑到行业信息化程度的不均衡性，《规则》约定了文本和 XML 两种交换文件格式，针对企业的信息化状况，"浙江教育"以自动、即时为目标，选择 XML 文件格式，采用专用 FTP 文件服务器，设计了适应异构信息系统自动交换数据的平台结构，实现出版社与新华书店业务数据的自动交换。

虽然这种技术路径的开发具有一定复杂度,但起点高,只要社店双方各自开发好本企业管理信息系统与交换平台的接口程序,就能自动生成、识别、上传和下载数据文件;管理信息系统在15个业务处理环节中高度集成交换数据,使业务人员的处理操作更为便捷、透明,能够获取明显的工作效率。

出版社与新华书店信息交换原理如图1所示。

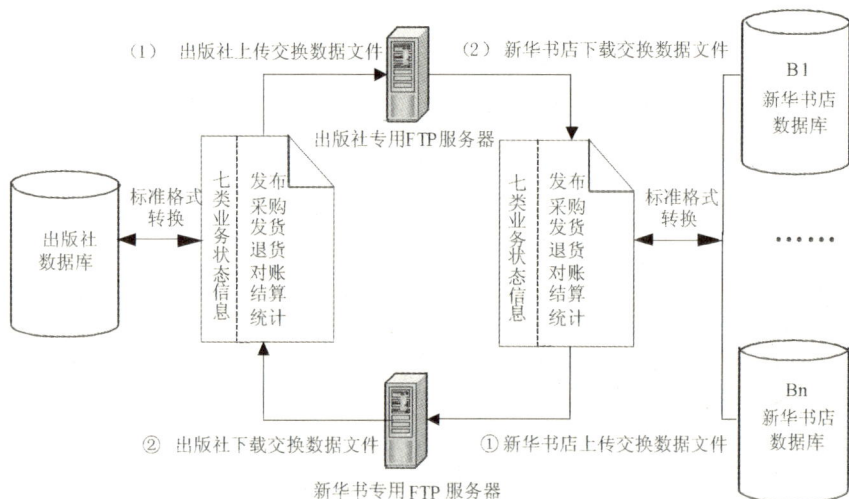

图1 出版社与新华书店信息交换原理示意图

出版社向新华书店交换数据的过程:

(1)出版社将业务管理系统中7类业务状态信息转换成标准格式数据文件,上传到出版社专用FTP服务器中不同新华书店(B1…Bn)的账号下。

(2)新华书店用相应的账号和密码自动获取出版社FTP服务器下载交换数据文件,数据文件进行解析处理后转入本企业的业务管理系统。

新华书店向出版社交换数据的过程:

①不同新华书店(B1…Bn)将业务管理系统中7类业务状态信息转换成标准格式数据文件,上传到新华书店专用FTP服务器中出版社的账号下。

②出版社用相应的账号和密码自动新华书店FTP服务器下载交换数据文件,数据文件进行解析处理后转入本企业的业务管理系统。

三、浙江教育出版社信息交换的实施过程

2007年初,"浙江教育"和"浙江新华"开始了信息交换工程的实施,"浙江教育"从四个方面开展了工作。

（一）明确业务需要的交换信息范围

按照《规则》的对接原理，根据业务需要，扩大对接的业务范围。

浙江教育和浙江新华的业务往来主要有三部分内容：一是浙江新华代发（即：代储代运）浙江教育的所有产品，浙江新华按照浙江教育的发货指令只做实物配送；二是浙江新华作为浙江教育的分销商，开展包括进货、退货、结算等所有环节的分销业务；三是教材目录征订发行，教材、教辅的发行具有计划性，浙江教育组织教材、教辅发行目录的品种，浙江新华根据目录进行征订，浙江教育和浙江新华依据征订结果出版发行。

《规则》中约定的数据内容不能完全满足浙江教育和浙江新华的业务需要，因此，我们从现实业务需求出发，梳理了三部分业务的流程和信息，参照《规则》的设计原理，按业务运行特征归纳整理出两部分交换数据，并扩展了《规则》中未涉及的数据内容。通过这些业务数据的交换，实现了浙江教育与浙江新华所有业务往来的电子数据交换，将社店企业间的供应链业务活动构成了一个完整的信息服务闭环（详见表2、表3）。

表2　代发和分销业务交换数据

序号	交换数据	传送方向	数据含义
1	商品目录	浙江教育→浙江新华	浙江教育发出的商品目录。
2	※代发客户	浙江教育→浙江新华	浙江教育发出委托代发的客户信息。
3	发货单据（代发进仓通知）	浙江教育→浙江新华	浙江教育通知收进印刷厂送货的委托代发商品。
4	收货确认	浙江新华→浙江教育	浙江新华回告收进印刷厂送货的结果。
5	※代发货通知	浙江教育→浙江新华	浙江教育发出委托代发货的指令。
6	※代发货回告	浙江新华→浙江教育	浙江新华反馈执行委托代发货指令的结果。
7	※取消代发货通知	浙江教育→浙江新华	浙江教育发出取消委托代发货的指令。
8	※取消代发货回告	浙江新华→浙江教育	浙江新华反馈执行取消代发货指令的结果。

续表

序号	交换数据	传送方向	数据含义
9	※代发退回	浙江新华→浙江教育	浙江新华发出浙江教育代发客户的退货信息。
10	※代发收退	浙江教育→浙江新华	浙江教育发出收进代发客户退货的指令。
11	※代发报残通知	浙江教育→浙江新华	浙江教育发出代发残损商品报残处理的指令。
12	※代发报废通知	浙江教育→浙江新华	浙江教育发出代发库存商品报废处理的指令。
13	通知退货	浙江教育→浙江新华	浙江教育发出停售退回、库存退货、降价销售、调货等指令。
14	采购单据	浙江新华→浙江教育	浙江新华发出的采购单据。
15	采购确认	浙江教育→浙江新华	浙江教育回告采购单据的可供信息。
16	零售统计	浙江新华→浙江教育	浙江新华发出浙江教育的产品在全省连锁卖场的销售数据。
17	库存清单	浙江新华→浙江教育	浙江新华发出浙江教育的产品在代发库房、浙江新华和全省连锁卖场的存货数据。
18	对账单据	浙江教育→浙江新华	浙江教育按账期发出的对账。
19	对账确认	浙江新华→浙江教育	浙江新华回告对账结果,作为双方实销实结的依据。

注:"交换数据"列中,标有※号的为扩展数据,其他交换数据遵照《规则》的约定。

表3 教材、教辅业务交换文件

序号	交换数据	传送方向	数据含义
1	征订品种(图书目录)	浙江教育→浙江新华	浙江教育组织的教材征订品种信息。
2	※征订目录	浙江新华→浙江教育	浙江新华编制征订目录,反馈包括征订期、序号的征订目录。
3	图书照用(图书目录)	浙江教育→浙江新华	浙江教育社重印的品种信息。

续表

序号	交换数据	传送方向	数据含义
4	目录采购 （采购单据）	浙江新华→浙江教育	浙江新华上报全省基层店的征订汇总单。
5	目录报订 （采购单据）	浙江新华→浙江教育	浙江新华上报全省基层店的添订汇总单。
6	图书入库 （库存清单）	浙江新华→浙江教育	浙江新华反馈征订目录品种的入库清单。
7	※代发通知	浙江新华→浙江教育	浙江新华反馈征订目录的发货单据。

注："交换数据"列中，标有※号的为扩展数据，用括号说明的交换数据遵照《规则》的约定。

（二）协商信息交换的实施操作方式

确定了信息交换的业务范围和数据内容后，社店双方就具体的实施操作进行了两方面的约定：一是交换平台，二是交换频率。

在建立交换平台方面，由于双方企业同属浙江出版集团，"浙江教育"借助"浙江新华"的资源，由"浙江新华"提供双方交换数据的专用 FTP 服务器。双方的系统接口程序自行开发。信息交换的数据运行维护由双方各自负责，在约定 FTP 专用服务器的指定目录下进行数据的上传、保存和删除。

在信息交换频率方面，为了提高传输效率，双方约定所有流通交易单据均在业务管理信息系统的操作处理中即时产生、自动上传，双方的交换接口每 5 分钟自动向专用 FTP 服务器搜索、下载，以便及时处理商品的交易业务。零售统计和库存清单每个月别在 3 日、13 日、23 日三天交换数据，对账单据和对账确认在每月中旬进行一次。

（三）约定采购满足程度的处理方法

在采购业务环节中，《规则》将下游的采购和上游的采购确认两个业务行为共用同一单据，并以采购单号作为信息关联的唯一标识，以便于上游在原采购单的基础上确认可供品种和数量反馈给下游。但是，出版社的满足率是不确定的，而出版社又不知下游能够接受何种程度的满足率，如此一来，下游获得明确的可供答复就是不可操作的，也就达不到信息的自动化处理效果。因此，我们采用定性的方法对满足、部分满足和不满足 3 种情况归纳出 5 种处理结果，在生成采购单据时就由"浙江新华"按满足程度给出采购品种的业务处理信息标识,"浙江教育"便可根据信息标识在采购确认单上的"数量"信息项中反馈明确的供货数量(详见表 4)。

表 4　采购确认信息处理规则

序号	满足程度	业务处理	信息标识	"数量"信息项的内容
1	满足	发货	4	申请采购的数量
2	部分满足	部分发货,其余取消	0	可以供货的数量
3	部分满足	部分发货,其余转预定	1	可以供货的数量
4	不满足	全部订数取消	2	0
5	不满足	全部订数转预订	3	0

注:信息标识"0、1、2、3、4"由"浙江新华"标识在电子采购单上,"数量"信息项由浙江教育社电子采购确认单上反馈。

(四)实施信息交换的基础建设工作

1.建立数据交换接口

建立数据交换接口即要开发新增的程序功能,又要改造自身的业务管理信息系统。其主要功能分为 4 个方面:

第一,导出数据。按照业务流程节点,在企业自身的业务管理系统中,采取在操作功能点上生成和按批次自动生成交换数据两种方式,导出需要交换的数据。

第二,导入数据。接收到的交换数据导入企业自身的业务管理系统的数据库中,即时呈现于业务操作处理中。

第三,存取数据。自动将导出的交换数据上传到专用 FTP 服务器的指定目录下;自动读取专用 FTP 服务器指定目录下的交换数据。

管理数据。对专用 FTP 服务器上指定目录下的文件进行合法性验证和日常管理。

2.关联商品唯一标识

信息交换双方商品信息的唯一性关联是实施信息交换的必要条件。由于行业书号管理和使用的不规范,各企业自行编制信息系统识别的商品唯一码,而出版社和书店对商品的管理方式不同,编码规则也就不同。"浙江教育"按书号、书名、定价、版次、印次五要素编制系统识别的唯一码,"浙江新华"以书号、书名、定价三要素编制系统识别的唯一码。因此,对应和勾连双方系统的商品唯一码就成为实施信息交换的前提,只有完成双方系统商品信息的唯一性关联,才能实现信息交换的自动识别和读取,才不会在交易业务过程中因品种信息对应错误而发生差错。

我们将商品唯一标识的关联分为两部分:对双方系统中的老品种,以"浙江新华"系统中的最新印次作为比对条件,完成了双方系统中历史品种的对应和关联;对于新品信息,在商品目录的数据换中,增加了系统自动勾连的功能,即:"浙江教育"发给"浙江新华"商品目录后,"浙江新华"在编目环节,自动将双方的商品唯一码相关联,并将关联结果信息返回"浙江教育",保障了信息交换的准确性。

3.系统上线测试和维护

信息交换实施的最后一步,就是进行数据交测试,通过测试调整和修改出现的问题。测试工作完成后,信息交换工程告一段落。需要说明的是,后续的维护管理也是必不可少的,建立信息交换系统的维护机制,及时处理和修正交换中出现的问题,以保障双方业务的顺利开展。几年来"浙江教育"和"浙江新华"信息交换工作的顺利运转,得益于"浙江新华"信息技术部门的及时维护,从而确保了"浙江教育"委托"浙江新华"每年代储代运3亿图书和一年两季近亿元的教材教辅的发行。

四、《图书流通信息交换规则》标准应用思考

(一)信息交换取得的收益

将近6年社店信息交换实践,提高了商品交易的频率,大大提升了劳动效率,社店双方的业务都得到了较大发展,信息交换实践的主要收益为:

1.减少重复劳动,提高劳动效率

对浙江教育来说,信息交换的最大的好处是降低了业务员的工作强度,使业务员从大量、繁杂的对账、催款事务中解放出来,把更多的时间投入到产品推介、市场分析和对下游的业务指导上去。特别是我社的自办发行业务,省却了产品的物流环节,大量的物流收货入库、储存、分拣、发运、收退工作都只要在电脑上点点鼠标,就可以完成入库、发货、退货等指令的下达。

对浙江新华来说,也在很多环节减少了重复劳动,交易业务数据的电子化,使浙江新华的信息系统减少了重复录入的劳动。物流收、发货的电子数据交换,使收货和流水线上商品的即进即发作业成为可能。发货电子数据在物流收货时的RF应用,提高了验货的准确率和劳动效率。

2. 打通信息通道，促进业务发展

实施信息交换后，社店之间建立了高质量和高速度的业务信息传递通道，交易信息的即时交换，缩短了商品供货周期，加快了市场响应速度，加快了交易频度，为社店的商业流活动带来了极大的便利。新产品信息的及时传递，使新书品种在最短时间内上架销售。下游市场信息的及时反馈，为我社研究市场动向提供了数据支持，使我社能及时把握和了解市场产品短缺、滞销和积压情况，为滞销商品及时退出市场、畅销品种覆盖市场提供了依据。

3. 加快资金回笼，降低交易成本

流通信息交换实现了出版供应链业务全程电子化，使实物交接准确，销售反馈及时，为出版社的资金回笼提供了依据和可行性技术支持。特别是信息交换将上、下游企业间繁复的业务对账变成系统自动对账，为上、下游企业间资金流动创造了便利条件，加快了供应商的资金回笼，降低了行业的交易成本。

（二）标准应用存在的问题

从行业目前的情况看，实施信息交换的企业还不够广泛，整体的应用水准还处于初级阶段，目前主要存在三方面问题：

1. 行业应创造标准应用条件

出版行业产品标识的不唯一性是信息交换的最大障碍，书号和条码管理的不规范，使一号多书的现象屡禁不止。我们在信息交换实践中出现的错误，主要是由于交换双方品种 ID 的不一致造成的。解决这个问题还需行业加大商品的规范管理力度。

2. 企业应营造应用实施环境

企业是实施信息交换的实体，需要企业从发展的眼光在管理理念上对信息交换有深刻的认识、在技术能力上有一定的人员、在资金投入上有一定的支持，除此之外，还要求业务人员有一定的信息化知识和操作水平、熟悉交换流程，在我们的实践中，出现过由于不了解交换流程而产生操作错误，因此，企业要对员工进行培训，使员工都能熟悉信息交换规则，灵活应用信息交换开展业务。

3. 标准与实际业务存在差异

自 2006 年初《规则》颁布，已过去近 9 年时间，一方面，在行业推广中发现《规则》还不能覆盖行业的所有业务；另一方面，行业在发展，企业的业务也在不断变化。因而，在实际应用中碰到了一些问题，比如："浙江教育"委托"浙江新华"的代储代运业务、教材征订目录业务，《规则》中均没有约定。又如：共用一种表单完成两个业务处理的设计方式，不便于发货、退货业务中的实物品种差错回告信息处理。有了在行业长时间的广泛实践经验，《规则》是到了需要修改的时候了。

结束语

"浙江教育"和"浙江新华"信息交换的实践,证明了《规则》是解决中国书业上、下游信息有效对称流动的有效解决方案,它对提高行业的交易频率、加快出版物商品流通、降低行业交易成本、提高企业经营效率和效益都有很大的帮助,是提升产业经济增长方式一个良好的途径。《规则》的推广和实施对促进行业科学、健康、持续、稳定的发展起到十分重要的作用。

参考文献

[1] 2006 年 4 月,国家新闻出版总署颁布中华人民共和国新闻出版行业标准《图书流通信息交换规则》.

高校图书馆馆配市场分析及应对

浙江杭州市新华书店有限公司　林惠虹

【摘　要】高校图书馆承担着高等教育所需的图书文献资源资料的采购任务,尤其在教育部《普通高等学校本科教学工作水平评估方案(试行)》出台后,高校图书馆从高校图书文献资源建设出发,图书采购量持续高速增长,形成了据说有 50 亿销售额的市场蛋糕,近年来围绕着高校图书馆采购,图书市场形成了民营、出版社、新华书店三种不同体系的馆配服务商。

本文针对目前高校图书馆馆配市场的发展及存在的问题,从分析高校图书馆的采购特点着手,就当前图书馆馆配市场竞争的格局,提出了新华书店如何通过提高服务能力,做强馆配服务,发挥自身优势、获取更大市场份额的应对举措。

【关键词】高校图书馆;馆配服务;竞争对策

引　言

高校图书馆承担着高等教育所需的图书文献资源资料的采购任务,尤其在教育部《普通高等学校本科教学工作水平评估方案(试行)》出台后,高校图书馆从高校图书文献资源建设出发,图书采购量持续高速增长,形成了据说有 50 亿销售额的市场蛋糕,近年来围绕着高校图书馆采购,图书市场形成了民营、出版社、新华书店三种不同体系的馆配服务商。

本文针对目前高校图书馆馆配市场的发展及存在的问题,从分析高校图书馆的采购特点着手,就当前图书馆馆配市场竞争的格局,提出了新华书店如何通过提高服务能力,做强馆配服务,发挥自身优势、获取更大市场份额的应对举措。

一、高校图书馆馆配的特点和作用

（一）高校图书馆图书采购的专业性要求

高校图书馆是学校信息中心，是高校发展三大支柱之一，担负着为教学、科研服务的重大使命。高校图书馆承担着高等教育所需的图书文献资源资料采购任务，其采购的图书内容必须要满足本校教学科研需求，要求专业性明显，各学科用书领域相对固定。所以，高校图书馆对馆配商提供采购所需的图书信息的要求是由其学校学科的专业性所决定的。比如浙江大学，是一所全学科的高等学府，其校图书馆的馆藏资源建设就要求全学科配置，他们要求馆配商提供高校采购的图书信息要快、新、全，以保障图书馆馆藏图书资料收集的完整性；而像浙江机电职业技术学院、浙江医学高等专科学校，其图书馆采购的就需要与其学科的专业性结合起来，要求馆配商只提供与学校学科相关的图书商品信息，与学校专业无关的图书信息数据要求馆配商不要发。所以，作为馆配商，了解高校的专业学科，提供与其专业相匹配的图书信息是馆配商的一种服务能力。

（二）高校图书馆对馆配商的后续服务要求

（1）能够提供完整的与学校专业相匹配的文献资源信息；

（2）其信息要求快、新、全、准的符合图书馆馆藏系统要求的 MACR 数据格式；

（3）图书馆下单采购后，馆配商要保证图书的到货周期，满足率；

（4）后续图书到校后的加工要求。如将图书按图书馆馆藏陈列要求贴馆藏书标、上架等服务；

（5）图书采购价格要求达到图书馆利益最大化。高校图书馆对于馆配商后续服务的高标准、严要求也成为竞争高校图书馆配市场的一个重要特点。

二、高校馆配市场现状与问题

受高校图书馆市场采购量持续升温的刺激，各种经济成分、各种馆配渠道的图书供应商纷纷涌进图书馆馆配市场，他们"八仙过海，各显神通"，瓜分这块 50 亿图书市场的蛋糕。图书馆馆配市场经过一段时间激烈竞争，通过重新洗牌后，目前在馆配市场上的馆配商可分为三种体系：①"新华系"，比较有代表性的有北京新华书店总店、江苏省新华书店、浙江省新华书店等；②"出版社系"，比较有代表性的有机械工业出版社,清华大学出版社、化学工业出版社和人民邮电出版社等;③"民营系",比较有代表性的有北京人天书店有限公司、湖北三新图书有限公司、安徽省儒林图书发行有限公司等。不同的体系、不同的市场出牌方式,使目前馆藏图书供应出现五大问题。

(一)供货价格成为馆配商之间竞争的主要策略

图书馆招标,供货折扣图书馆市场最大化是图书馆招标这个制度决定的,过度的折扣竞标违背图书市场基本供应链政策,伤害馆藏图书的质量,也使馆配图书市场出现一种不和谐的声音。折扣的恶性竞争,也导致很多中标者其他的服务能力的削弱。如供货速度和到书率远远达不到要求。目前,这些问题也引起了一些高校图书馆的重视。

(二)专业图书领域的供应商缺乏

这里所指的"专业图书"是指馆藏很需要、市场又不热门的专业书,比如各种专业的学术书籍,内容很偏、很专,出版社印量很少,供应面很窄,书店从零售角度都不会引进的专业图书。

(三)图书可供书目及对应的可供信息不畅通

也就是早些年说过的图书市场存在两个势差(品种势差和市场势差),也是目前困扰图书馆市场的一个很大的问题,图书馆需要的书不知道哪里有卖、供应商手头有书不知道谁需要的现象依然存在。业内人士很早就意识到了这个问题,也采取了一些措施,但并没有从根本上解决问题。

(四)市场上还没有形成有品牌图书馆供应商

所谓的有"品牌"是指图书馆馆配服务能力已经达到行业绝对的品牌认知度,"北京人天"、"安徽儒林"虽然馆配市场份额占得很大,但由于扩张速度太快,也存在资金链的问题。新华书店虽然有"品牌",但馆配业务能力还需提高。

(五)图书馆采购招标方法和流程还需完善

《中华人民共和国政府采购法》正式颁布实施以来,图书采购招标已成为图书馆选择供应商的主要方法。但由于图书采购招标的方法和流程设计还有缺陷,还存在一定的随意性和无序性,使得招标采购工作在实施的过程中出现诸多问题。比如,图书馆的招标委员会中学校行政管理的官员多,与馆藏资源业务建设的相关的图书馆专家少,且决策权都掌握在学校的行政官员手中,从而造成图书馆采购招标过于看重供货价格而忽视图书馆所采购图书的质量及其他服务能力方面的问题。这些都给图书馆的采购工作带来很大的问题。

三、新华书店如何应对市场，做好高校图书馆馆配工作

（一）进一步整合上游产品资源及相对应的产品信息资源

现在图书馆采购基本是通过馆配商提供的符合馆藏系统类别要求的MACR数据，数据提供快、新、全、准，图书馆就向哪个馆配商采购。所以，新华书店要扩大馆配市场份额，一定要在数据上下功夫。在信息提供和信息制作上，要做到人有，我快，人无我有，人全我新，人新我准。这样才有市场机会。

（二）建立、健全网络采购系统

由于受地域、经费等因素的限制，图书馆采购全部通过现采也是不现实的。新华书店应该利用网络优势，通过网络展示图书详细信息。这些信息是提供给学校的专业老师看的。因为一些图书馆专业图书的采购，基本上是一些专业老师的需要。通过网络，建立起学校专业老师和学校图书馆之间的联系，通过网络延长了新华书店对学校图书馆的服务半径。学校的专业老师参与采购，避免学校图书馆专业采购的失误，这也是新华书店的服务形成自己品牌的一种途径。

（三）建立新书样本室，为各类图书馆现采服务

很多图书馆招标后，其中标的服务商由于整合图书商品的能力不足，合同满足率很低。图书馆为了达到合同采购额，往往会向馆配商提出外采要求。这就给了新华书店很好的市场机会。浙江新华书店集团的新书样本室，当年新书都陈列一本，按出版日期和学科分类陈列，无论是新华书店集团内还是集团外的图书馆，都可以到样本室进行图书扫描采购，采购单一确定，浙江新华系统马上进行批发出货，样本的现货满足率达到60%，一个月内达到95%，深受图书馆采购人员的欢迎。浙江新华馆藏样本室的建立，将市场的机会贸易变成了常态贸易，将馆配业务做向了全国。

（四）定期举办馆藏图书订货会

通过订货会，一方面请上游供应商来向图书馆推荐图书，让图书馆采购人员的图书采购更加精准。另一方面也可以请图书馆专家做一些图书馆资源建设的讲座，让新华书店更好地了解图书馆馆藏要求，也可以邀请一些民营馆配商参加

会议,共同交流和探讨馆配服务这个话题。国有、民营,优势互补,将竞争变成竞合,是未来图书馆市场中馆配商合作的方向。

(五)利用网点规模优势,向图书馆推出特色服务

(1)本地供货商可利用地利之便,邀请学校院系老师来门市进行现成采购,以增加师生参与度,同时使图书馆专业图书的采购也更加符合教学需要,馆藏建设更为合理、科学。

(2)整合出版社出版资源优势,邀请专家学者进入校园进行知识讲座,读者见面交流会的形式,增进店、社、馆之间的相互协作,推出新书、好书,扩大书店在图书馆和学校的影响力,在图书馆招标和采购上奠定良好的人脉基础。

四、结论

市场永恒的主题是竞争,竞争不变的利器是服务。新华书店只有做好服务,练好服务内功,才能扩大馆配图书市场份额的基础。

参考文献

[1] 尚庄.馆配市场的发展与图书馆之应对.情报资料工作,2008(3).

[2] 吴利萍,石菊君.图书采购招标下馆配商竞争策略研究.现代情报,2008(5).

[3] 潘明清.图书馆市场及我们开发市场的策略、技术和准备.采供通讯2006(5).

多团队系统理论在出版企业的构建与运用

浙江大学出版社　寿勤文

一、多团队系统理论产生的背景及概述

随着经济全球化的到来,市场竞争日益激烈,复杂性、动态性和不确定性已成为现代企业经营环境的主要特征。在这样一个大环境下,建立怎样的组织结构才能保证企业生存和发展,已成为近年来组织管理研究与实践领域的重要课题。

团队制作为管理学、心理学、社会学等跨学科前沿课题由此应运而生,团队制改变了传统等级制的结构,更大程度地发挥员工的积极性、协调性和信息共享性,通过对员工主观能动性的激励创造了更好的组织效益,自 20 世纪 50—60 年代团队制在日本应用与实践以来,取得了实践上的成功,自 20 世纪 90 年代起团队制已成为管理领域的流行概念,有资料显示有 47% 的美国大型公司应用自我指导和自主性工作团队,以团队为基础的工作方式已取得比任何人所预言的都要显著的效果。美国质量参与学会(USA Association for Quality and Partici-pation)委托的一项调查(Lawler and Cohen, 1992)发现,入选《财富》杂志(For-tune)1000 强的企业,100% 在经营中运用团队管理理论。其中 100% 的企业使用了项目团队,81% 使用了功能团队,47% 使用了固定的工作团队。人们普遍认为,未来的杰出企业将会以团队为最基本的工作单位。但是大多数科学家研究的是团队内几个人的合作与个人绩效考核的关系,对于团队间是如何合作的论述却非常稀少。马修(Marthien)马克斯(Marks)和扎瓦罗(Zaccro)在 2001 年提出多团队系统理论(Multi-Team System Theory, MTS)的概念。而 Y. Lin & M. A. Simaan 在 2004 年提到 MTS(多团队系统)不仅是企业研发和创新的重要因素也会影响到竞争力的提高。研究表明:MTS 不仅能加强组织内、组织间的沟通,提高企业运行效率,增强企业竞争力,而且会影响到组织效能(Alan

O'sullivan 2003)。那么 MTS 理论到底能否应用于国内出版社,同时它又是通过哪些因素影响出版社,我们是否能用 MTS 理论在出版社构建一个全新的 MTS 呢?本文将通过文献的回顾和 MTS 在出版社的实际应用来论证这些观点,同时也为现代出版社 MTS 构建,提供理论和实践的支持。

MTS 理论从全新的视角研究多团队之间的协作关系,以多维度、多水平、多目标的结构层次模型观察企业团队的运作方式,为企业跨团队运行管理的组织形式提供了新的理论框架。

多团队系统理论是把多个相互依存的团队所组成的群体进行多维度、多目标分析的新方法,其分析核心是多团队系统(Multi-Team System,MTS)。目前,多团队系统在国内外还没有统一定义,对多团队系统的描述因视角的不同而存在差异,多团队系统可以大致归纳为以下特征:第一,多团队系统由多个子团队构成;第二,组成多团队系统的各子团队都是独立实体;第三,子团队的职能与多团队系统中的其他子团队有依存关系;第四,各子团队的分目标与总目标密切相关;第五,多团队系统是开放的系统。

多团队系统在团队的领导关系、合作关系,以及多团队与专项研发等方面突破了原有的层级和分块管理方式,为日常业务运行和完成专项任务的跨团队协作提出了新的管理思路。企业运用多团队系统思想可以增加团队间的合作粘度,使各团队在明确的任务分工下为共同完成同一目标而通力合作,得以最大化地获得协同效应。

二、出版企业的多团队系统应用背景

(一)外部环境变化

在经济全球化浪潮的冲击下,中国出版业面临着出版全球化所带来的机遇与挑战,在国家文化强国的战略思想指导下,文化产业进入了快速发展期。然而,在出版增长的表象下,掩盖着一系列不足和忧虑。从某种程度上看,出版业出现了滞涨现象,具体表现为:出版品种急剧上升、单品种销售量逐年下降、发行成本不断上涨、发行折扣愈来愈低、退货率增加、库存量增长、结算期愈来愈长等等。出版产业面临着激烈的市场冲击和竞争。

同为出版企业的民营出版机构如雨后春笋般地发展起来,他们快速应对市场变化,占领市场先机。如:成立于 20 世纪 90 年代后期的南京春雨公司,江苏可一公司,江西金太阳等民营公司。更有甚者,读客图书有限公司自 2006 年创立以来,所有图书平均销量超过 20 万册,是中国图书行业平均销量的 33 倍,号称是当今中国最会卖书的图书公司。这些民营出版企业对国有出版企业形成了竞争压力。

另一方面,为使经营性文化事业适应市场发展,国务院做出了文化体制改革的决定,以建立完整的市场运行机制,增强文化发展资本和实力,出版社也由事业单位转为企业,体制变化使出版社原有的管理和运行形式与市场化的企业运作不相适应。

(二)企业发展需要

长期以来,出版社的事业身份决定了组织机构是按照出版过程分块管理设置的,按部门职能的不同,分为编辑部、发行部、出版部、校对部等,各部门的边界清晰、职能单一,易于培训和管理。在早期的发展中,这些机构的重复活动较少,资源利用率高,有利于批量生产的过程管理和质量控制。随着出版市场竞争的日趋激烈,出版社体制身份的改变,这种管理模式已显现出对企业发展的阻碍。市场变化的周期越来越短,读者的需求日益多元化,对出版产品的市场适应性和响应速度提出了更高的要求。在市场的推动下,出版社在产品和市场方面衍生出的新业务内容,工作交叉点增加,这就造成在早期的管理模式下,产生了责权不清、管理脱节、重复劳动等问题,建立新型业务运行管理模式就成为出版企业发展的课题。

三、传统出版运行管理中存在的问题

一般情况下,传统的组织管理结构是层级管理制(如图1),不同部门分属于不同分管社长、总编、副总编管理,各部门的业务问题在各自的管理线上层层上报处理;在业务运行中,各部门分别完成各自的功能,除了上、下环节的衔接外,部门之间没有横向关系;由于部门间缺少横向关联,出版作业流各环节以部门为单位串行工作,可事先完成的作业点也要等待本部门的整体业务启动后才能进行。

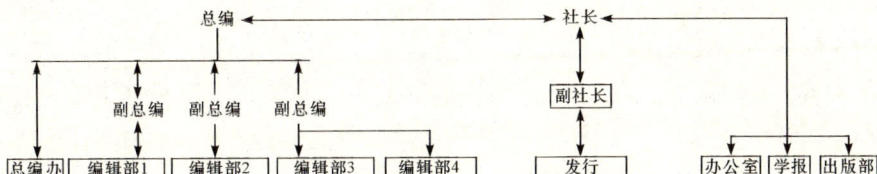

图 1　某出版社组织管理结构

分析其弊端,主要存在以下方面问题:

其一,多头直线管理,延时出版过程。在按功能单线管理的运行机制下,业务运行问题要层层逐级上报,无法在有效的时间内获取决策、解决,往往因此而失去市场机会,这种运行模式既不能响应快速的市场变化,也因各部门处于被动的工作状态,而使员工失去积极性和主动性。另一方面,当出现交叉管理业务情况时,员工有多头管理的感觉,无所适从。

其二,各自为政,业务运行脱节。按功能划分的部门没有关联运行机制,部门间依存关系不紧密,在业务运行中只能看到局部,不能看到全局,缺乏总体目标实现的大局观,容易造成部门与部门之间的业务脱节。比如编辑与销售的脱节、编辑与总编办的脱节、编辑与出版的脱节、发行与物流的脱节等,都会延长出版物生产时间,从而错过销售时间,无端增加库存,降低生产效益。职能化的分工管理,使员工的工作内容固化、技能要求单一、活动领域狭窄,限定了员工的发展机会,缺少对员工的自我实现激励环境,因而会形成员工的工作被动性和岗位间的各自为政,个体的各自为政也是业务运行脱节的影响因素。

其三,本位主义,难以形成合力。现实中经常发现,由于总目标与部门的分目标缺少全匹配的相关性,各部门往往从自身的角度处理问题,虽然各个团队都完成了自己的任务,但是总目标却无法完成。例如:营销环节接到学校订单,需要加工制作再版品种,由于考核关系,修订老书不如编辑新书利润高,编辑环节便将营销部门的生产需求向后推延。在印刷环节,因工期、工价、纸张价格等问题,不能及时印刷。物流环节因为成本考核问题而不肯走快件只走慢件。如此一来,最终图书到达学校时,却因为已经延时而被取消使用,对于企业来讲,不仅是失去了一笔业务,更重要的是,一旦因供应延时而使学校更换教材,寻找了新的供应商,要想重新得到订单极其困难。从长远来看,低下的办事效率给客户留下服务质量差的印象,影响了企业信誉,长此以往将会流失客户。由此看出,虽然在表象上各部门都完成了本职工作,但由于部门指标与总目标的相关度不高,最终的销售目标并没有实现。

其四,信息不畅,形成单打独斗的局面。逐级上报和各部门独立的运行机制,使各个层面的员工无法在第一时间、获得第一手信息反馈。信息的屏蔽使各部门只知其一不知其二,各部门只是针对自身职能开展工作;信息屏蔽的同时也屏蔽了资源,不能使各部门的专业价值得以最大化体现;信息不畅还会产生各环节业务衔接的不顺畅。这都在效率和质量方面影响了业务运行的效果。

四、出版业务管理的多团队系统构建

（一）多团队系统构建的意义

多团队系统是在共同目标下，由多个独立团队组成的、开放的、相互依存的业务运行系统，多团队系统的构建，对于转制后的出版企业建立面向市场的运行机制具有重要的意义。

首先，多团队系统是开放的，系统的建立可以在已有的组织架构上针对特定的业务抽取各子团队的人员组成一个协作团队，这个团队负责调度各子团队通力合作，共同完成一个特定目标。多团队系统的运转可以按不同的业务方向，形成不同的协同运作核心。比如：一个出版项目，在作品制作时，发行团队和出版团队围绕编辑团队运作，在营销发行时编辑团队和出版团队围绕发行团队运作。系统的开放性可以增加组织管理的柔性和业务运行的灵活性。

其次，多团队系统将子团队职能和专项业务的双重管理有机结合，促使子团队不仅从本团队的个体目标出发，还从全局的整体目标通盘考虑问题，可以有效解决团队边际的问题，使各子团队的依存关系得以在有序的运行机制下运转，有助于高效完成同一目标。

再者，多团队系统的构建使各子团队能够直接面对全局业务，各子团队在围绕个体目标工作的同时，兼顾与其他子团队的合作，达到整体目标完成的一致性。系统运行中的有效的沟通机制可以消除认知差异、缩短消息传递时间，从而快速应对市场变化，抢得市场先机。

最后，多团队系统的信息透明，各子团队员工可以明确知道本团队的分目标和全局的总目标，以及总目标的工作计划，包括：实施内容、过程和时间点，从而主动定位自己的责任范围、执行过程和时间节点。这就会促进员工的主动参与和工作积极性，激发员工的潜在能力，提升业务运转的总体效能，最终使企业效益得以提高。

（二）多团队系统构建的要点

本人归纳出版社的工作实践后认为，多团队系统的构建应把握以下要点：

第一，要有一个合格的领导团队。在多团队系统中，构建一个合格的领导团队是成功的基础。领导团队的作用有两个：一是在开始阶段，完成与各团队的沟通和战略指导，和各子团队一起设定整体目标，这样有助于各子团队在达成共同目标的前提下，增强在执行中各子团队的凝聚力。二是在战略执行阶段，领导团队做好监督和协调作用,帮助各子团队在完成自己分项目标的同时,协助其他团队共同完成总体目标。因此,在团队系统构建中,组建具有决策能力、确保多团队系统协调运转的领导团队极为重要。

第二,要建立有效的运行机制。在多团队系统中,建立稳定、有效的运行机制是成功的关键。建立有效的运行机制要注意把握两方面问题:一是信息共享。所建立的机制要确保沟通顺畅,使各团队在丰富的信息环境下,主动寻找有利于实现总目标的协作点和行之有效的协作方法。二是激励约束。多团队系统的运转要为子团队和员工提供有章可循的运行模式,这个机制既要有合理的考核指标约束子团队能够积极协作,更要激励子团队能够发挥自身潜质,主动与其他团队协作。

第三,要有适当的授权。领导团队应该适度向各子团队授权,授权时要注意决策权与知识的匹配,以保证决策的效率和正确;其次要增强知识型员工的工作动力,给各子团队的授权刚好满足其工作自主性和被组织委以重任的成就感,以增加任务的反馈速度;最后,要增加权利总量,领导团队和子团队之间不是权利零的关系,研究显示高层适度授权能增加权利蛋糕,领导团队给各子团队授权刚好满足其工作自主性和被组织委以重任的成就感,还能增加任务的反馈速度,有效地激励每一个团队,从而增加团队的权利蛋糕,每个团队都能得到更多的权利。

(三)多团队协作系统的构建

不论多团队系统采用何种组织形式,子团队间都需要高度的互依性。这种依互性表现在三个方面:一是输入,如:信息的接收,任务的触发;二是过程,如:作业顺序、时间要求;三是输出,如:目标成果、满意度。这要求多团队间紧密协作、高度协同、有效沟通,并建立相应的制度保证系统的有效运行。

构建多团队协作系统的核心是如何有效协调各子团队的协同运转,在原有组织架构上建立虚拟的协作团队,负责特定目标的纵向管理和与各子团队的横向协调,起到紧密连接各子团队职能"块"和特定业务专项"条"的纽带作用,达到全局业务一盘棋的运行效果。

协作团队的人员是兼职的,行政隶属于原有部门,不赋予级别,协作团队组织的设立以业务为驱动,在业务需要的节点上,组成相应的协作团队,协作团队可以是常态的,以固化的模式在日常业务中与其他子团队协同工作,也可以专项的,以项目为核心建立特定的协作团队和运转模式,项目完成后,团队自动解散。

我们在实践中做了三方面的尝试:

首先,调整了组织管理关系。在管理关系上,领导团队的核心作用是战略指导和协同促进,包括:确定团队的行动顺序和时间、团队间的有效沟通方法、运行过程中的监管、异常事件的处理决策等。在管理方式上,通过网格化管理改变以往组织形态下各部门各自为战、单线联系的状况,在原有分块管理的组织结构基础上,加强业务线条的管理强度,固化不同维度业务线的管理制度,使条、块管理的耦合度更为紧密。

其次,建立了不同方向的虚拟团队。虚拟团队成员来自于各部门,各部门根据不同的业务点指定固定人员为相应虚拟团队的"专员",他们除了完成本岗位的工作职责外,在设定的业务触发点,迅速启动"专员"身份,加入到虚拟团队的活动中。他们对虚拟团队的其他成员输出本专业的知识和经验,向本部门内的人员传递相关的责任与任务,起到起承转合作用。

虚拟团队可以应用于日常业务和专项任务两个层面,例如:发行部与出版部指定专人组成的虚拟团队,在出版业务点上,共同确定出版时间;而发行部与编辑部指定专人组成的虚拟团队,则在定价业务点上,共同决策产品定价。这两个虚拟团队可以用于日常的业务运行中,也可以用于专项任务中。对于重点专项任务,可以组成更为全面的虚拟团队,例如:在重大选题项目中,由社领导和涉及编、印、发全流程各部门的指定人员组成的虚拟团队在策划之初全程参与,可以极大地提高项目的运行效果。

再次,设置团队协同运行规则。一方面,明确多团队之间在不同业务内容上的协作点,确定协作时点、人员、方法等;另一方面,将各部门的业务职能细化分解,抽取部门间有输入、输出边界的业务点,把这些业务下一环节的运行前置到上一环节中并行操作,将原有各业务环节按部门职能整体串行交接的方式变为部门间按业务内容串行与并行交替进行的运行方式,可以大大缩短出版生产周期。

五、多团队系统的出版业务运行实例

浙江大学出版社以专项任务为切入点,探索出版企业的多团队系统应用。2010年自决定策划出版《元画全集》开始,出版社就组成了张曦书记和相关社领导的领导团队,并抽调艺术事业部、发行中心、出版部以及浙大艺术中心等部门各派出一个协调员共同组成了专项任务工作组,协同操作该项目的运行。项目运作初始,在领导团队的协调下,各部门协调员根据本部门的情况共同商定出版时间。出版时间确定后,各部门按照协调员传递的信息同时开展工作,例如:编、印、发各环节在第一时间获取时间安排,根据出版时间点,编辑部的进度安排、出版部的纸张准备和印刷厂确定、发行中心的营销计划和联系物流等各项工作都在第一时间执行到位,达到了业务环节交接时间的零等待。在项目执行过程中,当一个部门遇到突发情况时,系统启动联席会议,相关团队的协调员商讨调整计划,使计划始终与各部门的工作开展具有高度的匹配性。调整结果由各部门协调员即时传递到本部门,使各团队能够立即根据调整后的计划开展工作。透明的行动计划和调整结果,使各部门在由协调员组成的团队纽带连接下,有条不紊地开展工作。

在项目实施过程中,多团队成员工作组的运行方式,密切了各部门的互相配合。比如:在工作组联合会议中,对于编辑部而言,发行部反馈市场调研结果(如:同类图书定价、折扣和销售情况等)、出版部提供纸张的价格变化和新品种纸张型号,帮助编辑部更科学、及时地制作适合市场销售的图书。对于发行中心而言,编辑部提供作者资源以及这一领域的专家资料,以便发行中心在已有客户资源的基础上拓展发行渠道。各部门把自己的专业积累提供给团队共享,有效地放大了各部门的协同效应。

在《元画全集》生产过程中,发行中心通过这一协作模式取得了良好的绩效。由于大学出版社的学术图书作者往往也是自身专业领域的专家,有一定的交往圈子,因此,作者资源可以便利地发展为客户资源。发行中心根据编辑部提供的艺术专业的专家名单,以及博物馆名单及时联系,并实时跟进,在图书还没有出版时已经取得 500 多套的预订数,码洋达到 1000 多万,为后面销售计划的顺利完成,打下坚实的基础。

通过以上案例的运作,我们可以看出这种运行模式的好处是:首先,可以使多个部门同时协调运作,不必等上一个部门的工作完成后,下一部门再开展工作,大大缩短了出版周期。其次,各部门间可以实时交换生产和市场信息,做到有的放矢,快速应对市场变化。再者,在运行机制的保障下,计划、执行、调整和信息更为迅速、直接地到达各个部门,不必等候领导的指示,各部门就能自觉快速地开展各项工作,不但各部门的运行效率得到提升,整体的效益和效能也大大提升。总之,这种模式下各部门业务信息能实时沟通、得以共享,部门间的合作更为协调,协同的力量可以使团队的共同目标的实现更为高效,这就是多系统团队在出版业务中的现实价值。

多团队系统理论是近年来关于团队研究的一个最前沿的领域,因而对它的相关理论研究严重不足,随着专家和学者对团队理论的深入研究,多团队系统理论必将有更为深入的发展。虽然我们目前只探索了出版社内部团队之间的多团队系统构建,随着市场化和全球化的影响,国有出版企业之间、国有与民营出版企业之间、国内外出版企业之间,甚至出版企业与非出版企业之间的多团队系统协作也将成为可能。

基层书店经营目标管理的实践和思考

浙江湖州市新华书店有限公司　凌肖宏

【摘　要】作者以彼特·德鲁克"目标管理"的理论为依据,结合浙江湖州市新华书店有限公司(以下简称湖州市店)开展经营目标管理的实践,对基层书店如何制定经营目标、如何控制执行经营目标过程中的要素、如何评价目标成果的措施等目标管理相关工作进行了总结性的论述。本文在与同行分享湖州市店开展经营目标管理成果的同时,就开展经营目标管理过程中遇到的问题,提出了自己独立的见解和思考,对同行研究和探索基层书店的经营目标管理有一定的借鉴意义。

【关键词】经营;目标管理;书店;实践;工作研究

一、目标管理的作用

"目标管理"的概念(Management by Objective 简称 MBO)是美国管理大师彼特·德鲁克(Peter Drucker)在他 1954 年出版的一本《管理的实践》专著中首次提出的。他的"目标管理和自我控制"的理论一提出,就在全世界引起了广泛关注。1956 年,德鲁克在 GE 公司当管理顾问时,与 GE 公司的克劳顿维尔管理学院一起创建了"目标管理"模式。这一模式在 GE 公司实践取得了成功。从此,"目标管理"理论风靡欧美企业界,被管理者和专家广泛地实践,这些实践的经验又被学术界不断地加以研究、总结和推广,逐步成为企业管理的一项重要的内容,特别需要提及的是,由于目标管理还适用于管理企业中的各个层级,目标管理又被称为"管理中的管理"。

目标管理的经典定义是:以目标为导向,以人为中心,以成果为标准,从而使企业(或组织)和个人取得最佳成果的一种管理方法,所以也被人们称为"成果管理"。在现代企业的经营中,市场的复杂性和多变性,往往会让管理者和被管理者,甚至是企业间各个管理部门之间出现方向的不一致性,如果没有一个统一、明确的目标系列(这个系列目标包括战略性目标、各个部门的策略性目标相结合的目标锁,包括自上而下的目标分解和自下而上的目标期望相结合的目标链),企业的部门就容易产生本位主义思想,形成内耗,使企业整体性受损。企业实行目标管理的目的,就是当市场出现复杂性和多变性时,各个层级的管理者和被管理者都有明确一致的目标,围绕目标发挥各自的主动性、积极性、自觉性和创造性,形成合力实现企业发展的重要目标,这就是目标管理的意义所在。

二、目标管理在书业经营中的实践

(一)湖州市店目标管理的背景

湖州市新华书店有限公司(以下简称"湖州市店")在图书经营管理中实行目标管理始于 20 世纪 90 年代后期,当时各销售部门实行"联销计酬"是书店最初级的目标管理方式,虽没有受到高深的欧美管理学理论指点,但这是书店引入"目标管理"的最初萌芽,也是当时企业经营管理的需要。当然,十多来,当初的"联销计酬"的目标管理方式也在实践中不断发展和完善,今天我们用"目标管理"的经典理论对基层书店的目标管理的实践进行归纳和总结,将成果、问题一一展开,对企业、对行业也许也有一定的借鉴意义。

集团化后,湖州市店成为浙江新华集团的直属企业,是浙江新华连锁集团下属一个具有独立法人资格的经营单位,在经营上必须围绕着集团的整体经营战略目标,按照集团要求的企业经营规范去工作。从大集团层面看,湖州市店的目标管理是中级目标,但作为独立法人资格的企业,湖州市店又有相对独立的经营管理职能,有企业在自身环境和条件下发展的愿景和目标,这些愿景和目标,需要湖州市店的决策层去制定和把握。在这个层面上,湖州市店的目标管理又是高级的策略目标。"分灶吃饭、抱团打架"。这是集团化后,集团公司和基层子公司在经营目标管理关系的最好诠释,同时也折射出集团化后,湖州市店作为一家独立法人资格的基层书店在实行经营目标管理中的特殊性。

(二)制定经营目标需把握的要点

1. 制定经营目标的策略和抓手

由于在集团化背景下基层书店地位的特殊性,在制定经营目标过程中,我们将集团目标作为企业发展的宏观目标,同时联系基层书店实际,将集团公司的战略目标具体化,或者说进行本地化分解,使之成为基层书店可操作的目标,制定符合基层书店自身发展的目标和策略。采用这样一种策略,我们处理好了集团发展目标与基层发展目标之间的关系。几年来我们制定基层书店经营目标的实践表明，只有正确处理好大小目标的关系，才能做到集团公司的经营目标在基层落地，同时又能使基层书店经营得到更快的发展。

从管理的角度，制订科学、合理的经营目标，是目标管理成功的基础或者说是首要环节，目标的合理性关系到企业管理的合理性，关系到目标的可操作性和实现度。我们的目标管理是通过每年制定《经营目标责任制细则》，并加以执行、评价的方式进行的，《经营目标责任制细则》是湖州市店目标管理的抓手。

2. 制订经营目标的原则

经营目标是企业发展的路线图，发展要有台阶，要循序渐进和有章可循，因此，在制定企业经营目标中，必须掌握"连续一贯、现实可行、整体平衡、前瞻性、量化考核、边界明晰"六项原则。

（1）连续一贯。一个企业的业务发展愿景，有一个提出、探索、实践、总结提高、再实践的过程，往往不能在一个工作年度就能实现，需要多年持续朝着目标努力才能达成，所以，目标的连续性原则能保证我们对愿景的持续追求，能避免目标朝令夕改带来的经营思路上的混乱。这是制定经营目标中必须掌握的第一原则，以保证企业经营思路和工作的一贯性。例如，湖州市的图书市场竞争一直比较激烈，卖场纯图书销售乏力的苗头出现比较早，所以在进入 21 世纪初，就有了卖场"以图书为主、实现非图突破"的愿景，在《经营目标责任制细则》中规划和设定了非图业务和创新业务的经营目标。所以，在 2006 年集团提出"固本强基、多元突破"的发展方针的时候，由于湖州市店已早早打下了良好的非图经营的基础，我们能够在短时间迅速与集团发展目标接轨，取得较好的经营成果。

（2）现实可行。制定经营目标需要全体员工共同执行的，所以，制定经营目标切忌好高骛远，掌握现实可行性的原则很重要。目标过高过大，会造成员工对目标的畏惧心理，从而产生对完成目标的惰性，如果员工认为目标肯定完不成，就不会尽力了；相反，若目标过低或过宽，也会影响员工对目标追求的激情，影响员工主观能动性发挥，同样也会造成员工对目标的迷茫。所以制定目标要具有一定挑战性的，制定让员工经过努力，切实可行的目标。比如，2013 年集团公司下达给基层书店的销售指标为增长 10％，我们经过市场调整，参照近年来年销售增减的轨迹，发现多数部门无法完成 10％的销售增长，我们在制定企业目标的时候，按增长 5％下达销售指标，同时制定了对增长超过 10％的部门进行重奖激励政策，目标既照顾到当下各销售部门完成销售难度的现实，也明确体现了集团公司的目标要求。

（3）整体平衡。制定经营目标还须把握好目标与目标之间的平衡，将全店各部门作为一个整体通盘考虑。在分解各部门目标时要以实现总目标为原则，各部门在将部门目标分解到人的时候,也要有平衡的设置,不偏不倚,减少由于目标分解过程中的不平衡造成的部门和个人之间的矛盾。我们在分解经营目标过程中,整体平衡的做法是:以去年完成的工作实绩作为 2013 年目标的基础,设定一个标准,实现部门与部门、员工与员工目标之间的整体平衡。例如,我们制定教材直销员的经营目标,设定了一个按学校类型的人均购书量标准,员工的销售目标以学校类型的人均购书量来计算,这种方法既不鞭打快牛,也不放纵后进,员工普遍反映这种方式公平合理。

(4)前瞻性。制定经营目标,前瞻性设计很重要,因为目标不仅是对现实的要求,同时也是对事物发展的愿景目标,前瞻性设计也可以理解为通向更高目标路径的设计。制定目标需要心怀"现实",放眼"未来"。我们通常会将目标的愿景与现实工作要求相结合,让员工在完成现实工作的同时,清楚地了解未来需要达到新的目标要求,以激发员工不断努力的动力。实践表明,在目标中设计了许多前瞻性的愿景,往往能使愿景变成目标,从目标变成了现实。

(5)量化考核。目标管理本质是成果管理,成果的大小本身具有量化特性。所以目标分解过程中涉及部门、个人的量化指标的合理性,直接反映目标设定是否科学合理。只有当每个岗位都有清晰的量化可考核指标,才能调动全体员工的积极性,全力投入到完成经营目标的工作中。近三年,我们尝试实行全员量化指标考核,对以前目标无法量化的行政及财务等职能部门,也设定考核目标,以充分体现目标管理奖勤罚懒的作用。

(6)边界明晰。部门与部门、个人与个人,做到边界明晰也是目标分解中需要掌握的一个原则。避免因边界模糊使部门之间、各岗位之间职责不明,责任不清,而影响目标的执行和完成。如何在分解目标时做到边界明晰,我们的方法是,纵向将目标分解到最小单位,横向划清目标的边界,从而保证目标能够落实到每个员工。比如,对于单个工作任务和要求,我们按工作性质将目标的分成最小颗粒度,以便于个人或者部门去执行;对于销售指标,我们尽量化到个人的目标(如,教材直销员),我们就量化到人;对于需要团队协助完成的目标(如大卖场),我们在不破坏统一管理方式的情况下,确定数个考核单位,按各考核单位分别下达目标,这样既充分分解了部门的目标和工作要求,又使各考核单位之间形成良性的竞争关系,避免了吃大锅饭的情况。

3.目标管理制度架构设计

《经营目标责任制细则》是我公司实行企业经营目标管理的一个抓手,《细则》是否全面、条理是否清晰、逻辑是否严谨关系到目标管理的实行效果。因此,我们将《细则》的总体架构设计分为五个部分:第一部分,总体目标和愿景;第二部分,按"图书业务、教材业务、非图业务、创新业务"四大板块,根据各板块业务要求和岗位设置,设立各岗位的职责、要求、愿景和目标;第三部分,各业务板块的岗位考核单位的量化指标及考核方式;第四部分,超任务指标和奖励方式;第五部分,未完成目标的惩罚办法和重大经营环境变化的处理方式。这五大部分架构设计条理清晰,逻辑严谨,内容全面,涵盖了基层书店全部业务的内容。十多年连续执行下来,日趋完善,保障了基层书店目标管理责任制科学健康地推行。

4. "三公"原则保障《细则》出台合理合法

《经营目标责任制细则》是需要全体员工共同努力去完成的工作目标,因此在目标细则出台的过程中,我们在领导班子、中层干部、全体员工三个层面对《细则》进行反复、充分地讨论和协商,我们以公开、公正、公平三个原则,以确保目标制定决策正确、过程民主、出台合理合法。具体的做法为:

第一个层面,公司决策层制定细则初稿时,体现企业的平衡发展、责权利的分布、量化考核指标等全面管理过程,掌握《细则》的"前瞻性、整体平衡、考核量化、边界明晰"原则。

第二个层面,就《细则》的连续性和现实可行性问题,我们将《细则》初稿在中层干部和部门负责人层面进行详细地讨论。因为中层干部和部门负责人是分解目标的第一责任人,他们对当年目标及往年目标做长远的考量,在现实可行性方面他们会提出更多的可操作性意见,有他们的参与,保障了《细则》出台更加完善和具有可操作性,从而体现《细则》的"连续一贯"和"现实可行"原则。

第三个层面是召开全体职工代表大会,将《经营目标责任制细则》提交全体员工审议,员工从切身利益的角度对《经营目标责任制细则》中的工作目标、经营计划和绩效工资分配方案进行全面的审视,最后以全体员工举手表决的方式通过《经营目标责任制细则》,这样《细则》也就合理合法地成为全体员工知晓并能执行的经营目标。

5. 奖惩政策效率优先兼顾公平

奖惩政策是激励员工完成目标的一个很重要的内容,因此在制定目标的奖励政策时一定要注意两个方面:

将绩效工资与目标成果紧密挂钩。我们在制定量化考核指标中,将员工收入约30%设定为绩效工资。岗位的完成目标值和岗位的绩效考核系数关联,员工完成的目标量或没有达到那些目标要求,自己就能算出可拿多少绩效工资,或知道会被扣掉多少绩效工资。通过这种让员工自己管理自己工作目标,充分发挥员工的积极性和创造性。

超产奖励效率优先兼顾公平。由于各个岗位的工作性质不同,完成目标的难易程度是有一定差异的,所以我们在制定超目标奖励中,在效率优先原则下,必须兼顾公平。当然这两个原则之间如何平衡,也需要科学的设计。我们在超产奖励的计算中设置了平衡系数,对比较容易完成的目标,平衡系数设置低于1,对有难度的目标,平衡系数设置等于1。通过平衡系数的设定,实现了在效率优先的前提下,起到兼顾公平的作用。

(三)执行经营目标的控制要素

目标管理的关键是执行,好的经营目标只有在经过实践以后,才会从精神变物质,发挥出它的能量,创造出它应有的价值。在实施《经营目标责任制细则》的实践过程中,我们有以下几点体会。

1. 以人为本,激发员工完成目标的潜能和自主意识

任何一个好的目标,都需要人去用心实施和管理,否则就是纸上谈兵。在实施目标管理的过程中,我们以人为本,调动员工自主管理目标自觉性。管理部门要及时对完成目标的员工进行鼓励,总结和推广他们的经验,让员工在完成自己目标过程中,享受成就感;同时在推广员工完成目标经验的过程中,也是对未完成目标员工的一种教育和鞭策。这样做的结果是,部门和部门之间,员工和员工之间就能建立起和谐的、良性竞争关系,形成一种比学赶帮的关系,激发了员工完成目标的潜能。

2. 及时调整目标执行中差异,保障目标的稳定推进

在目标执行过程中,总会出现影响目标执行的因素,要求我们对目标的完成进程进行全流程监控,及时发现问题、评估问题和解决问题,对因员工能力不足出现的问题,以培养和锻炼其解决问题的能力为主,在不越俎代庖原则下,对员工完成目标进行及时适度的指导和干预;对因重大客观因素,造成的目标完成受阻,就及时合理地调整分解目标,稳定员工情绪,把影响降到最低。通过这种调整,将完成目标的进程和质量控制在合理范围内。

3. 分阶段评估目标执行成果,主动掌控目标完成进程

在一个年度目标执行过程,必须分阶段目标的完成情况进行及时跟踪评估,这样才能主动掌控目标完成进程。对总目标进程的监控和评估,我们分季度业务小结、半年度总结、年度总结三个固定阶段对目标完成情况进行分析,对于一些专项目标或者是突击性业务活动,则根据需要,不定期地进行业务分析、或口头报告、书面报告、工作小结等形式,定向分析业务活动。在目标管理过程中,我们也根据员工之间完成目标的能力差异,有针对性地对一些完成目标差的员工进行个性化的管理,或采取"压迫式管理",从而保障公司整体目标的完成。

(四)评价目标成果的主要措施

1. 规范兑现经营成果的流程,激励全员经营积极性

在目标管理中,评估定性目标成果是重要的环节,通过评估定性,确认经营成果、奖优罚劣,能较好地起到激励员工经营积极性的作用。

员工的绩效工资是按照《经营目标责任制细则》确定的目标发放的,与员工的经济利益直接挂钩,所以目标经营成果确认过程,也是绩效考核的过程,我们按照"公开、公平、公正"的原则,规范兑现经营成果流程,具体为四个步骤:(1)由各部门负责人依据《经营目标责任制细则》评估出各个考核单位的目标完成情况,核对与绩效和超产相关条款,计算绩效分配方案和超产奖励方案,提交管理层班子讨论;(2)召开中层干部和部门负责人会议,各部门对目标完成情况和调整意见进行说明;(3)汇总各部门的分配调整意见,提交职代会讨论;(4)召开职代会,以民主集中制方式审议通过最终分配方案。

2. 总结经营目标的执行过程,明确企业经营改进方向

对经营成果进行评估确认后,需要结合评估结果对本期工作情况进行总结,通过总结,对目标实现方式的合理性和科学性进行展开分析,为下期经营目标的制定做好前期准备。与成果确认不同的是,总结更重视目标过程,而非成果,侧重寻求下一年度经营的改进方向。对凭借运气轻易完成目标的,进一步提出要求,指出努力方向;对于经过努力,因不可控因素造成目标执行结果不佳的,应给予理解和鼓励;对于创新性的成果需进行总结表彰和推广。通过总结分析目标执行过程,理清实现目标过程的思路、方法和途径,为制定和完成新一期工作目标打好基础。

三、基层书店经营目标管理的思考

任何一个管理方式都会有其局限性,我们在企业目标管理的实际操作中也遇到了一些问题,需要我们在今后的工作中研究、思考和解决。

(一)量化指标的设计如何做到全面合理

量化指标的设计如何做到全面合理,一直是我们在目标管理中比较棘手的一个问题。虽然我们找到一些解决方案,但全面性和合理性还有欠缺。

一是无法量化设计管理岗位的考核指标。如行政、财务、信息中心等一些企业业务保障性的岗位工作,他们的工作如何与全店的经营目标相关联?我们曾设计过一些量化的考核指标,但总感觉比较牵强,这些岗位的服务满意度很难用一种指标去量化,若通过群众评议,人为的因素太大,欠缺合理性。

二是一些经营性量化指标,由于经营方式和环境发生变化,应该如何确定和取舍? 如,原确定的进、销比指标为1:1.1,在集团连锁经营方式下,进、销比通常在1:1.2～1.3左右比较合适。同样,退货率、周转率等考核指标确定,也产生了不同的意见和想法,库存充足也是销售的一个重要保障,如果要控制退货率和加快周转率,就要控制库存,这样会对销售造成一定影响。有些同志认为连锁后,基层书店的退货成本和库存成本相对比较低,为什么要将退货率和库存周转指标订得那么紧呢? 在退货率、周转率等指标松或紧的取舍中,我们往往比较纠结,站在基层店利益角度,会选择宽松的退货率、周转率指标;从精业经营的角度,站在大集团利益角度考虑,退货率、周转率指标应选择从紧策略。类似这些问题,都需要我们重新定义和认识。

三是考核体系中各种量化指标所占的比重问题。比如,销售目标是考核系统中的绝对考核指标,其目标完成率与绩效工资挂钩比重很大,而周转率、品种量、进销比、进退比等是相对指标,只设一条红线,超过红线才进行绩效工资处罚,挂钩比重较轻。对相对指标执行得好的部门,我们只是口头表扬,并没有按指标执行梯度与绩效挂钩。这里有认识上的问题,更多的是各类指标间的关联关系较为复杂,期间的关联关系我们还没有找到,还需要进一步研究和实践。

四是销售目标和利润目标如何统一量化问题。当下我们实行的是以销售为主要目标的管理,财务利润指标有要求,但和销售指标不一定匹配,按常理,销售上去,利润也应相对提高,但在激烈的市场竞争环境下,有时销售量上去了,经营成本也上去了,会出现销售增长,利润没有增长,甚至下降的情况。如何在目标管理中引入合适的财务目标,如何控制成本、提高效益,也是在今后的目标管理设计中需要研究的。

(二)在分解目标中,如何把握目标之间的平衡

企业部门之间由于工作性质,脑体劳动的差别,会对工作强度判断上产生差异。不同板块业务由于市场成长性的差异,也会直接关系到完成目标的难易程度。市场的机会贸易又会产生销售的大小年效应,这些因素都对制定目标产生影响,所以我们在分解目标中,要把握业务板块之间,部门之间的平衡性,要正确地认识这些差异对目标设定的影响。因此,如何用科学的方法进行目标管理是需要认真加以思考和研究的。

(三)如何把握好经营目标的衡量标准

目标管理说得通俗一点就是管理人和目标,所以,在制定目标中不能一味过

细地制定考量指标而忽略人的因素,也不能因人设目标而影响公平性。因此,在制定目标时我们还需解决两个问题:一是在部门或组织内,当目标无法进一步分解时,如何评价部门和人员的贡献率。二是如何在设定目标中做到每个人的责任边界清晰,减少人浮于事和相互推诿的现象发生。如何解决这些问题,当下我们也比较困惑,需要与同行共同探讨与研究。

结束语

从德鲁克 1954 年发表目标管理理论至今已经过去了一个甲子的时间了,这60 年世界经济和经济结构发生了巨大的变化,目标管理理论被广泛地运用至今,表明了它是具有强大生命力的。目标管理是一门实践性很强的学问,需要 N多个企业在实践中不断地创新、发展和丰富,只有如此,才能适应当今和未来企业管理发展的需要,管理界如此,GE 公司如此,图书发行业也是如此,本文算是我为此所做的一点努力吧。

最后希望通过本文表达我对企业管理界做出伟大贡献的管理学大师彼特·德鲁克的敬意,表达我对当前饱受网购和网络阅读双重冲击书业的一份信心。

参考文献

〔1〕彼得·德鲁克. 管理的实践. 上海:上海译文出版社,1999.
〔2〕范苏丹. 目标管理与过程管理的比较研究. 中国商界,2013(1).

做好做强基层新华书店的几点思考

浙江富阳市新华书店有限公司　姜海华

【摘　要】改革开放 30 多年来,基层书店的思想观念、体制机制,整体实力,服务能力发生了积极而深刻的变化,但仍存在体制不够健全、惯性经营模式和销售方法,现主营销售疲软、经济增长缓慢等问题。特别是互联网、电子读物、网络销售对实体出版物的影响。基层书店只有加快转变发展方式、结构调整、改善经营效益和发展质量,加强新华书店营销策略,实行多元化发展经营,提高从业人员素质,才能不断提高行业竞争力,抢占更多市场份额,实现长久平稳发展。

【关键词】基层新华书店;营销策略;多元化

总书记在党的十八大报告中提出:扎实推进社会主义文化强国建设,将文化产业发展成为国民经济支柱性产业。作为现代文化经济发展的重要部门,新华书店紧密结合自身实际,加快转变行业发展方式,完善体制机制,是当前和今后一个时期紧迫而重大的战略任务。

一、基层新华书店现状分析

经过多年的改革发展,我们基层新华书店已完成体制的改变,成功成为省新华书店集团公司的连锁店,企业具备了较强的综合实力。

(一)优势表现

(1)形成了一定规模优势,具有很高的知名度、美誉度和诚信度;

(2)构建了一个完整健全的分销渠道,发行网点遍布城乡,占据市场主导地位;

(3)有了较为雄厚的经济积累;

(4)培养了一支较高素质的专业发行队伍;

(5)形成了较为广泛紧密的社会关系。

(二)劣势体现

(1)企业产业发展理念还比较落后,传统性、计划性的东西多,缺乏国际化、市场化、产业化的战略思维;

(2)现有企业制度、企业发展的自由度不高,自我决策的空间太少,不是真正的市场主体;

(3)系统内部资源没有有效配置、管理和利用,核心竞争力不突出;

(4)企业经营管理水平不高,特别是经营管理机制、激励约束机制,人才培养使用机制;

(5)人才结构不够合理,队伍整体素质和业务能力达不到市场的要求。

(三)基层书店经营分析

随着省店集团公司进行业务连锁后,我基层店业务有了长足的发展,特别是前几年每年都有十位数的增长。但由于科学技术的迅猛发展,电脑、电子读物、互联网出版物的增多,以及私营企业的竞争,我基层书店面临重大挑战,销售疲软、增长缓慢。几年来对进销存流转报表进行了分析:

1.我基层店总销售增长平均为8.2%,一般图书(不包括教辅)销售占全店销售36%,年平均增长为5.1%。一般图书的增长低于全店增长的主要原因是:

(1)互联网、电子读物的迅猛发展吸引广大读者进入无纸阅读时代;

(2)时代发展快节奏,广大消费者进入快餐式阅读从而降低了实体图书销售;

(3)缺少新题材、好作品的吸引,读者审美感观疲软;

(4)实体图书价格优势不再,低折扣的网络销售带走了读者。

2.教材、教辅的销售占总销售的38%,其中也只有教辅有增长,增长幅度是7.5%,教材几乎没有增长。原因是:

(1)教材实行"一费制"政府买单,品种受限制;

(2)计划生育使学龄人口没有增长,教材需求反而开始下降;

(3)外来人口的减少也使学龄儿童迁移。

虽然教材销售不尽如人意,但家长对教学质量的需求使教辅读物销售有了提高。这里面的提高凝结着全店员工大量的人员推销和公共关系的结果。

3.非图销售占总销售的25.1%,增长幅度为11.8%,非图销售的增长得益于书店的知名度、美誉度和诚信度,一直以来新华书店以诚信经营、服务社会、微利销售,消费者对书店的认知度很高。良好的信誉使书店的非图销售增长大于全店销售增长的平均值,可以预见今后书店非图经营会是整个书店经营利润增加的重要组成之一。以上分析可见,对于主营的出版物要加大营销,市场营销是将来书店发展的重心所在。在坚持主流经营同时,以副促进全面开花,才能确保基层书店不被市场所淘汰。

二、做强基层新华书店的几点思考

(一)加强基层新华书店市场营销策略

市场营销是企业最重要的职能战略,有效的市场营销战略是企业成功的基础。新华书店作为出版物发行企业,它的中心环节是如何有效地开展出版物市场的营销活动,通过出版物营销,获得良好的社会效益和经济效益,推动企业的发展。

1.优化商品组合、强化业务管理

基层书店要尽量满足多样化的需求,兼顾各种阅读层次,尽可能提供雅俗共赏出版物,出版物有短线品种和长线品种之分。大众畅销书大多属于短线品种,在短时间内完成对市场的占有之后迅速走低,甚至成为滞销品。它们的频频出现和滚动运作使其成为书店不可忽视的产品阵线。长线主要是经过时间淘洗了的名人大师作品或与人民生活十分密切的题材等,名著经典、科技知识、医疗保健等出版物,这些品种的读者群稳定,常年保持比较平稳的走势,属于常销品。工具书也属于长线品种,这部分出版物是书店的中坚产品阵线,体现了书店的品位,是提高顾客忠诚度的关键。还有介于长线和短线之间的一类出版物,其成长轨迹兼有短线的异军突起和长线的平稳持久,这类书是绝对经得起时间考验的品种,可遇而不可求。如现代经济、管理方面出版物。它的出现一度造成了巨大的社会反响,给经济界、管理界带来了巨大冲击,改变了我们的经济理论体系和管理方法、思维模式。对长线中线产品的选择和积累更多的是对社会需求趋势的宏观体认的结果,对短线品种的把握来源于市场热点的嗅觉。强化业务绩效管理促进出版物销售。

2.充分调动各种因素来促进销售

基层书店要充分调动各种因素来促进销售,以崭新理念的创造和传播,造成生活方式和消费行为的潜移默化。

(1)广告促销。现代社会,广告是提升销售最快、最直接的方法,出版物也不例外,尤其是重点出版物和畅销出版物,广告宣传是必要的,特别是现在竞争最为激烈的教辅市场,广告促销俨然成为抢回教辅市场的重要手段,利用恰当的宣传有论据地推销我们教辅读物与升学考试题目的一致性,抓住学生投机猜题的心理,博得学生的喜爱,从而达到销售目的。

(2)寻求特色的打折促销。无论是新华书店还是私营业主打折大多都采取直接让利的形式,这种打折方法沉闷而无新意,而且成本较高,很难取得好的效果,因此门市打折必须要寻求自己新的特色,互动营销,购买一定数额的图书赠送代金券免费购买文化用品或者赠送读者俱乐部会员证等;时段梯阶式的打折,在不同时段打出不同价格;整体打折,估算一段时期内的总销售情况,提取一定折扣比例,设立梯阶式的不同奖项,以少数几个大奖为诱饵,设计热点吸引读者眼球等,只有促销手段的与众不同,有自己的特色和新意,才能在竞争中抢得先机。

(3)建立读者俱乐部,开辟另类促销战场。读者俱乐部是集出版物导读导购、信息咨询、阅览租借、体育健身等综合服务功能于一体的文化交流场所,它易于把众多流动的读者汇集成固定的读者群,通过会员会费、租借费用和其他收费项目来实现其销售目标。此外俱乐部可以建立相应的会员特价区,只有俱乐部会员才能有权利购买特价产品,特价会员区主要以出版物为主,附以其他产品,有意在特价区投放一些价值比较大、又比较时尚的产品,借此炒作,设计卖点,进而吸引更多的会员入会,这种模式不仅能俱乐部与新华书店的主业相关联,又能开辟图书促销的另类战场,为新华书店赢得更多的销售。

3.书店要加强对客户的维护和拓展

基层书店要加强对目标消费者的营销,目标消费者对知识、品位、时尚生活等等都有很大的阅读需求。他们紧跟科技文化的最新动态,追赶流行社会时尚,讲求阅读的层次和品位,阅读使他们结成同一阶层的同时又让他们与众不同,年轻、富于朝气和活力的他们乐于接受全新观念和行为表达方式,同时,他们又让新东西迅速成为昨日黄花,加速了思想观念的更新换代。新书榜单、名人推荐书目、作者签名销售,零距离地满足了他们高涨的参与热情。随着这部分主流消费群的浮出水面和走向成熟,书店悄然把大部分营销活动的目标对象瞄准了这个读者群。同时书店也要加强对潜在消费群的营销。营销攻坚的难点在于如何寻找和触发潜在消费者的阅读动机。抓住了这一类群体务实的消费特征,就是找到了供求的契合点。研究生考试、司法考试、公务员考试、专业技术职称资格考试、注册会计师、证券分析师和执业医师准入考试是很多人绕不过去的人生关口,相关出版物属于他们捏着鼻子也得吞下去的"苦口良药",设立专门柜台、专门书架,进行醒目设置,帮助读者按需所取。必要时人员上门进行推销。就一般出版物而言,打破常规的活动营销可以起到意想不到的效果。

（二）多元化经营思考

新华书店多元化经营的内涵多元化经营相对于专业化经营而言,是指企业经营不只局限于某一个产品或涉足某一行业,而是同时生产多种产品或涉足多个行业,多元化经营与专业化经营本身并无优劣之分,都是资本在特定的市场环境中寻求增值最大化的途径。新华书店的多元化经营是指书店企业改变专营出版物产品的经营范围,依靠新华书店的品牌、网络、规模、资金等优势,在以出版物销售为主的基础上,通过扩充经营品种、拓宽经营渠道、扩展经营空间,建立广泛的利润增长点,在更大范围内满足消费者的需求。

随着出版物发行体制改革的深化和行业经营理念的转变,许多新华书店企业开始进行"以副补主、以副促主"的多元化经营方式的尝试与探索。广西壮族自治区内各基层书店利用书店位置的优势销售福利彩票。江西、湖北也开办了"美术馆""新华嘉宝礼品连锁店,"双方通过整合营销,进一步拓展出版产业关联领域,做好一般出版物经营的补充,实现合作双方共赢,彼此提升经营绩效,共同建立"礼品不止于书"的新型"双赢"的运营模式。多元经营的实质是发展方式的转变,河南、河北新华书店多元化经营涉及中学教育、幼儿园、数码通信、汽车销售、粮食贸易、星级酒店、建筑装饰、金融投资、超市等多个领域。抚宁新华书店开办新华超市,延边、松原、通化和白山等地区新华书店在儿童玩具、旅游业、种植业等方面进行的探索性经营都呈现较好态势。这些成功经验,也正让他们酝酿着集团化、规模化的企业多元化发展新路。

总之,单一的出版物销售并不足以构成新华书店的经营优势,与其他行业充分结合开展多元化经营,从而形成浓厚的文化氛围,才能吸引需求日益多元化的读者。在市场化条件下,新华书店不再是简单的买书卖书这样的交易场所,它更是文化交流和传播的场所。随着国家对实体书店的扶持与重视,新华书店也在竞争中朝着人无我有、人有我优的方向发展,多元化特色发展或许能为新华书店开辟一条新的发展道路。

（三）企业须建立健全新华高素质人才队伍

企业的竞争,归根结底是人才的竞争,人是企业的生命,企业的管理要人来实施,企业的财富要人来创造。基层新华书店实现出版物连锁经营后,不仅缺乏懂经营、善管理的复合型人才,还缺乏大量熟悉计算机网络技术,以及精通出版物营销、出版物宣传,熟悉物流配送等专门人才。目前全国新华书店系统有职工15余万人,平均每个售书点有职工81人,而国内集体、个体书店为25人,国外书店平均不足5人。我基层书店现有员工93人,有专业发行资格中级职称以上人员只有 1 人,有同等中级职称以上的人员 6 人,其余都是中级职称以下人员,人才严重缺乏。我基层书店要摆脱目前的困境,必须进行减员增效,在提高劳动生产效率的同时,将富余人员分流到其他一些新兴的,具有巨大市场潜力的领域,如多元化经营和物流配送等领域。另一方面,比较新华书店从业人员与国外书店人员的素质,不论是知识结构、文化水平以及敬业精神等都有待进一步提高。要提高职工素质,较为有效的办法就是实行岗位培训或脱产培养,员工取得了从业结业证后才能持证上岗。我们不仅要引进熟悉行业规则、懂经营、善管理的复合型人才,而且还要注重职工队伍整体素质的提高。只有这样,才能使我基层新华书店连锁店经营立于不败之地。

不管市场经济如何跌宕起伏、如何诡异多变、如何荆棘丛生。只要我们新华人认清自我,自我定位准确,坚信以优质服务、找准市场、寻找机会拓展营销,开拓经营渠道,培养吸收优质合格企业人才,定能使我基层新华书店走向光明辉煌的未来。

参考文献

[1] 杨宗周.图书经营发展分析.出版发行研究,1999(9).
[2] 吴建安.市场营销学.北京:高等教育出版社,2010.

试论企业文化的实践与应用

——以市县级新华书店为例

浙江临安市新华书店有限公司　徐志平

【摘　要】市县级新华书店是新华书店系统中最基本的最重要的构成元素，是新华书店得以生存和发展的基础，也是新华书店企业文化实践与应用的前沿。企业文化作为现代管理理论发展的最新综合，是融合在市县级新华书店的经营过程中，是实用主义的，是无处不在的，是深入人心的价值观。本文将重点对企业文化在市县级新华书店中的应用，试进行系统的阐述。并根据企业文化的要素，提出在具体工作体系中，践行企业精神的方式和方法。

【关键词】企业文化；价值观；应用

一、引言

企业文化是指企业经营过程中所创造的具有自身特色的物质财富和精神财富的总和，即企业物质文化、行为文化、制度文化、精神文化的总和。企业文化是西方企业管理发展的产物，是管理理论的最新综合。20世纪80年代企业文化引入中国，我国学术及企业界关注度不断增强。"我国社会主义市场经济体制的不断完善和现代企业制度的建立，现代企业文化战略已日益成为培育企业核心竞争力的重要组成部分，成为现代企业兴衰成败的关键因素。"

二、企业文化的现状

市县级新华书店，在改制之前，是以事业单位企业管理的形式，归口当地宣传文化部门管理。真正引入现代管理体制，是在20世纪90年代末浙江新华集团化后。

(一)新华书店企业文化认识

新华书店企业文化是新华书店企业在长期的经营和服务实践过程中形成的并被企业员工普遍认同和遵循的思想观念、经营作风、管理理念和工作作风等有本企业特色的价值观念。

新华书店1937年在延安成立,70多年的经营和积淀,形成和创造了以服务价值观为核心,以读者满意为目标,以培养忠诚员工为根本的企业文化,充分体现了社会主义先进文化的前进方向,它是新华书店经营管理和发展的活力源泉,是新华书店核心竞争力的根本。

(二)企业文化存在一定的误区

(1)认为企业文化是务虚的,对书店的经营作用不大。市县新华书店长期归口于宣传文化部门,有着一定的官商特征。企业常把企业文化当门面活,搞一些口号、宣传品应付应付,或是年终总结提提,说归说,做归做。有的书店甚至将企业文化当作是对员工的说教式的思想政治工作,引发员工的抵触情绪。

(2)认为新华书店原来做的就是企业文化,思想僵化不求创新。企业文化是从实践中总结出来,但在总结的过程中必然吸收各种优秀的思想和制度,才能更好地指导本企业的工作。基层新华书店的一些管理者,决策中怕出错,工作中图省事,僵化不想创新、不求创新。

(3)企业文化呈碎片状。企业文化在一个企业中是无处不在的,是一个系统,需要各要素均衡、协调、健康发展。基层书店的有些管理人员,认为企业文化就是制度建设、奖惩设计等。割裂了企业文化,体现不出企业文化的核心价值。

(三)市县基层书店企业文化的建设是可行的

市县基层书店企业文化的建设是可行的,主要表现为以下几个方面:

(1)2005年国资委《关于加强中央企业企业文化建设的指导意见》及在2008年完成的《中央企业企业文化建设评价体系研究》课题,是新华书店确立企业文化的理论依据。

(2)浙江新华集团化十多年来,公司管理深入人心。公司集团化后,企业管理现代化、规范化。市县基层新华书店根据省店的要求,制订了《员工手册》,并进行了学习和考试,是新华书店确立企业文化的实践基础。

(3)管理层年轻化,员工新老体制理顺。浙江新华集团化时,部分老员工买断工龄、部分提前退休以及自然更替,市县基层新华书店员工队伍呈年轻化。新员工进店要求在高中甚至大专以上学历,后备干部要求45周岁以下。企业文化是一个人人参与的管理形式,具有较高素质的年轻员工群体,是市县基层新华书店企业文化实施的基础和保障。

三、企业文化的实施与应用

新华书店是社会主义文化阵地和宣传窗口,因此我们要在坚持"两为方针"的基础上,坚持以人为本原则、目标及共识原则、兼容和创新原则,建设优秀的企业文化。

企业文化的建设与形成过程应该是高层定调、中层发挥、员工认可、循环修正的过程。由市县新华书店经理室、办公室及业务科等组成企业文化领导小组。在本店内部调研及多方考察的基础上,建立适合本店特征的企业文化总体构架;组织相关专家及上级相关部门,充分论证,完成企业文化的顶层设计。并组织全体员工学习,由中层及各部门主管贯彻落实。

市县新华书店企业文化是系统的现代管理措施,我们将围绕企业文化的要素来进行应用及实施。

(一)关注企业环境变化,加强内部环境建设,树立优秀企业形象

市县基层新华书店,与当地政府及相关部门如宣传、教育、税务等部门一直有着密切的联系,在人们心目中有着良好的形象。

(1)20世纪90年代末,浙江新华集团公司成立,规范了识别标识,如店招、广告、宣传品、工作服等,引进了现代管理服务理念。最近省店还举办了服务礼仪讲座,规范门市服务,提升服务质量及水平,使市县基层新华书店的企业形象得到了质的提升。

(2)主业做强做大,综合业务充满活力。集团公司成立后,建立了业务网络系统,并在使用过程中不断完善。供应链延伸到出版社,使基层书店图书音像可供品种达30万种以上,确立图书品种优势。并与文具及其他相关产品,如电子产品、玩具、眼镜等综合经营,建立文化综合体,为读者提供一站式服务,满足读者的多样性文化需求。

(二)确立核心价值观,使每一位员工对事件或行为好坏、善恶、对错等的一致认识。统一的价值观是员工行为的标准,是企业文化的核心

(1)学用好员工手册,规范员工日常行为。我们在相对的经营淡季(3、4月

份)分批对全体员工实行培训,并进行考核。对新进员工进行相应的学习考核,使其能够认知新华书店的宗旨和理念,取得了很好的效果。

(2)奖惩是确立价值观的好方法。我们把奖惩分为绩效奖惩和制度奖惩。绩效奖惩主要是围绕书店销售来进行。一般以奖为主,惩为辅。制度奖惩是围绕着服务规范和各项规章制度进行。一般以惩为主,奖为辅。特别设立了委屈奖,对为维护企业形象等而受到委屈的行为进行表扬和奖励,并围绕事件在例会上进行讲评,分析原因,提升服务能力和水平。

(3)树典型,使其成为学习标杆。定期进行服务之星和优秀员工的评比,由员工无记名投票产生,在给予表彰奖励的同时,让其在全体员工会上演讲,使其成为大家学习的榜样。

(三)在管理上以人为本,发挥员工的能动性,发掘员工的潜力,使企业和谐发展

企业的竞争,归根到底是人才的竞争。作为基层新华书店,经济实力有限,薪资水平不高,岗位设置紧凑,不具备吸引较高或较多的高水平高素质人才的条件。因此更要注重队伍建设,人性化科学管理,培养员工忠诚度。

(1)树立主人翁思想,使每一位员工都成为书店的主人。实行推销员制度,每一位员工都有自己的人脉关系,使其建立关系网,在带来销售的同时,形成良好的口碑,提升新华书店的形象和影响力。这不仅取得了良好的效果,同时也增加了企业的凝聚力和员工的主人翁精神。

(2)顾客至上,一流服务。顾客至上我们有两个层面,一是满足每一位顾客包括潜在顾客的需求及愿景,使其得到想要的商品及服务。二是在引进新品种时,对顾客进行随机调查访问,以确定引进新品的时机及数量。

(3)做好员工培训,提高员工素养。市县基层新华书店的员工组成包括书店自招、职工子女、关系户、征用土地工等,员工素质参差不齐。市县基层新华书店的规模不大,培训资金较少,我们一般在例会中,把系统的内容切成小块,结合当前的工作进行现场培训,取得较好效果。

(4)激励员工,大胆创新。每一个优秀的企业和团队都应是充满活力的。设立金点子奖,鼓励每位员工和团队,不断进取,锐意创新。并对失败或不成功的案例,进行会诊分析,并找出亮点,同样给予鼓励。

(四)深入现场,完善沟通

(1)管理结构简单,管理团队精悍。管理者以真诚信念,身体力行以引领价

值观的形成与发展。管理团队,即是价值理念的总结和确定者,更是价值观的践行者,同样起到榜样的作用。

(2)建立健全企业内部文化信息网络。一方面可以使价值观和各种管理理念及时充分落实;另一方面可以传递和反映员工的愿望和心声。

①早会。大门店每天举行,小门店每周 2~4 次。经理随机参与,部门主管主持,员工轮流主讲,内容以实例及前一日数据为主,融入管理知识与理念。早会有详细记录。

②例会。周二下午,柜组长以上参加,安排骨干及优秀员工相应参与。

③班子会,支部会,对一些重大决策及问题进行讨论,或形成预案。

(3)强调组织的流动性,进行"看得见的管理"。管理人员定期或不定期到门店或其他一线值勤。在无拘束和较宽松的气氛中与各类人员广泛接触、交流信息、探讨问题。使管理者与员工及顾客有更多的互动、学到更多的东西、有更好的联系。

(五)处理好各种矛盾,充分体现优秀企业的价值体系

(1)原则的坚持与讲究管理艺术有机统一。员工对各项规章制度的自主行为是纪律及规范的产物。纪律的执行应以能体现其价值,能让员工形成自主意识自觉行为为目标。所以,在规章和纪律的执行度上,要公平公正透明,又要注意因人而异、因事而异、因时而异,严肃性与灵活性相结合。在其他业务管理及奖惩时,同样要在公平公正透明的前提下,人性化管理,体现企业文化的核心价值观。

(2)权力下放,责权利平衡。适度增加各科室各部门的自主权,对激发各级管理人员及员工的主观能动性和创造性有很大的好处。同时也使他们能力得到提升,形成管理层后备力量。从图书的进、销、存指标及商品、人员管理等方面,取得很好的经营成果。经理室主要是决策导向,平衡各部门关系,关注和掌控短期利益与长期利益的关系,重大业务及重要关系的协调与维护等。

四、企业文化的评价

完整的评价体系,是企业文化成熟的标志。评价目的是建立企业文化的"软数据",通过对其管控与优化,提高整体企业的"硬数据"即业绩。市县级新华书店企业文化评价,由企业文化领导小组组织实施。定期或不定期测评,定期(年度)总结。

（一）企业文化的评价方法

企业文化评价依据企业文化建设评价体系，实行定量评价与定性评价相结合，对指标进行评价打分。企业文化建设评价体系有三个，即企业文化建设工作评价体系；企业文化建设状况评价体系；企业文化建设效果评价体系。

企业文化评价的另一重要方法是问卷调查的方法，问卷调查法分员工调查和客户调查。

市县级新华书店企业文化评价方法，一般可采用比较评价法和实际考察评价法。

(1)比较评价法是指依据对同类企业的文化不同表现及结果进行比较评价的方法。其优点是简洁、易操作、评价结果直观；不足之处是较难选择比较对象和参照系。

(2)实际考察评价法是通过比较完整地考察企业文化的现状，对企业文化优劣作出客观评价的方法。考察的主要内容，一是考察企业的物质环境；二是审视企业的规章制度与行为方式；三是研究企业的价值观。

（二）企业文化的评价流程

企业文化评价的流程一般为测评、改善、总结三个阶段。即根据指标体系和方法进行测评，建立数据资料库，并撰写出评价报告；第二阶段根据评价报告进行完善与改进，研究解决问题的方法，全店动员，提高水平；最后是定期（年度）进行总结，并对本店企业文化执行和改进完善工作的优秀部门和个人进行精神、物质奖励。

市县级新华书店企业文化的测评工作可参照 2010 年 4 月 7 日国务院国有资产监督管理委员会宣传工作局《关于开展企业文化建设评价工作的通知》（宣传函[2010]9 号）进行。在《通知》的附件中有评价体系详细指标及相关调查问卷，在我们的测评工作中可以参考使用。

企业文化的建设和评价要遵循动态性、系统性和实用性的原则。企业文化是与时俱进的，市县级新华书店是老国企，我们在企业文化的建设与评价中要关注体系的时效，全面系统地考虑本店的历史与现状，追踪和预测企业发展，使我们的企业文化与各项经营活动融合起来。

参考文献

[1]邬开荷，王扬铭.对实施我国现代企业文化战略的理性思考.企业经济，2007(8).

[2]杨琳莉.新华书店企业文化建设的新构想.今传媒,2012(2).

[3]朱成全主编.企业文化概论(第二版).大连:东北财经大学出版社,2010.

[4]黎群,李卫东主编.中央企业企业文化建设报告(2011).北京:中国经济出版社,2011.

[5]李亚主编.中国民营企业企业文化建设报告(2012).北京:中国经济出版社,2013.

浅析新华书店品牌建设

浙江舟山市新华书店有限公司　俞思园

【摘　要】品牌是消费者对产品的一种评价和认知,著名品牌更是消费者对品牌产品及企业的一种信任与评价。在经济全球化的今天,品牌建设是企业的一种核心竞争力,也是企业健康、稳定发展之本。本文通过分析当下读者对新华书店品牌的认知度、新华书店品牌在社会上的影响力,以及目前新华书店品牌存在的问题,提出了当下新华书店如何通过建设企业文化,重塑企业形象,提高服务能力,加强客户服务,提升员工素质,创新经营模式等一系列品牌建设的思路和途径,笔者试以此文与同行分享。

【关键词】品牌建设;品牌效应;新华书店;企业文化

一、品牌概述

(一)品牌的概念

品牌是指消费者对产品及产品系列的认识程度,是人们对一个企业及其产品、售后服务、文化价值的一种评价和认知,是一种信任。品牌是市场营销发展到一定阶段的产物,品牌的基础是产品,但品牌的核心竞争力却不是产品。品牌之所以会有巨大威力,是因为他和消费者建立了某种感情的联系。品牌是给拥有者带来溢价、产生增值的一种无形的资产,他的载体是用以和其他竞争者的产品或劳务相区分的名称、术语、象征、记号或者设计及其组合,增值的源泉来自于消费者心智中形成的关于其载体的品位印象。

(二)品牌与商标的区别

品牌与商标的区别。品牌和商标从表面上看没有什么大的区别,都是由文字、图案组成或文字和图案所构成的一种标记。但它们是有着本质的不同,有明显的区别:商标是一个商品具有法律概念的标志,它具有独占性、时效性和地域性,所以必须通过法律来保护;而品牌是一个市场概念,它由静态和动态两大部分组成,静态与商标一致,包括名称、图案、色彩、文字、个性、文化及象征等,动态包括品牌的传播、促销、维护、管理、销售、公关活动等,所以,品牌是一个复合的概念,它的构件比商标要丰富。它是一种商品的综合品质的体现和代表,当人们想到某一品牌时总是会和时尚、文化、价值联想在一起。如今,品牌已渗入到人们生活的每个角落:我们喝饮料就会想到可口可乐;吃快餐就会想到肯德基、麦当劳;用 3G 手机就要买苹果、三星;买车就会想到宝马、奔驰。商标是有国界的,而品牌是无国界的,一些被全世界消费者认可的国际品牌,也是一个企业商品服务的能力的体现,也往往会成为国家的荣耀。正如日本前首相中曾根康弘在位时曾说过一句话:"在国际交往中,索尼是我的左脸,松下是我的右脸。"

(三)品牌与产品的区别

产品是指能够提供给市场,被人们使用和消费,并能满足人们需求的任何东西,它包括有形的物品、无形的服务、组织、观念及他们的组合;而品牌是对一个企业及其产品,其售后服务,其文化价值的一种评价和认知,是消费者对其的一种信任。

产品和品牌的差异在于:(1)不是每个产品都是品牌,但在每个品牌内均至少有一个产品。(2)产品是工厂所生产的东西,品牌是消费者所购买的东西。(3)产品可以被竞争者模仿,但品牌则是独一无二的。(4)产品极易过时落伍,但成功的品牌却能持之以恒,经久不衰。(5)产品是品牌的基础,没有好的产品,就没有好的品牌。(6)产品是具体的,品牌则是抽象的,是消费者对产品一切感受的总和。(7)品牌是附加于产品之上,赋予产品长久生命力的特性;产品则是具有某种使用功能的实体或者事实行为(对服务而言)。(8)产品提供使用价值,品牌则主要提供产品的消费理由。

所以说,品牌是商品的综合体现和代表。当人们一看到或想到某个品牌的时候,就会和品牌的时尚、价值、文化联系在一起。比如,当下财经类图书很热门,全国有很多出版社在出版,但大多数读者在选择财经类图书时,基本都会选择中信出版社,是因为相信中信出版社选择和提供财经类图书的能力和水准。又如少儿图书,消费者一般会首选浙江少儿出版社的图书一样,这就是出版社品牌的影响力。

二、新华书店品牌效应的表现

（一）读者对新华书店的认知度

书店的品牌是在读者阅读消费过程中建立起来的一种印象，是消费者对书店消费的一切感受的总和。作为一家品牌书店，是需要在消费者心理上发挥作用，建立起与消费者最稳固的联系，给消费者一个来书店买书的理由。

已经有 76 年历史的新华书店，其品牌影响力是通过毛泽东同志两次为"新华书店"题写店招，并通过几代新华人在历经 76 年的"为书找读者、为读者找书"的服务中建立起来的。"新华书店"四个红色大字已经在读者心中烙下了深深的印痕。"新华书店"四个字承载着新中国几代读书人阅读的记忆，已成为广大读者心中的一个书店品牌。

但是，在新华书店品牌 76 年的建设中，全国 2700 家新华书店，15 万名新华书店员工共同参与新华书店的品牌建设，由于新华书店的企业性质不同，员工的不同，造成"新华书店"品牌在消费者心中的认知度是有差异的，趋同的认知有：(1)新华书店是一家国有书店；(2)卖场地段较好；(3)图书产品的进货渠道正规，不常打折销售。不一致的认知有：(1)卖场面积有大有小；(2)图书品种有多有少；(3)书店营业员的服务水准差异较大。这是读者对"新华书店"品牌的总体认知。

（二）造成新华书店品牌认知差异的原因

造成"新华书店"品牌在消费者心目中认知的差异的原因有以下几个方面：

(1)有统一的"新华书店"品牌却不是统一的企业。由于"新华书店"发展历史上的一个特殊原因，"新华书店"成为一个全国 2700 多家新华书店的企业法人、14000 个网点共同使用的集体服务商标。全国有 2700 多个"新华书店"的法人，他们的服务标准、服务能力、服务水准的差异在读者心目中形成的影响是不一样的，带给读者服务的感受也不一样，与属地消费者建立的关系也不一致、从而削弱了"新华书店"品牌的力量，2700 家新华书店企业对"新华书店"品牌建设思路的不一致，维护力量的不一致，使当下的"新华书店"从集体商标变成了一个集体店招。

(2)全国文化体制改革的推进，新华书店品牌发生分化。2003 年，全国文化体制改革以来，各地的新华书店所走的改制重组及经营模式的转型各不相同，有的改制上市，有的跨省连锁经营，各地新华书店都开始重视塑造本企业的形象，纷纷在"新华书店"基础上另创企业品牌。如浙江新华集团将省店投资的书店称为"博库书城";四川新华成立集团后易帜为"新华文轩";江苏省新华更名"凤凰新华"等等,这些以省为单位的"新华书店"品牌的分化,是文化体制改革的产物,也是以省为单位的新华书店走向市场后提升自我品牌价值使然。

(三)新华书店在舟山的品牌影响力

舟山市新华书店是浙江省新华书店集团下属企业,在企业发展过程中十分重视"新华书店"的品牌建设。

首先,从本世纪初至今十余年,舟山市新华书店在集团公司的支持下,先后两次共投资 1900 万元,分别在市中心和新区建设起两个分别为 5000 平方米和 3000 平方米的卖场。

其次是舟山市新华书店又通过浙江新华信息一体化、市场一体化的计算机平台与浙江新华书店集团实行了连锁经营,充分享受了集团公司整合的行业 50 万种产品资源及相关信息资源,图书陈列品种就达 10 万余种,成为舟山市面积最大、环境最好、品种最多的书店,成为舟山市的一个城市文化地标和读者文化消费的首选场所。

再次是舟山市新华书店利用集团整合的丰富的上游资源,在社会和学校积极开展各种阅读推广活动,如每逢寒暑假,设计中小学生阅读书目,组织专家到校进行阅读普及,组织各种读书演讲比赛等等活动,使舟山市新华书店在当地读者中的认知度越来越高,2013 年只有 100 余万人口的舟山市新华书店,创造了单日销售 29.5 万元的销售纪录。又如,近几年中小学教材及大中专院校图书馆的招标,舟山市新华书店几乎是 100% 的中标单位。舟山市新华书店取得的这些业绩,是注重了"新华书店"品牌建设的结果。

毫无疑问,在这种情况下,各地新华书店只有依靠自己的力量,去维护企业的品牌,建设企业的品牌,努力提升企业品牌的影响力,其成效是不言而喻的。

三、新华书店品牌的建设

新华书店的品牌建设是企业自身发展的需要,建设一个优秀的品牌,需要从以下几个方面着手:

(一)塑造好书店形象是品牌建设的前提

新华书店品牌是书店在读者心目中建立起来的印象,是读者对新华书店一切感受的总和,包括购书环境、服务态度、图书品种等等。各种硬件、软件因素渗透在新华书店的品牌里,影响着读者的购买心理,因此,塑造好书店的形象是品牌建设至关重要的前提。塑造好书店,就要研究读者的需求是什么,要迎合读者的心理需求,要有"因时而变,顺势而为"的策略。特别要分析读者的生活方式、价值观、消费观念、审美观念等,为品牌建设提供必要的依据。了解读者的需求,就能够塑造出符合读者心目中的好书店形象,要知道读者才是图书市场的真正主人。因此,品牌建设应从读者的角度出发,而不是从某个科学家、专家和管理者的角度出发。宝洁公司每年与超过700万的消费者进行交流,研发人员和营销人员定期深入消费者家中拜访,实际观察了解他们生活中遇到的麻烦以及需要。从消费者的角度出发,宝洁公司不断地改进产品生产技术,使产品深得消费者的青睐。新华书店目前有相当的优势与民营书店竞争,民营书店基本是走专业的路线,而新华书店则做成"大而全"。但是,新华书店必须在"大而全"的基础上挖掘更新,更有深厚的内涵,才能将品牌植根于读者的心中。

(二)加强客户服务是企业品牌建设的基础

商界流行这样一句话:"顾客是上帝",这无疑说明顾客对于企业是何等至关重要,顾客是企业赖以生存的基础。对于新华书店而言,加强客户服务就是在日常服务中树立品牌观,将日常服务与树立品牌相结合。书店有了品牌观念,每一个日常行为会有更长远的价值。首先,书店要培养爱书的营业员。一个爱书的人,才会了解书的内容,了解图书的发展趋势,能就一般专业常识与读者对话,能以专业的眼光建设自己的品种、为读者推荐及选择图书,更会懂得为书搭建一个良好的销售平台。其次,每个人要发自内心地帮助读者,真正地做到"为读者找书,为书找读者"。第三,要做好人性化服务,要为读者营造一个优雅的购书环境,提高服务质量,让读者感到书店是个温馨的港湾。现在的新华书店除了实体店,还有网络书店;除了门店营销活动,还开辟了微博营销、微信营销,用个性化的经营及个性化服务留住读者的心,从而赢得了图书市场。

(三)加强员工队伍建设,是维护企业品牌的核心

一个企业的品牌,需要全体员工共同维护和建设。因此加强员工队伍建设,是维护企业品牌的核心。如何加强员工队伍建设,我认为要分三个方面,第一,要培养员工对企业文化的价值观的认同感,企业文化是企业品牌的一个重要组成部分,培养员工对企业文化价值观的认同,员工企业文化的价值观一致了,那么企业品牌的建设就有了基础。第二,要培训员工服务技能,提高员工的专业服务素质,以提高企业品牌的影响力。例如,某读者进书店,想购买一套南派三叔的《盗墓笔记》,若书店的员工在满足读者的需求的同时,又能主动地推荐介绍南

派三叔的最近新作《藏海花》,那么,该读者在买书过程所享受到的员工的专业服务,就会在读者间口口相传;而若读者进店买书,享受的是一问三不知的服务,也会在社会上传开,那么,企业品牌就会受损。第三,要培养员工的敬业精神,若员工只有专业的服务技能,没有敬业的服务精神,也会使企业品牌受损。所以,我们必须从职业、敬业、专业三个方面加强员工队伍建设,以建立起一支有职业素质、有专业水平又有敬业精神的员工队伍,以维护和建立良好的企业品牌。

(四)创新是推动企业品牌发展的途径

创新是企业经营的灵魂,没有创新,企业就没有活力。乔布斯时代的美国苹果公司,从公司创建以来一直侧重于产品创新,在建立起一个庞大的移动帝国的同时,也成就了苹果品牌的成长奇迹,不但改变了整个行业格局,还将诺基亚等老品牌挤出市场。所以,企业品牌是有生命力的,创新是保持企业品牌活力和发展的一个重要的途径。当下,传统的书店受电商和数字化阅读的影响,新华书店品牌如何能在这个大环境下保持品牌的魅力呢? 我认为应该从以下几个方面着手:

1. 整合资源,经营模式创新,降低企业经营成本

浙江新华书店集团依靠信息技术整合上游的产品资源及相关信息资源,搭建了全省信息一体化、库存一体化、市场一体化的连锁信息平台和强大的物流配送系统,对全省新华书店实行了连锁经营,基层新华书店依靠系统,就能享受集团整合的 80 万品种库存资源和相对的信息资源,大大降低了基层书店的企业经营成本,全省基层书店发展迅速。集团销售在全国新华书店系统排名已经挤上前三,在全行业内获得了良好的口碑。这与浙江新华集团公司与时俱进的创新经营是分不开的。

2. 开辟作家校园签售活动,创新服务方式

在受网购冲击,实体书店卖场销售下降的市场环境下,近几年来,集团又整合上游出版社的作家资源,创新服务方式,通过全省基层新华书店开辟校园作家签售活动,也取得了可喜的业绩。仅舟山市新华书店,开展校园签售活动就达21 场,合计销售图书 19107 册,总销售码洋达 32 万元。通过名作家进校园签售服务,在提高图书的销售的基层上,提升了新华书店品牌的知名度及美誉度。

3. 建设大卖场,开展多元化经营,为企业品牌注入新的活力

企业品牌的形象也需要不断地变化,注入活力,才能得到提升。进入 21 世纪以来,浙江省新华书店两手抓,一手是利用扩大销售、教材专营、税收返还的积累投入卖场建设,全省累计投资卖场建设 30 多个亿,建设起一批超级大卖场,另一手是以书为中心,不断整合图书相关产品,建设文化 MALL,为读者提供一站

式文化消费服务,让消费者不断产生对新华书店品牌的新鲜感,提升新华书店品牌的魅力。就以舟山市店为例,自从 2007 年卖场引进文具、数码产品开始,文具、电子数码产品在卖场销售中一直保持着良好的销售态势,而且成为新华书店品牌的市场竞争力因素。就以 2013 年下半年舟山市新华书店新建的新城书城,开业至今半年的销售数据为例,在 413 万总销售中,文具、眼镜及数码产品等多元销售总码洋达 227 万元,占总销售的 55%,其中新引进的眼镜产品板块,销售码洋达 84 多万元;图书销售 185 万元,占总销售比重的 45%,图书销售比重首次下降,这说明卖场多元产品叠加,对销售产生的集聚效应。同时也说明,进书店的消费者多了,消费者购买的产品多了,新华书店的品牌效应,由于多元文化产品的引入而不断增加活力和影响力。

四、结束语

总之,新华书店品牌是几代新华人用职业、专业、敬业的精神共同打造的,是与共和国共同成长的几代消费者对新华书店及其产品、售后服务、文化价值的一种评价、认知和信任。作为新一代新华人,我们要充分认识新华书店这个传统品牌的价值,特别在当下新华书店实体卖场受到电商和数字化双重冲击的大背景下,我们更要创新思维、与时俱进,做好、做深、做专、做细服务读者的一切细节,以维护和建设新华书店品牌。通过我们的服务,将“新华书店”这个具有悠久历史的文化品牌,融进消费者生活、读书、消费的永久记忆中。

参考文献

[1]杨兴国.品牌力.北京:人民邮电出版社,2012.

[2]新闻出版总署职业技能鉴定指导中心.出版物发行员职业资格培训教材.北京:中国书籍出版社,2008.

[3]徐冲.做书店.桂林:广西师范大学出版社,2007.

[4]郑翔洲,叶浩.新商业模式创新设计.北京:电子工业出版社,2013.

[5]中国书刊发行业协会.教材出版发行改革与中国书业的未来走向优秀论文集.北京:中国经济出版社,2007.

[6][英]汉密士·普林格,彼得·菲尔德.品牌长青.北京:中国铁道出版社,2013.

如何在加强县级新华书店人才资源
管理中发挥党组织的优势

浙江云和县新华书店有限公司　吴　霞

【摘　要】新华书店的发展日趋壮大,但是人才资源管理存在的问题却日益凸显,尤其是县级新华书店,在事改企之后招聘的员工中,人才型员工流动性极大,如何解决好这一问题,成为新华书店可持续发展的关键,也是新华书店在管理方面的重要课题。

【关键词】新华书店;人才;管理

一、对加强县级新华书店人才资源管理的思考

近年来,随着网络购书被越来越多的人所接受,随着图书市场的竞争愈演愈烈,随着教材实行政府采购后其利润空间的缩小,新华书店的经营能力和管理能力受到了极大的挑战,与此同时,随着省新华书店发行集团科学、快速的发展以及坚持主业发展,坚持科技创新、统筹产业布局的战略部署,更显现出了县级新华书店人才资源方面存在的问题及对人才需求的迫在眉睫。随着社会的不断进步,人才型员工可选择的平台越来越多,知识型、能力型的员工流动性极为频繁,县级新华书店是人才流动较为频繁的行业之一,做好县级新华书店人才资源的管理,已经成为县级新华书店生存和发展过程中亟待解决的问题,为此,思想政治工作至关重要,应发挥其应有的优势。

一、县级新华书店人才资源管理存在的问题

(一)人才缺失,流动频繁

当今社会,越来越多有才学、有志向的年轻人大多选择在有着更多发展机会和更高平台的城市发展,选择回到家乡——县级城镇发展的极少,而回乡的大都也

能被当地人事部门录用为公务员或事业单位工作人员，这个现象在欠发达地区尤为明显，云和县新华书店在近六年当中，先后招聘全日制本科学历毕业生三人，有两人能力表现突出，并在就职两年后分别担任部门负责人和楼层负责人，但这三人都未能干满三年就分别考入了事业单位。人才流动的频繁，自然就造成了人才紧缺的现象，而人才紧缺就无法形成内部竞争氛围，没有竞争就意味着没有追兵，没有追兵就很容易使人懈怠。

（二）人才结构不合理，知识型员工紧缺

图书是特殊商品，是文化、知识、思想的载体，因此一个优秀的、称职的经营管理者或普通发行员都应具备与之相匹配的知识结构和文化素养。企业的发展需要现代经营管理理念及创新能力，不同文化层次客户的沟通需要不同文化知识及心理素质的支持，而目前，县级新华书店大部分员工都缺乏相应的创新意识、人际交往能力及其内涵。

（三）缺乏学习氛围，在岗培训不够

在德、能、勤、绩的考核中，其学习态度及学习成果所占比重极小，考核的结果，员工们彼此间的分值差距主要取决于绩效成果，这是造成员工们对学习淡漠的最大因素，另外，在职工大会或中层会议中党支部书记虽然也鼓励、要求员工们加强业务知识及政治理论知识的学习，以提高企业及自身的竞争能力。但激励措施较苍白，有效的措施也不够，故未能激发员工的学习兴趣，一些在业务方面较有才干的员工由于缺乏内涵修养，其业务领域也很难拓展。

由于新华书店工作的休息时间不规律，服务性较强，工作量较大，又看似简单，这决定了其入职的门槛不高，高中以上学历即可，但真正要把工作做出色，则既要有较高的技能水平和理论水平，又要有较为丰富的知识点和知识面。这就要求我们把在岗培训做实、做好。可目前，员工的在岗培训一般书店并不重视，尤其缺少培训的主动性，一般是省店有组织、有要求，则执行而已。

可以预见，如果新华书店的从业人员大部分文化程度不高，又缺乏系统的培训，那么毫无疑问，这个企业势必缺少后劲，难以承担社会责任并严重影响其生存，制约其发展。

（四）面对问题，党支部工作缺少着力点

人的思想是很复杂的，人们性格不同、阅历不同、成长背景不同，所形成的思想自是不同，由于员工教育只强调共性，工作中只是不断地向员工提出新目标、新要求，而忽略员工的不同感受、不重视为员工创造提高自身素质的机会，致使

员工的思想政治素养和业务素养缺乏系统化,在一定程度上限制了员工发挥积极性、主动性和创造性。这固然也就不利于人才资源的管理。

二、发挥党支部工作在人才管理中的重要优势

(一)加强企业文化建设

现代企业文化一般是指一个企业内部全体职工共同形成并自愿遵守的一套价值观标准、信念、工作态度、工作作风和行为准则,具有导向性、规范性、凝聚性、激励性。注重营造一种健康向上的、为全体员工所认同信守的内部文化氛围,使员工自觉自愿地把企业目标作为自己的目标,增强使命感,从而提高对企业的忠诚度。

新华书店是伴随着几代人成长的国有企业(2003 年前为事业单位),人们对它有着特殊感情,在漫长的发展过程中,早就形成了具有自己特色的企业文化:优秀的新华精神、强大的凝聚力、良好的企业形象。在新时期应在如下方面加强企业文化建设,其一,是要重塑新华精神。新华精神经过几十年的风雨锤炼,已经成为新华书店肌体的一部分,为后来者所垂范,并不断发扬光大。我们要在传统的新华精神的基础上注入新的内涵,增强创新意识。其二,是创造良好的企业文化氛围,企业文化氛围是无形的,是以其潜在运动形态使企业的全体人员受到感染,体验到企业的整体精神追求,因而产生思想升华和自觉意识,我们应该营造企业民主和谐的文化氛围,形成上下平等、相互协调、心情舒畅的环境,经营管理者带头在企业内营造互相尊重的气氛,以人为本、尊重员工、关心员工、爱惜人才、善用人才,使企业保持一种强劲的生机和活力,从而为稳定员工队伍提供保障。

(二)提高素养,解决思想问题和解决实际问题结合起来

就云和县新华书店而言,流失最多的也让我们感到遗憾的是知识型员工,对知识型员工如何管理,这是县级新华书店人才管理中重中之重的课题,为此,党支部应掌握知识型员工的特点,并根据其特点做好相应的思想政治工作工作,把解决思想问题和解决实际问题有机地结合起来。

一是党支部书记必须加强学习提高素质。知识型员工大都受过全日制的高等教育,具有较强的创新意识,广博的学识,现代的知识结构,多方面的爱好,善于学习、思考、总结经验并不断地吸取新的知识,在工作中接受能力较强,执行任务的办法较多,具有较高的综合素质和沟通能力,他们的内涵修养对新华书店这

样的文化企业而言,不仅在与读者的沟通中有着重要的作用,同时也是企业的名片。为此,就要求党支部书记不断学习和思考,与时俱进,不断更新知识结构,以适应工作的要求,要具备丰富的知识和良好的行为习惯。丰富的知识能够和广大员工更好地沟通,良好的行为习惯是为了给广大员工做出榜样。同时渊博的知识不仅有助于在工作中得心应手,赢得广大员工的尊敬、佩服和认可,成为广大员工欢迎的人和值得信赖的人,以更好地开展工作,还有助于提高洞察力,提高看问题的深度、广度和坡度,提高发现问题、认识问题和解决问题的能力。二是帮助知识型员工制定个人发展计划。知识型员工希望自己的工作环境能够相对自由,有着被尊重和实现自我价值的需要,在注重报酬的同时,还要注重个人的成长和发展,希望从事具有挑战性的工作,希望有所作为,并有地位,得到领导的认可和同事们尊重。当然,知识型员工流动性也极强。随着社会的不断进步,人才被重视的程度不断地提高,选择职业的机会越来越多,知识型员工在感受到工作满意度较低时会毫不犹豫地选择离开。因此,在招聘知识型员工时,就要着手思想政治工作,要主动了解他们有什么发展愿望和机会,共同寻找个人发展与企业发展的结合点,为他们设计与企业发展相匹配的职业生涯规划,同时赋予知识型员工更富挑战性的工作和相对宽松的工作环境,通过让其承担更多的责任来增强成就感,从而提高其对工作的满意度和对企业的忠诚度。

(三)加大党支部工作的文化力度,提高党支部工作的有效性

一要重视员工的在岗培训。在岗培训应该从企业自身的特点出发,结合自身的发展需求进行针对性的在岗培训,制定出一套科学、合理的、真正促进企业和员工共同发展的培训计划。培训的方式应该形式多样,切实有效,首先要激发员工们的兴趣,还要适应不同层次的需求,使无论是技能型员工还是知识型员工能够各得其所,这也有助于企业对人才管理双管齐下。

技能型人才一般对企业忠诚,常规的实际操作能力比较强,在营销方面心理素质较好,沟通能力较强,但由于缺乏内涵修养,知识的广度和深度有限,所营销的成果只能在相对较低的文化层次的群体中见效,常规工作的思维能力颇有局限性,为此,党支部应进行"公文写作"、"公关礼仪"、"企业文化"、"职业道德"等方面的讲座,同时以知识竞赛、征文活动的方式进行知识的渗透,以情景模拟的方式提高营销能力。这样无论是在知识面、信息量,还是在思想观念、思维方式、语言能力、工作及协调能力方面都不同程度地得到扩展和提升。

二要重视知识型人才的培训。知识型人才的培训,主要在于思想观念,在工作中发现问题给予点拨,加以引导,而当知识型员工的品行、能力被认可后,便可让知识型员工更多地参与到企业的管理中来,从而激发其进取心和成就感,另

外,还应该及时地为其提供体现价值的平台,这不仅是为了他们获取更好的收益,更重要的是,他们想得到认可的期望得到了满足,这样,知识型员工浮躁的心理便得到了安抚,在感情上增强了对企业的归属感,自然对企业便多了几分忠诚。

三要在感情上尊重员工。尊重员工是最大限度调动人的积极性和创造性、充分发掘人才资源所必须的条件。尊重带给员工的是责任感、是自信和力量。一个人如果感到受人尊重,尤其是受到领导尊重,那是很受鼓舞的。固此,作为支部书记首先要发自内心地尊重员工,以自己之心体悟别人的合理要求,以真诚之心尊重员工的工作成果,要本着爱心、真心、诚心与员工相处,用平等关爱的语言与员工交流。

四要完善员工的考核制度。利益机制绝不是解决问题的唯一途径,尤其解决不了思想道德层面的问题,思想政治工作和利益调节机制之间是一种相互补充、相互完善、相得益彰的关系,考核不仅要重视经营业绩指标,还要将平时员工的学习和培训的成效及员工思想进步因素纳入考核体系,真正达到促进员工与企业共同成长,充分运用考核这个管理手段,实现技能型、知识型员工与企业的共赢,以稳定人才队伍。总之,对于县级新华书店人才资源的管理,应当作为新华书店党支部工作的重中之重,努力为企业所需之才创造一个宽松、积极的氛围,主动、扎实地做好事业留人,情感留人,从而保障新华书店科学、持续、稳定、快速发展,进而更好地为人民服务,为社会主义服务。

参考文献

[1] 李蓁.浅析知识型员工的工作满意度管理.北京:中国论文下载中心.

[2] 范恒君.浅析有关酒店营销人才人力资源管理的探讨.北京:中国论文下载中心.

图书快速盘存方法的研究与实践

浙江萧山新华书店有限公司　方甫良

【摘　要】盘存是图书经营活动流程中重要一环,盘亏率与销售、利润、库存周转率并列为图书经营四大主要考核指标。盘存既是核查账实是否相符的一种会计管理手段,也是书店在日常经营过程中了解库存商品情况,调整库存结构的一次机会。目前,由于行业图书商品标准化程度低和图书经营品种规模的不断扩大,图书盘存工作也产生了系统商品的唯一性要求和现实一码多品的矛盾;图书品种的规模化与盘存组织工作费时费力两大矛盾。图书盘存工作量大,效率低。本文从研究不同历史时期图书经营的盘存方法的特点和问题中,研究和总结如何利用计算机技术提高图书盘存效率的方法,以期向同行提供参考与分享。

【关键词】图书经营;盘存;方法研究

一、图书盘存的历史与回顾

不同历史时期图书盘存的方法,因盘存工具的不同而不同,从盘存使用的工具分,可分为算盘时代和计算机时代;从库存数据管理的方法看,可分为码洋管理时代和品种管理时代;从实物清点方法看,可分为手工盘点时代和条码枪扫描时代。在新中国成立后 64 年的新华书店历史中,1996 年是两个时代的分界点,1996 年前为图书盘存手工时代;1996 年后,图书盘存进入计算机时代。

(一)手工时代盘存的方法与问题

采用什么工具盘存,与图书经营的管理方式和生产工具密切相连。在图书经营的手工时代,图书经营活动的全过程:进、销、存、调、退、结全部采用是手工记录,算盘辅助计算操作。盘存虽然只是经营流程中的一个点,但由于它是阶段性图书经营活动结果的一种检验,所以盘存工作三个阶段:盘前数据准备、实物盘存、盘后数据分析都与进、销、存、调、退、结业务活动有着密切的关系,盘前、盘中、盘后的数据整理全部靠算盘,工作量大,效率低、结果数据粗糙。主要表现在以下几个方面:

1. 盘前业务经营数据整理工作量大

当时基层新华书店的图书业务经营的进、销、存、调、退、结全部采用是手工操作,且这些业务数据是分散在业务部、各销售部门、库房、财务部。因此,当时如果要进行盘存,必须全店动员,要求各部门在盘存时点截止前将这一时期所有的进货数据、门市销售数据、店内店外部门之间调剂数据、退货数据全部整理统计。而这些数据都存在于一张一张的手工业务单据中,所以要拿出盘存前的理论库存数据,工作量是巨大的。一个环节数据整理不到位,会造成全店盘存数据不准确,给后续的经营活动带来很大的麻烦。

2. 实物盘存涉及的销售部门多,过程长

为了便于实物的销售和库存管理,划小经营单位是手工时代图书经营管理的主要模式。为了与新闻出版行业《图书流转报表》统计要求接轨,图书的销售部门也基本与十大类相同,分为社科、科技、文艺、少儿、文教、大中专教材、中小学教材、图片年货、单位服务、音像、文化用品等柜组和部门。那么多销售和实物管理部门,都要一一拿出对应的进、销、存、退、调、结的数据,又要以此一一进行实物的盘点,其盘点过程极长,有的书店一次盘存要花半个月甚至一个月的时间。

3. 盘存结果数据粗糙,难以对盘存结果进行分析

手工时代的实物盘存的方法与销售方式是相同,全部只能是码洋管理。将图书实物按同一定价进行归整,然后清点同定价册数,再分别记在一张盘存表上,然后按盘存表记录的册数和定价计算出库存实物的总码洋。因为手工时代图书经营管理方式的局限,最后盘存的结果除了有一个盘亏总额外,是没有其他数据来帮助分析经营结果的。比如,盘亏的数据中涉及多少品种?哪几个品种盘亏量大?哪些品种怎么会盘盈?造成盘亏(盈)的原因是什么?是被偷了?是内部人?还是门市防损措施不严?还是前期盘前账务数据没有整理完整?等等,因没有具体的品种数据,一切分析都无从谈起,更谈不上工作方法的改进提高。最后也只能按制度根据盘亏额的多少对相关实物责任人进行奖惩了事。

(二)计算机时代盘存的优势与问题

1. 计算机时代盘存的优势

从1996年书店使用POS销售和业务采用MIS系统以来,图书经营管理进入计算机管理时代。就图书盘存来说,采用计算机管理和操作的最大优势在于:

（1）盘存结果数据精准度提高

图书经营采用计算机管理和手工管理的最大区别，一个是品种管理，一个是码洋管理。图书经营的进、销、调、退、存、结数据全部在一个业务系统中，盘存工具也从算盘打盘存表到条码枪扫描图书商品条码，系统自动计算统计和比对盘存结果。从原码洋库存信息变成品种库存信息。盘存的结果库存信息丰富、详实。哪些品种盘亏属于正常，哪些品种盘亏有非正常状况一清二楚；能为后续的经营经营状态分析提供帮助。

（2）数据整理的工作量大大减轻

将图书经营的全流程（进、销、存、调、结、存）集中在一个系统中管理，使图书经营有了显微镜和望远镜，进、销、存、调、结每个环节的问题都随时能清晰地拿出数据进行分析。就盘存来说，由于业务前期业务数据都在系统中，盘前数据整理相比手工时代工作量大大减少，哪个环节、哪张单据没有按要求做好盘前整理，系统盘前一查就清楚。

（3）打破柜组局限实现大卖场多品种管理

浙江新华的基层书店自 1996 年开始实行计算机技术管理以来，17 年中，基层书店卖场的经营品种从 5 千至 3 万种扩大至目前达到 5 万至 30 万种。行业内人士总结说：计算机时代使图书经营实现了从码洋管理到品种管理质的飞跃。

2. 目前盘存仍然存在的问题

但在图书经营采用计算机管理的 17 年历史中，由于行业图书商品标准化程度低和图书经营品种规模的不断扩大，图书盘存工作也产生了系统商品的唯一性要求和现实一码多品的矛盾；图书品种的规模化与盘存组织工作费时费力两大矛盾。主要表现在：

（1）一码多品的商品严重制约盘存速度

由于书号发放管理制度的缺失，使原本图书商品的唯一码"中国书号条码"在使用中失真，一码多品现象严重。2004 年浙江新华连锁计算机系统一码多品的品种占总品种的 13.5%；2007 年一码多品的品种占总品种的 10%。2007 年除一品一码的品种外，有近 19% 的条码使用中失范，平均一个条码派生出 4.5 个图书商品。在计算机系统中，商品信息是图书流转的根，所有进、销、存、调、结数据都记录在商品信息这个根上的，这些不规范的信息，一旦进入系统，就很难消除，日积月累，一码多品的图书信息严重阻碍了盘存效率的提高。如果是一码一品的图书，只要扫描一下条码，输入数量就是了，一般是 1~2 秒中就能操作一个品种，而如果一码多品，扫描条码后，需要对照图书实物的书名、定价、出版时间、版次印次等条件在同条码信息中选择正确的品种才能输入数量。一码多品的一种图书录入时间平均为 3~7 秒，耗时相当于正常录入的 3~4 倍。系统最离谱的一码多品图书是某法律出版社出版的法律规范类书，一个条码居然有120个品种。如果这些品种图书的定价调整一次，相同条码、不同定价的品种信息就会翻倍，变成240个、变成360个。设想一下，如果盘存此类商品，扫描一个条码要在360条商品记录中寻找一条正确的记录，那是什么效率？

（2）品种规模与盘存实施效率的矛盾

依托集团公司信息一体化、库存一体化、市场一条化的计算机连锁平台，基层书店经营品种迅速扩大。以品种规模去整合市场资源，又从市场拓展中不断地扩大品种规模。但在品种规模发展中，盘存工作组织的压力也随之增大。2007年宁波中山店在架品种20万，需95人盘存4天，博库书城2012年在架图书约30万种，130余人用RF枪盘存需3天，萧山书城2008年在架品种9万，35人盘存需2天，经测算，当时萧山店人均盘存效率约为300册/小时。由于盘存工作量大，很多大卖场盘存采取了减少盘存环节的方法，将"扫描、清单打印、复盘校对、修改、确认"5个盘存流程改为"扫描、抽查复盘修改、确认"3个流程，取消了工作量最大的"清单打印和复盘校对"流程，复点也只是象征性地抽查复核了几个架位盘存数据；有的店甚至将全年两次盘存改为一次盘存。

盘存的工作及在图书经营活动中的作用与意义，在上述两个矛盾的压力下，逐渐流于形式。盘存对卖场经营管理的监管作用被削弱，盘亏率逐年上升，经调查，2012年省内多家大型门店图书年盘亏绝对额达40万以上，盘亏比率在7‰～10‰之间，远远高于3‰～4‰的正常比例。

二、快速盘存方法的研究与实践

（一）盘存方法的研究与突破

根据盘存工作存在的问题，2009年开始，萧山新华书店从总结盘存工作中的问题着手，在总结手工盘存和电脑盘存方式优缺点的基础上，充分利用计算机技术，对盘存的理论、技术和方法有了重大突破：

1. 理论突破：变静态盘存为动态盘存

我们从梳理盘存的5个流程"扫描、打印、校对、修改、确认"着手，发现在这5个流程中，只有"扫描"录入环节需要暂停营业，而其他四个流程可以不关门操作。而从盘存时间安排上，"扫描"时间占盘存时间的40%；而打印、校对、修改、确认等4个阶段的时间占整个盘存时间的60%。因此只要将过去"盘存时间＝5个流程时间＝暂停营业"改为"盘存时间＝扫描时间＝暂停营业"，就缩小了"盘存"影响营业的一半时间。这个研究发现使我们很兴奋，于是着手调整流程和改造系统,增加系统按区域定架位盘存功能,做到卖场盘存不停业,将过去全场关门的静态盘存改为不关门按区域进行动态盘存。这个理论突破使盘存关门时间缩减一半以上。

2.技术突破:突破了"一码多品"的瓶颈

原系统盘存我们采用的是集团统一平台的书目数据库,"一码多品"现象较严重。现在我们在盘存前,先将集团统一平台的书目数据库与萧山本地的库存数据库进行比对,通过系统书号与架位勾连、与库存品种勾连等方法,以此缩减一码多品的书目信息,突破了"一码多品"的瓶颈。如有个文教图书品种,一个书号有1~6年级六个品种,但这6个品种是陈列在1~6年级不同架位上的,根据系统按架位库存信息的筛选,盘存时,RF枪扫描到该架位时,只出现一个特定年级的品种,一码多品的品种,在盘存扫描操作中变为一码一品。这个技术突破又将录入时间大大缩减,并提高准确率。

3.方法突破:用"册数校对法"控制减少差错

经研究,盘存录入差错是产生盘存差错的重要原因。盘存数量录入最频繁发生的差错是两种:一是整个架位、整排的漏盘或者是重复盘,二是录入时键盘数字粘连,将书号9787当成册数录入。我们通过"册数校对法",一是将原架位上的库存册数与录入册数自动校对,二是将盘入品种与库存品种进行比对,从根本上解决了盘点中品种、册数录入差错问题。采用这种方法的另一个好处是真正减少了"打印清单"、"复核校对"两个流程,实现了无纸化校对。

这三个突破的意义是巨大的,既节省了纸张,又保证了盘点录入的准确,还缩减了录入后校对复查的品种与时间,并且又将原先校对需安排的人员省下来投入到扫描录入之中。

通过这三个研究与突破,在门市人员不变的情况下,扫描录入的人更多了,一码多书的信息又少了,速度就快了;同时扫描时大的差错避免了,小的差错系统都有提示,后续校对的时间又减少,甚至不用校对,整个盘存用时大大缩减。

(二)快速盘存方法的操作流程

萧山店从2009年起,根据三大突破设计盘存流程,开发盘存程序,改进盘存方法,经三年多的实践,总结出"快速盘存"方法,现将其流程和操作要点整理如下:

1.盘前准备三方面

盘前准备主要三个方面,一是盘前图书实物的整理;二是盘前系统流转数据的确认;三是盘存人员组织和系统设备的落实。这三个环节工作做好了是实现高效快速盘存的第一步。它非常重要,却常常容易被人所忽视。许多盘存工作失败,都是由于盘前工作没有做踏实而造成的。所以盘前工作规范化很有必要。

(1)图书整理6个要求

①检查盘存区域架位号的设置:要求架位号正确、醒目,易找。

②书架整理:要求书架干净整洁,一品一放。(一品两放相当于增加一倍品种,效率就会降低一半)。

③特殊品种事项核对:要求对高价书、套书、多复本的品种提前进行数量清点。比如《二十四史》一套有63本,门市会选几本样品,其余放在仓库内,这些品种都需事先整理核对,防止盘存时漏盘或者重复盘存。

④仓储包件图书整理:门市小仓库、书架柜子中的图书,能上架的尽量上架归位,多复本图书数好数量打好包,在包件贴头上注明书号、商品名称、数量,且贴头朝外。

⑤不动销图书退货:根据系统提示,对半年以上不动销的品种进行清退,退货图书及时送回省店仓库。

⑥污损图书提前报损报废:污损图书审核造册,提交业务科审查后,按规定报损报废。

(2)盘前理账8个要点

盘前的业务流转账务检查主要在收货、销售、退货和转移四个环节,系统中7个环节需要重点检查:

⑦省店发货单检查:确认盘前收货正确无差错(避免未收货上架或已收货不拆包,造成盈亏)。

⑧系统负库存检查:对系统出现的负库存品种,要通过检查系统商品流转账卡,分析产生负库存的原因,避免出版社直发品种实物收货,系统数据未上报省店。

⑨转移和分发单检查:部门间转入转出品种及时确认。特别注意自动分发。

⑩预销售检查:对系统预销售数据进行梳理,催收书款不遗漏,保证资金安全。

⑪退货回告确认:对省店退回图书,要实物与账单对应后进行确认,避免盈亏。

⑫直退供货商图书确认:直退供货商与退省店系统逻辑不同,需确认后才减库存,因此在盘前与供货商联系,在系统中完成确认。

⑬盈亏情况检查:盘前日常系统盈亏数据检查。

⑭账表对比:系统盘前账表对比,系统账表不平,严禁进行系统盘存初始化。

(3)人员及设备两个到位

人员到位:按盘存区域架位,合理安排盘存人员。做到架位分配到人,责任要求落实到人,以避免重复或遗漏的差错。

设备到位:落实盘存设备,保证盘存顺利进行,并根据盘存工作量,调配好盘存工具。

2.实物盘存操作七步骤

第一步:系统初始化。盘存采用单机盘存,这样盘存实物操作和盘存初始化可分别进行,实物盘存不受系统初始化的时间限制。只要系统设置好 POS—区域对应关系,这样就可以进行动态盘存,边盘存边营业而不影响盘存准确性。

第二步:录入前清点架位册数。前一晚下班后全员按区域分工整理书架,将同一品种归位后清点册数,做好数量标记。以提高扫描录入速度和减少盘点差错。

第三步:扫描录入并即时核对册数。盘存时,录入完毕,即时看一下 RF 枪中已盘入册数是否与清点数一致。册数准确了,码洋准确率至少在 95% 以上了。

第四步:单机数据导入系统。盘存电脑系统不联网时系单机盘存,需要联网时系统电脑插入网线,即可实现单机盘存数据的自动导入,避免以往单机盘存数据用 U 盘拷入容易数据丢 失问题。

第五步:系统后台核对差异。将盘存数据导入系统后,采用系统计算机程序对录入数据与系统账表数据进行自动比对,系统库存数据与实际库存数据一致的,系统可不显示,系统只显示有差异的数据,解决人工校对难以发现的品种错误问题,准确高效。

第六步:按系统提示检查核对和修改。比对系统有差异经人工确认确属差错的品种、数量由门市主管人员确认后修改。

第七步:确认盘存结果。查询修改完毕,确认盘存结果,本次盘存结束。

3.快速盘存实际应用效果

萧山新华书店应用此方法,人均盘存效率从 2009 年的 300 册/小时,提高到 2013 年的 1300 册/小时,速度提高了 3 倍,盘存用时缩短了 2/3,2013 年 4 月萧山店 6 个门市盘存,均从过去两天关门停业,到此次 6~7 个小时快速准确完成盘存工作,盘存部门当天下午 14:00 前均实现全面开门营业。

快速盘存对营业影响时间少,盘存速度加快,准确性提高,盘后无重大差错发现。2009 年以来总盘亏率始终控制在 3.0‰ 以内,取得了良好的效果,现已在全省新华书店系统应用。

三、结　论

快速盘存方法的研究和实践,是信息化时代计算机信息技术与图书业务管理相结合的产物。目前这种方法已经在全省新华书店得以推广与应用,都取得了很好的效果。这次盘存系统计算机改造成功的实践,再一次证明:在当下利用计算机技术提升图书经营的生产力水平,是未来图书经营业务变革与企业科学、持续、健康、发展的方向。

浅谈书店转型时期的人才队伍建设

浙江象山县新华书店有限公司　黄晓健

【摘　要】席卷全球的互联网冲击了传统出版发行业的经营模式,实体书店如何转型已经成为当下社会各界关注的焦点,实体书店的经营模式向多元化方向转型已经成为行业的共识。实体书店要转型,必须改变原传统书店单一的经营品类和单一的经营模式,改变原来单一的人才队伍结构,构建起与书店转型相匹配人才的知识结构和能力结构。因此,书店的队伍建设也就成了转型是否成功的关键所在。本文针对实体书店队伍建设这一课题,结合象山县新华书店在人才队伍建设的一些实践,提出了引进专业人才、培养自有人才、留住优秀人才的一些思考,以期为转型中的实体书店的人才队伍建设提供参考。

【关键词】书店;转型时期;人才;队伍建设

一、队伍建设创新是书店转型时期的重要举措

随着信息科技的迅速发展,电子商务如雨后春笋,手机报和数字阅读器的数字化阅读通行无阻,出版发行业遭遇到前所未有的冲击。今后的经营之路该往哪走、怎么走,是实体书店面临的首要问题。值得庆幸的是,各实体书店经过一段时间的努力,初步摸索出了多元化经营的新路。比如台湾的诚品书店、香港书店都因"业态创新"而觅得新风景,总结他们的成功经验,都是因改变卖场的传统定位,营造"公众文化生活的空间",走多元化经营而带来的转机。

浙江省新华书店系统下的许多书店也在多元化经营方面做出了不少成功的实践。如象山县新华书店,近年来不断调整经营品种和结构,积极开拓多种经营市场,2012 年销售有了很大幅度的增长,这在实体书店销售日益下降的大环境下是极其不易的。象山县新华书店之所以能够取得这样的成果,除了正确决策外,最重要的是人才的支撑。一个好的思路,只有去实施才能有效益,而实施的过程就是用人的过程。对于新华书店这种历史上封闭性很强的老企业,队伍建

设的突破性就显得尤为重要。象山县新华书店在队伍建设中注重创新性开拓，以人力资源优化为支点，有效地支撑了书店转型升级的需要。

象山县新华书店采用"引进人才、培养人才、留住人才"的一系列措施来优化人员结构。现有 60 多名员工中，85％以上具有专业技术职称或职业资格证书，专业技术人员占 10％，高级以上职业资格占 37％，中级职业资格占 23％。另一方面，注重构建多样化的人才结构，以营销人员为例：有图书经营人才十多名，多种经营人才六名，营销专业人才三名，正是这样的多层次人员的优化组合，才使书店出现了逆势增长的可贵业绩。

象山县新华书店的实践证明，队伍建设创新是书店转型时期的重要举措，而人才队伍的建设则是重中之重，对于书店的转型支撑是行之有效的。现将本人在实践中的思考加以论述。

二、引进专业人才是书店转型时期的必由之路

（一）引进专业人才有利于企业经营单一模式向多元经营模式转型

长期以来，新华书店在传统经营方式下，经营品类单一、经营模式单一，由此也造成经营队伍的人员结构的单一。当下，传统书店要应对网络冲击，必须改变单一的经营品类和单一的经营模式，向多元化经营转型。这就要求书店的员工队伍的知识结构、能力结构也要向多元化转变，才能满足企业发展的需要。其理由是：

第一，开拓多种业态经营需要相应技能的专业人才。新开辟的经营项目，在运作方式、商品营销和管理方法等方面都具有极强的专业性、特殊性，而传统书店的从业人员没有接触过图书以外的业务，也不具备相关技能。只有引入有实践经验的内行人，才能快速地开展业务，抢得市场先机，在实体书店萎缩的困境中，迅速突围、力求生存发展。

第二，引进新型人才有利于打破僵化的用人机制。书店引进专业人才，必须建立与社会接轨的公平、公正的薪酬制度，打破新华书店原有的新老员工的二元分配体制，以薪酬杠杆调动各方面人才的积极性，以增加企业的活力，为人才的脱颖而出建立平台。

第三，有助于企业人员的流动，增加企业的活力。引进新的人员改变了书店原有的内部人代代相传的同质化弊端，新鲜血液注入将促进企业人员管理模式的改进和完善，为企业转型时期提供了坚实的人力基础，使企业始终保持着活力。

在象山书店的人才引进实践中,新体制下的员工占 50％,先后引进营销策划、营销经理、高级管理人员、计算机工程师、注册会计师等专业人员 10 名。在即将建成的营业面积达 15000 平方米的书城,还将引进数码产品、文体用品、食品、餐饮、娱乐、培训等方面的专业人才,以保障企业在多元化经营的道路上稳步发展。由此可见,引进专业人才是构建多层次技能人员结构最直接的方法,也是改进传统企业人员管理模式的有效途径。

(二)专业人才的引进和使用要遵循三个原则

首先是"适用"。要根据书店发展的要求,在确定发展目标的前提下,引入相应的人才。换句话说,就是大项目引进大人才,小项目引进小人才。既不能为了充门面去引入脱离书店发展实际的所谓高端人才,也不能为了节省一点成本舍弃急需的高级人才。因此,引进人才必须在适用上把握关口。

其次是要"专用"。要为其创造能够"人尽其才"的良好工作环境,特别注意的是要专业专用,不要把人才看作是包治百病的名医,什么难事都让其出手解决,须知隔行如隔山,专业人才只能是某一专业领域的能手,有关重大的决策和决断还是要书店的管理高层来做,不能以人才为口实,使引进的人才无所适从。

第三是"重用"。人才好比是良驹,善用者能致千里,不善用者拘于斗室。对引进的人才必须给予高度的信任,放手让其大胆地尝试,为书店的转型升级开拓进取,走出一条书店前辈没有走出的新路,在数字阅读和网络书店双重压力的困境中,闯出发展的空间。只有高度信任下的重用,人才就能发挥出最大的效能。这是书店经营管理者务必牢记在心的。

(三)在人才引进的过程中,要调整好企业员工队伍结构

在人才引进的把握上,考虑到新华书店毕竟是一个利润不高的传统企业,要引进企业既能留得住也能养得起的人才,要把握好人员的性价比,不要只把眼光盯在留不住又养不起的人才身上。那些专业能力目前不高,但有潜质的、肯吃苦、有学习能力的人才可能更为适合,因为这些人有学习能力、可塑性强,且人员成本相对较低,特别适合中小型书店的使用。有些专业人才还可以采取向合作伙伴借用或聘请有丰富经营经验的退休人员等方式,采用项目制的方式在短时间解决企业的需要。以象山县新华书店的新建书城为例,以前的卖场管理者从未管理过如此大规模、经营项目繁多的卖场,如果仍然用老一套管理方法进行管理,肯定行不通。在开业之前进行专业培训是一种方法,但更快更好的捷径就是在核心岗位引入有经验的人员,比如聘请有丰富经营经验和管理水平的、退居二线的大卖场经理来做顾问,这样一来可以让新书城少走弯路,尽快走上正轨,二

来也可以借此培养出一批管理者。

三、培养自有人才是书店长远发展的根本之策

新华书店在几十年的经营中,也培育出不少优秀的图书经营人员,这些人有着不可或缺的优势,他们积数十年的经验,在图书经营方面有着许多真知灼见,对企业具有极高的忠诚度和极强的责任心。虽然这些"自有人才"的传统图书营销经验不能适用网络时代的经营,在多元经营技能方面也存在技能缺口,但丰富的图书经营阅历使他们极具可塑性,只要在新型业态经营方面充电,就能继续发光发热,为转型后的书店贡献力量。因此,拓展自有人才的知识领域,培养自有人才的多样化技能,是保持书店持续发展的根本所在。

自有人才的培养,我们的经验是可以采取三种措施:

(一)技能培训,系统提升

书店在转型时期会碰到许多过去从未经历过的新事物、新观念、新技能,以往的经验和技能不足以适应新时期的需要,可以通过专门的培训,补充专业知识和技能,达到人员技能系统提升的目标。象山县新华书店采用送出进修和店内培训两种方式使人才能力得以系统提升。近年来,浙江省内有不少的短期进修班,可以花费不高的费用、在较短的时间内充实专业知识,我们选拔了1~2名文化基础好、头脑灵活的人员,经过一定的考核程序,送入进修班脱产学习,学成归来后安排适当的岗位,让其施展才华。除此之外,还将相关专家和业内行家聘请到店内,以专业讲座和理论知识培训的形式提高人员专业素质。另一方面,鼓励职工参加技术工人等级考试,从中培养和选拔人才。

(二)同行交流,相互提携

转型升级是各实体书店的共识,同行们都面临同样的困难和机遇,为了少走弯路,尽快找到一条发展新路,同行间都有共同交流、相互提携的需要。因此,针对书业生存发展中的新课题、新项目,一起做策划、定方案、渡难关既是可能的,也是便捷的。在这样的探索氛围下,业务水平的提升会获得实用效能,人才的培养也能起到很强的催化作用。近些年,宁波市发行业协会连续不断地举办系列专题研讨会,我们抓住这一机会,积极参与同行间的交流、研讨,通过这一学习途径,人员能力提高很快,好多人现在已成为各店的领导骨干。我们还将这种形式引入店内,针对经营难题成立专题攻关组,集中力量解决问题。这一举措使书店的人才队伍更具层次性和优质化。

(三)因材施用,挖掘潜力

将自有人才的培养贯穿到实际工作中,针对人员特点大胆使用、因人设岗,充分发挥自有人才的潜在能量。这个方法,要求高层管理者给有培养前途的人才压担子,鼓励其勇于实践、大胆创新。例如象山县新华书店通过竞聘上岗、承包制等手段,从门市营业员中选出社会人脉广、社交能力强的人员,让其在教材营销、门市营销、购书券营销等岗位充分发挥聪明才智,这一举措在短时间内就初见成效:在学生数每年下降的情况下,教材销售由往年的 1540 万猛增至 1800多万,增长了 16.8%,这在教材征订数逐年减少的情况下,是一次超越。同样,在门市销售疲软时,适时设岗组建营销人员,仅两人一年就完成销售近百万,大大超出年初制订的 50 万任务。这一举措不但减轻了门市销售的负担,也增加了门市营销的信心。又如,为了调动有潜力营业员的积极性,根据本人特点设定每年 30 万、次年递增 10% 的任务,采用"自由式"上班模式专业推销购书卡,在其"领取"任务的三个月内就推销了 50 万。由此可见,当自有人才的潜力被充分挖掘时,其能量是不可估量的。总结我们几年来的实践:当所用人才在工作中遇到困难、受到挫折时,更要给予充分的信任、宽容和理解,并帮助其找准问题所在、克服困难,人才方可脱颖而出,成为专业的行家里手。目前,象山县新华书店已初步形成了各个岗位都有领军人物、每个工种都有一支团队的高效能的人才群体。

四、留住优秀人才是书店持续发展的动力之源

随着市场竞争对人才的迫切需要,各个企业都把人才当作生存发展的内在财富、视作持续发展的动力之源,人才的竞争日趋激烈。另一方面,企业的决策要依靠具有执行力的人员实施,才能获得好的结果。因此,留住优秀人才的问题就更为重要、也更为复杂。如何留人,已经成为人才储备使用和流动中的突出环节。我的体会是:留人就是留心。如何留心,本文略献三策。

(一)价值留人

要让人才在书店里看到光明的前景,不仅有施展才能的空间,更有做出成果的喜悦。只要有了这种认同感,就会产生持久的归属感。比如,我店个别有才能的员工,曾经因为自身的价值没有得到充分的展示,有消极怠工的,还有参加公务员考试想离开书店的。后来领导根据各自的特长给予他们发挥才智的机会和空间,并根据他们的成绩不断提升职位,让其感到自己被重用,工作积极性也日

益高涨,各项工作也完成得非常出色。由此看出,书店管理者不仅要当好人才的伯乐,还要做好人才的参谋,及时了解他们的能力状况、需求和愿望,设身处地为他们的发展设定目标,使他们在书店的发展过程中体现个人价值,让职业的成就感留住人才。

(二)待遇留人

"既要马儿跑,又要马儿不吃草"的陈腐观念,在当今人才使用上已经不具现实性,待遇是人才价值的体现,对于传统的、封闭性较强的传统书店,必须更新观念。在人才的引进和使用中,要大力改革书店的传统人事制度和薪酬分配制度,按岗定薪、按业绩高低取酬是企业发挥员工工作能动性的唯一标杆。优厚的薪资是留住人才的基础和保障。目前书店旧体制下的员工纷纷进入退休期,随着书业的发展,大批新员工补充进来,他们工作量最大,工作勤勤恳恳,但由于体制原因却拿不到正式编制职工收入的一半,长期下去势必影响新员工的积极性,同工不同酬是新员工流动性过大的主要原因。要想留住优秀人才,就要改变这种不合理的现象,制定合理的薪酬体系、岗位管理和绩效考核制度,根据员工岗位技能和绩效优胜劣汰,为具有才能的员工提供公平合理的薪酬待遇和工作环境。

(三)情感留人

"人道之极,莫过爱敬",这是管理者最好的留人方法,但也是最难掌握的技巧。书店事业的兴旺为人才的发挥才能提供了宽广的平台,也为书店留住人才创造了物质基础。但仅有事业和待遇还不足以长期留住人才,还需要有一个充满温情的工作环境来强化人才队伍的稳定,也就是给人才一种"归宿感"。这就要求人才所在的书店是一个和谐的团队,不但目标一致,而且荣辱与共,不为小利而失和,不为小怨而失礼,俗话说就是人人心情舒畅地工作。而这个局面的维持,就要靠书店高层管理者的睿智和襟怀,但总的掌握在一个"情"字,唯有真诚待人,让人才觉得你是一个好的管理者、一个值得信赖和拥护的领导者,才会留下来"生根开花"。情感留人的方式多种多样、因人而异,比如对人才生活上的关怀与帮助、对人才思想上的了解与引导,或者组织一些集体性的文娱竞赛,外出旅游、亲子游戏等等,用"人性化"的工作方法,让人才感受到自己在团队中的重要性、是不可或缺的,这样就更能把心交给书店,与书店共患难。总之,一个好的管理者就是看他如何去调动和发挥人才的正能量,只有管理者把自己当成一家之主,把人才看成是亲人,想人所想、急人所急,以情待人,才能真正留住人才。

书店在转型升级的道路上刚迈出开创的步伐,在初创之时,研究这一课题既有意义又有价值。象山县新华书店近年来在人才引进、人才培养和留住人才的人事制度创新上做了一些尝试,有力地促进了企业的业务拓展。在保障书店经营转型时期发展的同时,也造就了一支新型的书店人才队伍。本文只是抛砖引玉,期待同行频出高见。

参考文献

[1] 尹世昌. 香港书店何以活得这样滋润. 浙江发协通讯,2013(6).

[2] 蓝有林. 书企人力资源待破"围城"心态. 中国图书商报,2013.4.12 第一版.

浅谈基层新华书店如何加强经营管理

浙江象山县新华书店有限公司　　姚　文

【摘　要】本文阐述了传统书店所面临的经营困境，我们该如何突出重围呢？抓硬件，促软件，巩固教材市场；店内图书适度让利，店外流动供应开拓市场；最根本性的，是把书城建成多种业态的文化综合体，引领阅读时尚。所有这些，从加强经营管理中要效益，因地制宜，结合自身特点做好基层新华书店，是我们基层新华书店突破困境的不二选择。

【关键词】困境；电商；诚品书店；文化综合体；因地制宜

引言、研究背景与意义

传统书店面临经营困境，这是一个普遍现象，即使是像三联书店这样的名店，其门市规模也不断萎缩。如果进入更加微观的层面，我们会发现，像曾经红火一时的个体经营的小书店，即有卖有租的，也基本销声匿迹了。新华书店一样面临同样的困境，但由于其先天优势，其利润对门市经营的依赖度较小，所以处境要好得多。对于基层新华书店来说，教材教辅撑起了利润的大半壁江山。这与建店的初衷、与其特殊的身份极不相称，而且利润渠道过于单一也意味着企业处在极大的经营风险之中。

一、现状与问题

究其原因，这都是当代社会信息化、数字化、网络化发展的结果。

（一）互联网的发展改变了人们的阅读习惯

以媒体为例，现在的年轻人，以及大多的文化人，了解新闻极少通过传统媒体。除一些门户网站外，登录QQ腾讯网的新闻首页，用搜狗输入时自动弹出的新闻界面、微博等大量的新闻资讯都会呈现。早上看早报，下午看晚报的生活习惯，对很多人来说已经非常陌生。同样的，传统意义上的阅读原本有很浓厚的资讯色彩，也就是，你在书上可以看到一些你所"不知道"的东西，甚至，有些不知道的东西需要通过书本去"查阅"。这个意义上的阅读，在信息爆炸的今天几乎不复存在。除了一些特别专业的内容，有什么"不知道"的，人们的第一反应是"Google"一下，或是"百度"一下，简便快捷，省时省力。再举个生活中常见的例子。以前出门旅游前，人们要好好翻一翻旅游图册，了解一下当地的风俗人情，琢磨一下行程。现在呢？上网点击一下就行了，而且信息要比旅游图册的更新，更生动，几乎可以做到同步。甚至，你可以什么都不用准备，带上一台 iPad 或 iPhone 就行，因为到处都有 wifi。传统意义上的精细化阅读一样面临挑战。

（二）时代变化，人们的阅读方式改观

一方面因为生活节奏的加快、生活方式的转变，人们对阅读的定义和认识发生了很大的改变。比如，在很长一段时期内，小说是人们消磨时间的读物，如《红楼梦》等四大名著，既是古典文学经典，同时也是街头巷尾、茶余饭后人们乐于讨论的话题，但是这种景象在新生代的人群中不复存在。阅读的消遣、娱乐功能早就被影视作品代替。也就是说，阅读作为"俗"这方面的特性正在消减、弱化，这就使得阅读渐渐小众化。现在即使是大学中文系的学生恐怕也不见得都会把《红楼梦》拿起来从头到尾看一遍，更不用说一些外国名著。另一方面，基于我国知识产权保护现状，一些本不该有的"电子书"，甚至是一些大型辞书人们都可以轻易从网上下载，有些还有专门的门户网站，这在客观上也削弱了一大部分消费需求。

（三）网络发展改变了人们的购书习惯

以"当当"和"卓越"为代表的电商平台大大改变了人们的购书习惯。以当当为例，其创建源于创始人俞渝一次很简单的生活体验：她在北京逛书店时发现大型书城，虽然书很多，但要找自己要的那本就显得很麻烦，很费时间。于是她就萌生了这样一个想法：能不能有这样一个书店，读者可以最快的速度找到自己想要的那本书，尽量减少购书过程中的不必要的时间损耗。于是，"当当"就诞生了。考虑到现代都市的生活节奏、交通状况等问题，应该来说，当当的出现是一种必然，它首先满足了对书籍有一定甄别能力，购书目的较明确的阅读群体。当当的成功，也可以反证表面上看日渐萎缩的图书市场，其实仍然大有文章可做。除了方便之外，电商的成功还有一个重要原因，那就是价格优势。以前在人们的概念中，图书很少打折——书是承载知识的东西，知识怎么能打折呢？这一点在

基层的新华书店表现得更明显。但电商的出现使消费者恍然大悟,图书原来也不过是商品,既然是商品,就有甩卖的时候。于是,消费者被"教坏"了,变聪明了,即使买本书,也可以货比三家,看了当当,再看卓越,看完卓越还可以看淘宝。于是那些跟书打交道比较多的人,买书在生活开支中占较大比例的人,逛书店的时间越来越少。

二、一般的对策与方法

那么在传统书店整个行业都面临困境的基础上,基层的新华书店又该如何突出重围呢? 我以为有如下对策和方法,可引起重视,可供同行参考。

(一)放低身段,适度让利

我们以大型百货公司作为参照,就会发现,尽管网购发达,但似乎也没能一下子就把大型百货公司挤垮。这一方面是因为大型百货公司卖的物品有信誉的保障,另一方面,精明的买家会发现如果是在打折季,其实商场的正品货,比网购的贵不了多少,权衡之下,当然去商场买更放心。而如今的商场,几乎逢节必活动,选购的时间和空间还是很大的。相比之下,如果新华书店老是端着架子,似乎就有点跟不上时代的步伐了。虽然现在的新华书店还有相当的垄断经营的色彩(如教材教辅),但是市场化是个大趋势,毕竟现在连铁道部都撤了。因此,基层的新华书店也应当引入现代管理和经营理念——因为图书归根结底也是种商品,适当放低身段,做一些让利和促销的活动,并结合自身所在地的特点,把某些活动打造成自身的传统,这既可以拉近与读者间的距离,也可以激发潜在的消费热情。在六一儿童节,新华书店给中小学生发打折券的做法,就曾经起到过很好的促销作用,去年象山县店"六一季"发放打折券 2 万张,5 天销售就达 40 万元,比平时同期 5 天销售 15 万元增加了 260%,打折促销效果非常明显。

(二)提升品位,巩固教辅市场

教辅销售是目前基层新华书店的支柱,这虽令人遗憾,但确是现实。既然是现实我们就得正视。究其原因,这跟基层新华书店的客观处境是分不开的。以笔者所在的象山县为例,县内最高的学府是象山中学,没有大专院校。对于一个县的图书市场来说,最大消费群体就是学生,而中小学生图书消费的最大需求来自课堂。如今学生课业负担重、升学压力大,应试教育大背景下教辅市场必然兴盛。教辅品种相对少,消费群体稳定,因此具有投入小、风险小、效益高的特点,一些个体书商正是抓住这个特点,如雨后春笋,纷纷冒出来。如果我们要保持在教辅市场的优势地位,除了政策上的优势、适度让利外,还要提升教辅市场的品位,将教辅的销售做得更加专业,更加人性化。如在进货前期,可以请当地的中小学各科教师进行把关,去芜存菁;销售过程中可以参照大卖场的导购单,设计导购目录,精要介绍各类教辅的特点及其在书店中的布局,可能的话,甚至可以定期请专业人士到现场进行导购;销售一段时间后可以做一个简单的回访调查,看看学生对各类教辅的使用评价。如此坚持两三年,专门负责这块业务的同志就会对教辅市场有更加全面、准确地把握,既可以减少滞销品种的进货,又对适销品种的进货量,把握得更精准,最终能提高书店的图书销售。

总之,根据基层新华书店的实际,教辅这一块要引起足够的重视,一定要做到够专业,否则,这块蛋糕将会被严重蚕食。笔者认为,在书店卖场做好教辅图书,把它做精做专对我们基层新华书店至关重要。

(三)主动出击,送书到校

基层新华书店有两个优势:一是有物流基础,二是交通相对便利。以笔者所在的象山县为例,从书店仓库到城区各大中小学校最远的不到一个小时车程,大都是在二三十分钟的范围内,就能够到达。而对于中小学生来说,平时上课没时间,周末又有各种娱乐,可能一时也懒得动。如果跟校方做好沟通,在工作日期间,选一个学生课后活动的时间,上门服务,则有利于最大限度地满足学生的购书欲,甚至可以激发学生潜在的消费需求。这恐怕是大城市里的书店很难做到的。如果是送书到主城区以外的乡镇,最好选在一些有辐射效应的中心学校,并要在前期做好广告工作。以我们象山为例,每年不定期组织到学校流动供应设摊,如定山学校,一个中午 2 小时就销售图书码洋 6000 多元,图书摊位人头攒动,孩子们如饥似渴,收到了非常好的效果。

三、建大型现代化书城,我们的根本举措

如果说读书成为所在区域内的老百姓的一种生活习惯,那么,书店就不愁开不下去了。但实际的情况是,现在整个社会的阅读氛围都不理想,更何况是小县城呢?但兴趣是可以引导的,而引导兴趣,最直接而有效的方法就是将其时尚化。如果一座书城成为一个城市的文化地标,成为观光客必到的"景点",那么它的书就不愁卖不出去了。台湾的诚品书店就做到了这一点。诚品的成功,不仅仅在于"卖书",而是以图书为连接点,打造了"多元的、动态的文化产业"。但县城毕竟不是台北,我们不可能调动如此丰厚的文化资源:"除了以精致优雅的阅读空间规划、精心陈设展现阅读价值外,更长期举办各项演讲、座谈、表演与展览

等延伸阅读活动,每年至少举办 4500 场演讲与展览,范畴遍及文学、戏剧、环保、舞蹈与美术,开创了书店与读者各种对话的可能"。但我们可以参照诚品书店的成功经验,建设一个大型书城,将其打造成县城的文化地标,引领阅读时尚,引导文化消费。具体而言,至少可以做到以下几点:

(一)创造良好的阅读环境

这一点完全可以参考诚品书店的做法,诚品力图营造阅读空间与阅读心情,其书柜面板保持 15 度倾斜,体贴读者,书架上的书伸手可及,或站或坐,随你高兴。一位爱逛诚品的人士指出,诚品书店让书店不再只是购书地点,而是可以悠然流连的"书香世界"。在传统观念上,我们把书店看成是一个买书的地方,而不是一个看书的地方,而导致顾客在书店"待不长",这一点在观念上首先要扭转过来。只有让顾客"留下来"才可能产生消费。

(二)做好导购工作

传统意义上的新华书店工作人员主要负责"看场子"和收银这两项工作,缺乏"营销"意识。结合基层新华书店的工作实际,笔者在上文已有提及,做好类似大卖场的宣传导购工作非常重要。除提供现有的电脑查询外,应该要推出更加人性化的新书推荐、销售榜单、上架计划及读者反馈等栏目。

(三)建立复合经营理念,增加文化衍生品的销售

这一点也可以参考诚品的经验。但不同的是,诚品毕竟是以"台北"为背景的。基层的新华书店不可能有如此深厚的文化背景,不可能只销售设计师原创的作品,但是,基层的新华书店可以结合自身的特点,增加一些文化衍生品的销售。以笔者所在的象山县为例,竹根雕是一大特色,可以开辟一个竹根雕的柜台;针织品是一大特色,可以辟一个文化 T 恤的柜台,可能的话,甚至可以设一个小型工作台,让消费者体验制作过程;建筑是一大特色,可以制作一些象山人设计建造的知名建筑,做成建筑模型用来销售;也可以用贝壳、海鲜等海产品设计成工艺品,配合象山正在打造的滨海旅游城市目标,既扩大了象山县的文化影响,又有益于增强老百姓的地方自豪感,成为象山一张亮丽的文化名片,这样既体现滨海特色,又能促进我们文化衍生品的销售。

(四)创建阅读沙龙,打造阅读交际平台

仍以象山县为例,居民的文化生活相对单调,而时尚前卫的年轻人缺少展现自我的正式舞台。因为县城的时尚群体,实际上是以中学生为主的,这些学生平

时忙于课业,学校里登台的机会又非常有限,所以,在周末非常需要一个聚会、表演的场所。如果能给他们搭好台,不怕他们不主动来唱戏。久而久之,这个舞台就会成为他们相互交流的一个平台,就会成为青少年的一个文化中心,就能起到很好的消费带动作用。同时,如果再能适当辅以一些传统技艺的展示,定期举办一些讲座,就不愁不成为县城的文化地标。

四、结论

总之,基层新华书店的经营一定要以所在区域的特点为前提的,既不能不作为,也不能冒进。经营思路主要有两个,一个是综合化,一个是精细化。但无论是综合化还是精细化,都要做到有的放矢,定位明确,结合自身特点,把自身熟悉的产品做强、做专。以笔者所在的象山新华书店为例,青少年图书市场的发掘和与之相关的饮食、文体用品、培训教育等产品的发展仍是我们经营的重中之重,我们要利用建设多种文化业态的象山书城作为平台,借鉴同行优秀的经营管理经验,练好内功,我想一定能把基层新华书店的经营管理工作做得更加有声有色。

区域馆藏图书市场竞争策略与思考

浙江宁波鄞州区新华书店　金永光

【摘　要】近年来,图书馆馆藏图书的采购量随着国家对公益性文化事业的投入加大,正逐渐成为众多馆配商争夺的一块图书市场大蛋糕。本文从宁波地区高校图书馆、公共图书馆、中小学图书馆、企事业单位图书馆采购市场着手分析,针对各类图书馆采购服务要求和馆配商的竞争特点,提出了新华书店应对图书馆市场竞争的策略。同时就如何提升馆配服务质量,建设专业、敬业的馆藏服务队伍、如何将馆藏服务和阅读推广结合及未来馆藏服务方式和手段上如何适应图书馆未来发展需要提出了自己的一些见解和思考,以期与馆藏服务同行们分享。

【关键词】馆藏图书;招投标服务;工作研究;思考

一、宁波地区馆藏图书的采购现状和特点

(一)高校图书馆

宁波地区不同类型的全日制高校 2012 年统计数据为 14 所,在校学生约 14.2 万人,教师约 7500 人。图书馆年购书经费(不含报刊、外文图书采购经费,数据由 2012 年度公开招标信息统计)约 1600 万人民币。其图书馆采购的方式一般以资金来源不同,分为政府采购招标和学校采购招标两种。高校图书馆采购对馆配商的服务要求相对比较高,一是要求提供采购的书目数据要分学科类别提供;二是提供采购书目信息要新、快、全、准;三是有到货率考核要求;四是因各学校所用的图书馆馆藏系统的不一致,各高校图书馆后续要求馆配商服务加工要求比较多而复杂,如在供货的每本图书上要按照各图书系统要求贴磁条、贴书标、数据再加工、图书上架等等。所以在图书馆招标过程中,学校选择馆配商的条件以服务能力为主,在服务能力相等的情况下,选择供应商的供货折扣。这

也是近十年高校图书馆采购中,供货商中标的供货折扣一直稳定在 70%～74% 之间的原因。因而,高校图书馆采购市场的竞争是服务商能力之间的竞争。

(二)公共图书馆

从宁波地区来看,公共图书馆分两类,一类是市级公共图书馆,另一类是各区县级图书馆。市级公共图书馆只有两家,分别为宁波大学园区图书馆、宁波市图书馆,购书年经费合计约 500 万。11 家区县级图书馆,年购书经费约 1200 万。

公共图书馆采购方式一般分为两种,一种是政府采购招标,一种是政府定点竞争性谈判采购。公共图书馆从采购资金来看,市级公共图书馆经费相对稳定,而县级图书馆的采购经费由于各区域人口、区县财经状况、政府重视程度存在差异,所以图书馆采购经费差距很大,年际之间变化也很大。如 2012 年北仑区图书馆新馆落成采购经费高达 700 万,而其他县级图书馆采购经费只在 20 万～100 万之间。从供货折扣看,政府公开采购的中标折扣相对稳定,在 71%～73% 之间,而政府采用竞争性谈判采购,其服务要求不同,供货折扣相对较高,在 75%～80% 左右。从服务要求看,相对高校图书馆,公共图书馆对馆配商的服务要求相对低。供货折扣是采购竞争的主要因素。

(三)中小学图书馆

宁波市目前有全日制公办学校 482 所:其中小学 276 所、初中 123 所、高中 63、职高 20 所。另有十多所大小不一的民办中小学校。年采购金额大约在 1500 万～2000 万之间。

中小学校图书馆从采购资金的绝对量来说,是一个不小的市场,但由于学校多,差异大(小学和高中的差异、城乡差异)造成中小学图书馆采购有以下几个特点:一是资金来源多元、采购资金零碎,有教育局统一出资、统一招标采购的学校"书香工程",也有企业捐赠资金的采购,且校际之间采购资金差异较大,采购金额高中每年在 6 万左右,小学在 3 万元左右,平均每个学校 4 万元左右;二是采购时间无定期。有钱就采购,不像高校图书馆每个月的图书采购量相对稳定;三是图书馆管理模式落后,大多数无计算机系统管理,仍处于传统的手工模式,也无图书馆管理的专职人员,一般由任课老师兼职管理;四是图书采购模式灵活多样,以现采为主,书店配送为辅;五是图书供货图书折扣差异较大,在 75%～85% 之间;六是图书采购服务要求很低,因此中小学图书馆采购中一些专做高定价、低折扣图书的馆配商占据了一定的市场。

（四）其他社区、机关、企事业单位图书馆

社区、企事业单位图书馆采购从资金、方式更是五花八门，一般大的社区或企业超过 10 万元资金的采购会通过公开招标，其余都在地方新华书店卖场自主选购为主。社区、企事业单位图书馆采购从时间、要求基本无特定规律可循。供货折扣一般在 75%～85% 左右。

二、馆藏图书市场的竞争策略

（一）图书馆采购招标应对策略

目前，若图书馆采购经费在 10 万元以上，基本上都要求通过招标方式选择馆配商。由于采购资金出资方和使用方对图书行业的情况了解不够，或者是馆藏业务的不熟悉，图书馆采购招标的游戏规则的制定不同，其选择馆配商的原则也是不同的，基本上分为三类情况：(1)重视馆藏资源建设的图书馆，他们的招标书上对馆配商的服务要求很严格，在评分标准中对服务能力分比重高，供货折扣分比重低，这类采购商基本上以高校图书馆为主。(2)政府出资采购。往往服务质量要求和供货折扣得分相等，最后的结果往往是低折扣中标。(3)采购方就是以采购低折扣图书为主要目的，在标书上注明供货折扣要多少。针对这三种采购招标情况我们的应对策略是：

(1)无论是哪种招标游戏规则，我们的态度都是积极应标。

在一般情况下，只要认真应标，按标书的制定的游戏规则办事，馆配商的机会是均等的。所以我们要认真理解标书，基本做法是：①在投标前，认真与图书馆进行沟通，了解他们的服务需求，介绍宣传我们的服务特色和经营理念。②投标时要认真做好标书，全面理解标书，认真应标。特别是对于图书馆标书中的服务要求，我们在标书中逐项响应。③一旦中标，以百分之百的努力，落实标书中的各项工作。

(2)招标中重折扣、轻服务的图书馆。在 2010 年前图书馆招标项目因为招标规则不尽合理，往往重折扣、轻服务，这样就会造成图书馆采购市场的鱼龙混杂，最终损失的是国家利益；我们若中标，损失折扣也要做好服务，因为只有做好，才能使图书馆感到不同馆配商的差异，慢慢体会到服务的重要性。若我们没有中标，事后也会跟踪图书馆对中标馆配商的服务质量的评价，为下一次招标做好准备。

(3)重视馆配商服务质量的图书馆。我们在中标服务中，努力学习馆藏后续加工知识,以期达到图书馆的要求,在图书馆市场中建立起良好的服务口碑。很多图书馆了解我们的服务能力后,为了使我公司能有机会参与投标,有的甚至修改招标规则,提高服务质量在招标中的比重。

我们通过上述三种应标策略和过硬的馆藏服务能力,逐步巩固和扩大了我们在宁波市图书馆市场中的份额。

(二)自主购买型图书馆的服务策略

自主购买型图书馆的采购经费小,图书馆数量多,购书时间随意性大。我们要通过调查研究摸清单位、藏书规模、购书经费、人员状况,与图书管理员保持经常性联系。根据其特点在一定时期发送畅销书书目、个性化主题书目;建立卖场采购接待服务完整流程;提供我们的采编目、上架等技术支持;利用地域优势,提供及时快速上门服务。

(三)"农家书屋"、"书香工程"的服务策略

"农家书屋"、"书香工程"是政府对文化教育事业的项目性投入,额度大、惠及面广、网点多、时效性强、采购集中。我们应该建立以下几点应对策略:①做好场地物流、人员服务准备。②做好各项预案。③做好书目准备"农家书屋"、"书香工程"往往会采购一些低特价图书,我们要有对应的书目准备,防止书源准备不足而向其他馆配商采购。④采集信息,联系文化、教育主管部门了解项目情况细节,向主管部门提供细致优质的服务方案,说服主管部门以合理的折扣价定点向我们采购。

三、做好馆配服务的几点思考

(一)提升馆配服务质量是立足馆藏市场之本

馆藏图书市场的过度竞争,使图书馆市场的利润空间已经很小,许多馆配商以低折扣争到了市场份额,但无法完成服务要求,不惜以次充好,将很多折扣低、质量差的图书充数。这样做的结果是争得了一时,争不了长久,最后这些馆配商很无奈地退出了图书馆馆配市场。而我们起步阶段虽然很困难,但坚持将优质正版的图书按时、按量配送到图书馆,充分发挥地域优势,经常与图书馆沟通,了解馆藏建设及读者的最新需求,积极主动参与到图书馆优质服务建设中去,把参与图书馆建设事业当成新华书店馆配服务的一部分,让图书馆感受到我们的"专家"型服务。特别是一些新成立的中小学、机关、企业社区图书馆,我们在服务

中,还将我们在其他图书馆学到的馆藏经验、技术主动分享给他们,让图书馆感受到新华书店是图书馆最可信赖的合作伙伴。

(二)专业、敬业的馆藏服务队伍是做好馆藏服务的基础

馆配服务是一个需要专业技术含量的岗位,所以要做好图书馆馆藏服务,新华书店必须培养一支有专业技术、又有敬业精神的馆藏服务队伍。这是我们扩大市场、立足市场的基础。为培养馆配服务的员工队伍,我们从营销沟通、书目制作、采购销售、粗加工、深加工、增值服务各个层面,设置不同的岗位,制定科学的馆配业务流程,明确每个流程的工作要点和操作要点,注重新老员工的合理搭配,通过帮、扶、带的方式,提升团队的整体服务水平和处理复杂业务的能力。图书馆的编目加工外包已经成为一种趋势,编目加工以及图书上架是我们必须掌握的一种服务技能。为了控制成本,通过第三方进行待加工,是我们的一种手段,我们有一支稳定的编目技能过硬的队伍,在第三方加工出现问题时候,可以及时应对,避免被牵着鼻子走。

(三)将馆藏服务和阅读推广结合是馆藏服务方向

党的十八大报告将"开展全民阅读活动"写入党代会报告,这是新中国历史上第一次从国家层面提出开展全民阅读活动,推行精神健身,其意义就是试图从生活方式上促进国民素质的提高。希望通过阅读,深入改造我们的国民性,不断提振我们的国民精神,持续促进我们的国民素质提升,为建成文化强国打下最重要、最坚实的基础。我们在为高校图书馆服务的过程中,了解到高校图书馆经常会举办一些"读书节"、"文化节"等活动,公共图书馆也经常举办"阅读沙龙"、"名人讲堂"。我们根据图书馆的需要,把我们精心打造的文化品牌"周六悦读沙龙"再整合我们上游名家资源与图书馆共享,如我们连续两年与高校图书馆合作开办的"名人、名家进校园"活动收到了良好的效果。我们认为,图书馆采购图书,我们配送图书,目的都是为了一个,促进全民阅读,提高国民素养,所以将馆藏服务和阅读推广结合是馆藏服务方向。

(四)馆藏服务方式和手段上要适应图书馆未来发展需要

随着科技的进步,图书馆资源数字化是未来的方向,同时随着人民群众对文化需求的不断提高,阅读习惯、阅读内容的要求也会不断细化。随着数字化资源的不断发展,目前高校图书馆藏书的数字化图书的比例在不断增加,纸质图书的购买额有下降趋势。另外各类图书馆的馆藏服务手段和方式也在不断地变化,比如馆藏图书的 RFID 识别技术的应用促进了图书馆管理的智能化、网络化;这

种现代化的管理手段应用促进了许多新型图书馆的诞生，如 24 小时自助图书馆、流动图书馆、网上图书馆等等。这些变化我们新华书店一定要认真关注，在馆藏服务方式和手段上适应图书馆未来发展需要，根据服务对象的变化，考虑我们自身服务特点能够有相应的提高和转型，介入数字化图书的发行是我们新华书店未来发展的目标。

结　论

书籍是人类文明的结晶，是文明传承的载体，因此，科技在发展，技术在变化，图书介质会变化，但人们的阅读生活不会消亡。所以，图书馆作为一种公共文化服务设施也会存在下去，而围绕着图书馆馆藏服务的企业也一定会有生存发展的空间和市场机会。转型中的新华书店只有提高服务能力才能适应市场的需要，才能立足于市场。

参考文献

[1]中华人民共和国教育部发展规划司.中国高等学校大全 2012 年版.北京:北京大学出版社,2012.

[2]2012 年中文图书馆配市场分析.中国商报,2013.1.29.

浙江省新华书店集团战略转型期
人力资源管理的几点思考

浙江省新华书店集团有限公司　翁少榕

【摘　要】面对时刻变化的市场环境,企业只有不断创新、主动转型才能获得生存的机会和持续稳定的发展。科学合理的人力资源管理能成为企业转型升级的助推器,怎样在战略转型期提升人力资源管理能力,是企业管理者需要深入思考的问题。本文从总结国内外企业转型中存在的人力资源管理问题着手,分析了浙江省新华书店集团现行组织机构、员工队伍、人才培育和引进、激励机制等方面的管理现状及存在不足,从人力资源管理角度提出了如何为企业转型"造势"、"蓄势"和"助势",以期浙江省新华书店集团"在创新中谋求发展、在转型中实现跨越"之路走得更为顺畅。

【关键词】新华书店;转型;人力资源管理;思考

一、国内外企业转型中存在的人力资源管理问题

随着移动互联时代的到来,人们生活方式、消费模式和阅读习惯不断改变,开卷公司年初公布了《2013年度中国图书零售市场报告》,2013年我国图书零售市场同比增长-1.39%,实体图书市场的低迷已是不争事实。面对不断变化的市场,企业只有主动转型才能获得生存的机会和持续稳定的发展。一直走在全国图书发行行业前列的浙江省新华书店集团(以下简称"浙江新华"),2013年实现销售码洋106亿,较上年增幅15.98%,在人口占全国总量不到5%的浙江创出一般图书销售占全国份额10%的佳绩。在成绩面前,浙江新华始终保持着清醒的头脑,早在"十二五"之初,企业管理者就提出"坚守主业谋发展,开拓创新促转型",开始思考和谋划企业的转型升级。2014年董事长王忠义更为清晰地指出:新技术为传统行业带来的不是改革,而是颠覆,更是一场革命。在数字化、电子商务的紧逼下,一直处在非理性竞争中的图书零售也亟待转型升级,寻找突围

之路。

人力资源体现着企业的核心竞争力,作为与企业发展密切相关的人力资源管理,也应当思考如何顺应市场变化、紧跟时代的发展需求促进企业成功转型。新浪财经网站曾总结出这样六种转型升级路径:从外销向内销转型;从代工向自主品牌转型;从低端向高端升级;从制造向服务转型;整合产业链资源;从粗放经营向精细管理升级。从国内外知名企业的实践看,不论选择什么样转型路径,在人力资源管理方面,都存在一些共性的问题。

(一)转型过程中,原有优秀人才流失

转型必然伴随着巨大的风险,本身就存在着种种不确定因素:环境剧烈动荡、旧机构撤并和新机构设立、岗位和薪资调整,甚至还涉及企业存亡。个体趋利避害的本能使然,并非每个员工都能坚定地与企业共同发展、共渡难关。还有部分员工因转型期的企业目标与个人诉求发生冲突而离开企业另谋发展。尽管员工流失是正常现象,但优秀人才的流失往往令人觉得可惜,在一定程度上削弱企业实力。如诺基亚从2007年起宣布全面转型,2011年上半年主管亚太渠道的一位高级副总裁辞职,随后全球CTO辞职,一大堆诺基亚精心培养的高管离开了这家公司,企业损失惨重。

(二)尽管转型方向明确,但转型业务需要的人才储备不足

企业要转变发展方式、调整经济结构、促进产业转型升级,无不需要专业技术人才的参与和支持。以各种转型类型为例,企业"从低端向高端升级"必然要招募或培养掌握更精尖技术的人才;企业"从外销向内销转型"时需要对内销渠道了如指掌的营销人员;企业"从粗放经营向精细管理升级"则需要善于科学管理的人员负责执行。然而现实中,对未来人才需求缺乏前瞻性和计划性,导致人才储备不足已成为制约企业转型发展的瓶颈。如我国近年来大力推进传统制造业转型升级,但相当部分企业却面临"资金到位、设备易得、技工难求"的尴尬局面。

(三)原有业务类型已改变,而组织机构的调整未及时跟进

适宜企业发展的组织结构能最大地发挥企业内在潜力,促进内部组织协同作战,推动企业高效良性发展。华硕的转型堪称成功典范,其在代工业务利润日益萎缩,生存和发展受到严重威胁时,选择了做自主品牌和代工两条腿走路,成功的关键在于及时调整组织结构。2005年华硕宣布内部分家,按照自有品牌、代工和渠道白牌等业务,分别划分出三组专属团队,各自涵盖产品经理、研发团

队和业务人才,互不隶属且独立运作。而其他很多企业在决定转型时,却没有坚定地及时调整组织机构,无法跟上现有新型业务类型发展的需要,有些甚至体制僵化、决策迟疑、反应迟缓,造成转型失败。

(四)人的惰性可能使员工对转型存有抵触情绪

从员工的视角,企业经营状况良好,发展稳定,待遇优厚,在原先的组织中已拥有一定的成就感,而转型需要打破平衡,打乱原先已正常运行的规则,个人将投入更多、付出更多,却无法保证未来的收益。有的员工会产生悲观和消极的心态,有的员工会抱着混日子的心态。不良思想甚至会在企业内部形成负面的气候和浪潮,产生消极影响,甚至出现工作混乱、竞聘岗位无人应征等转型遭遇阻碍的情况。

他山之石,可以攻玉。了解其他企业在转型过程中遇到的一些问题,学习他们克服困难的方法和手段,有利于浙江新华结合自身实际完善人力资源管理,为转型提供助力。

二、浙江新华人力资源管理现状及存在不足

(一)组织机构

浙江新华是一家多法人联合、纵向管理的企业集团,母公司对下属73家子公司的人、财、物三权实行统一管理,2002～2003年完成省内全面连锁,对子公司的主营业务有着较强的管控能力。集团本级和各子公司内部的部门基本按职能型设置,分为业务和保障两大系列,业务系列的部门主要承担教材教辅发行、一般图书采供及非图商品经营等职能;保障系列的部门主要承担财务管理、行政后勤、人力资源、信息技术及物流配送等职能。

存在不足之一:尽管现行母子公司的控股结构有利于各公司根据当地实际灵活调整经营策略,但不同地区法规政策各异,不同主体利益诉求各异,这种各自为政、独立核算的经营模式有可能阻碍全集团步调一致地推行转型政策。如同浙江新华在"事转企"改制时,费用提留统一按省政策测算,但因各子公司为独立法人,转制后社保关系均由属地管理,母公司无法套用统一的制度进行监督和制约。改制至今已近十年,各地政策差异化导致员工退休待遇在集团内部无法平衡,近期员工上访频现。

存在不足之二:浙江新华近年来不仅启动豫浙战略合作、聚畅销活动、OA平台建设、门店标准化建设等大型项目,日常工作中名家签售、门店主题营销、送

书进校园等小型项目也数量众多。在现有职能型的部门管理模式下完成这些项目,往往需要从各职能部门抽调人员组成临时项目组,开展工作时没有对项目负责的权利中心,不以目标为导向,对项目进度的把控力较弱,不利于业务向专业化精细化管理发展。

(二)员工队伍

浙江新华全省员工 6400 多人,主要有劳动合同制和劳务派遣制两种用工形式,其中"事转企"改制前进入企业工作的员工约占 1/3。在员工构成上,"四六开"是出现频次最高的比例,员工男女之比 6:4;35 岁以下与 35 岁以上之比 4:6(35 岁以下的员工有不少为劳务派遣人员);大专以上与大专以下学历之比为 4:6;营业员岗位与非营业员岗位之比为 6:4(非营业员岗位中,从事教材和一般图书发行的约占 3/4,从事行政、财务的约占 1/4)。

存在不足之一:拥有主动变革意识的员工较少。从原事业身份过渡而来的国有企业员工大都性情温和、服从性好且安于现状,他们对企业的认同度高,不会轻易离开企业,在转型过程中,他们可能是或坚定或无所谓的追随者,但转型是一项需要努力向前推动的事业,仅有追随者是不够的。

存在不足之二:从年龄结构看,改制后大批接近退休年龄的老员工已退出一线岗位,通过近十年的换血,员工队伍日趋年轻化,但基层公司有近千名新员工仍属于劳务派遣用工,新招的年轻员工大都进入营业员岗位。总体而言,核心(骨干)员工队伍的年龄偏老化,在接受新事物、发现新机遇方面都不够迅速和敏锐。

存在不足之三:现有员工的学历和专业水平,不足以满足转型升级的人才储备要求。从学历结构看,40%的大专以上学历人员中,全日制学校毕业的占比不高,员工学历和学识水平与企业转型的"技术领先"要求还有一定距离。从专业结构看,以集团本级为例,除信息技术等特殊岗位外,近几年招收的本科学历员工专业大都为工商管理、编辑出版、法律、财会等偏文科类,理工科较少。专业上的偏科可能造成员工视角和思考的全面性有所欠缺。

(三)人才培育和引进

一般而言,人才培育有多岗位轮岗、项目工作、培训、专人指导等多种方式。浙江新华的人才培育主要通过培训来进行,目前已开展的几类培训主要有:(1)新员工培训。有全脱产式、有"师傅带徒弟"式、也有以考代训式;(2)各职能部门组织的专业性培训。以熟悉掌握新知识、新技术、新流程为目的,由集团本级不定期为基层公司组织有针对性的专业技能培训;(3)职业资格类培训。与省新闻出版局共同组织出版物发行初、中、高和技师等级的职业资格培训;(4)其他各类外派培训。

人才引进方面主要通过网络或参加校园招聘会等渠道公开发布招聘信息,以招录应届大中专院校学生到营业员岗位工作为主,中层及以上岗位较少面向外部招聘。

存在不足一:培育手段较为单一,专人指导、轮岗和项目工作的机会少。尽管传统的师傅带徒弟类似专人指导,但内部人才培养未成体系。优秀的师傅对徒弟的指导往往因缺乏系统有效的方法,使得一些好的工作经验无法有序传承。因手段单一,员工的成长更多依赖于个人悟性、自我要求或相当长时期经验累积,员工队伍的成长速度跟不上企业成长的需求。

存在不足之二:培训体系有待完善。在 2014 年出台五年培训规划之前,培训种类偏少,培训频率较低,前瞻性有所欠缺,有组织有规划的培训少之又少,往往在出现问题时才开展培训。集团内部师资力量较弱,由于培训体系尚不健全,亦从未致力于本行业的内训师培养。纵使有熟谙集团业务、掌握专业知识和技能的人才,不经选拔和打磨,他们也无法成长为优秀的内训师。

存在不足之三:人才培育的方向性不清晰,专业化水平不高。对于企业转型需要什么样的人才,浙江新华有思考,但未开展过专题讨论,欠缺方向明确的人才培育计划。很多基层公司在遇到诸如教学器具招投标和配送、O2O 线上线下一体化等新业务时,往往不知该从何处着手;上马自建营业房、业务程序开发等专业化要求较高的项目时,没有处理和应对能力。集团本级职能部门自身对这些业务也仍处于初学阶段,在专业上无法为基层公司提供有力的支持和指导。近几年,浙江新华已日渐意识到这点,2013 年建立百名专业人才库和后备干部队伍后,人才培育将更具计划性。

存在不足之四:内部现有人员无法满足业务发展需要时,外部引进人才能力较弱。招聘渠道单一,行业较为封闭,外面的人引不进来,引进来了易水土不服。博库网络公司 2010 年曾面向社会招聘运营总监,经层层关卡选拔的外行业精英进入企业后,最终因无法适应行业和文化的差异而黯然离职。

(四)激励机制

激励本质是根据员工的表现和贡献而进行的论功行赏。浙江新华的激励机制较为多样,既有对个人的,也有对集体的。比如根据岗位空缺和员工能力,提供行政系列的职务晋升机会;2011 年起在全省开展业务竞赛,对一般图书销售情况良好的书店经营班子进行奖励;对年度考核等级优良的员工进行岗位和薪酬调整;从 2007 年起定期组织全省性的优秀经理人和优秀员工评选;对入选百名专业人才库的员工给予培养经费等。应当说,这些激励手段有效地激发了员工的积极性,使员工与企业的关系更为密切。

存在不足之一:晋升机会偏少且通道单一。目前仅有行政系列的职务晋升通道,面对机构新建、职位新设或前人退休时才出现的机会,在浙江新华这样的老国有企业仍难免出现论资排辈现象。但 2011 年以来,集团本级财务、物流、教材等部门中层管理岗位新提拔任用了数位优秀的年轻员工,标示着浙江新华正逐步转变旧的用人观念。

存在不足之二:在工资总额管理和利润增长压力的双重限制之下,既要照顾老员工收入不降低,又要考虑新员工收入有稳定的涨幅,导致现有考核分配机制未能发挥有效的奖惩和激励效用,事业单位管理的烙印——二元化、因人设岗等制约了新员工的积极性和创造性。

存在不足之三:企业对员工激励的类型有多种,既有物质的,也有精神的。浙江新华对于突出业绩和优秀员工激励方式最终大都落实为工资、经费、奖金等物质激励,使用晋升这类的精神激励较少。虽然短期内物质激励的效果更为直接,但从长期来看,忽视了对员工自我价值实现等内心更高诉求的满足。

三、多方入手提升浙江新华人力资源管理能力

2014 年浙江新华的工作思路是紧紧围绕党的十八届三中全会"全面深化改革"及出版集团"创新、增量、抓落实"的总体要求,走"深化改革,加快转型升级,走主业突出、技术领先、综合消费功能不断提升的发展之路"。领导层要求各级组织要结合工作实际,不断实践,加快结构调整,加快转型升级,加强盈利能力的提升。要求人力资源管理职能部门进一步深化用人、考核和薪酬分配制度改革,加强经营管理和专业人才两支队伍建设,使其成为企业创新发展和升级转型的支撑和主要动力。笔者认为,人力资源管理要成为企业转型升级的助推器,主要应做好以下三方面工作:

(一)为企业转型"造势"——建立转型文化,树立转型信心

员工对转型的理解和认同,是转型能否成功的重要保障。降低优秀员工的流失率,提升在职员工主观能动性,树立员工对转型成功的信心,使其认识转型的必要性,都将对推动转型产生积极的影响。浙江新华的企业精神是:求真务实、创新协同。在转型准备期,应当更强调"创新"文化对企业持续发展的重要性,创新才能激发企业和员工的生机活力,在新华书店这样的传统国有文化企业,要通过创新拓展新的文化消费业务领域。

转型文化的宣传手段可以多样:详细描绘转型后的远景、学习关系企业转型的各类新业务的相关政策法规、分析其他成功转型企业的经验、举行创新业务拓展研讨会、征集转型升级的金点子、将内部各种转型的尝试汇编为经典案例、奖励对企业创新有所思考有所行动的员工等等。通过各种渠道加强宣传和引导,使员工明确并逐步认同企业的转型方向,使员工内心较为安定,减少因转型不确定因素带来的恐慌情绪。

在思考转型前景和转型方式的过程中,除了企业高层,还应让更多员工共同参与讨论。2012年浙江新华召开全省地区店负责人和本级各部门负责人参加的科学发展研讨会,就是一次很好的尝试。

(二)为企业转型"蓄势"——调架构、引人才、重培训

转型是一个复杂而庞大的系统工程,要为之做好各方面的充分准备,才能在时机成熟时一击而中。

(1)根据业务发展需要调整组织结构。从2003年企业改制至今,浙江新华一直沿用改制前的母子公司企业集团模式,但集团本级的部门机构已历经数次调整:因音像制品业务式微,2010年原音像部转型为综合业务部,保留音像业务的同时,更重视以电子阅读器、文化用品为代表的非图综合业务;为贯通上下游业务流程、推进连锁服务一体化,2011年原采购部和配供部整合为采供业务部;豫浙新华战略合作协议签订后,2011年新设连锁事业部,更好地满足了跨省连锁业务发展需要;因转变工作职能,2013年原基层工作部更名为企业管理部,将服务市、县公司和加强企业综合管理作为工作主旨。历次机构的新设或撤并都为业务发展需要服务。

浙江新华目前采取多法人联合企业集团的组织结构,在转型中可能会遇到母公司的决议在子公司未能有效落实,地域政策差异造成待遇水平不一致等问题,为加强对基层组织的管控,总分公司模式不失为一种选择,但由于该模式将大大增加总公司的投资风险和管理压力,选择时应当慎重论证。

企业内部的职能部门结构调整要适应转型目标,根据"走主业突出、技术领先、综合消费功能不断提升的发展之路"的要求,建议集团本级职能部门设置主业、技术和综合开拓三大系列,突出强调传统出版物发行、信息技术和多元拓展三方面功能。因调整后的新组织机构要能对新技术、新事物的变化产生迅速反应,从而更为精准地把握市场、选择时机,在综合开拓系列内,可以尝试项目制管理模式,对于某些较为成熟或盈利前景良好的项目可以新设子公司独立核算。目前在组织管理上已向偏项目型发展的有综合业务部,内部设传统音像组、文化用品组、数码产品组、综合新业务组,各组负责不同产品的销售,每个组长都是一

个项目经理,每个组内都有业务员、业务助理等岗位。当然,这样的组织结构在浙江新华内部仅属于试验阶段,其运行效果还应当进行深入评估。

(2)引入和挖掘具备执着变革意识的员工。英特尔公司创始人安迪·格鲁夫在《只有偏执狂才能生存》一书中阐述了危机来临时,能够帮助企业抢占有利地位、捕捉机会或者逃离陷阱的正是那些随时保持某种程度上的偏激心态的员工。此处的"偏执狂"不是平常意义上的精神异常,而是指在混乱的环境中能够与多数常人不同,能够冷静地认清正确的方向并说服团队成员,从而带领团队向正确方向前进的人。转型中的浙江新华不仅需要掌握现代化信息技术、物流配送、市场营销、数据分析、财务管理等业务技能的人才,更需要为自己认定的事情执着向前,有股不达目的不罢休的气势的引领者和业务骨干。建议在用人方面采取更为开放的态度,改变行业整体相对较为封闭的现状,进一步拓宽进人渠道,引入一些信念执着、富有激情、独具创新和变革意识的员工,同时为有能力、有想法的员工搭建更多展示才华的平台,挖掘人才。

(3)重视和加强内部培训。培训应放眼未来,分析经营战略调整,着眼不断变化的经营环境,适应业务调整需求,进行有计划、有针对性的部署。浙江新华2014—2018年培训规划提出的总体目标是打造出一支:敬业程度高,职业操守好,业务能力强,积极进取,具备较强创新意识和协同精神,在同行业中职业胜任能力处于领先水平的员工队伍。这样的员工队伍必然能够适应和推动企业转型升级。作为人力资源管理的培训人员,要重视对转型后核心业务人才的培养,要以前瞻性的眼光引进和开发各种新技术、新资讯课程,要培育自己的内训师队伍,要密切关注转型升级过程中培训目的、培训对象和培训方式的变化,及时调整工作思路。

(三)为企业转型"助势"——建立鼓励创新和转型的激励机制

"在创新中谋求发展、在转型中实现跨越",如何让这种意识深入人心,如何让员工尤其是优秀员工自觉自愿将企业转型升级视作个人职业发展的良好机遇,从而不离不弃,仅仅依靠企业文化宣传是欠缺说服力的,建立精神和物质双管齐下的激励机制显然将产生更大的效用。

浙江新华激励机制的建立,首先应当导向性明确,将"创新手段"、"转型意识"等作为绩效考核的重要指标,把与人相关的各种关键要素——岗位、职务、薪资、福利、培训、评优等作为引导手段,向员工表明企业转型真正需要的、重视的、鼓励的是什么。随着员工队伍向知识化、年轻化成长,员工自我发展、自我实现的需求日渐强烈,在激励手段上要善用精神激励,比如目标激励、参与激励、关爱激励、认同激励等。在晋升激励方面,职务晋升可适当增加台阶,如在中层管理岗位前端设置基层管理岗位,为员工设定一个更易触及的目标。借百名专业技术人才库建立的契机,增加以技术员、技术骨干、技术总监、专家、资深专家逐级上升的技术晋升通道,为在行政系列晋升无望的员工提供另一条职业发展路径。激励机制的执行过程中,通过考核指标量化为员工进一步提升指明方向,要更注重公正和公平,让优秀的、年轻的、专业水平好的员工能获得更多机会。

结束语

国内外图书行业的形势不容乐观,注定浙江新华的转型将是一个漫长而曲折的过程,成功与否取决于政策、时机、市场环境等多种因素,而最为关键的因素是我们能否以执着的信念、周全的思虑、敏锐的直觉和充分的耐心做好应对各项变化的准备。

从馆配服务看行业书目信息建设

浙江新华书店集团馆藏有限公司　　罗　冰

【摘　要】图书馆文献的采访工作(又称图书采购)是确保图书馆文献资源建设质量的一项重要工作。在当下的馆配服务工作中,图书馆选择馆配商的第一条,就是馆配商及时、准时地提供行业采访书目数据的能力。令人遗憾的是,由于中国书业至今没有一套标准,或者说是上下游协同建设图书信息的通道,图书馆采购最重要的书目信息,基本上是各馆配商依靠自己的力量收集与加工。当下馆配商的竞争,基本上也是围绕着"书目信息"这一关键词在进行的,书目信息强则服务能力强。本文作者从分析书目数据在馆配服务中的作用、行业书目信息建设的现状,各渠道馆配商数据建设的现状进行分析,从提高馆配商服务能力角度,就国家标准CNONIX的颁布,对行业供应链上、下游之间协同建设书目信息,对于馆配商服务的作用和意义进行了探讨,以期与同行进行分享。

【关键词】馆配；采访数据；供应链；书目数据；工作研究

一、书目信息在馆配服务中的作用

图书馆文献采访工作(又称图书采购)是一项保障图书馆文献资源建设质量的重要工作。从工作流程看,采访工作又是图书馆资源建设的第一步,它是根据图书馆的性质、任务和读者需求、经费状况、已有馆藏等情况,通过觅求、选择、采集等方式建立馆藏资源,它是一个连续不断地补充新出版物的过程。

馆藏采访工作根据书源信息的提供方式,分为书目订购和现货订购两种采访方式。现货订购即采访人员离开图书馆工作场地,到馆配商提供的库房、卖场等场地去选购图书。现货订购虽然能直接查看实物,对于图书的选择来说,比较直观,容易判断,但由于现货订购受时间、空间和采集陈列工具等条件的影响,现场又缺乏查重条件,难以保证馆藏品种的正确收集。因而,目前图书馆普遍将现货采购作为一种补充方式,采购的主要方式还是依靠书目订购。书目订购是图书采访人员通过馆配商提供的符合图书馆系统的机读书目信息,通过系统比对馆藏资源要求,鉴定图书的类别、内容、读者对象和学术水平,再根据馆藏结构进行系统查重,最终选择是否采购的一个过程。由于书目订购的操作与图书馆馆藏信息系统紧密相连,就采购操作来说,它是最便捷的,但就保障采访质量来说,采购员能否及时从馆配商获取正确的书目信息就显得特别重要。

因此,翻开图书馆采购招标文件,对书目数据在招标书上就提出了详尽的要求:一是书目数据的质量,要求能提供完整、全面、准确、内容详细书目信息,如一条书目信息除了需要标准书号、书名、出版社、定价信息外,还需要准确地提供图书内容信息(如著作者、出版者、内容简介)等;出版记录(如出版年代、版次、印刷时间及定价)等;读者对象的详细信息。二是书目数据的数量,要求当年新书书目不少于 10 万种,提供时间上每周不少于 2000 种。三是当年新书书目采购满足率要达到 95% 以上。四是与馆藏资源匹配的重点出版社可供品种书目覆盖率达到 100%,订到率达到 95%;更多的是根据馆藏建设要求提出了各式各样的个性化要求,如高校图书馆提出科技类图书要占全年总书目的 50%;从读者层次上提出要适合本科及本科以上读者层次需求……凡此种种,都说明了图书馆采访人员对了解行业图书出版信息的实际状况的渴求。"全、新、快、准"四个字概括了图书馆对馆配商提供的对书目数据的全部要求。

当然,图书馆对书目的要求越高,也有利于馆配商通过跟踪各类图书馆订购情况,了解图书馆对图书需求,将这些需求信息进行定期的跟踪整理,馆配商还可以为出版社提供市场预测信息,为出版社编辑选题策划、宣传推销打下基础。可见,书目信息是馆配商服务的核心竞争力。书目信息服务工作做好了,对整个行业的上中下游产业链的健康发展均能提供极好的帮助。

二、行业书目信息及产品可供现状

目前,全国有 580 家正规出版社和几百家民营出版公司。据国家新闻出版广电总局发布的《2012 年新闻出版产业分析报告》指出:2012 年,初版图书品种为 241488 种(含课本 28363 种,少儿读物 19396 种),若算上当年重版品种,年出版图书已经达到 40 多万种,这 40 万个品种分散在一千多家上游供货商中,由于一千多家供货商的发行规模和能力的不一致,向下游传递书目信息的时间、方式也不一致,造成了馆配商收集行业产品资源的困难,具体表现为:

（一）可供品种收集不全

可供品种收集不全突出表现在一些地方出版社出版的学术专著收集上。这些书印数少，发行量小，部分品种还由作者包销，根本没有进入正规的流通渠道，再加上这些书发行地域又分散，产品信息收集难、找到实物更困难。如：2013年3月，北京建筑工程学院（现北京建筑大学）图书馆招标，在招标前对6家大型馆配商提供2012年全年的采访数据进行了一次比对，然后将6家馆配商提供的采访数据查重合并，发现只有138152个品种，可见，即便将全国各大馆配商提供的书目信息合并，仅从年提供总量上，还是无法达到年品种覆盖率不小于95％的要求。

（二）书目信息制作的质量良莠不齐

图书馆采访要求馆配商提供的书目信息是有一定格式要求的，由于各馆配商制作采访数据的标准不一致，导致书目信息内容不全，差错率比较高，也造成书目数据信息失真，影响图书馆资源建设的质量。

（三）书目信息准确率低，导致图书馆采购后续的到货率没有保证

特别是有些图书馆利用CIP信息订购的图书品种。按理，CIP书目数据是行业书目信息的源头，任何一个出版社在上报选题，实名申领书号的时候，由国家条码中心（CIP中心和国家条码中心已经合并）制作的行业数据，但由于出版社申领书号后，到出书之前对图书信息的修改较大，再加上变动信息没有途径和机制上报国家条码中心修改，使图书馆订货要求和后续到货产品的变动太大，影响了图书馆藏书质量和馆藏结构比例；同时也造成馆藏信息系统订购库内沉淀了大量因各种原因出版计划变更而不能供货的冗余信息，严重影响图书馆后续的采购工作效率。

三、各馆配商及图书馆书目信息建设现状

鉴于书目信息在馆配服务中的重要性，图书馆和馆配商又是书目信息的制作者和使用者，现从建设者和使用者的角度，对行业的书目数据建设的现状做一分析。

（一）馆配商的书目数据建设

1.出版社

随着图书馆馆藏市场的图书销售份额越来越大，很多出版社专门成立了馆配部，直接为图书馆提供数据服务，其书目数据制作和发布的流程是：将每周入库的新品集中起来，自行制作或者外包给专业的数据制作公司制作书目信息，然

后将书目信息向馆配商和相关图书馆集中发布。从单个信息源来看,出版社制作的书目信息是正确的,但从可供性上是不完整的,比如,书目信息中对合作包销品种没有标注,订购了还是无法满足供应;也有是由分支机构或合作出版的工作室出版的图书,发行渠道很分散,若出版品种没有实现共享共建,书目信息也依然会缺失;再加上部分出版社制作书目信息专业度不够,如读者层次定义宽泛,没有针对性,不能达到图书馆的要求。

2.馆配商

行业链上中下游中,对书目信息需求最迫切的当属馆配商,他们为了更好地服务图书馆,努力提高自身能力,通过分析服务院校的院系设置、学科设置及馆藏特色,为图书馆选择适合的图书品种;扩大与各类图书供应商的联系,获得更多更全的书目信息;加大与上下游出版社及图书馆的联系,提高对书目信息整合和分析能力,为图书馆与出版社搭建交流沟通的平台。

从民营馆配商看,人天书店集团从 2004 年 6 月开始一直坚持编制人天特色的中国可供书目,近年来,人天集团联合多家民营馆配商,建立了人天书目数据和图书可供服务查询平台,其书目信息质量也在行业中很有口碑。新华书店系统的馆配商,浙江新华依托集团中盘的品种优势,以连锁整合行业产品资源及相关信息资源,到目前已整合业内书目信息近 170 万种,成立数据公司,建立了专业的书目信息制作队伍,保障了书目信息质量,特别是集团下属专业馆藏公司还与科学出版社共同搭建了图书馆信息共享平台,邀请国内部分"211"、"985"院校、有特色的综合高校图书馆、理工农医类专业类本科院校定期提供当期订购品种,通过定期分析整理,为图书馆采访人员提供容易漏订的图书补充信息,以满足图书馆的需要。

(二)图书馆联合体书目数据建设

由于行业中书目信息制作和图书可供信息的缺失,图书馆从自身的馆藏资源建设需要出发,也开始搭建平台共建书目信息数据库,为图书馆的发展服务。最突出的是高校图书馆,为了满足高校科研教学需求,联合起来共建共享书目信息。目前有由教育部图工委文献资源建设工作组承建的高校图书馆中文图书采访平台,有地区性的共享书目库(江苏省高校数字图书馆(JALIS)三期建设项目建设的可供书目信息数据库系统)。在这些平台上,图书馆通过申请就可以成为平台的使用者,可以直接利用平台选订图书,也可在平台上对书目进行批量评价,可以看到每本书在各图书馆的订购情况。这些平台对于图书馆提高馆藏资源建设是有推动作用的,但从书目数据信息的来源来看,以出版社和馆配商提供为主,仍然无法从根本上解决图书馆对书目信息品种的要求。

从上述分析中,我们可以发现从书目数据建设的角色看,供应链的角色是完整的,但供应链角色在制作书目数据的流程和供应方式上还是分散和不一致的,由此造成行业书目数据信息建设上存在着不可避免的局限性。所以,建设行业全集的可供书目信息,需要整个出版产业链建立起一个统一平台,让产业链上的所有企业按照一个标准共建书目信息,然后实现行业共享,才能解决当下行业书目信息及可供整合的难题。

四、CNONIX 书目数据标准的颁布对于行业书目信息建设的意义

2013 年 12 月 31 日,国家标准委员会发布了第 27 号公告批准颁布《中国出版物在线信息交换图书产品信息格式规范》(CNONIX),并明确该标准从 2014 年 7 月 1 日起在全国推广实施。这个标准的实施,对行业的书目建设是一个利好消息。

那么什么是 ONIX? ONIX(Online Information exchange)是 1999 年由欧美地区多个国家的多个出版机构共同制定,于 2000 年首次发布并已运行了 10 多年的一套以产品信息交换的技术规范。开始以图书产品起步,后来根据行业业务发展的需求,该标准逐步覆盖了与图书相关的其他媒体产品。目前该标准已被世界上十几个国家和地区的几十家机构采用。ONIX 数据是基于 EDI 方式规范地传递产业链流通过程中的完整的产品信息数据,从出版者向批发商、零售商、网络书店传输数据提供了一套标准化的交换格式和技术规范。它是一套满足书业发展的动态优化的标准化运行方案,是一套成功地跨越了语言的障碍,引导出版国际化的典范。

CNONIX 又是什么呢? CNONIX(中国出版物在线信息交换(CNONIX)图书系列标准项目)于 2010 年 3 月经国家新闻出版总署科技与数字出版司批准,同年 7 月由国家标准化委员会批准立项,主要依据欧洲电子数据交换组织(ED-ItERU)2009 年发布 3.0 版的 ONIX 格式规范和 12 期代码表,结合我国国情采用编辑修改方式制定的中国图书产品信息交换的系列标准。2014 年 7 月将在行业中推广。

CNONIX 旨在为我国图书行业的出版商、发行商、数据集成商、软件开发商和图书馆等机构提供标准的图书信息交换格式,以改变中国书业出版商、分销商、零售商、图书馆多头著录数据,格式规范及其多元的现象,期望通过一种规范化的数据格式实现行业商品信息一次制作,多方机构共享使用的效果。即通过

加速产品信息的流动,促进图书产品的流通效率,避免产品信息的重复制作,从而降低行业信息的应用成本,提高行业各机构的信息系统应用质量和效率,来满足出版产业链上和数据应用链各方的共同需求。

CNONIX 标准的实施,对于图书馆的采访工作具有下列意义:

(1)CNONIX 数据是一种能表达图书生命轨迹的书目信息。在 ONIX 标准中,每一种图书从选题确立、产生标准书号起,就被 ONIX 数据记录在案,它在出版过程中的每一个变化,如作者、定价、内容、装帧、包装、上市日期、供应区域、供应方式都会以实时地在线发布,以确保对图书馆采购记录都有一个完整的交代。

(2)CNONIX 数据能为产业链各方所共有。CNONIX 数据是国际化的图书产品格式交换规范,它通过对图书产品信息全面、准确、网络化、数字化、动态的描述、维护和交换规范,将图书产品信息和供应信息整合在一个平台,满足了图书供应链上各方对信息共享和供应链管理的需要,同时也有效地避免了重复劳动。通过 ONIX 记录,只要是供应链上的参与者都可以随时获知每一个图书产品的具体内容,其所处供应链的具体环节及状态,可以实现和作者、出版商、供应商的互动,满足出版产业链和数据应用链各方的共同需求。

(3)CNONIX 数据能激活馆配市场的需求。透明的图书产业链可供信息的提供,为图书的市场推广赢得时间和空间,出版社、馆配商、图书馆、读者可以互动,市场需求的预测和供应可以更准确,生产和需求可以轻松对接;出版社可以真正地实现按需出版,再也不用为了图书库存而发愁;馆配商可以集中精力做好图书供应等其他各项服务。毫无疑问,ONIX 标准的实施,将对整个图书供应链的良性和健康发展起到不可估量的作用。

当然,我们也应该看到,CNONIX 仅仅只是提供了一套基于供应链内信息共享和交换的标准,仅仅只是为整合书目信息提供了一种技术可能,真正要在行业内实施,需要图书供应链上各环节参与者的支持和配合,这将是一条漫漫长路,但我们有理由相信,经过大家的努力,CNONIX 将得到良性发展,推进中国可供书目的建立,促进馆配事业的繁荣发展。

参考文献

[1] 杨育芬.我国书业书目信息现状、问题及建议.中国出版,2013(1).

[2] 黄凯卿.网络环境下书目信息资源共享的思考.图书情报知识,2003.4 (2).

[3] 文忠、曾德宏.中文图书书目组织与馆藏建设.图书馆建设,2011(3).

[4] 樊国萍.高校图书馆中文图书采访的合作——基于书商采访数据特点

的视角.图书馆学研究,2012(17).

　　[5] 杨会.面向文献采访需要可供书目信息数据库系统.图书情报工作,2012 增刊(2).

　　[6] 王凤娟."标准化"打通出版信息的孤岛.中国报道,2013.10(116).

　　[7] 张攀.聚焦 CNONIX 与信息消费探索行业共建信息平台.中国出版传媒商报,2014.1.15.

浅谈新华书店教材教辅发行现状及对策

浙江武义县新华书店有限公司　何小影

【摘　要】长期以来，一提起教材和教学辅导材料发行，人们立刻就想起新华书店。但是，随着图书市场的放开，新华书店面临着前所未有的挑战和竞争压力，尤其以发行教材教辅为主的县级新华书店。当前，只有创新思路，改变传统的营销模式，才能让县级新华书店在激烈的教材教辅图书市场竞争中立于不败之地。

【关键词】新华书店；教材教辅；现状及对策；营销模式

长期以来，我国教材发行全部由各省市县的新华书店统一承担，我国多数省份新华书店70%以上的利润依靠教材发行，在很多县级新华书店，这一比例甚至高达90%，教材发行被称为县级新华书店的"利润奶牛"。2001年10月，新闻出版总署、教育部、国家计委共同发布了《中小学教材发行招投标试点实施办法》。2004年教材招投标在全国推行，新华书店对教材发行的垄断局面被打破。2008年开始，我省中小学教材实行政府采购，教材市场的发行变革使得新华书店的"造血功能"和赢利模式面临严峻挑战。新华书店必须重新思考自己的定位，只有创新改革营销模式，才能让新华书店在激烈的教材教辅图书市场竞争中立于不败之地。

一、教材教辅发行现状

新华书店自1937年开业以来，经过70多年的发展，已经成长为目前国内最大的图书发行销售机构，其销售网点遍布全国各地，系统性独一无二。另外，经过多年的发展，新华书店已经形成了较为完善的管理系统，在中小学教材教辅发行方面，其经营方式、组织结构、管理模式和工作人员的业务熟悉程度都具有较大的优势,这是其他任何民营书店都无法相比的。与此同时,教材教辅的征订发行工作是整个新华书店的经济基础,也是实现"十二五"规划的重要基石,近年来,国家不断出台教材教辅方面的政策新规,包括:(1)教育部新课标修订发布,起始年级新课标教科书重新审查通过者才能进入教材用书目录;(2)国家发改委物价局对教材定价的调整,(3)四部委的关于规范教辅出版发行的管理规定,要求渠道发行(进学校征订)的教辅需经教育部门审定并公示目录等,这些调整往往牵一发而动全身,对我们的教材教辅征订发行工作,提出了新的规范和要求,同时也逼迫我们不断改变既定的教材工作方式方法,寻找保稳定求拓展的路子。

随着市场经济的发展,在经济全球化、区域一体化的背景下,互联网的快速发展和普及,以及网络书店、电子书包等产品和渠道日益繁荣的今天,教材教辅市场的替代产品和竞争对手大量涌现,民营书店在国家政策高度认可前提下长驱直入,参与发行教辅。近年来,教辅市场存在很多问题,主要问题是产品质量良莠不齐、价格虚高、市场混乱,正规的、高质量的教辅进入学校困难,存在劣币驱良币现象。尽管有关部门推行素质教育,社会各界不断呼吁要给中小学生减负,但依旧不能改变教辅市场混乱的局面。以及教材增量空间减少,政策因素不确定等诸多困难,我们县级新华书店面临着前所未有的挑战和竞争压力。

(一)教材教辅为主,一般图书销售为辅

笔者所在县级新华书店中,教材销售码洋占销售总码洋的 65.61%,教辅销售码洋占销售总码洋的比例为 22.73%,一般图书销售码洋占总码洋的比例为 11.66%。由此可见,教材是每个学生必不可少的教学用书,教辅市场的客观需求是存在的,需要有一个正规优质的教辅发行渠道进入学生市场。

(二)读者以在校学生为主,社会读者为辅

在我们武义县的人口结构中,学生人数占总人口数的 11.06%,其中,小学生占的比例为 7.17%,初中生占 2.79%,高中生占 1.1%。据调查,县店 87% 的图书(包括教材、教辅等学习用书)销售给了在校中小学生,6% 的图书销售给了机关和企事业单位,7% 的图书销售给了其他社会读者。很明显,县级新华书店的读者群体以学生为主,社会人士为辅。

(三)发行网点不足,部分乡镇网点形同虚设

武义县人口 33.74 万人,新华书店的平均网点数为 7.92 个,其中城区网点为 2.52 个,乡镇网点为 5.40 个,每个网点的服务人口约为 5.12 万人,这看似符合国家新闻出版总署关于图书发行网点的服务人口数,但是,实际上乡镇网点形

同虚设,全年大部分时间不营业,只是在发行教材、教辅时利用一下。因此,县级新华书店发行网点密度不够,造成新华书店的市场占有率不高。

二、面临的问题及原因分析

近年来,新华书店发行难度加大,营运成本增加,现实利益开始"缩水",社会地位开始弱化,"边缘化"倾向突显,新华书店的生存和发展根基开始动摇,究其原因,主要包括:

(一)市场垄断地位逐渐被打破,竞争对手日益增多

第八次基础教育改革前,由于政策倾斜,教材教辅图书的发行工作一直由新华书店承担,具有专营的性质。第八次基础教育改革以后,由于对教材教辅图书发行政策的改变,市场的竞争者越来越多,新华书店一家垄断的局面已经不再存在,与此同时,由于国家对中小学教辅出版实行的总量控制逐步放开,大量的民营书商进入到这个市场中,据了解,我县民营书店就有 38 个,使得越来越多的民营书商进入教辅市场,与新华书店共同经营教辅。

(二)过度依赖教材教辅发行营利,不注重经营多元化发展

客观地说,新华书店对教材教辅发行工作存在过度依赖的现象,不注重一般图书经营。目前,新华书店的这个比例大概是八二开,教材教辅发行量占到80%,部分县分店甚至达到了 90%。这从很大程度上说明,新华书店对教材教辅图书的发行工作过度依赖,抵抗经营风险能力较弱。在国家继续放开教材教辅方面政策的同时,越来越多的民营书商加入使得这一状况变得越来越严峻。

(三)市场竞争激烈,竞争手段趋于多样化

教材教辅图书巨大的市场容量及其经营获利相对容易,竞争者不断涌入,使得教材教辅发行市场竞争激烈,甚至出现动用种种不正当竞争手段。如有一些教辅图书零售商,尤其是一些民营教辅图书经销商,它以经营灵活,进货速度快,大打折扣等直接联系学校、班主任强制发行。这些,破坏了原本由新华书店已建立的良好经营秩序,使得新华书店蒙受损失。而对于部分无法通过国家统一征订的教辅图书或是不具备公开合法出售图书的出版商,更是通过一些不正当手段,强行将教辅书籍推入市场,降低教辅类图书的销售质量。

三、应对问题的对策探讨

我县新华书店教材教辅发行工作,既受到教材发行改革的冲击,又在市场的推动下进行自我变革,逐渐增强自己的"造血"功能,增值立体服务,提高销售额。

（一）密切关注教材教辅政策,用好政策

近年来,正因为政策变化多,新政策给我们教材教辅发行出了许多新的课题,同时也给我们教材的开拓创造了一些新的机会。(1)一方面我们密切注意省店和省政府的政策,另一方面不断与当地教育、财政部门联系沟通,打报告将经过多年市场实践,深受广大师生欢迎并根据市场调研进一步更新修订的品牌教辅,以及周边县市教辅征订情况向他们汇报,争取得到他们的支持,2011 年中小学教辅新增 25 个品种,合计 16.1 万册,190.7 万元列入地方政府采购,教辅用书在原来的基础上有了很大的突破。(2)2012 年有两个利好机会,一是义教阶段起始年级教材由于修订,使用新审定版本,原来义教阶段循环教材音乐,美术按学生数 40% 配备,信息技术,小学科学按学生数 50% 配备,现在应按学生数 100% 配备,二是循环教材都由胶版纸骑马钉改为铜版纸胶装,这涉及到纸张装订印刷工艺的变化,价格在原有基准价标准上增长 20%,如一年级美术从原来4.21 元上调到 5.88 元。这对我们来说销售就上去了,我们武义县店 2008 年销售教材 135.3 万册,码洋 911.9 万元;2009 年销售 138.7 万册,码洋 967.8 万元;2010 年销售 136.7 万册,码洋 989.2 万元;2011 年销售 153.1 万册,码洋 1158.5 万元;2012 年销售 164.4 万册,码洋 1277.3 万元。从以上数据可以看出2008 年到 2010 年教材教辅销售平稳增长,2011 年教材教辅销售同比增 16.4 万册 169.3 万元,增长 17.1%。2012 年教材教辅销售同比增加 11.3 万册 118.8 万元,增长 10.25%。原因是政策利好是这两年拉动教材教辅发行增长的最大因素。(3)2013 年秋开始《新华字典》也纳入国家免费提供范畴,学校按一年级学生人数的 100% 配备,这是一项惠民政策,也是学生、教师、家长、社会关注的重点。作为新华书店一定要积极与教育,财政部门联系沟通,落实并做好此项工作,使义务教育阶段小学一年级学生按照人数配齐,确保人手一册,据统计我县一年级学生 4764 人,按 19.9 元算,销售可以增长 9.5 万元。

（二）创新技术,积极对应教育信息化建设

教育信息化的实施必定是未来的趋势,目前已渗透到教学领域或教学环节,电子书包试用学校逐年增加,电子白板的普及和学校局域网的搭建为电子化教学资源的使用创造了条件和需求,这一切都表明,尽管电子书包、数字化教育资源短时间内还不可能全部代替传统的教材教辅,但对我们传统教材教辅征订的影响会逐年加大,从而我们要多召开教育信息化专题会,请专家老师做知识讲座,了解教育信息化的现状和趋势,了解数字化教学资源的种类和特点,以改变我们对教育信息化看不懂、说不清的现状,为将来教育信息化时代的到来提前做好准备,为未来数字教学资源推广和应用服务提前练好兵探好路。

(三)熟悉市场,维稳拓展幼教业务

从 2012 秋开始,我省教材部启动了幼儿教材发行这项新增业务,幼儿教材正式加入了教材大家庭,我们要时刻关注国家最新政策,如《幼儿园管理条例》、《教育法》、《幼儿教育指导纲要》、《国家中长期教育改革和发展规划纲要(2010—2020 年)》中明确提出了婴幼儿教育目标,使之成为我们的机遇。据了解,我县有幼儿园 161 所,其中公办 3 所,民办 158 所,在园人数 1.58 万人,我们发现幼儿教材发行业务犹如蓄势待发的火山,可爆发无穷能量。为此,我们仍应遵循服务大教育的理念,依托教材优势,发挥市场能动性,制订具有全局性、方向性、可行性的短期、中期、长期计划,摸顺摸透幼儿教材发行运作规律及分配方式,笔者所在单位 2012 年秋从零开始到销售 6.7 万册,9.68 万元,再到 2013 年春销售 7万册,10.2 万元,销量在逐渐增长,接下去我们要对全县各幼儿园分布情况开展全面的摸底,在保持公办幼儿园稳定的基础上,着重加强对民办幼儿园的征订。加强公关联系,纵向、横向地多交流、多沟通,从中采集宝贵信息,此外有效地互动也是自我成功推销的一种实现方式。

(四)创新营销模式

1. 变折扣为捆绑式销售。当打折、降价等人们耳熟能详的传统促销模式不再风光时,新的促销模式正在引起人们的重视并且越来越吸引人们的关注,这就是捆绑式销售。捆绑销售是一种新型营销模式,它通过将一些不同而具有一定关联的产品组合销售的方式进行营销,从而扩大其产品影响力和竞争力,是一种非常具有诱惑力的营销方式。众所周知,新华书店所销售的业务范围不仅限于书籍,还包括文具、电子产品、运动器材等多种文体类产品。所以,新华书店在出售相应教材教辅图书时,可以同文具供应商进行合作,将教辅类图书和文具进行捆绑销售,买书送文具,让消费者在购买图书的同时收获另一种自己十分需要的产品,感到新华书店是在细心地做一种配套服务,从而提高书店本身的图书销量,使得新华书店与其消费者之间达到双方得利、共同受益的双赢格局。

2. 按照难易程度分类选择。在相同环境下,不同学生对同一学科的学习能

力和接受能力也会产生较大差别,我们在采购教辅用书时,应当注意到这一点,比如像我县武义一中是省级重点中学,他所需要的辅导用书跟三中就不同,我们需根据不同学校采购相应教材配套的不同难度的教辅并进行相应难易度分类,供不同学习水平的同学选择购买。同时,在同一难易度水平上,也需要提供若干种不同品牌的正规教辅供学生、家长进行选择。

3.建立新华书店良好形象。企业形象也是新华书店在营销过程中一个非常重要的自我宣传方式。新华书店多年的经营历程已使它拥有了自己的客户关系群,比如各地中小学校就是他的老客户。那么随着教辅市场的放开,新华书店应在维系老客户的基础上,发展新客户,管理好重点客户。为此,要做好以下工作:根据浙江省教育厅办公室颁布的《浙江省普通中小学教学用书目录》争取订齐订足订准。对课改教材,可请专家对学校的师生进行免费培训,建立诚信的客户关系,一方面,我们可以向不发达学校赠送教辅用书,让更多学生了解和认同该类辅导书。这样的方式,不仅可以建立和提升书店良好形象,也可以让学生通过直接接触的方式更好地了解产品,激发其主动购买欲望,带动教辅用书的销量。另一方面,书店也可以通过举办公益讲座形式,邀请中学老师、家长或者学生提供免费讲座,让学生感受到图书魅力,进行购买。同时我们还可以举办专项教材教辅展览,组织我们的正规的品牌品种,吸引学生和家长参观、购买。

4.加强网络营销。一些知名的网络图书销售平台,如当当网、亚马逊、卓越网等依靠其丰富的产品类别和优惠的价格以及自身物流体系吸引了很多网络客户,这种新型的图书销售模式也给新华书店的传统书店经营模式造成了很大的冲击。新华书店在发展中也应该顺应这一发展趋势,在传统店面销售的基础上展开网络销售,开设网上购书业务,结合行业内优秀图书网络销售平台,例如博库网,新华文轩等的销售管理方式和营销措施进行教材教辅的销售,将好的教辅书推荐给学生。

5.提高服务水平。在面临多方面挑战的今天,为了在激烈的图书竞争市场中更好地生存和发展,新华书店作为图书发行的主渠道,一定要提高服务质量。

(1)中小学生教材政策性强、涉及面广、规模大、发行集中、教学服务要求多、到书时间要求严,我们要逐步建立完善教材教辅征订、收发、货款回收等环节工作规范流程,继承和发扬义务装卸书籍、送书到校、余缺调剂等项优良传统,建立标准的服务体系。以优异的服务进一步密切店校关系,最大程度争取教育主管部门对发行工作的理解和支持。努力打造一支规模大、素质高、能力强、业务精的市场营销队伍,开辟更广的发行网络;强化教辅读物市场的开拓力度,特别是主流教辅的市场占有率,深入开展送书到校流动供应活动,方便广大中小学生购书,争取学校、教育管理部门和社会力量的支持;提高市场认可度和接受度。

(2)提高员工的整体素质和业务水平,要求对我县中小学各个学科所使用的版本了如指掌,掌握市场的变化情况,通过及时了解学生的需求特点,切实掌握学生信息和需求;介绍一些相关内容的教辅书给他们,以满足不同消费者的购买需求。同时,根据武义教师用书由地方政府采购的特点,注重对教师用书的征订,拓展教师用书市场;加强门店的零售备货工作,确保重点品种不断档,做好门店宣传展示工作,尽量丰富店内教辅品种,对于重点系列进行专柜陈列,并由专人负责宣传推荐。

(3)建立校中店。校中店不仅是一个图书零售的平台,更是密切店教关系、深度了解学校教学教改和学生需求的桥梁和纽带。要发挥利用好校中店优势,加强与校方的沟通与协调。校中店重点做好教辅品种的上架陈列,便于学校老师前来看样选用,随时根据师生的购买需求有针对性地进行备货,极大地方便师生,更好地满足教学需求。以武义实验中学为例,学校坐落在县城以东,远离新华书店购书中心,全校有在校学生2150人,任职教师170人,书店开设在生活区和教室之间,每日有一定的人流量,这样就有了一个固定的消费人群,中学生比起小学生有相对较好的自主消费能力,而且学校对学生的学习氛围的营造极为重视,它将成为书店发展的一个增长点。

总之,县级新华书店要充分利用自身优势,结合实际情况和外部环境,选择适合自己的发展模式,加快改革步伐,抢占发展机遇,不断探索新的经营策略,既让教材教辅发行在激烈的市场竞争中立于不败之地,又在多元化经营中取得突破进展。

参考文献

[1]中国书刊发行业协会编.教材出版发行改革与中国书业的未来走向优秀论文集.北京:中国经济出版社,2007.

[2]汪小淼.教材发行改革后县级书店的应对思路.出版发行研究,2001(5).

[3]许驰.基于创新发展的新华书店经营模式探究.现代商业,2012(36).

[4]李东华.谈新华书店核心竞争力的构建思路.出版发行研究,2011(5).

[5]严斌乐.提升新华书店竞争力的策略.产业与科技论坛,2009(2).

[6]罗紫初,秦洁雯,刘美华.中小学教材教辅图书出版发行特点简析.

高校数字化教材的营销实践与思考

浙江大学出版社 赵 莹

【摘 要】随着国家政策"十二五"规划对高校教育数字化的发展要求,各大高等院校相继投入了数字教学资源库、数字图书馆、高校五通工程等各大数字化工程的建设,大学出版社作为高校教材的提供者,不可避免地成为高校教育数字化的重要一环。与此同时,针对这几年高校教育对纸质教材需求量日趋下降的现状,出版社也急需在新的数字化教材市场找到市场切入点,尽快开发出适应高校教育发展需要的高水平数字化教材以抢占市场先机,并且由于数字化教材的新颖性,出版社的教材发行部门不仅需要在实践中不断地摸索、总结,尽快地凝练出一套全新而且高效的营销手段来推进数字化教材的销售,更需要全面观察市场,深入了解用户需求,在产品类型、功能、适用范围、使用反馈等各方面介入产品的设计,这样才能真正保证设计出来的数字化教材是有市场需求和发展前景的。

【关键词】出版;高校;数字;教材;营销

传统的出版行业如何在高速发展的互联网时代里生存下来,并且发展壮大?在互联网时代,一个理念、一个观点就可能带来一个新的时代,你想得比人家早一步,就可以独领风骚,反之,则会错失先机。如果不想成为出版界的"诺基亚",那么学会互联网的思维方式,尽早出发,思考和探索出版业未来的发展方向,已经成为各位出版从业者的当务之急。浙江大学出版社,作为一家大学出版社,其首要任务,毫无疑问的,是出版高水平的教材,做好高校教育的服务工作。而目前高校教育在互联网的背景之下,正在发生着翻天覆地的变化。

一、高校教材数字化出版背景

《国家中长期教育改革和发展规划纲要》的出台,标志着我国教育改革创新发展新阶段的历史序幕已经拉开。信息与通信技术的发展不仅突破了横亘在研究型大学内部各学科之间的樊篱,而且还以摧枯拉朽般的力量摧毁了"象牙塔"四周的壁垒,让学科与学科、大学与大学、学术与社会比以往任何时候都更加紧密地联系在了一起,21世纪研究型大学的科学研究最显著的特点将是跨学科的、全球化的,力求创建一个基于信息技术的以学生为中心、以研究为导向的开放式学习与教学环境。数字化教学方式的优点越来越显现:(1)海量的教学资源;(2)满足个性化学习(比如汽车、法律、高等数学、分子生物学等);(3)丰富的课堂形式和教学方式;(4)清晰明了的教学管理和学习过程管理;(5)丰富多样的交流互动形式;(6)学习记录和历史资料的终生保存;(7)优秀教师和优秀课程的迅速传播。新一代的大学生是数字化的一代,传统的大学课堂式的教育和四年制课程这种模式,已经不能完全满足他们的学习要求了。在这一历史发展的关键时期,教育信息化承担着极其重要的特殊使命,各大高校都在紧锣密鼓地探寻教育信息化的方式和具体途径,投入了很多的资金和人力来建设教育信息化所需要的硬件环境。

2011年底2012年初,发生了一件在出版领域引起震动的事件,苹果公司发布了第一本由ibooksauthor制作工具制作的交互式数字教材,开创了移动环境下数字教材的形态的创新。与此同时,BlackBoard在线教学管理工具介入了教学的全过程,全球有超过650所高校选择它提供的CMS产品支持着百万门课程。CMS类型最明显的特征是由学校搭建平台,教师创造内容,平台加上教师内容的汇集,一起作为课程教学的辅助支持数字教育的模式,经过技术商、出版商、教育界的不断探索,逐步向资源(内容)、技术(平台)、管理(学习过程)相结合的方向融合,提倡数字教学要由传统的以"教"为中心逐步向以"学"为中心转移,更加关注用户的体验。

对于出版社而言,随着教育部发文规定高校不得强制学生购买教材,以及日益多元的教学资料获取途径,如:复印、图书馆借阅、二手书、课程网站和教材的数字化等,纸质教材的用量将日趋下降,已经是不争的事实。因此,如何将符合学习规律的内容和电子技术进行深度结合,生产出真正推动学习效率的数字化高校教材,填补我国高校数字化教育应用的空白,是目前各大出版社甚至全行业关心的焦点。而数字教材这块新的市场如何布局,已经成为各大出版社未来五年发展蓝图中的重要一环。在政策导向、全球形势和技术发展进步的大环境下,高校教材的数字化出版形式已不可逆转。

二、数字化教材产品营销探索

(一)数字化教材产品营销思路

在这样的背景下,作为以教材营销和销售为主要任务的教材发行人员,所肩负的责任已经从传统的纸质教材的发行转变为既要从事传统的纸质教材的发行工作,又要关注数字教材的研究和营销。这就需要我们改变原有的营销思路,探索出一条新型的营销模式。

通过实践我们感到,纸质教材的发行更关注于实物的流转,主要是面向学校和渠道商的发货和收款,而做好数字化教材的发行则需要参与从选题策划开始到售后反馈的全流程服务,将营销工作贯穿在出版和发行的各个环节。所以在目前的数字化教材的营销实践中,我们增加了以下几个方面的新工作:

(1)了解高校的数字化教材应用环境和需求,做好市场定位调研。包括:各级教育部门对数字化教材的政策支持程度;高校的信息化建设程度,数字化教育进程,现有的数字化教材或学习资料选用情况;以及教师和学生对数字化教学模式和数字化教材产品形式的需求等。

(2)全程参与数字化教材的产品设计,做好产品定位参谋。包括:对教材模式、学习模块、功能点和表现形式等方面提出见解,使产品体现出应有的优势卖点;以及数字化教材营销的市场切入点等。

(3)设计适合数字化产品的发行推广方案,做好营销规划。包括:营销策略、营销流程以及具体的营销手段等。

(4)跟踪数字化教材的应用结果,收集产品需求素材。在数字化教材被学校选用后,关注教师和学生在使用过程中的信息反馈,利用发行部门与客户接触的机会,收集有关产品功能维护、优化和新需求等各方面信息,提供给数字化教材研发部门,不断完善原有产品,为开发新产品提供市场需求信息。总之,形成由市场需求主导产品设计的机制,这是数字化教材得以占领市场及其优化产品扩大市场的重要保障。

(二)数字化教材产品营销实践

经过两年的探索,我社开发了首批基于 IPAD 系统的 APP 大学教材 100 多种,(同时也做了基于安卓系统的版本),其中,有浙大经典管理类基础教材《管理学》、机械系列和高职高专国家"十二五"重点英语教材《创新实用英语》系列等。这批 APP 数字化教材在多媒体交互性教学、社交化教学等方面都具有传统的纸质教材无可比拟的优势。全新的产品,需要全新的营销方式,为了做好这些教材的市场推广工作,教材发行部门针对数字教材的特殊性,进行了营销方式的大换血,开展了一系列的营销新探索:

1. 以由点带面的方式进行产品的应用推广

首先定位产品应用实践的用户,寻找到那些整体硬件环境信息化程度较高,在办学理念上大力支持数字化改革的高校,进行数字化教材的应用实践重点服务,取得一定的示范效果和经验积累后再逐步向其他高校推广。

2. 产品推广由传统的赠送样书转为面向用户的全方位推介

为与产品对口的专业教师提供免费试用,并在他们试用产品的初期、中期和后期进行全面的跟踪和服务,使用户对产品的功能有更充分的了解并给我们提供试用反馈。

3. 引入全新的数字化营销与传统营销相结合的方式

一方面采用微博、微信、邮件等数字化营销方式加强用户对产品的认知,增加销售机会;另一方面联合各省市的重点合作经销商设立数字教材展示厅,在全国范围内向各高校领导和教师进行产品展示、操作培训、免费试用和后期跟进等服务,完善的营销计划激发了各省市经销商的积极性,其中湖南的数字教材展示厅在当地受到高校领导很好的评价,有几所院校的校领导不但推荐该校相关专业的教师下载试用,还表示将在明年设立试点班,全面引入数字化教材进行教学实践。

4. 数字化教材与纸质教材营销互为促进

在数字化教材的市场营销过程中,我社不但获得了一定的市场影响力,还间接地促进了相关纸质图书的销售。其中最明显的例子是《创新实用英语》系列教材,针对英语教材需要构建声音、图像、练习、交流等全方位学习环境的教学特点,我们专门建立了一个学习网站,用于教师的备课、教师与学生的教学互动等,尽可能地覆盖到各种教学需求,如课前预习要点的下达,课中重点问题的交流,课后练习的提交和批改,学生的自我检查,以及教师的出题系统等。教师和学生还可以通过下载 APP 教材实现各种移动课堂功能以及知识扩展学习功能,所有这些功能,都是为了营造出一个全方位的教学环境。通过几个高校的走访及数十位高校英语任课教师的试用,我们收集到了许多实用性的建议,也欣喜地看到,数字化教材和纸质教材配套教学这一模式获得了广大教师和学生们的认可。《创新实用英语》的纸质教材在秋季一个学期的销售量,就突破了单品种两万册。其中 90% 的用书教师已经开始使用我们的 APP 教材和网站平台,并通过网站上的交流模块,一直在提供最新的使用反馈。我们的营销人员将这些信息归纳整理后再传达给研发部门,数字化产品的功能和形式就得到了不断的改进和优化。

通过一年的摸索,我们在数字化教材的营销实践中取得了一些成绩,但是对于数字化教材这个新兴市场的了解还是很不够的,依旧需要不断地进行学习、探索、归纳和总结。

三、数字化教材营销探索困惑

在目前的教育信息化领域,各种新概念、新做法层出不穷,其中不乏有亮点、有创意的产品形式,但都尚未占据足够多的市场份额,大多数产品甚至还没有发现盈利点。仿佛黎明前的黑暗,大家都在摸索寻路,优劣还没显现出来。和大家一样,我们也在探索,也遇到了一些困惑:

(1)在学校的教学发展规划中,数字化的进程处于什么阶段? 这关系到在课程安排上使用数字教材的时间点、形式和内容。

(2)配套的数字化硬件设备如何保证? 换句话说,设备的提供者、方式、资金来源等是否具有可操作性?

(3)各高校数字化教育形式的不稳定带来数字化教材产品研发困难,主要表现在:数字化教育的快速变化导致数字化教材形式的不确定;各高等院校信息化硬件环境的不统一导致各校对数字化教材需求的不确定。

(4)目前数字化教材产品的优势还未充分开发,许多具有吸引力的功能需要资源提供者(如教材的作者)和出版社共同努力才能开发出来,比如:机械数字化教材中的三维立体模型的演示功能,虽然有市场需求,但是开发难度大,目前还无法投入应用。

(5)对于出版社来说,要考虑数字化教材的盈利能力,以及数字化教材和传统纸质教材的市场平衡问题,以保证企业利润。数字化教材的利润来源还很模糊,同所有的电子图书一样,用户已经习惯了免费获取,对他们来说,就算是打折,要付费下载数字教材也是一件非常困难的事情。由此,出版社面临着数字教材和纸质教材的市场份额调整问题、数字教材对现有的纸质教材的冲击问题,以及究竟什么样的数字教材更有市场前景问题,既不能影响出版社的利润总额,又要发展数字化出版,这是摆在出版社面前的新课题。

(6)对于出版社的发行部门来说,要配合数字化教材的发行,除了传统的面对面营销,如何充分开发基于互联网的全新营销手段,如何提供及时充分的信息反馈机制,为策划部门提供产品信息,为售后部门提供服务指导等,这些都需要时间来积累。

四、数字化教育的新动向

互联网时代的高校教育,在数字化的道路上一日千里。虽然我社在 APP 教材上的开发营销上已经取得了一定的成果,但我们并不认为 APP 的产品形式就是数字化教材的主流形式。数字化教材的形式,随着数字化教育的快速发展,是会发生变化的,有新的数字化教育形式出现,就会带来相应的数字化教材形式的市场机会。因此,密切关注全国甚至全球数字化教育的新动向,保持市场敏锐性,及时研究各种新现象,和数字化教材的开发部门一起探讨适应市场新变化的数字化教材的开发可能性,也是我们教材营销部门的重要新任务。

目前,随着针对传统课堂教学模式的改革的探索,在全球范围内如火如荼地进行,涌现出了很多富有创新思想的新课堂模式,其中最具有代表性,也是发展最快,最有影响力的要数"可汗学院"和"大规模在线开放课程 MOOC"。这两类在线教育课程的最明显的特点是:

(1)全程免费能自由取得资源:不需有学校的学籍也可以免费使用大型开放式网络课程。

(2)没有学生人数限制:许多传统课程师生比都很小,但大规模在线开放课程是设计给广大群众使用的,没有课程人数限制。

(3)开放授权、开放架构和学习目标、社群导向等功能特征。

以美国哈佛大学、耶鲁大学、麻省理工学院、香港中文大学、清华大学、北京大学、上海交通大学为代表的多国顶尖大学都在以不同的方式陆续加入这一在线教育课程的热潮,开设各种试点课程,不仅提供更全面的网络学习课程,有些学府甚至还可以提供在线教育的学籍证明。

五、对数字化教材发展方向的思考

围绕着高校信息化建设这个大趋势开发适用的 APP 数字化教材,建设配套的教学网站,是我社数字化教材建设的基本任务和工作重心,也是我社数字化教材发展的根据地。而新的高等教育在线模式,发展势头迅猛,已经成为一块新兴的大市场,是未来数字化教材发展的新动力,绝对不可小觑。浙大出版社数字教材营销部,作为高校数字教材出版的前沿阵地,必须时刻关注这些新动向,并根据目前的市场格局,对未来数字化教材的发展方向进行深入思考。

(一)稳固拓展现有市场

必须继续保持我社 APP 教材现有的发展势头,扩充我社 APP 教材的品种和功能。持续加强学校市场推广的力度和范围,并通过多种渠道,包括与各省市的高校教育主管单位的信息发展指导部门进行联系等,积极争取政府的支持。既从下往上,走用户体验路线,又从上往下,走政府支持路线,力求全面持续地扩展 APP 教材在高等院校信息化建设中所占据的市场份额。另外,针对用户对移动终端的使用需求,积极拓展现有教材在移动互联网上的应用,也将是今后的工作重点。

(二)积极布局新兴市场

需要密切加紧对新兴市场的研究,究竟什么样的数字化教材可以匹配这个高歌猛进的在线高校教育市场? 在现有的 APP 教材与在线教育不能达到严密契合的情况下,如何利用我们现有的教育资源,根据在线教育的特点,迎合他们的需求,为开发部门提供设计建议,对我们现有的数字化资源和 APP 教材进行形式上的创新,开发出适销对路、实用性强的数字化教材产品来抢占这块新兴的大市场。

结束语

随着高等教育在信息化、互联网化的道路上快速发展,数字化教材市场的广阔前景已是翘首可盼,虽然困难重重,但势头锐不可当。作为数字教材出版的前沿阵地,浙江大学出版社已经迈出了教材数字化出版的步伐。在 2013 年 7 月 3 日,国家新闻出版广电总局公布首批数字出版转型示范单位名单,浙大出版社名列其中,成为首批进入示范的 20 家图书出版单位之一。今后,我们还要不断地研究、学习、尝试,努力实践出一条适应互联网时代的发展之路。

基层教材发行如何做好客户的
维护和拓展工作

浙江富阳市新华书店有限公司　　汪献明

【摘　要】教材的政府买单作为一项重要的政府惠民工程,一经推出,引来了社会广泛的推崇和拥戴,切实减轻了广大学生家长的负担;同时,在一定程度上也规范了教材教辅的市场。如果不考虑其他的竞争者加入,那么教育点菜政府买单的市场格局一定时期内将保持稳定。这给基层新华书店教材工作带来了新的课题。我们的目标客户群发生了变化,原来的客户性质和含义也发生了变化。为此作为身在基层店的笔者,在自己从事多年教材发行工作的实践基础上,结合周边兄弟县市店的教材发行情况,认为基层店只有切切实实地做好客户的维护、有的放矢地拓展客户,才能保持基层店的持续健康发展。

【关键词】客户分类;前瞻性;以变应变;拓展双赢;儒商文化

引　言

天下大势,合久必分,分久必合。教材教辅的发行,对于新华书店来说,无论是社会效益还是经济效益都是大事。我们从店社模式到收回供销社的代发、实行一定让利的店教模式;从 1994 年至 1997 年的教材教辅爆发性增长到 1997 年的"减负"、"一费制",再到如今的教材招投标、政府买单,新华书店似乎也合了这个分分合合,起起落落的规律。每次改变,意味着新的磨合,意味着企业市场机制的创新;意味着客户的维护和拓展;每次磨合,基层新华书店作为整个机体的组成部分,就像机体的细胞,其影响首当其冲。我们如何应对教材教辅的政府买单? 如何磨合、如何提升? 这是摆在我们面前的全新课题。

一、基层新华书店教材客户变化以及维护和拓展的研究意义

(一)政府买单后基层新华书店教材客户的变化情况

1.学校作为教材发行的主要销售客户,其性质悄然发生变化

政府买单前,学校作为代管费管理的主体,征订、收退、调剂、结算、使用都是学校,教务处代表学校实施征订工作,学校是新华书店教材发行的主要组织客户。由于教材发行工作的特殊性,学校作为主要客户,其销售占全部教材教辅销售的90%以上。买单以后,没有了代管费的概念,学校不再是征订和结算主体,一定程度上成为教材教辅的售后服务的主体。

2.基教处成为教务处代理政府实施教材教辅征订行为的主体

九年制义务教育的实施,政府免除了学生的课本费、作业本费,由政府统一招标,国家、省、地方三级买单,地方财政统一支付。这样在一定程度上基教处代替了原先教务处的职能。教育点菜,政府买单已成客观事实。基教处变成了新华书店教材征订的主要客户。

(二)基层新华书店研究教材客户的维护和拓展工作的重要性

在一定意义上看客户的维护是为了更好的拓展,没有维护就谈不上拓展,拓展需要有高质量的维护作为保证。两者是一种轮流的驱动的关系。这种巩固与客户的长期、稳定的、轮动的关系是新华书店业务持续发展的保障。如果这种维护在教材发行客观环境发生变化的时候跟不上,譬如减负、一费制、教材招投标、政府买单等,其业务就会受到很大的影响。反之就能因势利导,扬长避短,取得业绩的平稳增长。

二、目前基层新华书店对教材客户的维护和拓展工作存在的问题

(一)市场环境发生变化没有详实有效的预案

走一步,看一步。对市场环境的变化缺乏经营策略的前瞻性。我们往往感叹计划没有变化快。其实这个变化不是一天两天的,是渐进的。我们做教材的更要具备这种"先见之明"。等到订单汇总上报,一对比才发现原来"要差这么多"! 亡羊补牢,为时已晚。

（二）企业自身内部环境的管理精细化程度不高

我们不缺乏各种制度，小到三个一年级的备货机制，但总体来说这些制度大都缺乏有效的实施和监督。对于客户的维护和拓展，我们也有专人的负责，大都也只仅仅是一般性的维护。业务交往、电话联系等等，泛泛而已，管理人员缺乏同客户间更深入的情感交流，前瞻性的策划。

（三）各部门科室之间缺乏协调配合，协同作战能力有待提升

想增加政府买单品种，丰富桌上的菜品系列，目的是为了吃饭的客人喜欢，买单的人也开心，继而实现目标客户的忠诚度。因此我们的每次公关活动，要把"公关"当成"工程"来操作。这是一项系统工程，需要各个部门的协调配合。最后的攻克是水到渠成的过程。

（四）客户维护缺乏深度

客户信息目前基本只有姓名、电话、单位、职务。维护工作还应该包括了解任教科目、个人爱好、人际关系圈等。对于主要客户的维护不是吃吃饭、唱唱歌，还应该有个人层面的交往，所谓先做朋友，后做生意。千万注意不要冷落了相关人员。不要做势利眼，所谓三十年河东，三十年河西。

三、加强教材客户的维护和拓展工作的策略

（一）建立基层新华书店应对外部环境变化的有效预警机制

首先，这个预警机制应该是有效的，能够应对市场环境变化、具有敏感性。新华书店作为传统的国有文化企业，对于外部环境的改变，缺乏其他企业灵敏的市场嗅觉，对于即将到来的危机反应不足。教材教辅市场环境的变化往往是教育环境的变化而变化。这种变化不是一蹴而就的，是渐进的。每次市场外部环境的变化，都会带来目标市场的变化，从而带来客户层的变化。因此我们的预警机制应该是自上而下的，具有统一性。减少因人为因素对市场反应不足而造成的销售流失。我们要学会分析市场，目的是找到市场维护开拓的切入点。1997年前的大一统时期关键是做好教务主任的工作。这个时期代管费很多，教辅材料老师学生都很喜欢。他们也没有更多渠道可以选择。这个时期，我们的营销手段主要是：主动改善服务态度，送书到校，以区辅导学校为切入点，以片为单位开展营销征订，取得较好效果。1997 到 2004 年的教辅进入多元化竞争时期，校长和教务主任是我们主要的切入点。因为这个时期教辅放开，有了更多的渠道

选择,校长对教务主任的掣肘作用明显;这个时期,我们的营销手段是:让利于学校,提供便宜好用的集团版的教辅给学校,对教辅业绩的下滑,起到阻滞作用。保持了业绩的基本稳定。2004 到 2008 年春的一费制时期,期间从 2001 年 10 月新闻出版总署、教育部、国家计委共同发布《中小学教材发行招投标试点实施办法》,到接着的三省试行试点,再到 2006 年秋季浙江全省实行政府招投标,2008 年春季开始政府买单,这个时期是市场宏观环境最为复杂的时期。这个时期的客户维护关键是年级组长、备课组长。2008 年以后进入政府买单的教材教辅发行时期。这个时期客户维护关键点是基教科长,找到合适的教材教辅品种是关键。面对每次外部环境的变化,我们都要主动求变,以变应变,调整我们企业的微观环境,调整营销策略,以适应宏观市场环境的变化,从而保持业绩的稳定增长。

(二)目标市场调研

我们做教材教辅目标市场调研的目的就是要以变应变,通过调研,实施有效的客户维护,减少由此带来的不必要的销售业绩的波动,保持业绩的平稳增长。其次,要确定调研对象。我们的调研对象是由调研目的决定的。因此每一个不同的市场环境改变,我们的调研对象都会有不同的变化。接着根据目的细化,向被调研者获取我们需要的信息内容。所以,我们需要什么内容很重要。向谁征订?征订什么?已经征订的教材教辅使用情况怎么样?他们还需要什么?我们的价格策略需要变化吗?征询的方法需要随被调查者的变化随时随地改变,朝我们有利的方向潜进。由于被调查的对象大都是我们的主要客户,长期的业务关系,大家都很熟悉,还需要我们的片区管理员,在调查问题时不要因为轻松、愉快的气氛,而忽略了自己的调查主题。

(三)实行片区营销员管理制度,实行绩效挂钩

根据前期的市场分析和调研,对我们的内部环境作出适合的调整,目的是跟上环境的变化,认清自己;研究过去,认清现状。编制符合本店教材教辅发展计划,确定下一季的销售目标及其他各项业务指标,并分解到部门的各个岗位。同时应明确各岗位职责,公布考核办法、实行绩效挂钩。"一费制"时期,面对外部环境的变化,我们富阳教材部实行了片管员制度。有效地监督帮助我们渡过了一费制带来的销售下滑的困难时期。

(四)适当的时机,合适的教材教辅品种,适当的促销推广

有目的市场维护,可以给基层店教材教辅带来稳定的业绩。为了可持续发

展,需要有更好的市场开拓。我们在做了前期的市场调研后,需要抓住时机,促进销售。2004年,一费制后,经过市场调查,学校不足额征订教材教辅,教辅材料另外收费现象严重。针对这个问题我们建议教委基教科统一足额征订,很好地阻止了教材教辅的下滑势头,实现了平稳增长。2008年教材教辅政府买单,我们又进入了教材教辅发行的瓶颈期。为此我们进行了市场的分析。我们发现周边县区,如余杭区店、桐庐县店、嘉兴地区各店,都抓住了这个时期,逐步向教委收回了一到九年级的《形成性练习》《人与自然》、九年级的《初中复习用书》的发行权,业绩都在明显增长。为此我们在前期市场维护的基础上,和教委、教研室、基教科、教育发展公司进行了业务谈判,分年、分批次逐年收回了以上教材教辅的发行权,逐次增加了每年400万的销售额。2013年秋季根据形势的需要我们向基教科推荐了小学三四年级的《生命与安全》,通过后期的维护我们还将逐年推进,争取人手一册。所以,"好"和"坏"是相对的。矛盾的两方面是在一定条件下通过努力可以转化的。我们一定要学会抓得住、找得到、推得出。

(五)注重客户的分层、分级管理,好钢用在刀刃上

我们在实行客户管理的时候要分层、分级管理。不要眉毛胡子一把抓,不分主次,不突出重点,效率低下。建议由经理室维护教委、基教科、教研室、物价、财政等宏观环境的维护工作,教材经理协同。教材部经理负责高中学校的维护工作,各片区管理员协同。各片区管理员负责各义教段的学校、年级组长、老师的维护工作。开拓工作各级各部门协同努力。这样做,就能突出重点,保证高效,维持稳定,降低费用开支。

(六)教材客户维护和拓展需要重视细节

2004年教材发行进入了低谷期。高中教辅几乎被民营垄断。我们的教辅价格太高,失去了竞争力。高中文教市场作为我们的细分目标市场,是我们开拓的工作重点。根据前期的市场调研,我们认为高中文教书市场目前虽然被民营几乎垄断,但是民营的信誉、品牌认可度不高,有许多的诟病。如果我们在价格上实行微利,再加上代管费审计时我们的品牌优势,我们还是有一定的竞争力的。我们总共有五所高中,了解到新登中学的常务副校长新任,他将在暑假后从市二中的教务主任升迁到任,和新登中学校长是师范同学,任教数学,生日为10月3日,爱好乒乓球,女儿上小学三年级。为此我们做了高中教辅市场的开拓方案:以新登中学为突破口,再利用羊群效应,逐个攻克。首先我准备好了四年级上册的主要新教材教辅,和新任副校长取得联系,并送书上门。开学后,利用送订单的机会,具体谈了第二轮高中复习用书的征订意向。他对我们的让利方案,

以及新华书店的发票(企业品牌)表示认可。然而事情没有想象的那么简单。由于民营的教辅有了一定的根基,第二轮复习用书还是没有全部拿到订单。由于供货时间和供应商的原因,再加上我们的再三做工作,最后给我们做《信息技术》和《英语听力》,码洋18万元。工作也算有了初步的回报。期间我们也成了乒乓球球友。在切磋球技的空间,他和我坦陈了民营的弊端。他说,由于民营的发票在代管费审计的时候不能通过,教辅材料的费用是民营自己向学生收取的,价格不够透明,接到过部分家长的反映。而我们的《信息技术》和《英语听力》可以进代管费项目。经过前期的探路,我们发现学校和我们合作的主要问题还是价格。为此我把问题向经理室汇报了。经理室给出方案:和民营合作。价格在民营的基础上上浮5个点。最后也得到了学校的认可。这样,我们终于取得了新登中学秋季的全部教辅用书订单。并以此为契机,接下去逐步攻克了其他两个高中的教辅订单。和学校、竞争对手取得了三赢。

(七)用儒商文化加强新华书店的企业文化建设

十八大提出社会主义文化大发展,为我们新华书店以及其他各类文化企业提供了广阔的市场发展空间。我们的文化企业如果没有了传统文化的润泽,就会失去发展的潜力,企业前景就会黯淡,失却光泽。我们在和客户打交道,做客户维护和开拓时,都需要这种文化的根基。"穷则独善其身、达则兼济天下","慎独"、"诚信"、"中庸"、"仁爱"、"立人"、"达人"、"双赢"、"敬人"等等。这种文化的传承如果根植到现代企业管理的理念中,将会给企业带来活力和生机。客户和我们这样的文化企业打交道,他们会很放心。这样的交道打得上、打得稳、打得久。

四、新华书店基层教材客户维护和拓展工作的保障

客户的维护和拓展工作很重要,只有切实做好维护和拓展保障工作,才能保证工作的有效性、连续性。

(一)培训员工

首先要培训员工,使每名片区管理员都能独当一面。怎么培训?我想,根据各地情况,措施不一而同。作为基层书店,除省店组织集中培训外,还要加强自身学习,多向兄弟店学习,提升自己。另外,在部门里要以老带新、以先进促后进。每次客户的拓展工作都要坚持从群众中来,到群众中去,听取群众意见,带来新思路、新理念。这样,每次计划都会使员工有所提高。提升整体的片区管理能力。

(二)制度建设是根本

现在我们从进货到销售、退货、分发都有一套标准化的流程。但每个人都有自己的个性。我们的每一名管理员都是一块璞玉,没有制度化的约束,璞玉就没有光泽,更不能硬串在一起,或者说握紧成拳头;硬串在一起,就会有摩擦,有摩擦生内耗,就没有能量。所以,制度化建设是教材客户维护和拓展工作顺利开展的根本保证。

(三)企业品牌建设为依托

营造一种平等、和谐、竞争、互助的工作氛围,树立以人为本的工作理念,关心人、爱护人、尊重人,这是企业内部环境的文化品牌。这样的企业文化可以增强员工的凝聚力、向心力,增加员工的责任感和自豪感。

(四)售后服务是保证

"双为方针"要求我们教材工作的服务要跟上。教材招投标的成功和我们良好的服务分不开的,基教处的维护和业务的开拓也和我们的服务分不开。"课前到书,人手一册"是基本要求。关键要把好教材的分发和售后服务关,学校的缺书要放在心上,及时的回告。使学校放心、教委满意。

小结

新华书店诞生于延安清凉山脚下,喝着延河的水成长。今天我们进入了电商、网商时代,电子教材具有传统教材不可比拟的优势也渐渐进入了传统的课堂。也许我们将迎来新的挑战,但只要我们立足于传统的教材教辅,积极把握客户需求、维护好客户,就不怕失去市场。新华书店一定会根深叶茂,更好地为社会主义文化大发展服务,为群众服务,传播文化正能量。新华书店从诞生之初,就和环境的变革连在一起,我们不惧变革,具有极强的应变能力。相信自己,树立信心,尊重客户、尊重市场、尊重规律,维护客户、拓展客户,维持客户的忠诚度是我们永远的工作。内修外攘,相信我们一定会走得更好!

参考文献

[1] 出版物发行员职业资格培训教材. 发行师. 北京:中国书籍出版社,2009.

[2] 沈长月,崔月云. 企业文化本质. 现代企业文化,2010(10).

对教材载体变化发展趋势的思考

浙江富阳市新华书店有限公司　陆增国

【摘　要】本文一方面讲述电子教材的发展情况，节能、环保是全社会的需要，也是以人为本学生教育的需要。另一方面则是出版物发行员对电子教材发行的思考和见解。

【关键词】电子教材；纸质教材；以人为本；非国标教材；转型

随着国家城镇化的快速发展，国家对教育事业的大力投入，规模办学给孩子们带来了良好的教育，加速了对纸质教材改革的要求。电子教材的出生与应用，是我国以人为本的教育需要。原因有：节能、环保、节约的社会需要，学生自主学习培养创新能力的需要。

电子教材又叫电子课本、电子书包、数字教材、电子教科书，是以信息技术、多媒体技术为基础开发的教育系统。它把电子课本、学习资源、虚拟数具、虚拟学具、学习服务、学习终端等几个方面有机融成一个数字系统来满足无所不在的学习需要，支持广大教师、学生和家长反复使用，而且具有及时性、共享性、开放性、动态性、交互性特点。在媒体资源方面，它把文本、图片、图形、音频、视频、动画、虚拟现实等媒介进行整合，并有动态性、生成性特点。电子教材研究与应用是教育界领域国内外关注的热点和焦点所在。

在国外，美国、法国、新加坡、马来西亚、日本、英国、韩国等国家在电子教材领域进行了大量的研究、试验，有的国家已经大面积推广和应用。2008年美国加州宣布全州使用电子教材，学生实行在线数码教育。目前韩国是世界上推行电子教材支持力度最大的国家之一，2014年给全部中小学生提供免费电子教材。在国内，电子教材也在不断地研究、实验与探索，并取得了不菲的成就。第一批电子教材将分别在北京、上海、大连和深圳4个城市应用。电子教材的特点是：师生之间交互便捷，有信息统计分析功能，有电子课本控制功能等一系列功能。

一、电子教材的优点与缺点

（一）纸质教材与电子教材的区别

1. 节能环保节约的需要

纸质教材的发行在教育行业中有教材和教辅两种形式，它每年对纸张原材料的消耗巨大，造纸对河流、环境的污染危害严重。它不低碳也不环保，还蕴含着巨大的人力、财力的浪费，造成我国每年的消耗太大了。电子教材能帮助低碳、节能、环保社会目标的实现，大大减少造纸污染，降低印刷、物流、管理等社会成本，减轻国家和消费者的经济负担。

2. 学生的需要

全国纸质教材书包的重量调查，在 8 公斤以上占 30%，53.1% 小学生和 86% 的中学生在往返学校时，累得腰酸背痛腿抽筋，肩红脖痛汗淋淋的现象。专家声称，沉重的学生书包对青少年儿童成长发育造成了很大的危害。而电子教材电子书包，它以容量大、体积合适、轻盈便捷的功能，能轻松地解决学生书包沉重的问题。

3. 学生创新自主学习的需要

电子教材采用文字、图片、音视频、动画、虚拟现实相结合的方式多层次的动态呈现，提高了学生学习的兴趣，培养出学生自主创新学习的能力。而纸质教材只有静态的文字和图画，它枯燥无味，限制了学生思维活动的能力，再结合国内的应试教育的要求，只能在题海战术中发奋图强。

（二）电子教材对学生的影响

纸质教材的书包对学生的发育有大影响，但不会对学生的视力产生很大的影响。而电子教材对学生的视力影响很大，对人体辐射的危害大，这是广大家长所担心的问题。还有当电子教材病毒入侵时，学生家长和老师对计算机缺少处理的能力。希望电子教材的出版商们能研发出学生眼睛视力的保护器，以及计算机病毒入侵防护器，以解决学生和教师学习的后顾之忧。

（三）教师和家长的争议

（1）电子教材对教师备课上课而言，减轻了他们（她们）的工作压力，可以利用电子教材和多媒体的技术，生动灵活展示出课堂艺术，创造教学的个性化要求，从而提高对学生学习的兴趣。通过教育应用平台实现作业自动分发、批改、成绩统计分析,将教师从繁重的作业批阅、成绩统计、备课中解放出来,更关心学生的成长。而纸质教材要求教师通过对教材多次的、全面的掌握,经过多次理论教点、示范课,吸取多方教师先进的授课经验;而且繁重的作业批阅、成绩统计等增加了教师的工作时间,减少了对学生其他问题的关注。

(2)纸质教材对家长而言,是一个共同学习的过程,就能起到监督和陪读的作用。但用了电子教材书包后,由于家长的文化差异,觉得没办法和学生一起学习了。最担心的事情是会不会增长了学生的网瘾,而成绩下降则是最可怕的事情了。还有些家长担心学生用了电子教材,以后学生不会写字了;还有些家长担心电子教材管理不当造成破损、丢失等问题,该如何去解决。我想家长们多担心了,随着社会经济的发展,文化教育的提高,一切都可以解决。

电子教材的应用,是我国教育教学最为关注的问题。电子教材为学生提供轻松的书包,创造了优质的课堂学习条件,提高了孩子的学习兴趣。电子教材对我们不再陌生,它对学校素质教育提出新要求,对学生学习带来了变化。所以,电子教材的使用,是教育改革发展的必然趋势。

二、对电子教材时期到来新华书店的思考

进入电子教材时代,电子教材该如何成为出版物发行商的主营商品呢。作为电子教材,它不仅是出版物,也是出版物中的学生教材,是传统纸质教材的替代品。电子教材不同于其他电子阅读物,它是学生接受教育的一种工具,是一种特殊的出版物商品。它只能向固定的学校团体发行,是为社会效益服务的。因此省出版发行部门和总店重新进行商品经营的分类与统计时将电子教材商品大类上与图书商品并列,通过分销能产生成为出版物内容的物质载体的电子出版物。

(一)书店电子教材的发行权

(1)电子教材商品的发行权,须由省级新华书店了解和分析国家有关的政策、方针,发挥新华书店发行优势和条件,争取中小学电子教材的发行权。从而进行角色转换,与众多的电子出版商建立良好的合作关系,取得各电子出版商的信任。须对出版发行行业规则的了解,对出版商的需求有精确的了解,对消费者消费过程的理解。与出版发行商交流合作,积极招收 IT 高级人才,加大培养本店电脑人才,努力发明各种电子阅读等产品。加快大规模连锁经营,进行完整、快速的进销包退制度。建立高效、便利的物流系统、先进的电子网络平台。基层书店建一流的仓库,培养经验丰富的管理和营销人才。尤其是全省教材发行人

员由纸质教材向电子教材转型的观念认识,以及对 IT 知识的培训。进行市场分析、财务核算,创造更雄厚的经济实力,迎接电子教材的投标与发行,服务社会。

(2)对竞争对手的调查与分析。出版物商品进入市场化后,百家争鸣。尤其是电子阅读和电子教材的发行,加速了对新华书店的冲击。对竞争对手的调查,是我们取得发行权的基本条件。电子教材发行的主要竞争对手有电信、移动、邮政、网通等公司,还有苹果、联想等一些大型的电脑商。分析他们竞争的优势,如财力、人力、物流、资质、网络等;判断他们的竞争手段,找出自己的不足,提高我们的竞争力。

(二)对非国标教材教辅商品的研发

传统的纸质教材向先进的电子教材转变,进入中小学生的书包和课堂,这是量和质转变的过程。我们行业以当前业务为核心,同时与有条件的大型电子出版商合作或参股,共同研发地方性电子教材的电子出版物或阅读器;按照国家教育部门明文规定初三高三选用教辅作业的办法是,联合经济实力雄厚的出版社以及国内省内著名高级教师,结合地区教学的要求,共同编写出优质的教辅商品,和有条件的大型电子出版商共同研发出电子教辅作业器,并引入非国家标准电子教材;与此同时,根据教育教学的要求,结合国内地方学生的需要,研发出满足学生需求的各种教辅作业器。把各种教辅作业器列入门店,加以宣传和指导,逐步扩大教辅作业器的知名度,引导和培养消费者形成新的购买需求,即到书店去购买教辅作业器。但对非国标教材教辅商品研发的投入,还需要对市场进行调研,对财务投入进行精确的计算,才能保证教辅作业器正常发行销售。

(三)发行后的服务

电子教材的发展与产生,是国家教学的要求,也是对电子出版物行业的要求;作为出版物发行员,该如何做好电子教材发行后优质的服务呢。

1.电子教材使用说明

电子教材的使用,我们可以通过网络进行介绍,宣传它的操作方法和功能;可以通过电视广告、报纸,对电子教材进行剖析和报导;也可以发放电子教材的使用说明书和宣传手册,以文字和画面的形式让社会消费者了解。

2.学校和个人的服务

电子教材的使用者是广大教师和学生,我们可以组织教育局教研员和学校部分教师进行培训和指导,让教师们对电子教材产品的特性、使用方法进行了解,以及一些相关的电子教材 IT 的知识,在上课时能熟练地指导学生使用。也可以在门店放几台电子教材和教辅作业器的样机,委派专业人员进行讲解,让学生和家长利用空余时间,充分了解电子教材和教辅作业器的相关说明和使用。为学校和家长学生提供良好的服务,能给书店带来巨大的经济效益和社会效益。

3.电子教材破损、丢失后的服务

学生在使用电子教材当中,出现了使用不当的破损、丢失时,书店该如何去服务。我认为可以帮他们去维修破损的电子教材,并解决临时使用的电子教材;前提是我们必须与学校取得联系,共同服务社会。

4.电子教材相关技术的服务

电子教材使用当中,出现下载不全、质量不好等问题时,我们应及时地进行更换,并主动送货上门。了解情况加以说明、备注,并了解消费者的意见,及时与电子出版商联系,使服务更完善。

总之,纸质教材向电子教材的转换,电子教材不再是单纯的纸质教材,而是具有多媒体的功能,具有交流与反馈的功能,具有网络平台远程支持的功能。它是国家教育兴国的需要,也是国家城镇化建设的需要,也是以人为本教育的需要。作为传统的出版物发行部门,向新兴的电子出版物商品发行转型,也是现代企业管理和发展的要求。

参考文献

[1] 罗蓉,邵瑜.电子教材的应用与管理.中国电化教育,2005.

[2] 陈斌.电子书包促教育模式创新.计算机世界,2007.

[3] 徐楠,张晓东.电子书包进课堂进退维谷.北京商报,2010.

浅谈中小学校园图书市场的开拓

浙江省瑞安市新华书店有限公司　林成立

【摘　要】开拓中小学校园图书市场是新时期图书经销企业持续发展的可行之路,这一举措顺应了教育和教学发展的需要。实体书店建立和完善中小学校园图书市场的开拓策略和措施,并付诸实施,不仅符合企业自身发展的需要,同时也将推动学校开展有品位、有特色的校园文化建设,满足师生对图书的需求,丰富学生的精神食粮,充实人文校园、和谐校园的内涵。本文归结总结了开拓中小学校园市场的运作思路,旨在为同行的同类经营提供参考。

【关键词】开拓;校园图书;市场;教辅图书;课外读物

一、开拓中小学校园图书市场的意义

书籍,作为知识的重要载体,在中小学教学过程中是任何其他媒介所无法代替的。尤其是近年来,随着教育背景的不断变化,社会对学生综合素质的要求也越来越高。为适应新时期教育教学改革的需要,作为扩展知识面、提高综合素质的重要媒介——书籍,也从知识体系、种类和质量等诸多方面进行了丰富和改善。而长久以来,学校对图书的需求和社会向学校的图书供给总是存在一个"剪刀差",即:学校对内容新颖、版式精美、类型丰富的图书需求量十分大,但由于中小学校园的相对封闭,社会难以将图书销售做进中小学校园,导致一方面是需求量越来越大,另一方面却是书店销路不畅。因此,在新形势下,打通中小学校园图书需求与社会图书供给的对接渠道,则成为学校和图书经营单位双赢的途径。

我国中小学生人数约占总人口的 28%,是一个广阔的出版物消费市场,因此,中小学校园图书市场是图书经营单位的重要平台。大力开拓中小学校园图书市场,将中小学生需要的图书引入校园,以适应学生多样化的成长需要,丰富学生精神生活,不仅可以满足学校教学发展的需要,也是书店拓宽图书营销渠道的重要途径。

二、中小学校园图书功能需求的类型

根据功能需求的特征,可分为中小学生教辅图书和中小学生课外读物两种基本类型。教辅图书是配合教学或者课堂活动,辅助学生学习、巩固和提高学生运用知识能力的图书。其特点是销售时间集中、复本多、具有周期性。中小学生的课外读物与教辅图书有着明显的区别,课外读物主要涉及社科和文艺,针对中小学生的年龄特点,以方便阅读欣赏、提高综合素质为主。其特点是具有多样性、诱导性和需求的长期性。

三、开拓中小学校园图书市场的策略

(一)优化营销宣传和展示方式,提高图书在校园的认知度

当中小学教辅图书和课外读物的新品上市时,我们通常会看到各大书店在书店门口、大型广场或者公园举办规模宏大的宣传活动,但是这种活动对于在校的中小学生来说,没有根本的影响力。营销宣传与受众群体的错位,导致虽然对学生需要的教辅图书和课外读物进行了大力宣传,但销售业绩却很惨淡。

对于课外读物,要提高图书在校园的营销力度,就要进一步优化宣传策略,加大学生与图书的接触机会,通过多样化和趣味性的宣传活动,让学生们充分了解图书、认识图书,从而喜欢图书。中小学校园图书的营销宣传优化可以采取三种方式:其一,走进中小学校园,用受学生欢迎的方式宣传和展示图书。在校园内展示图书,学生可以近距离地感受图书的形态和内容,激发他们的求知欲,选择自己喜爱的图书。比如,浙江省瑞安市新华书店有限公司(以下简称"瑞安市店")每年都会配合学校读书节,到学校进行流动供应,书店会配合学校的相关活动进行赞助和冠名,并为优秀的学生或者小组颁发奖品,以此扩大书店在学生心目中的影响。其二,选择适当时机,策划校园内、外互动的专题宣传活动。专题活动的宣传分别在书店内和校园两地进行,在书店内以各种媒介和形式宣传图书、发布新书信息,在校园内采用便于学生了解图书的方法进行宣传。比如,瑞安市店在开展"玉海讲坛进校园作家签售"活动中,让作家到校园中进行讲座,并在学校中进行流动供应,发放新书目录,在校园广播室播放新书相关介绍,加深学生们对相关书籍的了解程度。其三,组织假期的系列宣传活动。在学生放假期间,书店可以举办一系列的图书宣传活动,活动中配合电视台、报纸、网站等媒体进行专题报道,可以大大提高宣传力度。比如,瑞安市店举行"暑假读好书"活

动,对图书进行宣传,联合瑞安日报全程跟踪,通过连续报道的形式,提高书店的知名度,增加读者购买机会。

对于教辅图书,通过公共关系,争取教育部门的理解、信任和支持,补充传统教材订购模式。一方面,定期召开教材征订会议集中宣传、组织征订,向老师或家长发放教辅图书和课外读物的目录和样书。另一方面,教材销售人员走进学校上门推销和宣传。例如,瑞安市店,每学期召开教材会议,在会议上宣传教辅图书的新书,为方便订购,将精选出的文学、教育类图书编辑成推荐图书目录,向与会人员发放,一学期就发放了 10 万份,提高了教辅图书在学生、教师、家长中的认知程度,增加了销售机会。

(二)积极创新图书营销模式,开拓校园图书市场销售空间

中小学生教辅图书和课外读物的传统销售模式,都是等着学生或家长到书店前来选购。即使有些书店能把图书销售工作做到校园中去,更多的也是形式单一的流动售书方式。有效开拓校园图书市场销售空间,需要针对校园图书的受众对象,创新图书营销模式。

1. 以实体店形式,开设校园内或周边农村小连锁

在校园内开设校中店,或者在周边开设书店,形成面向校园师生的农村小连锁,不仅使书店更加"贴近教学、贴近教师、贴近学生",也创新了书店的经营模式、开创了书店效益增加的良好局面,实现了校、店两者的互利双赢。比如,浙江省诸暨市新华书店(以下简称"诸暨市店")经店、校双方协商,在校园内成立校中店——学勉书店,合作模式为:(1)学校提供四间教室作为店面,并负责经营,新华书店负责图书的供应;(2)学校创建特色示范学校而不足的图书馆馆藏图书,由新华书店赠送;(3)新华书店向学校提供每年"读书节"活动的奖品,学校保证"读书节"活动所有图书在校中店购买;(4)学校所有的高中复习用书、教辅图书向校中店订购;(5)校中店除经营教辅图书外,还经营相关的课外读物和非图产品,例如:办公用品和体育用品。诸暨市店通过这种"贴身服务",进一步密切了新华书店与学校的关系,巩固和拓展了新华书店的中小学图书市场份额。又如,瑞安市店在瑞安六中、八中校园门口以合作方式开了两间农村小连锁,经营模式为个人资本经营的加盟店,新华书店负责货源配送。目前浙江全省的小连锁达到 280 家,营业面积 2.8 万平方米,全年销售 7000 万,有效地开拓了校园图书市场。

2. 建立和维护渠道关系,扩大教辅图书市场份额

教辅图书的发行与课外读物不同,教辅图书的发行主要是系统发行,通过教育系统的公共关系,实现教辅图书的物权从书店到消费者的转移。对于发行者

来说,建立和维护渠道关系是开拓中小学教辅图书市场的重要环节。例如,浙江省云和县新华书店有限公司结合当地实际情况,摸索出了一套适合义务教育阶段的教辅图书征订方式,即:三轮征订制度。通过采取提高品种供应的契合度、专项服务、密切关系等措施,建立稳固的渠道关系。做法是:第一轮,书店协助地方教育和财政部门确定政府采购品种;第二轮,公司教材科据此编制目录,与各学校校长、教导主任交流确定征订品种;第三轮,门市指定专人配合学校的备课组长、任课老师看样订货。与此同时,还注意渠道关系的日常维护,以稳固渠道关系。例如:定期与学校沟通联系,逢节假日发祝福短信,日常生活中的问候成为常态等等,渐渐地成为朋友般的感情,为工作的开展带来了便利。瑞安市店的策略则是寻找可控的渠道关系和选择可控的品种,开拓教辅图书销售市场。在渠道关系方面,与教育部门建立长期、稳定的合作关系,构建易于控制的销售渠道。合作方式为:新华书店提供满足教学需要的教辅图书,并辅助可操作的销售方式,并指定新华书店为唯一供货商。例如:每季度由各教育学区配合瑞安市店组织召开征订会议,在书店介绍征订品种和相关事宜的基础上,由学区主任提出征订要求,并明确要求学校所需要的教辅图书由新华书店供货,有效地控制了销售渠道。在品种控制方面,利用新华书店供应中小学教材的优势,选择《浙江省文教用书推荐目录》中的可控品种,分析品种的市场定位,规避折扣战,用品种优势控制教辅市场。每年就《浙江省文教用书推荐目录》的发行码洋达 1000 多万。渠道关系的稳固和发行措施的完善,使教辅图书的发行量稳定增长,有效地扩大了中小学教辅图书的市场份额。

3. 以活动为载体,激发和引导课外读物购买需求

课外读物的需求,是可以引导和调节的,通过营销活动刺激中小学生产生新的心理需求,可以将微弱需求转为强烈需求,挖掘潜在需求变为现实需求。瑞安市店联合相关部门举办专题活动,在多方的合作支持下,有计划、有秩序地组织图书营销宣传活动,取得了较好的经济效益和社会效益。例如,瑞安市店策划的读书活动,具体做法是:新华书店借助政府平台发起营销活动,由中共瑞安市委宣传部、瑞安市教育局、瑞安市社科联联合发文,以瑞安宣通〔2013〕12 号文件发出了《关于举办"玉海讲坛进校园"系列讲座的通知》。通知中列出了参加活动的学校名单,并要求学校指定专人负责,做好会务工作和宣传报道。瑞安市店配合这一活动组织货源上门流动供应,并于 2013 年 4 月 9 日至 19 日,邀请作家沈石溪、晓玲叮当两位作家走进校园签名售书,这一活动实现销售 23507 册,398753.6 元。又如,在暑假读好书活动中,瑞安市店会同中共瑞安市委宣传部、瑞安市教育局、瑞安市文明办、共青团瑞安市委、瑞安日报社联合发文,以瑞教学〔2012〕143 号文件发出了《关于开展瑞安市第八届中小学生"暑假读好书"活动

的通知》。通过活动引导学生阅读优秀书籍，丰富学生课余生活，培养"爱读书、读好书"的良好习惯，在提高学生阅读和写作能力水平的同时开拓了中小学校园图书市场，取了两个效益的双丰收。

(三)构建校园售后服务体系，实现销售与服务的良性循环

校园图书市场的开拓，要依赖书店在校园中良好的口碑，而良好口碑的建立不仅是让师生对图书的种类、质量和价格满意，更重要的是提供良好的售后服务，及时解决图书销售之后的问题。在这方面，按照书店以往的做法，图书销售出去了，虽然不是"概不退还"，但当读者遇到问题，要想解决也比较困难。这些问题往往包括图书的问题，也包括经营的问题。比如，很多书店离学校很远，学生在买了书以后，即使发现了问题，再去更换很不方便。另外，学生们对于图书品类的需要，也很难及时反馈到书店。构建完善的校园售后服务体系，是维系已开拓校园图书市场稳定增长的重要内容。通过为师生提供满意的图书售后服务，消除师生购书的后顾之忧，从而促进购买积极性。比如，自2012年始，安徽省宿州市新华书店倾力打造"书香校园"，不仅在校园中为学生提供借阅、购买图书的便利，而且对于从该店购买的图书，实行售后服务卡制度，每本书上都有售后电话，只要出现问题，图书售后管理人员都会登门服务。同时，书店还会定期发放意见卡，征求书店需要改进的问题。为提高员工服务读者的意识，还建立了绩效奖惩制度，激励员工主动服务读者、积极为读者着想，实现了以提升服务带动销售的突破。

(四)建立店、校之间沟通机制，维护校园的图书市场渠道

书店要想在校园中获得长久的发展，不仅要从自身的角度出发去经营，更要关注校园的需求动向，与时俱进地不断完善经营策略。一些书店认为，已经在学校中承包了店面、签订了合同，如何经营、管理就是企业自己的行为了。其实不然，校园的图书销售，不仅是企业行为，也是社会行为，不仅要满足书店自身的经济效益，还要满足学校所需要的社会效益，两者是相辅相成、互为促进的。比如，书店经营什么样的教辅图书和课外读物，虽然有自己的想法，但还需要加强与学校的沟通，获得符合实际的一手信息，不断与教学一线的教师去沟通，探讨什么样的教辅图书最适合教学需要；经常与学生沟通，看看学生喜欢哪种类型的课外读物，哪些价位、版式、内容最受欢迎，只有这样，才能真正满足校园图书市场的需要，使校园图书市场的销售更具生命力，达到书店与学校的"互利双赢"。

在沟通方法上，书店可以制定专门的"校—店"沟通联络机制，设立专门的联络员，定期与老师、学生和相关领导进行沟通，将获得的信息归纳总结，在经营中

不断改进。对于为书店的发展提出建设性意见的师生,书店给予相应的奖励。为使员工能够有效地与学校沟通,书店还要加强员工的技能培训,从基本的仪容仪表、言行举止等行为规范抓起,进而聘请专业人员在语言表达、客户心理、沟通技巧等方面深度培训和指导,努力提升员工综合技能,以更好地胜任"校一店"沟通机制的需要。

四、结束语

开拓中小学校园图书市场是新时期图书经销企业持续发展的可行之路,这一举措顺应了教育和教学发展的需要。实体书店建立和完善中小学校园图书市场的开拓策略和措施,并付诸实施,不仅符合企业自身发展的需要,同时也将推动学校开展有品位、有特色的校园文化建设,满足师生对图书的需求,丰富学生的精神食粮,充实人文校园、和谐校园的内涵。本文总结归纳了开拓中小学校园市场的运作思路,旨在为同行的同类经营提供参考。

参考文献

[1]周仲秋.宿州市新华书店倾力打造"书香校园".宿州新华网.

[2]于小明.如何创新营销模式扩大一般图书等市场产品销售.山西省新华书店有限公司网页.

困境中如何突破

——浅谈高中教辅的征订发行

浙江嵊州市新华书店有限公司　袁琪斌

2008 年春季开始国家对农村九年义务教育阶段教科书全部免费供应,对于新华书店来说是前所未有的压力和挑战,直接表现在九年制义务教育的教材利润空间压缩变小。而作为游离在义务教育之外的高中教辅,因其具有高中学生应对高考的现实需求性,以及学校代收费中除必订教材外的使用潜力空间等等因素制约,及对于新华书店来说,高中教辅因其定价高、码洋大而影响整个教辅发行的销售总额,因此如何搞好高中教辅征订工作在这一阶段来说显得尤为关键。

那么,如何破解高中教辅征订发行的困境呢?本人将以从事教材发行工作十多年的工作经验,对当前高中教辅征订发行中所面临的现状、困境进行剖析,并提出相对应的策略。

一、高中教辅征订发行的现状

(一)价格因素

以我所在的嵊州市新华书店教材发行的现阶段来看,新华书店按全省中小学教材中标合同,掌控了本地区所有普通高中的教材发行权,但作为高中教材的课外辅助读本来说,书店只占了其中的一部分征订数量,可以说是国有、集体、民营三类书店形成"三足鼎立"之势。教辅征订中的价格因素其实说到底就是折扣因素,由于国有书店的流通环节比个集体书店要多,最后到下面基层书店的折扣相对就要高。

(二)制度因素

新华书店一直来是以教材和图书销售渠道领头羊的身份存在的,星罗棋布的连锁书店、人才济济的服务团队、功能强大的物流系统、严谨守纪的财务管理都是新华书店一直占领主渠道的稳固基础。但事物总有两面性，能轻易拿下大宗图书销售的新华书店发行集团在终端销售和征订上却常常被个集体书店逆反，在图书市场竞争中抢走不少图书的销售份额，高中教辅图书就是个集体书店眼中最大和最肥的"五花肉"。从嵊州市七所普通高中 2013 年秋季订数来看，教材发行码洋为 2464098.00 元，而教辅总码洋为 242153.00 元，只有教材发行量的 10％。由于受国有企业各项制度的约束，书店教材发行员在征订工作中，自由应变度远不及个体、集体书店，这成了我们国有书店征订工作上的软肋。

（三）征订销售方式因素

先说下我们平时征订的手法，在工作中采用最多的方式是直接找学校的教务处或分管教务的副校长联系征订，这种曾经在以前小学初中学校征订时常用的方式其实不完全适合高中的教辅征订。以嵊州中学为例，该学校所有教材和教辅都是由下面各年级的各科年级组长选择好品种上报到教务处的，并对所订的书全面负责，从另一个侧面反映出教务处在其中只起汇总和上报订数到书店的作用。高中三个年级段，每个年级段至少有 8 个年级组长，而且更基层的各位任课老师都有建议或推荐权力，这种状况对于个体、集体书店来说，是他们很适应并且想要看到的。由于高中教辅征订环境的特殊性，可能出现同一年级同个科目以及不同班级用的教辅书都不一样的情况，同时也会有不同的图书供应商，他们都是直接到每个班级和每位学生那里打折后收书款，而且基本上不需要开发票。相反国有书店一般都采用教材款通过教育局的会计核算中心统一汇款的方式，加上新华书店的教材部门里的发行员一般都分管好几个学校的订、发、退、调剂、收款等工作，个体、集体书店的收款方式对于国有书店来说，在人员配备和工作量上都远远不能适应，这也成了教辅征订中的一大问题。

（四）业务员因素

从企业性质来看，国有企业管理中存在的一般通病也体现在新华书店业务员素质上，业务员业务水平的高低、业绩的多少、工作量的大小等都对个人的收入或职务升迁的影响比较小，以致还存有以前"大锅饭"的意识思想，这种体制性造成的管理弊端，对现有的激烈竞争的图书市场来说已经远远落后了，完全不能适应市场经济的规律。

（五）学校人事变动因素

这几年特别是近三年以来，高中学校的领导包括中层骨干变动频繁，以嵊州市 2012 年秋季—2013 年秋季的情况来看,全市共 7 个普通高中换了 5 位校长,副校长和各部门主任换动更是眼花缭乱。这种走马灯式的调动给我们的征订工作带来了困难,带来了不稳定性,影响到教辅品种的变换、教辅科目的变动,教辅征订供应商的变化,增加了教辅征订中的差错率。

二、破解高中教辅征订难的策略

(一)灵活用好折扣

在实际征订工作中,教辅的折扣问题历来是订数是否能拿下的第一要素,折扣的高低有时候直接影响到学校确定供货商的决策。以前由于流通环节的不同,个体集体书店好多书都是直接向出版社进货的,中间环节少、业务人员少、薪酬负担轻使得他们成本比较低,可以放宽更多的折扣来竞争。而基层连锁新华书店是由省店集团统一向出版社采购图书的,再批发给基层连锁店,折扣通过层层环节到基层销售终端时就变高了,在折扣竞争中处于劣势。然而这几年,通过省店集团的强大销售市场份额的影响力,许多出版社主动找上门来和省店集团合作发行图书,而且发给新华书店的折扣呈下调趋势,其中也包括高中类教辅读物的折扣,这给我们增加竞争力带来可能,以 2013 年春季高中教辅中的中国和平版的《高中同步作业》为例,全市共征订 9130 册,码洋 109560.00 元,省店发给我们的是 4.9 折,给学校是 5.5 折,虽然利润比较薄,但有效地阻挡了个体集体书店的竞争,保证了销售目标的完成。

(二)及时了解品种的变化动向

由于普通高中学校在征订教辅时由各科年级组长来负责征订,所以造成每门学科征订的品种不同,而且同一门科目不同班级采用的教辅也不一样,选用品种越多就越容易使每学期的教辅品种变化越大,征订难度也加大,并且一旦学校定下来需要这本书的话,到货时间要求比较紧迫,所以平时及时了解学校选择品种的变化和动向显得尤为重要。以嵊州市为例,从 2012 年秋起高中用区域地理开始出现有多个学校选择不同的版本,比如广西教育版、湖北教育版、湖南地图版、山东地图版、新世纪版、地图出版社等等,其中以嵊州中学为例,从 2012 年秋到 2013 年秋一共征订广西教育版 368 册,山东省地图版 420 册,新世纪版 420 册,版别多样,品种繁多成了高中教辅征订的一大特色,所以我们针对区域地理教材的特殊性,在省店教辅目录以外,单独发了包含多家出版社发行的区域地理图书的订单,使我们的服务能及时适应学校的需求。

(三)扩大对口联系人范围和影响

在新的征订销售形式下,就要求我们业务员深入到年级段里、班级里去,直接面对备课组长和任课老师,最直接地了解当前学校教辅运用情况和需求动向,使我们能及时做好教辅征订品种的选定,达到供需之间的无缝对接,如嵊州中学在 2013 年暑假期间,新高一的新生需提前学习并需要有初高中衔接教材,一开始学校的意见倾向自己打印学习资料过渡,我们知道信息后找到分管教育的副校长和教务主任,向他们推荐浙江教育出版社的《走进高中(初高中衔接教材)》一书,最后我们拿下了 740 本订数,共计码洋 28120 元,征订的过程其实像前面分析的情况一样,学校领导咨询了高一年级的备课老师对这本书的看法,备课老师们一致认为该书比较适合新生的使用,学校领导当场拍板定下订数,从询问到定下来一共才用了半小时,而这征订过程也突出表现了基层各级老师的重要性。在平常的工作中,好多细节也能扩大新华书店的影响力,比如在学校通讯录上添加新华书店的业务联系电话,方便学校老师随时随地和书店业务员进行沟通和了解,比如定期进行读好书活动,比如寄新春贺卡、送印有新华书店的台历挂历等等,以上所有细节工作都能增强平时学校和书店之间的联络,不断提高新华书店的企业形象,让学校老师需要书时首先就想到新华书店。

(四)加强订数的到货率和速度

基层新华书店教材征订都是提前半年统一上报省店的,一般来说都会在开学前到,基本上能做到"课前到书,人手一册"的发行目标,但作为高中教辅曾多次遇到征订到货率不足的问题,2013 年秋高中教辅发行时就遇到这种情况,中国和平版的《高中全程学习导与练历史(必修2)》,这本书是嵊州中学在上半年征订时的原报数,使用对象是高三学生复习用,而嵊州中学是在 8 月初就开始高三提前上课了,到 9 月份开学已经上了差不多一半,学校老师一直急着能早点拿这本书来当作业本用,结果我从 9 月 1 日开始,差不多是隔天催省店文教部的同志给个答复,最后在 8 日省店答复说出版社要到 9 月中旬才发货,嵊州中学最后是选择退发了这本书,从学校对此事的反应上来看,再配上背景词就是如果让民营书店来做的话可能早就到书了,这样的到货率让书店的工作很被动,还影响到企业的整体形象。在到货率上省店应该加强和出版社之间的沟通,完善店社之间的资源共享,并且在到货率有保证的前提下,省店和出版社还应该在物流渠道和物流速度上有所突破,增加物流多样化,促进发货的提速,接近或超过民营书店的收发速度,取长补短来全面提升自身的工作效率。

(五)打造懂政策善公关的业务团队

在现有的教材发行工作中,如何做好对广大学校老师的政策宣传和业务公关工作,这才是保证销售的根本。在平时教材征订工作中,首先要及时了解和熟悉当前国家和地方对于教材发行的政策规定,并在征订时能灵活机动宣传对新华书店有正能量的规定要求,使得学校在征订时不会有后顾之忧的感觉,减少学校在挑选供书商时的不确定性,有效提高教辅市场的占有率,比如每学期浙江省教育厅和浙江省出版总社联合发的《关于做好中小学教学用书预订工作的通知》,其中就规定非图书经营单位和无发行教学用书资质的图书经营单位,均不得发行或变相发行中小学教科书、教师用书和其他教学用书,还要求学校严禁订购盗版书和非法出版物,拒绝质次价高的教学用书进入学校等。我们还需要对书店的教材发行队伍进行公关能力的全面培训,首先,要培养业务员组织管理能力,有效制定发行计划任务和实施方案,组织各类营销活动和公益活动,相互配合来促进销售的增长;第二,要培养良好的语言表达能力,在发行工作中能灵活机智地的解答学校老师所提出的各种问题,也是和学校老师建立良好关系、创造和谐交流氛围的基础;第三,要培养创新和应变能力,要与时俱进不断改进业务技能和业务活动,而且要做好随时面对一些突发事件和难以预料的问题的思想准备,从容不迫应对是一个优秀发行员的必备素质。

三、高中教辅市场展望

(一)公平竞争的市场环境

对于国有书店来说,如何协调集体、个体书店,打造一个公平的教辅图书征订销售环境尤为重要,在相同的品种、价格、折扣等条件下,竞争者之间比的是图书质量、服务质量、流通成本、反应速度等要素,而不是业务流程外的请客送礼、现金返利、恶意竞价等不正当手段。我们可以通过当地的文化管理部门牵头,成立图书行业协会,统一行业规章制度和赏罚制度,使协会的会员们能共同发展和共享利益,避免了竞争者之间"三败俱伤"的出现,还教辅类图书一个干净的公平竞争市场。

(二)政策支持和良好形象

新华书店的生存和发展不仅要有国家相关政策的支持,还要搞好和当地政府部门的关系,特别是宣传部、文广局、教体局等相关部门对于我们工作的支持和理解,使之能正确、及时出台有关整顿、规范教辅图书市场的规定要求,能定期、有效对教辅图书市场进行检查、清理。继承传统的新华精神,并利用各种公共媒体来传播有关企业的信息和营销活动,争取社会各界的理解、信任和支持,在广大学生和家长心目中树立新华书店良好的信誉和形象,从而有利于教辅市场的开拓和发展。

综上所述,高中教辅材料的征订和发行,有困难,但也有机遇;是困难,也是挑战,只要我们在工作实践中,不断吸取经验和教训,提高业务员自身的业务水平,攻坚克难,定能走出困境,积极创收,还高中教辅征订发行一片美好的明天,为新华书店的持续发展添砖加瓦,奉献出自己一份微薄而坚定的力量。

试谈中小学课本网上发行(零售)可行性

浙江富阳市新华书店有限公司　陆逸民

【摘　要】随着社会科技的发展,因特网的普及以及人们生活、购买方式改变,考虑到务工流动家庭子女增加,城市区域的不断扩大,学生家长不能按计划获得或就近购买课本等因素。因为,将中小学课本放到新华书店的网上零售成为一种可行性。

【关键词】网购;新华书店网上书店;中小学课本;图书陈列宣传

引　言

打开百度搜索引擎,输入关键字"网上书店"进行搜索。著名调查公司 AC 尼尔森最近发布的一项研究结果显示:在中国,最受欢迎的网上商品是书籍,56％的网上购物者选择购书,中国网上购书的比例全球最高。不论是超低折扣、老书搜索,还是送货上门,网络书店正在以其方便快捷且人性化服务等不可比拟的优势,冲击着传统书店的旧经营模式,一场没有硝烟的战争已经打响……

一、本文所涉概念解释

(一)传统发行企业——新华书店

新华书店在 1937 年 4 月 24 日成立于延安清凉山,新中国成立以来有着 60 多年的图书发行历史,截至 2006 年共有 14000 多个发售网点,各省会城市则有购书中心或书城。

(二)出版物及教材

出版物是指运用一定的物质生产手段,将经过编辑加工的著作、作品稿件以文字、图形、图像、声音或其他形式表现出来,具有一定量的复本,使之在社会上或一定范围内发行传播的承载精神内容的物质载体。"中小学课本"或"教科书"也叫"教材"。通俗说学校使用的书就是教师教育学生的蓝本,也是师生进行教学互动必不可缺少的工具。它能提供丰富的阅读材料。

二、中小学课本零售现状

(一)课本供需方

中小学课本的中标供应商主要为各地新华书店。而书店课本的零售是在学校征订的基础上,比照往年的需求情况,对课本的零售数量进行适当的备货。大部分学课品种由教材负责供应,少量的语文、数学也会在门市部上架供应。由于工作重点的关系,当出现零售课本断货时,也不会及时添进,使学生家长一时不能满足需要,只能一次次地询问购买或者向别人借阅。而且由于改版、修订等原因,课本时常会出现断货,供应不及时等情况。传统计划供应已不能很好地为现实需求服务。

随着务工流动家庭子女等计划外因素增加以及寒暑假新课预习、补课等需求不断扩大,广大学生家长在寒暑假期间提前购买新学年课本越来越多。据某店统计,2012年暑假期间零售课本4992册、金额54143元,接待3100人次(不含成套购买的)。

(二)其他同类渠道参与情况

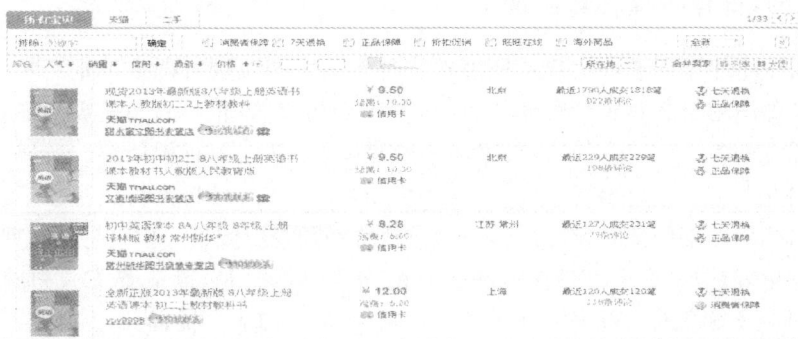

随着城市区域的扩大,科技的进步,因特网的普及。人们的生活方式、购买方式也随之改变。你只要登录淘宝网就可发现,有好多网店在出售课本。例如,

新编改版的 2013 人教版《英语八年级上》在新华书店到货前 4～5 天淘宝网上就有一些商铺在销售,且有 3000 多读者购买,而且书价要加价 0.5 元左右,快递费要贵 4 元。真是赚了银子又有了人气。我相信这 3000 人以后要买新版书首先会去他们店看看,而不是新华书店。新华书店的资源,让别人抢得了先机。

三、中小学课本上网销售的可行性

(一)现行中小学课本的发行政策

中小学课本的供应,各省按计划分地区供应,学校不能跨区预订,新华书店不准接受外地学校或个人的订数,不准向集体和个体书店批发供应;非图书经营单位和无发行教学用书资质的图书经营单位,均不得发行或变相发行中小学教科书、教师用书和其他教学用书。——据此,中小学课本按现阶段的政策,是新华书店独家发行的。

(二)货源、硬件的保障

新华书店课本的零售数量,是按计划参照往年的数据适量备货的。在供应期间,可以根据库存情况,向省级书店作适当添进。故此只要专人负责、及时跟进,是可以在一定程度上满足读者需求的。现有的新华书店网上书店是一个在线销售图书、音像制品、软件等数十万种商品的网上购物平台,具有快递送货上门,在线支付,货到付款等功能的大型网店。可在其顶部栏目增加"中小学课本"项。导入书店管理系统课本数据,按原网上书店操作流程操作。

(三)出售的价格和配送方式

由于中小学课本的定价是经过省物价部门对印张进行严格审定后核定的,比较其他图书出版物定价较低。而且,发货折扣较多,相对利润较少。还有,中小学课本的零售,一直以来是按书面定价销售的,从来不打折销售。所以,网上销售的课本可按定价出售。邮资(快递费)也需购买方另行支付。具体运作,可由原来的网购部负责操作。由网购部向教材部预提留数量,封存提留数,保证网购部下单,配送。流程尽量保持和现有的网购程序同步,以节省资源和减少差错。配送按现有的一般出版物网购一起配送,采用门店自提,快递上门等。以上种种操作的具体方式,都是为了节省费用、减少环节、整合资源。

四、中小学课本上网销售的意义

(一)方便学生家长购买,节省社会资源

由于课本一般来说是由新华书店独家发行,而且供应课本的教材部多数在偏远的地段,使读者购买很不方便。寒暑假期间每天经常有十多个电话询问教材部地址,有更多是询问某某书有没有? 或者是到货没有。即使购得,成本也较高,需打车或者自驾前往购买。如果将学生课本上网销售,那么有意向购买课本的读者,就可通过新华书店网上书店了解信息在网上购买,这样既方便了读者,又不增加他们的负担(快递费与交通费相互抵消)。

(二)扩大新华书店网上书店的影响

据某店统计,2012 年暑假期间零售课本 4992 册、金额 54143 元,接待 3100人次。据此分析,市场是存在的,只要善于经营合理利用,就会增加网店的访问量,扩大影响拉动销售。

(三)促进各书店课本库存合理流动

各地新华书店,由于课本零售额占总销售较少,而且由于生产习惯,管理方式等主观原因,目前尚没有基层新华书店之间,为了满足零售,进行相互调剂的。但有了网上销售课本,就不同了。市场这只无形的手将资源朝着合理的方向配制,各店的课本库存,也可实现合理地流动。

五、中小学课本在网店的陈列、宣传

中小学课本在网店陈列,可与相关图书搭配陈列。应按读者年龄特点、兴趣爱好等集中陈列。现在大部分书店门市部都按照出版社、丛书系列名陈列。我们的购买主体最主要的是某年级的学生。我们能够按照读者客户的需求倒推集中陈列,一次性满足读者在本网页面所能提供的商品,那么将极大地方便客户购买,无形中会激发客户的潜在需求。特别是对于我们所经营的出版物这种随意性很强的商品,更是有必要。陈列方式:如将二年级的课本、××系列试卷一课一练、同步练、写字、新华字典、作文集等一起陈列;还可以将笔、美术用具等相关学生延伸产品一起陈列。实现分类互见导购,以在不同的分类中可以浏览到同一商品。示意图如下:突出"中小学课本"+相关配套读物一起购买。

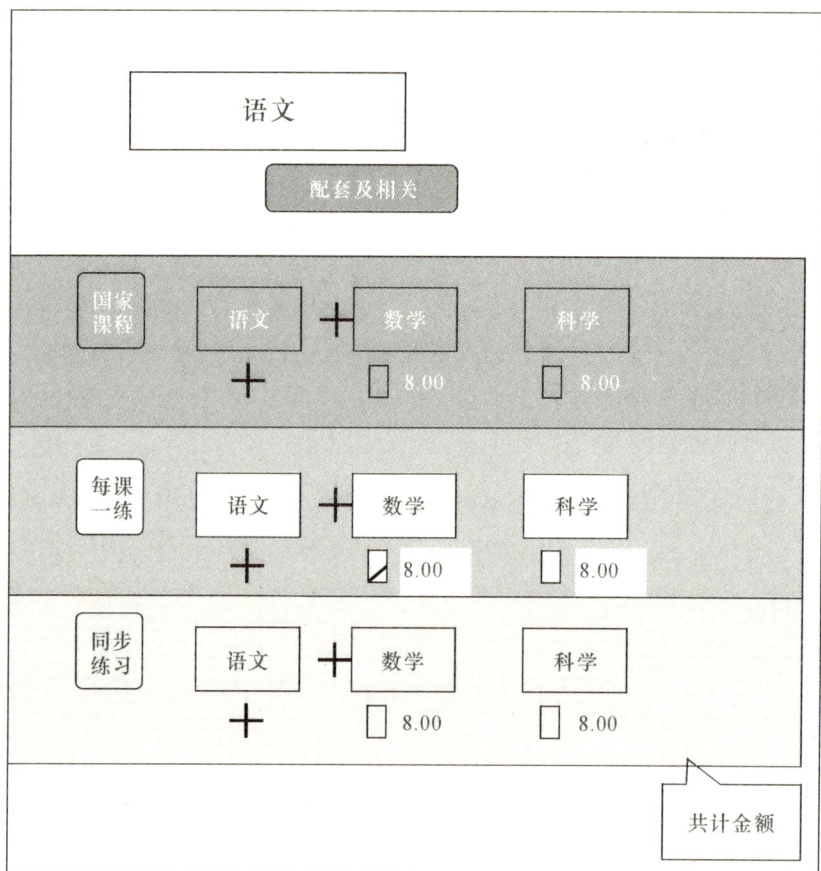

六、存在的问题

(一)服务跟不上对书店产生负面影响

中小学课本相对而言是一种稀缺资源,上网销售后,广大消费者会与社会大综商品有一个类比,会对书店的服务提出更高要求。而书店职工在网上销售过程中,会由于课本是独家经营,工作模式还停留在以前的方式上,造成家长学生对书店服务的不满。而且,课本有一定的时效性,当服务达不到读者心理期望值时,就会对书店产生负面影响。当然,这些可以通过对工作人员的培训教育,增强服务意识,完善服务流程,操作规程,加强沟通来提高服务质量。

(二)书店劳动用工矛盾

由于课本的时效较强,需求时间较集中。广大学生家长需要购买课本时,正是新书到书高峰,工作量较大。而具体操作的网购部工作人员,又不是很了解当年课本的修订、改版、版本等具体用书情况。这样在原有的人员安排下,就会产生劳动用工矛盾,这需要在一定时段进行合理的安排调度。

七、结束语

随着信息技术、电商的飞速发展,以及人们生活习惯的改变势必促使传统出版物流通领域的转变。中小学课本上网只是时间问题。在少量投入,利用现有资源的基础上,增加访问量、挖掘客户源,对新华书店网上书店而言,具有现实意义。

新华书店学生社会实践商业模式初探

浙江慈溪新华书店　邵向前

【摘　要】随着图书市场外部环境的不断变化,跟随而建的书城、综合规模门店相继落成,它们设施齐全、卖场空间巨大、服务功能完备、图书商品丰富。伴随面临的课题是如何经营,如何创利。新华书店学生社会实践不失为一种很好的商业模式,该模式以社会效益为前提,从中产生出巨大的经济效益。首先分析图书市场经营过程中各环节,读者群缺失是卖场存在的一个长期困扰始终很难解决的问题,这个读者群的主体就是学生。为此,书城举办各种形式的活动,让学生亲身体验,增强他们对书店的好感,同时也为开展学生社会实践作了铺垫。扎实的基础建设为学生社会实践作好铺垫,应试教育转向素质教育的基地问题顺利解决。学生社会实践促进了书店卖场销售,给书店带来了稳定的客流群;新华书店学生社会实践的商业模式还需要不断深入、不断完善。

【关键词】学生社会实践;读者群缺失;商业模式;社会责任

一、引　言

随着图书市场外部环境的不断变化,跟随而建的书城,综合规模门店相继落成,它们设施配套齐全,卖场空间巨大,服务功能完备,图书商品丰富,伴随而来的课题是如何创新,如何经营,如何创利。新华书店学生社会实践不失为一个很好的商业模式,它在赢得顾客、吸引读者和利润创造等方面形成良性循环,使企业经营达到事半功倍的效果,成长速度快,成长效率高,在业内虽高手如林,但它后来居上,而在所开拓领域,做到了先发制人,遥遥领先。

二、卖场面临的困境

目前,图书市场竞争激烈,卖场销售面临许多新情况、新问题,而最关键的是卖场存在一个长期困扰始终很难解决的读者群缺失的问题。该问题虽然可由市场经营者自身决定与调控的,即主观因素,但更大部分是由市场环境造成的,即客观因素,主观因素常因具体经营者的不同而有所不同,带有较强的个性色彩,而客观因素则具有较强的共性,是各个经营者都应该了解并可以利用的。下面讲两个主要的客观因素:

(一)政策因素

政策因素对读者群缺失有着重要影响,主要表现在以下几个方面:

(1)国家关于对学校教育的规定能间接地影响读者群缺失。如对学生购买教材教辅的限制,使得他们没有多大选择余地,丧失了购买欲望。

(2)图书市场允许各种经营体制的共存,同争一口饭,相互瓜分,造成读者缺失。

(3)网络图书购买力不断增加,引起实体门店读者群缺失。

(二)地理环境因素

地理环境因素是影响读者群缺失的最基本、最明显的因素,比如:

(1)原先的新华书店门店大都地处繁华的商业街中心,地段优越,人流集中,如今所建书城大都远离城区,地理位置相对来讲比较偏僻,交通不方便。

(2)远离居民区,商圈还没有形成,重获失去的老读者群需要维护,新读者群尚需要培养建立。

三、新华书店学生社会实践的可行性分析

构建一个全面的、完整的、稳定的读者群,赢回老客户,开发新客户,需要探索一条好的路子,好的模式,新华书店学生社会实践就是一个好的商业模式。这里所说的新华书店学生社会实践,指的是学生有目的地参加社会活动,场所定位在新华书店;这里所说的好的商业模式,是因为它充分表达了企业尽到了社会责任,在一定程度上能够帮助企业节省成本,提高形象,帮助了别人,又创造了价值,毫无疑问,这样的模式是很有商业价值的。开展新华书店学生社会实践应充分考虑需要具备哪些条件;社会文化氛围成不成熟;外界环境和内部管理是否适合配套。下面着重分析如下:

(一)政府部门政策措施

政府部门政策措施出台,给企业提供一个新的经营机会,也可称之为政策就

是商机。具体内容有：

（1）举办每年度未成年人读书节，明确指定新华书店作为协办方，全面负责组织实施。

（2）各地政府也积极出台相关措施。例如：在慈溪，由中共慈溪市委宣传部、慈溪市教育局、慈溪市文化广电新闻出版局、共青团慈溪市委员会、慈溪市妇女联合会、慈溪市科学技术协会命名的"慈溪市青少年素质教育基地"落户书城；由慈溪市精神文明建设委员会办公室命名的"慈溪市未成年人社会体验服务站"设在书城。

（二）学校积极响应，学生成为社会实践的主体

学校在人手一本的学生社会实践册首页，印上了告学生及家长书。指出"中学阶段是人生的重要时期，青少年学生学会做人，学会做事，增长才干，必须接触自然，融于社会，参加社会实践活动。根据《浙江省教育厅关于进一步加强和改进未成年人思想道德建设的意见》规定，参加社会实践活动时间初中生每年不少于 20 天，高中生每年不少于 30 天。要求中学生积极参加社会实践活动，在实践中既要锻炼自己，又要承担社会责任，还要注意安全，也请家长予以支持"。

（三）新华书店卖场也制订了相应配套办法

为了丰富未成年人假日文化生活，引导未成年人参加志愿服务和社会体验活动，根据市文明办"关于慈溪市未成年人社会体验服务站（试点）建设的通知"，书店开展了以"做小小书店管理员"为内容的实践体验活动，包括：守口、装袋、整理图书、导购服务、放磁条、卖场公益活动等；参加对象为小学高年级以上的未成年人；时间安排以黄金周及寒暑假为主，适时安排在双休日；具体操作流程：

（1）报名：可通过电话或现场报名，在登记册上填写姓名、年龄、学校等信息。

（2）发放"服务卡"，记活动开始时间。

（3）发放"活动须知"，告知活动内容要求，进行适当的培训辅导。

（4）体验时间一般不少于二小时。

（5）收回"服务卡"，记录活动结束时间。

以上分析表明：新华书店学生社会实践的条件是成熟的，环境是优越的，措施是有力有效的。

四、新华书店学生社会实践成效分析

(一)卖场销售稳步增长

书城大卖场与之前没有开展新华书店学生社会实践活动相比,目前客流量始终保持旺盛的状态,销售稳步增长;定位读者群主体的学生对书店的信任度、依赖性得到明显的体现;对周边同业的个体、集体书店产生积极影响。

表1 卖场销售数据对比 （单位）:万元

类别 ＼ 年份	2009	2010	2011	2012
文化教育	913	925	959	1015
文学艺术	218	268	292	352

从上表中很清楚地看到,占卖场重中之重的二大类销售逐年增大,大家都知道,这几年间,社会上各书店此类图书的销售受各种环境制约正在逐年走下坡,正是得益于新华书店开展学生社会实践活动,才有保持两位数增长的好成绩。

(二)学生对书店的信任度、依赖性得到明显体现

(1)来参加新华书店社会实践的学生,除了要完成活动内容外,总要挑一些书买回去。如:慈溪中学许子影同学,来书城累计已有七次,购书额至少在250元以上。

(2)以小团体组成小组一起活动,也是一大亮点,体现的是对活动的信任度。如:实验学校七年级学生陆容洁、胡遗瑶、应桂樵、霍诗怡四位同学每次来书城都是一起行动,活动过后除了在书城买到了自己需要的书外,更让他们高兴的是平时学校老师布置的一些作业,总感到没有内容可写,现在到书城参加社会实践活动,写的内容多了,也很新鲜,得到了老师的表扬,集体还获得了奖状。

(3)感受新华书店学生社会实践环境的硬件、软件和丰富商品的影响,增强了学生对书城的依赖性。如:宣徐祚、王梦莎、吴晶三位同学是横河中学初二学生,远离城区,每次来书城社会实践,都是大人用汽车送来的,在农村很少买书,现在每次来新华书店实践活动,大人都给钱,一定要他们买书带回去好好学习。

(4)对周边同业的个体、集体书店产生影响。这个影响是正面的,促进作用的,带动效应的。

五、巩固新华书店学生社会实践商业模式的措施

我们清醒地认识到：新华书店学生实践活动虽已初具规模，经济效益也显而易见。如何更广泛、持久深入下去，是摆在面前的一个重要事项，值得思索。

(一)取得上级各相关部门的普遍且广泛的认可是当务之急

虽有学校、书店双方配合开展活动，但也暴露了一定的局限性，只有得到上级各相关部门的普遍而广泛的认可，并给予大力扶植，新华书店学生实践活动的生命力才能旺盛，书店的竞争优势在同行中才能得到充分体现，社会地位更加巩固。

(二)做好广泛宣传，提高社会影响面

把新华书店学生实践活动的意义、作用，特别是对社会、对家庭、对学生带来的好处广泛地、多层次、全方位地向社会进行宣传，以此来提高全社会的关注度和共同参与的积极性。

(三)发放会员卡，挖掘潜在购买力

每当学生来书城参与社会实践时，送他们来的家长有相当一部分是等在门外、车里，这是一支非常丰富的潜在购买力，如果我们向这些家长免费发放会员卡，一定能吸引他们来到大卖场，这不仅为大卖场增加人气，也会使我们的销售业绩锦上添花。会员卡的积分是可以升的，积分越多，打折的幅度就越大。因此同样还可以为参与社会实践的学生们发放会员卡来提高他们的购买忠诚度。我们在平时的销售中经常会看到一些学生挑了很多书，但因为价格、折扣而忍痛割爱；如果发放给参与社会实践的学生每人一张会员卡，让他们享受会员的优惠和积分升级，用较少的钱买更多的书；学生们为了增加积分，买到更优惠价格的书，他们一旦有购买需求，首选的必定是我们的书城。

(四)增加社会实践的体验度

加强卖场的读者体验度，应从设计、结构，合理空间布局，色彩、流线，商品布局，要充分考虑学生活动特点，使其从紧张的实践学习中得以放松，劳逸结合，从紧张的时间里高效地满足需求，宾至如归的感觉，成为社会实践活动首选的栖息地。

（五）丰富活动载体

丰富活动载体，举办各类由学生为主导的活动。如：学生书画作品展；沙画、胶贴画现场手工制作；配合节假日的猜谜、比赛活动；引进科普科技馆学生制作优秀作品展；专家讲座、影视片展播等活动。

（六）利用电子平台，建立牢固关系网

充分利用现有书店自身已有的网络优势，增设特色服务项目：学生社会实践的预约登记、报名注册可在网上完成，使其开展的活动更加全面、有序、稳固。书店与读者的关系贴得更亲近，书店与读者的联系网织得更加密集。

六、结　语

新华书店学生社会实践商业模式的过程，充分体现了以人为本、和谐经营、理性思维、贡献社会的商业经营管理理念。

新华书店学生社会实践商业模式，它承担的是社会责任，为企业获得了更大的生存空间，增强了企业的竞争力，扩大了市场占有率。

新华书店学生社会实践商业模式的路需要不断深入、不断完善，驶向更加宽广的大道。

参考文献

[1] 新闻出版总署人事司、新闻出版总署职业技能鉴定指导中心编写.出版物发行员职业资格培训教材基础知识.北京：中国书籍出版社，2008.

[2] 魏炜.朱武祥.发现商业模式.北京：机械工业出版社，2009.

[3] 安娜舒勒.赢回老客户.杭州：浙江人民出版社，2011.

中小学教辅市场分析及我们的竞争策略

浙江萧山新华书店有限公司　郭　泳

【摘　要】教辅是教材的衍生品,它是完全按教材内容,进行配套编写和生产。它与教材一样,是学生学习、老师教学的必需品,具有不可替代的特性。是这种不可替代的特性,也造就了教辅市场的广泛性。它与一般图书相比,由于单品的销售量大,因而利润相对丰厚,因此,教辅市场一直竞争十分激烈。本文从分析教辅产品的特征和教辅市场形成和发展的历史出发,以萧山区市场为例,研究分析了教辅市场的竞争态势,总结了萧山新华书店三种教辅服务和销售方式,提出了新华书店中小学教辅市场的竞争策略。以期通过这篇小论文,与同行探讨与分享当下中小学教辅市场竞争的新思路和新方法。

【关键词】新华书店;中小学教辅市场;竞争策略

一、中小学教辅市场有多大

(一)中小学教辅用书的定义和特征

中小学教辅用书主要指一些配套课本编写的,辅助老师开展教学活动,帮助学生掌握、巩固、学习课本知识的一类图书。如课堂作业、基础训练、寒暑假作业、中小学习题与各类考试试卷等等。

教辅是教材的衍生品,它是完全按教材内容,进行配套编写和生产。它与教材一样,是学生学习、老师教学的必需品,具有不可替代的特性;正是这种不可替代的特性,也造就了教辅市场的广泛性。教辅的产品就其供应特性而言与教材一致,它供应市场的时间、对象极具刚性;而就产品的发行要求来说,又是非常市场化的,必须随着教育改革、教材内容及学生人数的变化而变化。在出版物发行业中,无论国内还是国外,教辅都是图书市场中一个很特殊的品类。

(二)中小学教辅市场有多大

《2008 年全国教育事业发展统计公报》显示：到 2011 年底，我国小学在校生 10331.51 万人，初中在校生 5584.97 万人，普通高中在校生 2476.28 万人。由此可见，教辅是一个有将近 2 亿学生人口的市场，且 2 亿学生中的"每一个"都是教辅市场有效的目标客户。

国家新闻出版总署发布的《2011 年全国新闻出版业基本情况》数据显示：2011 全国中小学课本及教参销售 26.23 亿册、199.27 亿元，占图书总销售数量的 44.05%、占总销售金额的 34.22%；文化、教育类(含教辅读物)图书 22.49 亿册、215.38 亿元，占总销售数量的 37.78%、总销售金额的 36.98%。(以上数据网页链接：http://www.gapp.gov.cnnews1656/93519.shtml.)中小学课本和文化、教育类(含教辅读物)合计，占全年零售图书总销售数量的 81.82%，占全年零售图书总销售金额的 71.20%。虽然行业内人士都知道"文化、教育类"图书并不仅仅全是教辅读物，但正如大家所了解的那样，教辅读物在"文化、教育类"中占有绝对数量的比重。而且，随着新一轮学生人数的增加，教辅图书的销售是图书市场的一个稳定、持续市场，由此可见，教辅在我们的出版发行产业中仍然占有举足轻重的地位。

就萧山区来看，2012 年全区有 87 所小学，41 所初中，9 所高中，共有小学生 83972 人，初中生 39938 人，高中生 23547 人。按保守的估算，如果教辅的消费按小学生生均 60 元、初中生生均 200 元、高中生生均 600 元计算，那么整个萧山区的教辅市场的销售量可达 2700 万元。这么大的一块市场，作为一个以图书销售为主业的企业，没有任何理由去轻视或无视这个巨大的教辅市场的存在。

教辅读物在图书市场的特殊地位是配套教材的需求刚性和不可替代性造成的，它客观地反映了学校教学和学生学习的一种需要。对于学生来说，教辅可以促进学生对课本的吸收和巩固，拓展知识，提升应试能力。对于教师来说，优质的教辅汇总了众多一线优秀老师的教学经验，是教师提升教学的有效途径。而且，我国地域广阔，教学资源不均衡，教辅还可以弥补因教师水平差别所形成的教育失衡。适当使用教辅，对于学生学习和教师教学都有一定益处。

近年来，从国家职能部门到社会媒体，到学校、家长，都对教辅加重学生负担有着颇多指责。特别是从 2011 年下半年开始，国家多个部委陆续发文，对教辅读物从出版到使用都做了详细的规范要求。但真正到了要减轻学生负担时，学校、家长谁也不愿意做那第一个吃螃蟹的人。因此，每到开学前后，各书店卖场的教辅柜台前总是人声鼎沸，供不应求。

(三)中小学教辅的三种销售服务方式

中小学教辅由于它的产品特性和需求特性,又加上它品种多,供应时间集中,必须在同一时间内满足全区130多所中小学学校,15万中小学学生对数千个教材产品(含高中)的需求,新华书店在长期的教辅图书供应中,摸索出了系统发行、零售、学校团购等三种教辅图书销售服务方式。(1)系统发行方式:即通过教育系统每学期发布的政府免费采购目录、由教育系统选择二、三种教辅品种,由新华书店统一订购,政府采购方式实现的销售。这种销售服务方式保证了一些优质、印数大教辅的订数能在售前确定,列入政府采购计划,保证出版社能及时开机印制,开学的时候能与课本一起发到学生手中;特点是订数大,课本配套率高,销量有保证,但资金回笼流程复杂。(2)卖场零售:即在学生开学期间,在新华书店的卖场通过展柜集中场地按年级、科目陈列教辅品种,由学生和家长自由选购。其特点是品种多、销量零散,容易造成此存彼缺,造成脱销和积压,书店服务难点是备货。(3)学校团购:学校团购是通过推荐由学校的校长或老师选择教辅,书店统一采购送书上门。其特点是品种相对较集中、单一品种销量相对较大,但营销难度较大和需要上门收费。

二、中小学教辅市场的竞争态势

(一)中小学教辅市场形成和发展

教辅这一特殊的图书品类,在中国市场上,最早出现在20世纪80年代末90年代初,随着我国的教材改革、基础教育以应试教育为主等一系列教育改革的推进而出现的。再加上90年代初,出版业允许与社会人以合作出版方式进入出版行业的政策导向,民营企业凭着他们对市场的特殊敏感性,投入大量的社会资本涌入教辅的出版发行,催生了教辅市场。目前,全国图书流通行业比较有名气民营公司,如山东的志鸿教育集团、江西的金太阳教育集团、浙江的志明教育公司等一些民营书业的原始积累和发展资金几乎全部来自教辅的出版与发行。

新华书店反抢教辅市场是在20世纪90年代中后期开始的。浙江新华书店集团通过与浙江的出版社合作方式也介入了教辅的出版,拥有了自有的优质教辅品种,再通过集团化的运作,规范教辅发行市场,在全省新华书店的共同努力下,逐步从民营企业手中拿回了教辅市场份额。当时教辅的发行模式单一,基本上与教材发行模式一致,即在春秋两季教材征订时将教辅用书目录一起发放到校,随中小学教材一起征订,教辅的单品种数量大,利润丰厚,几乎没有退货,回款安全。这一时期浙江各基层新华书店利用教材、教辅发行加快积累,投资改造门市,建设卖场,迎来了改革发展的黄金时期。

2006 年,教材发行国家实行招标,义务教育阶段学校"一费制"的推行,教辅发行的准入门槛加高,教辅进学校竞争日趋激烈;2008 年、2010 年国家实行教材、教辅免费供应,省财政进行政府采购公开招标,浙江新华以年让利 8000 万为代价,获得免费教材、教辅的独家供应权。在这一时期,由于教辅市场同质化现象严重,从社会媒体,到学校、家长,都对教辅泛滥及教辅加重学生负担有一定的舆论,国家职能部门为规范教辅市场,相继出台了一系列的政策与措施,为应对政府对教材、教辅招标采购;学校、学生对教辅市场化选择需求,提高教辅发行的服务质量、增加多种教辅的销售服务方式成为新华书店开展市场竞争的主要手段。

(二)中小学教辅市场的竞争对手分析

当前,从萧山区中小学教辅市场看,对新华书店来说,主要有三类竞争对手。

1.人员直销

即出版商不通过中介流通企业,直接派出人员把教辅书发到用户手中。教辅人员直销通过直销人员直接与用户沟通和服务,能够准确把握市场需求和市场反应,具有有效控制退货、减少库存积压等等优势,这种模式的特点是经营灵活,运营成本低,让利空间大,资金回笼快。一些大的民营教辅企业利用了大量离开土地到城市发展的农民,到全国各地学校开展直销。他们不怕苦,有韧劲,如民营教辅发行企业集中的山东和河北的农民直销队伍,已经成为萧山区瓜分教辅市场的一支主力军。

2.网络直销

即网购。虽然教辅品种的地域性很强,但很多网上购书平台,纷纷开通了教辅频道,以优惠折扣方式、便捷强大的搜索工具,集中优质、有品牌的教辅品种,开始蚕食教辅市场。由于互联网检索信息强,可供选择的教辅品种又多,有上网能力的读者,只要通过搜索,就能找到自己需要的教辅,网上鼠标点点就完成了订购。通过快递,直接将教辅送到读者手中。网络直销交易简单快捷,而且读者在网上选购的行为,在网络平台上形成了大数据,网店能通过读者的购物行为,向出版社反馈教辅市场的需求。据了解,随着网民的增加,网络配送体系的完善,网络直销的教辅销售量正在直线上升。

在萧山据有关方面估计,人员直销和网络直销教辅大约拿走了萧山教辅市场的 25% 的份额。

3.遍布城乡的民营实体书店

民营实体书店虽然大多店面不大,却遍布于城乡的角角落落,他们以灵活多变的机制,与学校、老师千丝万缕的社会人脉关系,在教辅的销售与新华书店的竞争中占有一定的优势。特别是当下民营书店在网店冲击下,国家也相继出台了一些扶植民营的相关政策。杭州每年安排 300 万资金用于扶持民营书店,上海每年投入 500 万扶持民营实体书店。原以销售一般图书为主的民营书店生存堪忧。为自救,他们的销售品类也转向教辅,在萧山就有两家有一定规模的民营书店,他们专门做教辅的零售,也与新华书店卖场零售形成了竞争态势。

三、萧山新华书店的竞争策略

面对这三类竞争对手,萧山新华书店主要通过以下三方面入手,开拓中小学教辅市场,逐步扩大市场占有率。

(一)以服务维护服务对象关系,巩固、扩大中小学教辅的市场份额

1.系统发行

免费教材教辅通过浙江省新华书店集团公司政府采购招标中标后,各基层新华书店的主要任务是通过服务,维护好与地方的财政、教育部门、学校的公共关系,实现教辅用书的物权从书店到消费者的转移。近年来,萧山新华书店摸索出了一套适合义务教育阶段的教辅征订方式——三轮征订制度,通过提高品种选择与教材契合度,采用送书到校、分书到班的专业的服务措施,巩固教辅服务的渠道关系。三轮征订制度的具体做法是:第一轮,在每一季教材征订时,书店协助萧山区教育局教育科确定政府免费采购品种,以提供多种优质品种的方式,供教育系统选择,提高教辅与教材的品种匹配率,以增加销售额;第二轮,书店根据教育局确定的品种编制目录,由萧山区教研室,召集各学科的区优秀教师代表,共同编写初中学生使用的《初中导学新作业》,以指导各学校订购;第三轮,书店教材科根据教育部门下发的免费采购品种目录,派员主动与各学校联系沟通,按年级学生数人手一册配齐配足。三轮征订制保证了书店在教辅供应商与各相关部门的密切联系,各层面的教辅需求得到充分沟通,由此稳固了与服务对象长期稳定的合作关系和扩大了销售。2012 年萧山新华书店的教辅总销售达到了2000 万元,其中通过系统发行的教辅销售达 1100 万元,占教辅总量的 55%。

2.非政府采购的教辅品种,利用系统征订建立的关系扩大销售

新华书店通过政府采购获得教材、教辅供应权后,最大有利条件是获得与教辅使用对象有沟通的机会,使非政府采购的教辅品种能进学校征订。如高中教辅是未列入政府采购的品种,这块市场民营与新华书店竞争十分激烈。我们在

每年春秋两季在教材征订报订结束,马上请教委勤管办出面召集各高中学校的教务主任,组织召开高中教辅征订会议。会上由新华书店负责人推荐介绍《浙江省文教用书推荐目录》中高中教辅品种,并宣布按售价的 7 折优惠供应;由教委勤管办主任要求学校和教师规范教辅资料采购渠道。通过这种合作方式,使新华书店牢牢地控制了萧山区教辅的销售渠道。2012 年萧山新华书店用系统征订的方法,发行非政府采购的高中教辅 800 万元,位居浙江省店的排名前列。

(二)多种方式建立完善教辅零售体系

1.备足货源,做好教辅的卖场陈列

在每学期学生开学前,我们在萧山三大卖场陈列教辅销售专区。教辅产品的陈列完全按照教辅使用者的不同学习阶段陈列,方便学生读者选购。在萧山书城的三楼文教区域还特设"畅销学习工具书特惠展示"导购台,教辅图书按照学生学习阶段进行分类并做好相关书架区域,重点好书的陈列;在书城总台及三楼收银台免费赠发"萧山区中小学生助学读物星级品种"宣传册页,方便进店堂的学生、家长快速选购内容上乘、有口碑、市场占有率较高的品质教辅书。据统计,萧山书城在 2012 年秋季开学后的第一个双休日教辅图书、文化用品等学生新学年文化消费额创历年之最,比去年同期增长近 3 成。

2.汽车书店进校园,流动供应送书到校

汽车书店是萧山新华书店为乡镇学校服务的一种图书零售方式。比如萧山东片有 46000 名学生,大部分都在农村,买教辅用书需要乘几个小时的车到城区或镇上才能买到,十分不方便。新华书店在每学期开学前后,安排力量到学校开展流动供应,每次去前,都要提前到校向学校师生发放流动供应宣传单页,让学生提前做好购书的选择和准备,同时备足货源,以满足需求。

3.建立教辅销售服务流程,做好学校的教辅销售服务工作

民营书店教辅销售的服务工作做得很到位,有很多地方值得我们学习,新华书店要从民营手中抢占教辅市场,必须花加倍的力气。首先在为学校服务上一定要创新,一定要比民营服务得好,用我们的服务能力让学校师生接受我们。近一年多来,我们自创了一套高中教辅征订发行的服务流程:(1)与分管校长沟通商议教辅的具体的征订时间。(2)分年级组送订单和样书。(3)提供各学科的备课老师钦点的样书。(4)时刻关注征订进展,学校有问题第一时间沟通。(5)上门收取订单。(6)在向省店上报教辅订单同时,与教辅经办人员确认教辅及赠送给教师用书的到货时间。(7)与学校联系确定送书到校。在送学校前提前按校做好品种分发。(8)按学校指定的时间送书到校,按班级配发。(9)及时做好教辅的补订补发和积余产品收退清理工作。(10)按要求制作教辅明细品种收费表格。(11)在学校指定时间上门,按班级为单位收款。按照这个服务流程,经过全体员工的辛勤努力,我们顺利地从民营书商手中抢回了萧山区第三高级中学2012年春季和2012年秋季的教辅征订数据,收获颇丰。2012年春季的高中教辅码洋达到了100万元,2012年秋季达到了140万元。

(三)建立顺畅的"校—店"沟通机制,服务好教育大市场

教辅是教材的衍生品,它的内容经常要随着教材的变化而变化,再加上教辅市场上的同质化现象严重。新华书店要做好中小学教辅发行工作,一定要本着对学校教育负责、对使用者负责的精神,经常关注由于教材的变化带来教辅用书需求动向。为实时沟通学校对教辅的市场需求,萧山新华书店制定了"校—店"沟通联络机制,按学校设立专门的联络员,定期地与老师、学生和相关领导进行沟通。服务基层学校、服务班主任、任课老师、学生个人等,延伸服务项目,优化服务内容,提高服务质量,为长远的教辅营销工作打下坚实基础。比如,最近出版了哪些教辅新品种,与原有品种相比有什么变化,都要及时与学校、老师沟通,获得一手信息,只有这样,才能满足学校对教辅用书的需要。只有服务好教育大市场,书店与学校才能实现"互利双赢"。

四、结束语

总之,随着新的一轮中小学生入学高峰的到来,中小学教辅市场的竞争将更加白热化。新华书店要加快培养一支规模大、素质高、能力强、业务精的市场营销队伍;创教辅发行的新思维,不断根据市场变化调整中小学教辅市场竞争策略,提升新华书店在市场中的竞争力。

参考文献

[1]郭虹.新华书店如何迈过三道槛.中国图书商报,2008.

[2]王婷.中小学教辅图书市场营销研究.硕士学位论文.

金华地区"小连锁"经营情况分析及对策

浙江金华市新华书店有限公司　刘淑芳

【摘　要】"小连锁"的快速发展,是浙江省推进公共文化服务体系建设的又一新探索,实现了乡村和城镇在购书上的一体化待遇,有效缓解了农民读者"买书难、借书难、看书难"的问题。在经历了快速发展期后,"小连锁"发展与经营的难度加大,寻求发展模式创新,继续稳步推进,仍然是浙江新华坚定的目标。

【关键词】"小连锁";开拓;经营情况;困难;对策

浙江省新华书店从 2009 年开始在全省新华书店系统推开农村"小连锁"工程,至今已有 5 年的时间。由于农村市场一直是我国文化产业的发展短板,长期存在农村出版物发行网点萎缩、渠道不畅,广大农民买书难、读书难问题。为使新闻出版工作更好地面向"三农"、服务"三农",维护广大农民群众的基本文化权益,浙江新华率先在全国探索出一种具有长效机制和普遍适用性的农村出版物发行新模式、新渠道——"小连锁"。主要做法是利用新华书店的品牌影响,以计算机信息管理平台为支撑,依托各地新华书店的图书现货品种和浙江省新华书店集团的图书现货资源,由各"小连锁"店提供场所、人员、设备的连锁经营模式。经过浙江各基层新华书店 5 年来的实践证明,这是一项受到领导高度重视并充分肯定,政府重点扶持,有利于政府延伸公共文化服务,有利于规范农村出版物发行市场,实现多方共赢,并在实践检验中受到基层和老百姓欢迎的文化建设工程。

作为一项创新性的、受到普通老百姓欢迎的基层文化建设工程,理应具有较大的发展前景。然而这项工程是以市场经营模式运行的,它必然又受到经营资本逐利本质的约束,使得它的诞生、成长、发展又面临许多困难。本文通过对金华地区"小连锁"发展的现状及面临的困难进行分析,并提出相应的发展策略,以便使"小连锁"这一惠民工程能真正持续、有效、健康地发展。

一、金华地区"小连锁"经营现状

(一)各项数据

据统计,截至 2013 年 6 月底,金华地区新华书店累计已发展"小连锁"27 家,2013 年 1～6 月底销售达 343.6 万元,2012 年同期 270.9 万元,增幅为 26.9％,营业面积达 2095 平方米,从业人员达 44 人。从 2009 年开始建设"小连锁"至今,基本状况如下表:

项目 \ 年份	连锁店 (家)	年销售 (万元)	同比增长 (％)	营业面积 (平方米)	从业人数 (人)
2009 年	11	194.7	49.3	1140	26
2010 年	14	270.8	39.2	1330	23
2011 年	20	385.7	42.2	1755	32
2012 年	27	567.1	47	2095	44

从图表可看出,金华地区"小连锁"在近几年稳步快速地发展,无论是营业面积,还是销售码洋都呈现出良好的发展态势。其年销售总量已经逐步接近一个山区县级新华书店门市部一般图书的年销售量。

(二)"小连锁"发展的不同类型

到目前为止,金华地区"小连锁"近 85％是在浙江新华集团推广后发展起来的。大致分为以下几种类型:

1.新开店。如:金华的汤溪店,永康的古山店,东阳的湖溪店,义乌的义亭店等。从发展势头上看,这一类型较为稳定,因为是从零开始,经营者的期望值比较高,积极性往往更胜一等。

2.在文具店基础上发展而来。如:金华的傅村、孝顺。文具较高的利润有力地支撑了图书的销售。

3.通过民营书店改造而来。如:永康的西溪店、金华的白龙桥店。这一类型,具有一定的经营经验,经营者在加盟新华书店后,得到大力扶持和积极引导,经营水平和管理能力有了较大的提升。

4.书店自营网点转化而来。如东阳的横店、巍山等,这种转化方式既是对新华书店门市的一次梳理,又是解放发展生产力,提高经营者创造力的手段。

此外,还有探索将"小连锁"与农家书屋进行结合的,如金华市澧浦镇的琐园店和澧浦店两家农家书屋"小连锁"。

二、"小连锁"发展过程中存在的问题

近年来,浙江省把加强公共文化服务体系建设作为改善民生的重要内容,以农村文化建设为重点,不断加大投入,多项指标走在全国前列。"小连锁"工程就是其中很好的一个例证。"小连锁"这样一种公有制为主体、多种所有制共同发展的经营方式,使新华书店发挥了自身的品牌、管理、科技、货源优势,免除了自建自营网点的投入和风险,扩大了市场;"小连锁"经营户发挥了分布广泛、熟悉情况的地利,免除了出版物库存的后顾之忧,得到了发展;最得实惠和便利的是广大农村群体,缓解了买书难、读书难等问题。但不可否认的是,"小连锁"在不断发展的同时,也确实存在着一些突出的问题和矛盾,着重表现在:文化投入机制不健全,后续经费补充不足,开拓乏力,经营户队伍素质参差不齐等等。具体如下:

(一)城镇化程度有限,网点开拓乏力

"小连锁"的推进与发展是伴随着农村城镇化的脚步进行的,金华地区现有"小连锁"基本上分布在人口密集度较高的中心集镇,如东阳横店、永康芝英、义乌上溪等,但随着浙江新华集团在全省大力推进"小连锁",省、市中心集镇布点已基本完成。而未能开拓的乡镇,则多属于人口分散,没能形成一定的商业氛围。所以,"小连锁"网点开拓越来越困难。从各书店反馈的情况看,这项惠民工程,目前开拓发展工作基本是由新华书店独家在承担,如果仅仅依靠新华书店一家的力量,那么开拓力度显然是不够的。

(二)经营成本较高,获利能力偏弱

在"小连锁"开办之初,政府进行了一些扶持资金的投入,新华书店在输入品牌、技术的同时力所能及地提供了电脑、店招以及书架等基本设施支持。但由于缺乏后续扶持资金投入,再加上图书销售是微利行业,从调查中了解到,"小连锁"总体盈利水平都不高。而经营中最大的成本来自房租,一些集镇的租金高得令人望而却步。经营成本较高,获利能力较弱,给"小连锁"的持续发展带来困惑。

(三)图书发行业环境有待治理

现有校园民营书店在一定程度上存在较为混乱的现象,在招标、议标的过程中,新华书店遇到最大的矛盾就是折扣问题,而民营书店则可通过销售盗版图书等手段降低折扣等。由于折扣达不到民营书店的水平,新华书店与校园书店失之交臂,失去了设立校园小连锁的机遇。价格战乱现象,图书价值信用体系危机问题等,在一定程度上影响着图书行业生态环境,阻碍了"小连锁"发展。

除此之外,"小连锁"运营功能单一,尚未将优势平台的作用发挥出来;经营队伍素质参差不齐,人员综合素质、经营能力有待提高等都是"小连锁"发展过程中面临的问题和难题。

三、"小连锁"发展对策

面对"小连锁"发展中的困难和问题,坚持"政府主导、企业推进、社会参与"仍然是"小连锁"建设工程的重要原则。要完善公共文化服务体系,使"小连锁"这一工程持续、健康发展,关键是要厘清政府、社会、市场的各自职能定位,积极探索市场经济条件下公共文化服务的新思路、新模式,真正建立网络化覆盖,高效能运行,可持续发展的现代公共文化服务体系。

(一)政府部门

党的十八届三中全会提出"构建现代公共文化服务体系"的目标要求,在新形势下,公共文化服务体系被国家提到一个新的高度。"小连锁"作为政府社会公共文化服务体系的一部分,只有坚持以政府为主导,充分调动市场和社会文化资源,积极发挥企业和经营者的优势,才能形成共建共享、良性竞争、多元互补的公共文化供给体系。

1.把"小连锁"项目纳入公共财政经营性支出预算,建立健全公共文化服务经营投入长效机制。并且,通过税收减免,简化开店手续,使经营者有更多的信心、精力去专注经营。

2.转变公共财政投入方式,通过项目补贴、以奖代补、定向资助、贷款贴息等政策,发挥经营者的能动性,促进"小连锁"持续良性发展。

3.加大宣传力度,同时引导和鼓励社会资本进入公共文化服务领域,参与到"小连锁"工程中。政府加大媒体宣传力度,提高公众对"小连锁"工程的认知度和兴趣度,吸引更多的人、更多的资本投入到"小连锁"建设中。

4.创新公共文化服务内容、方式、手段,推动文化资源整合,促进共建共享和有效利用。在农村等社区范围内,尽可能把公共文化服务项目整合在一起,利用好"小连锁"这个平台、这一阵地,把基层文化宣传、科学普及、综合服务、村邮等内容加以整合,形成一职多能,丰富"小连锁"的内涵和外延,助推"小连锁"发展。

5.营造良好的出版物市场环境。文化部门要进一步加大"扫黄打非"力度,依法打击侵权盗版行为,坚决取缔出版物非法经营活动,净化农村出版物市场,依法保护"小连锁"和消费者的合法权益。

6.政府在加大投入的同时,建立以效能为导向的绩效考核评价机制,强化群众的评价监督机制,确保政府投入实用有效,推动"小连锁"工程与群众文化需求有效对接。

（二）新华书店

"小连锁"是浙江省推进公共文化服务体系建设的又一新探索,是浙江新华为文化大发展大繁荣的有益尝试。作为文化企业,新华书店要继续保持文化责任担当,大胆探索实践,积极发挥品牌效应,为公共文化服务体系建设不懈努力。

1.深入开展创建国家公共文化服务体系示范项目活动。通过"小连锁"工程,形成具有浙江地方特色和优势的行之有效、具有推广价值的制度设计成果,为同类地区提供借鉴和示范,为国家制定相关政策提供科学依据和实践经验。

2.积极探索新的经营模式。金华地区"小连锁"经营户,既有从无到有的创业者,也有开民营书店的小老板,还有婚庆公司的经营者,多种形式,和谐发展。今后在模式的选择上要充分考虑地域差异、合作方特点和优势,谋求成本的最低化、市场最大化,探索连锁经营的盈利模式。目前金华市店尝试将"小连锁"与农家书屋进行结合,在澧浦镇开出了琐园店和澧浦店两家农家书屋"小连锁";永康市店将"小连锁"与商贸城进行结合,在永康五金城开出"小连锁"等等,都为金华地区探索新的经营模式起了很好的作用。

3.加强管理,继续积极引导,切实提高盈利能力。在经营管理上,将"小连锁"的经营活动纳入到书店日常经营活动中,把"小连锁"当成书店的一个部门,是金华地区值得总结的一个经验。如:金华市店组织"小连锁"开展业务竞赛,激发经营者的积极性和创造力;东阳市店不仅派专人管理"小连锁",还适时组织"小连锁"座谈,分析其经营上存在的问题,一心帮助提高其经营业绩等等,在这种细心贴心的服务下,经营者取得良好业绩就不足为奇了。

在提高盈利能力方面,东阳市店让"小连锁"作为书店的部门参与"暑期亲子阅读"销售活动,在书目推荐、征订、配送、发放等环节为学校、家长、学生提供完善的服务。一方面提高了"小连锁"经营者的创造力与积极性,另一方面也为"小连锁"带来实实在在的利益。东阳市店连续三年在暑期亲子阅读活动中平均销售码洋近 100 万元,2012 年更是达到了 115 万元,其中"小连锁"就取得了 38 万元的销售成绩。

这些在管理、提供盈利能力方面的好做法、金点子都为金华地区"小连锁"发展带来很好的示范和启发作用。

4. 加强"小连锁"队伍建设,着力提升服务能力。新华书店应继续通过从业人员准入、学习培训等方面的措施,建立一支稳定的、高素质的经营者队伍。强化经营者在职业道德、业务知识、管理能力、文化素质和服务能力等方面的培训,不断提高应用新技术能力,着力提升综合素质。

(三)连锁店

"小连锁"经营户要有志向有担当,有努力有坚持,积极关注重点读者群,努力把握市场发展趋势,采取更有效的措施,逐步扩大市场份额,做出成效,做出特色,成为农村图书发行的生力军。

1. 强化定位意识,加强面向特定群体的销售工作。目前,金华地区的"小连锁"基本上分布在农村集镇,这就决定了连锁店服务的群体以及目标读者主要是针对农村。要充分考虑特定读者群的需求特点,注重贴近实际,多提供读者买得起、看得懂、用得上的图书,使山沟沟的读者也能在家门口感受到与大都市一样的书香。

2. 强化实用高效,做出特色。连锁店可以充分利用新华书店的品种优势,结合本乡镇的特点,使服务更有使用性、针对性,从而增加销售。如东阳横店的影视城享有"中国好莱坞"美誉,横店"小连锁"针对影视表演类、舞台设计、明星写真类图书的销售等需求比较大的特点,及时增加了此类图书品种,扩大了销售。磐安的梁川店所在地是中药材集散地,该店精选了有关药材类的优秀图书,像《袖珍中草药彩色图谱》药材类图书卖得特别好。兰溪的三中店,夫妻俩曾经开过民营书店,比较懂得读者心理,在销售中常常使用一些贴心、实用的营销手段,做出了自己的特色,收到较好的效果。

3. 不断提高自身素质,学会"走出去"。"小连锁"经营户平时应加强各方面学习,努力提高自身素质。目前,一些"小连锁"还仅仅停留店面销售,习惯于坐商,缺乏店外销售的意识和手段。要学会"走出去",加强与种植业、养殖业专业户以及学校、企事业单位等的联系,建立互相联系的桥梁和纽带,加深与客户的感情,从而建立良好的伙伴关系。

四、结语

浙江省新华书店从 2009 年开始在全省新华书店系统推开"小连锁"工程,距今不过 5 年的时间。这是创新的 5 年,开拓的 5 年,发展的 5 年,取得的成绩来之不易,积累的经验弥足珍贵!踏上"十二五"的征程,我们有理由期待"小连锁"蕴藏的无限生机与活力,也必须考量"小连锁"面临的艰巨任务和考验。

总而言之,金华地区新华书店下一步主要着力点,仍然是发展与提高,寻求更适合的发展模式,不断增强机遇意识和忧患意识,抓住机遇,迎接挑战,更加自觉、更加主动地推动公共文化服务体系良性运行和可持续发展,使这项政府支持、企业欢迎、读者受益的文化惠民工程做到接地气、送实惠、有活力、可持续,为服务"三农",繁荣农村的出版物市场、满足农民群众的文化需求,做出不懈的努力!

浅谈当前形势下山区新华书店
生存和发展

浙江庆元县新华书店有限公司　余晓红

【摘　要】本文从山区新华书店的现状切入,分析当前经济欠发达地区新华书店面临的生存危机,以及对这几年不断探索的经验做一个分析和探讨,提出坚守主业不放松,在现有的基础上,进一步转变经营观念,提高员工积极性,加强品牌营销,扩大网上销售和学校销售新渠道,并利用新华书店已有优势,加强多元化经营,以副养主,为图书主业经营保驾护航,从而使山区新华书店能够获得更大的生存和发展空间。

【关键词】生存危机;如何突围;多元化;生存发展

随着电子商务的蓬勃发展,新华书店在与传统民营书店不断厮杀的同时,更要面对网络书店咄咄逼人的攻势以及各种不断涌现的新兴阅读方式的挤压,新华书店在书业的主体地位受到前所未有的挑战。如此形势之下,那些流动人口少,经济欠发达地区的小型新华书店面临更大的生存压力,如何突出重围为自己的生存及发展,找出一条适合自己的可行之路,是这篇文章讨论的重点。本文以典型的山区小店——庆元县新华书店为例分析当前所面临的困境及对这几年不断探索的经验做一个分析和探讨,提出只有坚守主业不放松,深化企业内部改革,利用自身优势,加强多元化经营,以副养主,为图书主业经营保驾护航,从而使山区新华书店获得更大的生存和发展空间。

一、山区新华书店面临的困境

(一)竞争环境分析

1.民营书店的竞争

文教类图书一直是新华书店与民营书店竞争最为激烈的阵地,尽管这几年文教图书在一般图书中的销售比重有所下滑,但依然在 POS 销售中占最大份额,这一点在山区新华书店体现得更为明显,从前几年的半壁江山到现在约占销售的 38%。民营书店针对这类图书大部分是批量销售,容易形成团购,且学生消费群体大部分集中在县城的特点,主要经营的品种集中在文教图书上,通过几年市场的残酷洗礼,其经营管理更加成熟,经营品种开始从单一销售学生教辅用书,向学生课外阅读、少儿读物、公务员考试用书等热门图书品种延伸,竞争手段也不再是单纯价格竞争,而是区域包销垄断品种,利用其迅速的到货速度和价格优势,高折扣返点给老师,不断蚕食新华书店文教图书的市场份额。

2. 网络书店的冲击

网络书店以其成本投入低(没有店面租金、图书损耗低及相对低廉人工费用等)、不受场地限制无限大的品种规模、低廉价格以及读者购书不受时间地点限制,且能为读者提供许多实体店无法提供的各种个性化服务等优势,颠覆了新华书店的主体地位,每年吸引数以亿万计的读者通过电子商务平台涌向网上书店,网上购书已经成为一种不可抗拒的潮流,给实体店造成巨大的冲击,即使偏远的山区小店也不能幸免,新华书店正身陷为他人做嫁衣裳的尴尬境地,许多读者选购图书前先到书店试阅读,了解图书的内容等各方面信息,再到网上以优惠的价格购买。这两年如剔除一些政策性机会贸易因素,书店一般图书销售只能维持在个位数的增长,个别类别甚至出现负增长。

3. 新兴阅读方式的影响

随着数字化资源日益丰富,各种载体的电子阅读方法方兴未艾,改变着人们的阅读习惯,吸引了大批实体店的忠实读者,人们用各种电子产品随时都可以在网上免费观看及下载音乐、小说或各种语言教学读物,这给书店卖场文学类作品及音像制品的销售造成极大的冲击,近年音像制品的销售已呈全面下滑趋势。

(二)客观环境

山区新华书店地处人口稀少、经济欠发达的地区。外流人口多,生源流失严重是他们的共性。

如庆元县地处浙西南,人口 20.5 万,农业人口占 93%,经济落后致使出外打工者众多,全县常住人口仅为 13.9 万人,城镇人口 6.5 万。县城有四所小学、两所中学、两所高中(其中一所是职业中学)。全县义务教育阶段统共学生人数不到 1.7 万,随着外出务工人员逐年增多,近几年学生生源流失和自然减员的现象比较严重,每年减少大约 700 名左右,教材及教辅销售码洋减少近 30 万元,对于年销售一般图书只有 500 万元码洋的山区小店来说,这是一笔不小的数字,快抵上门市一个月的销售额了。

（三）内部环境

多年国企管理的局限产生的弊端一时积习难改,比如分配制度上的平均主义、吃大锅饭的现象仍很普遍,严重挫伤职工的劳动积极性;用人机制的不合理,如存在资深职位制,尚未做到人尽其才;对职工职业培训重视不够,很多员工观念落后,缺乏竞争意识,在市场竞争日趋残酷书店危机四伏的今天,仍然停留在坐等顾客上门的老观念中。

自身硬件设施的落后,在很大程度上也制约了书店的发展。这些山区小型新华书店的卖场营业面积十年前算得上是宽敞,十年后的今天,面对高速发展的出版业、日益丰富的图书品种,卖场营业面积捉襟见肘,许多优秀品种无法陈列与读者接触,丧失销售的机会,狭小的营业空间成了制约书店发展的瓶颈。

二、面对困难如何突围

（一）加强管理提高企业的竞争力

加强职工队伍的建设,把企业与职工休戚与共观念根植到员工的心中,注重提高员工职业素养,树立他们的市场观念和服务意识,培养一支能走得出去的营销队伍。实行竞争上岗,不再是资深职位制,而是能者居之,让合适的人在合适的岗位上发挥他们的才能。分配制度上采取"按劳取酬,多劳多得"的酬金制,拉开收入分配档次,充分调动员工积极性,彻底改变职工干好干坏一个样的状况,从而提高企业的活力和竞争力。

（二）加强品牌营销拉动销售增长

在书店卖场销售增长乏力的今天,店外销售的拓展成为拉动销售增长的有力抓手。店外销售的开展必须从以下两个方面着手:首先树立企业品牌形象。通过积极参与各种社会公益活动,巧妙利用各种公共媒体的传播将新华书店的良好信誉和形象深入人心,并取得社会各界的肯定。其次从服务上下功夫。团购的客户有别于一般消费者,他们对于图书的价格并不敏感,往往起决定作用是良好的互动,周到细致的服务。当地新华书店具备地域优势,可以上门与团购客户面对面沟通,了解他们的需求、提供相应的服务,比如编制书目、送书上门、分类上架等一条龙服务项目,这些都是实体店赢得团购客户肯定的原因所在,恰恰也是网上书店无法做到的。

(三)利用网络拓展业务

随着网络购书模式的蓬勃发展,网络书店正以不断扩大的市场份额,改变着图书产业的市场格局,面对来势凶猛的网络商战,2012 年浙江新华集团成立了浙江新华网群,通过建立一个实体与网络相结合的模式加以应对。全省 80 余家新华书店实行集团化运营,以集团公司先进的计算机网络,强大的仓储、物流配送系统为依托,凭借浙江新华书店网在网上向广大用户提供超过 60 万种图书、音像制品信息检索预订,30 万种现货库存供应,极大地拓展了消费者的选择余地。操作过程中面对以卓越、当当为代表网络书店"价格战"的强烈冲击,实体店过高的运营成本使新华书店在图书的销售价格上无法与之抗衡,导致在图书消费以价格为导向竞争中处于劣势。但新华书店也有自身的优势,毕竟喜欢网上购书的只是一部分读者,而且其中大部分是年轻人,实体书店真实的购书环境、浓郁的文化氛围,以及与读者面对面沟通的服务方式比较符合人们长期积淀下来的购物习惯,是那些年纪较长或年幼读者的首选。因此新华书店将业务领域从线下实体拓展到线上虚拟空间时,要密切注意两者相互融合,取长补短,优势互补,在满足人们公共文化交流空间的需要,体现对文化价值的尊重同时,又把网络作为一种营销方式运用在传统书店的口碑传播和形象宣传中,在面对不同购买习惯的读者时,采取相应的服务方式,尽量让读者满意,从而达到扩大销售,防止顾客流失的目的。

(四)发展学校小网点

发展学校网点要兼顾各方的利益,尽量做到学校、学生、书店三方共赢,这样的合作才能稳固长久。书店到学校开设网点的前提条件是取得学校教辅用书的供应权,这是保证网点不至于连连亏损而惨淡收场。在开设过程中要把网点功能多样化,不只是单纯的销售,还要兼具阅览室的功能,能为学生课余时间提供免费阅读,同时也成为书店派驻的店员和学校各任课老师联络感情,推荐教辅用书的场所。这是模式好处有三:其一,书店源源不断图书品种,在解决学生的阅读需求同时还能为学校节省了大笔馆藏购书费用;其二,教辅集中供应,采购量的上升,使书店从供应商处争取更大的优惠成为可能,而薄利多销政策,又让学生成为最终的受益者;其三,取得教辅集中供应权,使得新华书店在与民营的竞争中处于不败之地。

(五)开展多元化经营

实行品牌战略,引进各种与文化相关品牌产品进驻卖场。这是一个双赢的模式,合作商通过新华书店这一块含金量很高的金字招牌,保证了销售额,而新华书店则是通过柜台出租的方式,减少人工的投入,在获得利润的同时又得以拉动卖场人气。

随着图书品种的日益丰富及多元化经营的深入开展,大部分山区新华书店都面临营业场地面积扩容的需求,然而自身的经济实力却难以实现,因此,在硬件无法发生改变的情况下,经营方式上的转变迫在眉睫。庆元县店在这方面做了有益的尝试,2012年书店成立了两个部门:淘宝部和外联部。淘宝部是以网店的形式销售当地的名优特产,在不占营业场地不占库房的前提下,这是一条投入少,收益快的有效途径。而外联部则是以联营的方式,不断引进当地服装服饰等名品店加盟,凭新华书店的充值卡到他们那里消费享受九折优惠,新华书店可以得到15%的扣点,每月一结,按实洋提供增值税发票结算。经营范围的扩大,供应品种的多样化,给消费者更多的选择余地,吸引大批团购的客户前来办卡。2011年共计办理书卡66万元,同比增量47万元,增幅为247%;2012年共计办理89万元,同比增量23万元,增幅为35%。上述的多元化经营的尝试,为书店的利润增长提供了空间,也为书店主业的生存和发展提供了保障。

三、结语

坚守主业不放松,深化企业内部改革,利用自身优势,加强多元化经营,以副业养主业,为图书主业经营保驾护航,使山区新华书店获得更大的生存和发展空间。

参考文献

[1]加里·维纳查克.感恩经济——新媒体时代的口碑营销.北京:外文出版社,2012.

[2]沈红兵.网络零售整合营销.北京:清华大学出版社,2012.

绍兴农村"小连锁"发展中的困境与对策

浙江诸暨市新华书店有限公司 傅 庆

【摘 要】农村出版物"小连锁"建设工程已日益成为新闻出版公共服务、探索农村出版物发行的有效模式,成为党和政府惠民工程的一件大好事。但是农村小连锁在实施过程中还存不少问题尚待改进。为此本文选择了绍兴地区作为研究目标,以点带面,分析了农村小连锁的经营现状以及存在的问题,并提出了一些可行性的建议和对策,希望能让农村小连锁实现持续快速的发展,切实把"小连锁"打造成一种切实有效的农村出版物发行渠道,构建了城乡文化一体化发展的购书新格局。

【关键词】农村小连锁;绍兴地区;长效机制;文化建设。

一、农村小连锁政策背景

党的十七届五中全会上明确文化产业作为国家今后发展的支柱产业之一,使文化的战略地位更加明确,文化体制改革将更加深入,文化产业的发展将迈出更大步伐,文化大发展大繁荣成为主题。党的十七届六中全会指出,要大力发展公益性文化事业,保障人民基本文化权益,满足人民基本文化需求,这实际上是给我们农村图书发行工作带来了新的发展机遇。党的十八大报告指出:要面向基层、服务群众,加快推进重点文化惠民工程,加大对农村和欠发达地区文化建设的帮扶力度。我省新闻出版系统开展了农村出版物发行"小连锁"工程建设,为完善我省公共文化服务体系建设作出了重要贡献。"小连锁"工程结合我省农村实际、探索创新成为浙江特色的农村出版物发行新模式。我市按省委省政府要求,大力发展农村"小连锁",从无到有,以点带面,进超市、学校、图书馆、社区和商场,形成了显著的阶段性成果,构建了城乡文化一体化发展的购书新格局,架起了文化惠民的桥梁,促进了当地的文化建设。

二、目前绍兴地区农村小连锁的现状

2012 年绍兴地区农村图书"小连锁"共 35 家,营业面积 4016 平方米,从业人员 99 人,期末库存 817.7 万元,销售码洋 1592.6 万元(2012 年),较 1312.8 万元(2011 年)增 21.3%。其中绍兴市店 3 家,营业面积 280 平方米,从业人员 3 人,期末库存 27.3 万元,销售码洋 22.10 万元(2012 年),较 11.7 万元(2011 年)增 88.9%。绍兴县店 7 家,营业面积 498 平方米,从业人员 16 人,期末库存 62.7 万元,销售码洋 72.7 万元(2012 年),较 52.5 万元(2011 年)增 38.4%。上虞市店 3 家,营业面积 925 平方米,从业人员 15 人,期末库存 236.4 万元,销售码洋 677.7 万元(2012 年),较 604 万元(2011 年)增 12.2%。嵊州市店 11 家,营业面积 430 平方米,从业人员 23 人,期末库存 58 万元,销售码洋 145.8 万元(2012 年),较 65.5 万元(2011 年)增 122.6%。新昌县店 3 家,营业面积 748 平方米,从业人员 14 人,期末库存 200.1 万元,销售码洋 133.3 万元(2012 年),较 140.3 万元(2011 年)降 5.0%。诸暨市店 8 家,营业面积 1140 平方,从业人员 28 人,期末库存 233.2 万元,销售码洋 567.6 万元(2012 年),较 438.4 万元(2011 年)增 29.5%。累计投入资金 503.5 万元,其中省级财政补助资金 28 万元,各级新华书店投入 180.3 万元,"小连锁"经营户投入 295.2 万元。这些"小连锁"书店的建成和运行,为扩大农村出版物发行网络,努力解决农村"买书难,看书难"问题,切实保障广大群众的基本文化权益进行了有益的探索。

三、目前绍兴地区农村图书"小连锁"存在的问题

(一)文化消费潜力有待进一步挖掘

绍兴素以优秀历史文化城市闻名于世,耕读传家的优良民风代代相传,文化教育事业底蕴深厚。目前,全市拥有中小学及幼儿园 614 所,在职教师 59551 人,中小学学生及幼儿园学生数 759635 人,占全市总人口的 18%。但是,2010 年全市农民文教娱乐及服务消费人均仅为 1450 元,占其可支配收入 17706 元的 8.1%,可见,文化消费的潜力巨大,有待进一步挖掘。

(二)网点建设步伐有待进一步加快

2012 年我市拥有省级中心镇 20 个,市级中心镇 8 个,每个镇乡和较大行政村均拥有消费品连锁便利店,为设立新华书店"小连锁"提供了基础条件。但当

前农村文化基础建设和经济发展相比,相对滞后,农村图书网络建设落后和管理机制不健全,相对制约着农村图书"小连锁"的建设。但农村公共文化产品的提供和完善又是国家战略,作为建设社会主义新农村的一部分和国家扩大建设现代城镇化的步伐,全市农村图书"小连锁"网点有待进一步加快建设。

（三）"小连锁"生存发展能力有待进一步增强

到 2012 年全市有三家"小连锁"店先后停业,部分"小连锁"店也存在着一定经营困难。现有农村图书"小连锁"大部分是在原农村供销社书店翻牌转制而来,营业场地普遍窄小,图书品种结构普遍配置不全,严重影响一般图书销售,依靠原有的代发学校课本教材、教辅生存。按照省《关于开展农村出版物发行小连锁工程建设意见》和《浙江省新华书店发展"小连锁"实施细则》,着力推行"三统一",及"统一标识、统一信息平台、统一业务流程",对"小连锁"装潢、设备配置、培训服务、发行流程、监管事项作了明确要求,提高了经营门槛和经营费用,使部分"小连锁"生存维艰。

（四）"小连锁"从业人员整体文化素质有待提高

农村图书"小连锁"从业人员大都是原供销社员工,大部分没有经过正规的出版物发行培训且学历较低。农村图书"小连锁"建设作为构建农村文化服务体系,统筹城乡文化协调发展,加快推进社会主义新农村建设的一项重要举措和民生工程。新闻出版主管部门和各级新华书店有必要对"小连锁"从业人员进行专业的业务技术培训,以提升从业人员的服务水平,以"小连锁"作为阵地,坚持传播先进文化,服务人民群众是文化企业需要担当的社会责任。

四、构建完善"小连锁"建设的长效机制

农村图书"小连锁"从 2004 年我省嘉兴最初开始探索实践以来,特别是2009 年全省农村出版物发行"小连锁"工程建设现场推进会召开以来,在省委省政府的正确领导和大力支持下,在全省新闻出版行政主管部门和浙江出版联合集团,全省新华书店系统的共同努力下,"小连锁"在我省从无到有,以点带面,形成网络,取得了显著的阶段性成果。党的十八大报告要坚持面向基层、服务群众,加快推进重点文化惠民工程,加大对农村和欠发达地区文化建设的帮扶力度。让"小连锁"具有持久的生命力,实现可持续发展必须做到以下几点:

（一）政府领导高度重视，精心组织实施

"小连锁"工程实现国有主渠道和民营书业的双赢。2010年以来，"小连锁"建设作为完善公共服务体系的重要内容，被列入省政府工作报告，省委省政府重点工作考核体系和省政府目标责任制考核体制，并被纳入了《浙江省国民经济和社会发展第十二个五年规划纲要》，成为公共服务体系建设的一项任务。省政府每年安排"省长专项经费"，对新发展的"小连锁"给予补助，各地加强配套制度建设，深化服务措施，因地制宜发展农村"小连锁"，使国有新华书店和农村出版物经营户实现合作双赢，为解决农村群众买书难、读书难和规范农村出版物市场秩序发挥积极作用。

（二）不断完善"小连锁"建设体制，建设特色书店

农村出版物"小连锁"工程建设以来，由于原有农村文化基础设施建设相对滞后，农村图书网络建设落后和管理机构不健全，使部分"小连锁"生存艰难，后经充分考虑市场需求、服务半径等因素，确保"小连锁"加盟一家成活一家。像新昌县新华书店文星店成立于1997年，面积40平方米，2名从业人员，经过十几年的发展，到2010年营业面积扩大到120多平方米，2010年3月该店与新华书店商谈加盟事宜，商谈了经营理念及规划，明确了义务和责任。经重新选址、重新布局装修，以全新形象开业，经营面积增加到600平方米，经营品种达两万余种，改造成以经营图书为核心，兼营文化用品、数码类学习用品的综合性书店。还设置了读者休息区，提供查询和订购服务，在二楼特辟书吧和画廊，经常性举办各类书画展、摄影展和收藏艺术品展，成为当地作协、书协、美协等民间社团的首选活动场地。2010年8月7日，《浙江日报》以头版头条报道文星店；该店荣获全省首个民营"人文书店"殊荣。2011年1月，文星书店被评为"绍兴市十佳民营书业"；《半月谈》、《钱江晚报》、《绍兴晚报》、《今日新昌》等媒体都有报道和转载，成为全省唯一一家具有多样文化气息的农村出版物"小连锁"店。

（三）精选店址，合理布局

坚持借助文化发展优势和人口集聚优势，拓展农村出版物"小连锁"书店。全市35家"小连锁"店中有15家分别位于省、市级中心镇，如平水镇、长乐镇、枫桥镇、牌头镇、崧厦镇、店口镇，但在文化基础设施建设上都没有跟上经济发展的步伐，对文化建设设施投入已远远满足不了当地农民群众的文化需求，对现有"小连锁"迫切需要改造、扩大、升级。其中像上虞市店在所属的崧厦镇对原"小连锁"改造升级后销售从2010年150多万元提升到2012年的237万元，万和城

店销售从 2010 年 298 万元提升到 2012 年的 430.1 万元,取得了较好的经营业绩。诸暨市通过这几年对"小连锁"的不断摸索,借助文化教育优势,在规模较大的几所学校开设了校中连锁店。新华书店开进校园,不仅有利于加强学校的教材教辅管理,使书店更加"贴近教改,贴近教学,贴近教师",最大限度地让利学生,更大力度地服务师生。校园连锁店不仅给学校师生带来了便利,使学生手上的好书也在学校里流动起来,为成功打造书香校园提供了有效载体,让广大学生可以在浓厚的书香环境中更健康的成长。同时,也开创了新华书店创新经营、增加效益的良好局面,实现了校店的互利双赢。像牌头中学校中连锁店,2012 年销售码洋达 193.9 万元,学勉中学校中连锁店 2012 年开业不到半年时间销售码洋就达 70 万元。

(四)本土服务的多样性

绍兴农村"小连锁"网点从最初的几家逐渐扩展到全市 35 家,从原有的乡镇连锁模式扩展到其他模式及进超市、学校、图书馆、社区和商场。农村"小连锁"书店构建了城乡文化一体化发展的购书新格局。新华书店的优势资源通过农村"小连锁"这一经营方式,服务更加贴近"三农",架起了文化惠民的桥梁,促进了当地的文化建设。

"小连锁"是"浙江省新华书店集团公司下属各县市新华书店在自身连锁经营的基础上,通过加盟连锁的形式,与各城乡书店,主体是民营书店连锁经营的合作模式"。实践证明,"小连锁"已经产生良好效益,"小连锁"还有很大发展前景,"小连锁"成为构建城乡特别是农村公共文化服务体系不可或缺的组成部分,是解决农村读书难买书难,满足农民群众阅读需求的成功举措,也是新华书店在市场经济条件下承担农村图书发行责任和实现社会效益同经济效益相统一的有效途径。党的十八大要增加文化整体实力和竞争力,要使"小连锁"工作"有活力、管得住、可持续"各级政府要给予政策、资金上的支持和扶持,促使我们更加自觉、更加扎实地把"小连锁"这项工程建设好,真正发挥其服务农村文化、惠及广大农民、扩大图书市场的功能和作用。

参考文献

[1]陈昆忠.奋发有为、努力工作、推进"小连锁"建设再上新台阶.内部资料.经理在线,2011.

[2]王忠义.浙江省新华书店"小连锁"工程三年工作总结.内部资料.经理在线,2011.

[3]绍兴市文广新局.积极创新型服务模式,努力发展"小连锁"书店.内部发言资料.

农村小城镇图书发行研究和探索

浙江萧山新华书店有限公司　赵春红

【摘　要】目前,农村集镇城市化加快发展,如何加强农村图书发行是一个新课题。把新华书店的企业发展与经济规律、科学管理、市场机遇有效结合起来是当下农村发行需要研究的主要问题。本文研究了萧山区瓜沥镇新华书店从网点选址、读者定位、经营模式、阅读推广等一系列农村图书发行工作的实践经验,提出了农村小城镇图书发行紧紧围绕学生这一目标读者群,有效开展阅读推广活动的方式方法,以期与同行共同探索农村小城镇图书发行发展之路。

【关键词】小城镇;农村图书发行;研究。

一、城镇化是农村图书发行的历史机遇

(一)农村城镇化建设的历史进程

21世纪是中国农村从温饱到小康进而实现现代化的世纪。小城镇将是未来农村发展的方向。目前小城镇已经成为乡镇企业的聚集地,是农村政治、经济、文化中心,是农村人口聚集和流动中心,是交通枢纽,是农村图书发行这一服务行业的最佳驻地。顺应农村城镇化建设的历史进程,不仅是新华书店的社会责任,也是新华书店农村发行必须把握的发展机遇。

萧山区瓜沥镇,位于杭州市萧山区东部,人口22万,面积42.5平方公里,2012年GDP总额89.02亿元,财税总收入11.3亿元,农民人均收入21396元,高于浙江省小城市的平均水平。瓜沥镇被列为全国改革试点城镇、全国重点镇和浙江省中心镇,27个小城市试点镇之一,是全国和浙江百强乡镇。商业辐射周边党山、益农、新湾、坎山等10个乡镇,农民群众也经常到瓜沥镇购物,它是萧山区东部的经济、文化中心。

(二)瓜沥镇新华书店的历史发展

萧山区瓜沥镇新华书店,是萧山区店三大乡镇直营门店之一,负责萧山区东片的教材和一般图书发行工作。在 2008 年之前,书店门市营业面积 100 平方米,备货品种 3000 多种,场地小、图书品种少,图书销售一直徘徊不前。2007 年图书销售 116 万,只比 2003 年的 86 万增加了 30 万,5 年平均增长率 6.97%。远远不能满足瓜沥镇经济发展和农民群众日益增长的对图书等文化商品的需求。瓜沥镇及萧山东片的农民群众购书需坐 1～2 小时的公交车到 40 公里外的萧山城区新华书店购书,十分不便。

为了适应瓜沥镇经济文化发展的需要,2008 年 8 月萧山新华书店在瓜沥镇购置了 1200 平方米的营业用房,新门市的营业面积比原门市的营业面积扩大了 12 倍,图书陈列品种从原来的 3000 种,扩大到 17000 种,同时还引入了与图书相关的文化用品。营业面积的扩大和经营品种的增加使瓜沥新华书店的图书销售得到迅速提升,2008 年当年销售 165 万,2009 年销售一举突破 300 万,2012 年销售又达到 400 万,4 年间销售翻了两番。瓜沥镇新华书店新门市建设为促进瓜沥镇经济的发展和满足农民群众的文化需求起到了很好的作用。

二、瓜沥镇新华书店的业务经营模式

(一)网点建设是农村图书发行基础

门店是农村图书发行的桥头堡,农村网点要建设好,要抓住两个关键点,首先是客户群定位,其次按照这个定位进行选址。瓜沥镇虽然经济发展迅速,但农村读者的阅读习惯和阅读氛围不及中心城市。因此我们将小城镇的农村的读者分为四类,一类是农村的各级公务人员;第二类是农村的知识分子,如教师、乡村企业家;第三类是想用知识改变命运小城镇的中小学生;第四类是从农村转移到镇上务工的农民及外来务工人员。在这四类小城镇读者群中,第三类人群是新华书店主要的服务和销售对象。因此,瓜沥镇新店选址在萧山八中和瓜沥镇中两校的中间,与两校相隔均不超过百米,学生在上学与放学的途中就可以到书店转转,书店日常发布的任何新书信息或者是活动消息都会通过学生传遍瓜沥镇每一个家庭。

这个定位与选址,缩短了新华书店和瓜沥镇主要读者的服务半径,每个周末及寒暑假期间,书店内往往座无虚席,很多小朋友将书店当成了阅读的天堂,从早上开门一直看到晚上关门。而假日及夜晚,学校的操场又是瓜沥镇居民锻炼的场所,新华书店也成为他们休闲生活的一个组成部分。同时书店在卖场的商品结构和陈列上也下足了功夫,80％以上的架位陈列与中小学生学习、阅读有关的文教、少儿、文艺类图书,休闲类、热点图书放在书店进口最醒目的地方,适应不同读者的需求。精选的品种和良好的服务,使瓜沥镇新华书店的口碑,在学校、学生、社会群众中的口口相传,取得了良好的社会效益。

(二)连锁经营模式下的多业态组合是根本

瓜沥镇新华书店这几年的快速发展,一方面得益于抓住小城镇发展的机遇重新选择扩大了卖场,另一方面在经营模式上,采用连锁经营下的多业态组合,从而使瓜沥镇新华书店低成本运作,保障了书店的健康、快速发展。其主要方法是:

1. 连锁经营,降低成本

瓜沥镇新华书店的所有图书业务的经营管理全部采用浙江省新华书店集团信息一体化、库存一体化、市场一体化计算机信息系统,使小城镇书店也能充分享受集团公司近年来整合的 50 万库存品种资源及相应的信息资源。采购添订方便及时,卖不掉可退无库存风险,从而大大降低了小城镇书店的经营成本,满足了农村市场多变的需要。

2. 教材发行与门市零售结合,拓展销售渠道

瓜沥镇新华书店共有员工 8 人,除门市零售外,还承担着萧山东片 10 个乡镇 38 所中小学校 46000 余名学生的教材发行任务,2012 年发行教材 1600 万元。日常业务工作非常繁忙,特别是门市零售旺季和教材发行的旺季重叠,工作难度比单一的教材部门和零售门市更高。我们在人员岗位职能的设计上,将教材人员和门市零售人员混岗使用,书店员工既要熟悉教材业务,也要熟悉门市零售业务,在教材发行中,积累学校的人脉资源,及时了解学生的购书需求,拓展了解销售渠道,锻炼了书店员工对外交往与客户维护的能力,为门市团购工作及"暑、寒假读书活动"等阅读推广的有效开展奠定了良好的基础。

3. 图书与文具、数码商品相结合,方便客户

2008 年 8 月,瓜沥镇新华书店新门市的开业,引入了文具、数码教具等非图书商品。图书商品与非图商品的有效组合,方便了客户,促进了销售。文具、数码销售从 2008 年的 18 万,增长至 2012 年的 110 万,四年增长了 5 倍。2012 年 400 万 POS 销售总量中,图书销售比例为 68％,文具、数码销售比例为 32％。瓜沥店总销售中,文教图书,少儿、文学等阅读类图书,文具、数码等非图商品销售各占 1/3,这种商品的销售结构保证书店健康、持续、稳定发展。

三、农村小城镇图书市场培育与阅读推广

(一)阅读推广平台的搭建与维护

农村发行的关键,还在于对农村市场坚持不懈的培育。5年来,瓜沥镇新华书店没有困守在书店里坐等读者上门,而是积极走向市场、走向读者,开展阅读推广活动。坚持内抓有效品种与营销活动,外拓团购抓推销分不开。通过这种方式对农村市场的培育,书店销售稳步发展,客流量逐年上升,据统计,2012年客单量为88488人次,相当于全镇每户家庭都到书店购过一次书,较2008年的52988人次增长了35500人次,增幅达到67%。客单量上升的趋势与当下大中城市书店客流普遍呈下降的现象形成鲜明的对比。

阅读推广不同于图书推销,它是书店与政府主管部门共同组织群众进行阅读活动的平台,在中外各国都受到广泛的重视。国内著名的"深圳读书月"就是典型的阅读推广活动。萧山新华书店从2000年开始联合教育局针对中小学生这一目标人群,共同组织"暑假读好书活动",目前已进行了14届,与"深圳读书月"同龄。瓜沥镇新华书店紧紧围绕"读好书"这个阅读平台开展各项有效工作。通过搭建阅读推广平台,走向了市场,走近了读者,更营造了浓浓的读书氛围。

(二)汽车书店主动出击开展流动供应

汽车书店流动供应是瓜沥书店最重要的阅读推广形式。萧山东片46000名学生大部分都在农村,往往需要乘几个小时的车到城区或者镇上才能购买图书,因此每年的开学和放假,书店都想尽办法去学校流动供应,五六月份开展的"暑假读好书"活动,短短两个月里我们要走遍辖区内的每一所学校。数年来我们一直坚持着这项活动,仅2012年共计到学校流动供应52次,平均每个学校1.4次,人均购书16.78元,共取得销售61.8万元,占瓜沥店图书总销售的22.8%。

1. 前期的沟通是关键

每次活动之前,书店都会印刷好精美的宣传单,送到学校之后,嘱托经办老师不要过早地发放下去,去的前一天,还会与老师再次确认一下是否已发,并请老师帮我们再通知一下学生,以免学生忘记了,并同主管的老师沟通,了解学生的需求信息,以更有效地组织货源。积极取得学校老师的支持和配合,这是流动供应工作成功的关键。

2. 货源充足是保障

流动供应期间,学校需求集中,门市人员紧张,为了赶在学生到校时就可以

购书,天还蒙蒙亮,满载着图书的汽车书店就出发了,每次汽车书店一开到学校,同学们就围了上来,看着心爱的图书一箱箱地搬下汽车,大家都会高兴地欢呼起来。傍晚回来之后,要根据当天在流动供应中的需求和下一个学校的需求销售情况,配好第二天去另一个学校流动供应的图书,书店备货不足的还要在系统中完成向省店的添订补货工作。留在门市的同志是从早上做到下班,中途没有休息,还要做好省店发货图书的验收工作,以保证充足的货源。

(三)名家进校园开展阅读推广

农村市场的开拓还需培养读者的阅读习惯,培养中小学生的阅读习惯是需要有途径、有方法的。十年来,我们充分发挥出版社、省店的资源,广邀名家,走进校园,与学生们交流,促进学校阅读活动的深入开展。通过符合各年龄段阅读图书推荐,专家的专场的阅读讲座、书店工作人员周到细致的阅读服务,在书店、学校、学生、学生家长、名家中间建立起了良好互动关系。杨红樱、金波、曹文轩、王一梅、冰波、秦文君、沈石溪等著名儿童文学作家在瓜沥区每个学校里都留下了足迹,他们写的作品及作品中的人物都已深入孩子们心中。

在名家进校园的活动中,我们创办了一种"学校报名、书店安排"的模式。如2013"名家校园行"活动,我们在当地教育网发布信息,公布拟邀请的作家名单,学校根据自身需求选择作家报名,书店根据学校报名先后进行安排。这种操作模式保证了报名学校对所邀请作家的重视、尊敬与活动效果,学校的校长都亲自全程参加活动,也将名家资源得到了最大发挥,学生、学校欢迎,作家认可。作家与学校的沟通不仅为书店取得经济效益,更重要的是加深了书店与学校沟通的深度,促进了阅读活动更好地开展。

(四)寒假读书活动将学生请回书店

2013年寒假期间,萧山新华书店开展"寒假读好书"活动,号召全区学生"用好压岁钱,买一本好书;计划好时间,读一本好书;奉献爱心,捐一本好书"。读书活动得到了学校支持,特别是为民工子弟学校捐书,得到了家长的积极响应。寒假期间,瓜沥书店累计接待读者14500余人次,销售增长了30%。共有6062名学生捐赠了7147册图书,活动结束后,书店又将这些图书分送到全区的25个民工学校,让民工子弟与城区学生一样享受阅读的乐趣。

四、结论

小城镇是未来农村经济、文化发展的中心,也是开拓农村市场的一个机遇。

如果我们顺应这一历史进程，抓住机遇建设农村网店，转换工作思路，改变农村网点管理模式，积极开拓小城镇农村图书市场，我们一定会走出一条科学、健康、能持续发展的农村图书发行之路。

参考文献

［1］浙江农村图书发行改革论文集.浙江省书刊发行业协会,1999.
［2］朱如江.2012 年萧山区统计年鉴.萧山统计局,2013.

农村小城镇的图书市场需求调查与研究

浙江余姚新华书店　黄小千

【摘　要】随着国家"十二五"规划对农村小城镇建设的推进,小城镇将成为乡镇企业的聚集地,是农村政治、经济、文化中心,成为未来农村"农转非"人口的聚集地和农村人口的流动中心,是农村图书发行这一服务行业的最佳驻地。新华书店如何顺应农村城镇化建设的历史进程,在小城镇发展建设中把握机遇,利用各种资源进行图书销售网点的布局,是摆在各级新华书店的一个重大课题。本文通过对余姚市综合性小城镇和新型工业化集镇两种不同类型的农村小城镇的图书需求调查,对当下农村小城镇的网店建设途径、图书经营模式和未来经营方向进行了分析与研究,以期与同行分享。

【关键词】小城镇;图书需求;调查;工作研究

一、小城镇图书市场调查背景、目的、对象

(一)调查的背景

中国 12 亿人口,9 亿在农村。改革开放 30 年来,农村的率先改革创造了巨大的劳动生产力,分离出大量多余的农业人口,同时也由于大城市发展与扩张的需求,大量农业人口尤其是年轻的知识农民开始进城闯世界。这种中国农业人口大迁移在对转型时期的中国社会改革的积极意义上是不可低估的,它带动了城市和农村的共同发展。但如何将大量从农村土地上分离出来的农村人口实现农转非,这是转型期中国社会经济发展中必须和迫切需要解决的问题。因此,党的十七届五中全会上通过的《国民经济和社会发展第十二个五年规划纲要》中,就如何"优化格局 促进区域协调发展和城镇化健康发展"做了战略布局,提出了"积极稳妥推进城镇化发展战略"。为落实"国家十二五规划纲要",2012 年浙江省《关于进一步加快中心镇发展和改革的若干意见》中明确提出了"到 2015 年

要将全省 200 个中心镇培育成为县域人口集中的新主体的总体目标"。

可以预见,随着农村小城镇建设的推进,大量的国家资本会向基础建设如交通、能源、水利等转移,社会资本尤其是加工业的资本随着都市成本的激剧上升会迅速向小城镇转移,在国家相关政策的导向下,大量的农业人口会向小城镇迁徙,小城镇将是大部分中国农村人口"农转非"的最佳归宿,它使得原本分散的农村文化需求相对集中起来,形成了都市的农村文化需求。小城镇是当下乡镇企业的聚集地,是农村政治、经济、文化中心,也是未来农村"农转非"人口的聚集地和农村人口的流动中心,小城镇将是中国 21 世纪走向现代化的燎原之火,是未来农村发展的中心,是农村图书发行这一服务行业的最佳驻地。新华书店如何顺应农村城镇化建设的历史进程,在小城镇发展建设中把握机遇,利用各种资源进行图书销售网点的布局,是新华书店的社会责任,也是新华书店的一次发展机遇。

(二)调查的目的与样本选择

1.调查目的

余姚市新华书店为做好余姚市的小城镇图书网店的发展规划,日前,对余姚市小城镇的图书市场开展了一次调查。

余姚市目前共有 14 个建制镇,1 个乡,辖 265 个行政村。2012 年全市财政收入 112 亿,其中 15 个乡镇财政收入共 41 亿,占到了 37%,小城镇集聚的经济规模优势逐步显现。对农村图书发行网点的布局上,余姚市新华书店以往是依靠供销社的力量开展图书发行,自 2003 年与浙江省新华书店集团实行连锁经营以来,原农村供销社图书网店随着供销社的改制逐步退出,余姚市店一直在探索农村网店布局,寻求农村发行新渠道。研究不同的农村小城镇的图书市场需求,探讨农村图书发行渠道,研究小城镇不同的发行模式,是余姚市新华书店本次开展小城镇图书市场需求调查的目的。

2.调查样本选择

就余姚小城镇的发展规划看,重点有两种经济发展类型的小城镇:一类是社会发展历史上形成的农村自然集镇,它历史悠久,在农村改革开放 30 年中,这些小集镇经济有了快速的发展,已经有了比较完善的城市基础设施,有成熟的商业形态,有一定规模的集聚人口,这类历史上自然形成的小城镇我们称它为综合型小城镇;另一类是随着某一类产业发展而集聚形成的工业化集镇,其产业比较单一,集聚的人口相对综合型小城镇少,其主要人口中所从事的职业也比较单一。这一类我们称它为新型的工业化集镇。目前余姚市综合型集镇有 12 个,新型的工业化集镇有 3 个。

考虑到余姚小城镇类型构成,2012 年初余姚市新华书店在开展小城镇图书市场调查中,选择了两种类型中最具有代表性的集镇作样本进行调查。即:综合型小城镇以泗门镇为代表,新型工业化集镇以塑料模具为产业特色的中国塑料城为代表。

二、小城镇图书市场调查样本

(一)以泗门镇为代表的综合型小城镇的图书市场调查

1. 泗门镇基本情况

(1)90%的人口是产业转型离开土地到小镇工作生活的新移民。

泗门镇离余姚市区约 20 公里,面积 66.3 平方公里,常住人口逾 10 万人,其中非农人口 0.98 万,90.2%的人口的是在改革开放 30 年中,随着城镇化建设的推进,产业转型,离开土地到小城镇工作、生活的新移民。

(2)从年龄结构来看,60 岁以下的人口占 88%,泗门镇是一个年轻的移民城镇。(见表 1)

表 1　泗门镇人口结构

年龄段	人口数	占总人口比
0—18 岁	23400 人	23.4%
19—59 岁	64600 人	64.6%
60 岁及以上	12000 人	12%

(3)总人口 10%是在校学生,从受教育程度看,泗门镇的居民全部都具有阅读能力。

①19 所中小学校,9230 名在校学生,800 位教职工,占全镇总人口的 10%。(见表 2)

表 2　泗门镇中小学情况

小　学	学生数	小　学	学生数
镇小	1600 人	夹塘	520 人
塘后	930 人	万圣	270 人
湖北	900 人	东昇	740 人
总计	小学 6 所,在校学生 4960 人		
初高中学校	学生数	初高中学校	学生数

续表

小 学	学生数	小 学	学生数
镇初级中学	1500 人	市四职校（职业高中）	1500 人
总计	2 所,3000 人		
幼儿园	11 所,1270 人		

②受教育程度。（见表3）

表3　泗门镇人口受教育情况

受教育程度	人口数	占 比
大学（指大专及以上）	6000 人	6%
高中（含中专）	14000 人	14%
初中	40000 人	40%
小学	30000 人	30%

（4）学生阅读喜好与城市学生基本一致。

2012 年年底,余姚市新华书店借泗门第七届"汝湖金秋"文化艺术节之机向镇中心小学 500 名 3～6 年级学生开展了"你最想阅读的 10 本书"的阅读问卷调查,调查结果显示,10 种图书中有 7 种图书既是余姚书城上榜图书,也是全国各大书城的畅销榜。（见表 4）

表4　阅读问卷调查表

排名	书 名	选择人数	余姚书城销售册数	中国图书商报各大书城
1	查理九世（单册）	200 人	500	上榜
2	一年级的小豌豆	100 人	200	上榜
3	爆笑校园（单册）	80 人	150	上榜
4	窗边的小豆豆	80 人	180	上榜
5	狼王梦	60 人	170	上榜
6	怪物大师（单册）	60 人	190	上榜
7	熊出没（单册）	60 人	100	上榜

（5）产业布局和经济总量。

经过改革开放 30 多年的发展,泗门镇在产业布局上已初步形成了以现代农业为基础,以新型工业化和现代服务业为支撑的产业体系。在农业体系中有余姚市级以上农业龙头企业 15 家、农民专业合作社 12 个;工业体系中,有工业企业 2710 家,上规模的企业 185 家,亿元企业 24 家,国家高新技术企业 16 家,初步形成了电线、家电、食品加工、机械、有色金属加工等特色产业。

经济总量:2012 年泗门镇实现地区生产总值 62 亿元,财政总收入 10.02 亿元,其中财政一般预算收入 7 亿元,农民人均纯收入达到 23352 元。其综合实力跨入全国百强镇行列,位居浙江省第十位,宁波市第一位。

2.“泗门书城”建设和经营情况

(1)争取优惠政策,投资建设“泗门书城”。

从泗门镇的基本情况调查来看,泗门镇经济实力强,人口集聚已达到一定规模,全镇人口全部受过教育,均具备一定的阅读能力,特别是在校学生占总人口的 10%。根据这一调查结果,余姚新华书店认为在泗门镇必须自建直营图书网点。经与泗门镇有关部门沟通,余姚市新华书店在镇政府对文化项目政策支持下,以前 5 年免租,后 5 年分年支付总 35 万元租金的优惠条件,向泗门镇政府租赁了为期 10 年的一幢约 1500 平方米闲置的沿街小学教育楼,总投资 160 万元,装修开设泗门书城,于 2012 年 10 月 12 日开始营业。泗门书城营业面积 1200 平方米,分上下两层,每层 600 平方米,一层 200 多平方米以合作经营模式经营电子数码、文化用品,400 平方米经营社会科学、文学艺术、科学技术等大类图书,二层经营文化教育、少儿读物等大类图书。经营图书品种近 1.6 万种,库存码洋 80 万元。书城建成后,泗门镇的电影院、图书馆、泗门文化艺术中心、文化培训等文化设施项目先后在书城周围地块开工,相信不久的将来以书城为中心的文化休闲的集聚效应将逐步显现。

(2)泗门书城半年图书销售状况分析。

①销售总量:2013 年 1 月～6 月,泗门书城总销售 62 万元,动销品种 1.5 万种,动销率 93.75%。(见表 5)

②五大类一般图书销售。

表 5　一般图书销售表

类　别	销售品种	销售册数	销售码洋	占　比
社会科学	1086 种	1831 册	6.79 万元	11.8%
文化教育	3413 种	5956 册	12.69 万元	22.1%
文学艺术	4730 种	6277 册	17.63 万	30.6%
科学技术	1934 种	2537 册	7.83 万元	13.6%
少儿读物	3751 种	7257 册	12.63 万元	21.9%
合　计	1.49 万种	2.38 册	57.61 万元	100%

数据来看,各类别图书需求均衡,文教类图书不再成为小城镇人们的主要需求,小城镇人们的图书需求从原来以学生升学为目的阅读,变为以丰富文化生活为主的阅读。

③2013 上半年畅销书销售情况(TOP10)。(见表 6)

表 6　畅销书销售表　　　　　　　　　　　单位:册

排名	书　名	泗门书城	余姚书城	社会热点
1	看见	13	245	央视主持柴静
2	小时代(单品)	12	100	同名电影
3	熊出没(单册)	10	100	少儿同名电视剧
4	龙族(Ⅲ黑月之潮上)	9	80	青春幻想小说
5	丰乳肥臀/莫言文集	9	80	诺贝尔奖
6	魑魅魍魉	8	60	作家郭敬明
7	你若安好便是晴天(林徽因传)	8	90	林徽因
8	目送	8	150	台湾龙应台
9	我所理解的生活	7	70	作家韩寒
10	致我们终将逝去的青春	6	70	电影《致青春》

从畅销的上榜图书看,除了销售数量上略少于余姚书城外,其上榜图书品种与余姚书城一致,说明小城镇的图书消费结构正趋城市化,城乡图书消费差别正逐步缩小。

④价格还是影响小城镇图书消费的重要因素。2013 年上半年,余姚市新华书店结合集团公司开展的聚畅销图书让利销售活动,集中了几个重点畅销新书品种,在泗门书城采用专柜陈列,进行对折销售,促销口号是:在实体书店购书也能享受网上的价格。结果短短 45 天时间,65 个品种,150 册图书,销售了 48 种,103 册,码洋达 2552 元,动销率 73.8%。

⑤团购市场尚有潜力可挖。上半年,泗门书城抓住了泗门卫星城建设、浙江省小城市培育试点发展机遇,走出店堂,向机关、学校、企事业及 20 个村落开展图书上门征订工作,推荐十八大文件、前国家领导人李瑞环所著《看法与说法》等图书 400 余册,码洋 3 万余元。同时与泗门镇图书馆谈妥了连续三年,每年采购 50 万码洋的供货协议。

⑥阅读推荐有成效。泗门书城在假期结束前主动利用学校的短信平台、校报、校刊等方式向中小学生发送推荐的课外阅读书目,同时到校开展流动供应,2013 年上半年,仅列入推荐书目中的图书已销售 3 万元。

(二)以中国塑料城为代表工业镇图书市场调查

1.中国塑料城概况

中国塑料城离余姚市中心 9 公里,占地面积 3.25 平方公里,是一个依托以塑料产业生产资料市场发展起来的新型的工业化小城镇。目前有塑料产业经营企业 1830 家,年交易额 818.5 亿元,是目前国内最大的集塑料原料销售、塑料信息发布、塑料会展、塑料机械、塑料模具、塑料制品及其他辅助材料于一体的专业生产资料市场。

2.读者构成

中国塑料城区域人口 2.3 万人,区内有永丰、北郊二个自然村,农业人口 0.8 万人;外来从事塑料产业的从业人员约 1.5 万,其中从事塑料原料贸易 2000 多人,从事塑料制造产业的技术员 4000 多人,一二线塑料加工企业的操作员工 8000 多人。从事塑料产业的从业人员基本生活在塑料城区内。

3.中国塑料博览会——最有影响力的展会

自 1999 年开始,塑料城在每年的 11 月 6 日～9 日举办为期四天的以塑料原料贸易为主的中国塑料博览会,截至 2012 年,已经连续举办了十四届。在 2012 年的第十四届中国塑料博览会上,参展企业总数达到 489 家,参观人数达到了 21.1 万,来自 21 个国家和地区的 100 多位客商前来参会,被评为中国十大最具影响力的品牌展会。

4.销售方式和销售结果分析

由于中国塑料城人口集中度相比泗门低,其从业人员相当单一,图书品类需求单一,若新华书店设立直营店其图书销售量不足以维持经营的生存,在这些新型的工业化小城镇,余姚市新华书店基本上采取了定期上门流动供应的方式来满足当地的图书需求。

以第十四届塑料博览会现场流动供应销售数据来看,为展会特地组织的各出版社塑料模具相关专业图书 633 种,4031 册,码洋 21.1 万元,四天动销 522 种,1801 册,销售码洋 8.8 万元,占余姚市新华书店全年化工类图书销售 24%,占全年科技类图书销售 7.5%。其中化工、机工两个出版社出版的专业图书分别在展会上销售了 4 万元、3 万元。这说明,在新型的工业镇,与工业镇产业配套的专业书是图书市场的主销售,如果市场需求了解清楚,图书商品组织对路,其销售量是可观的。

三、调查结论

(一)综合型小城镇调查结论

从以泗门镇为代表的综合型小城镇调查情况看,可以得出以下结论:

(1)应该加快小城镇的图书网点建设。

综合型小城镇是在原有的农村小镇的基础上发展起来的,人口集中度高,小城镇的城市化建设水平相对成熟,经济发展快,产业结构均衡、文化需求多元,老百姓购买力强。因此,像这类城镇新华书店应该积极与当地政府沟通,借中央推进小城镇建设之东风,加快新华书店直营网点建设,若一时没有条件自建网点,也可以通过"小连锁"的模式,利用全省信息一体化、库存一体化、市场一体化的计算机平台,发展民营资本加盟连锁。

(2)综合型小城镇的书店图书配置应该以综合性图书为主。

泗门书城半年的销售数据说明,综合型小城镇图书品类需求均衡,文教图书为主的农村销售结构已经打破。读者阅读喜好与大城市接近,但图书价格仍是影响小城镇图书需求的因素之一。

(3)综合型小城镇团购市场有潜力。泗门镇拥有 2000 多家的工业企业,挖掘小城镇企业图书需求做好服务工作,是书店图书销售未来的增长点。

(4)综合型小城镇是一个年轻的城市,为年轻人搭建阅读平台,做好阅读推广工作,是新华书店的工作责任和任务。

(5)综合性小城镇书店经营应该向农村文化消费综合体转型。调查发现,在城镇化的过程中,刚刚富裕起来的农民是有一定购买力的,在城镇化建设和互联网的传播速度的推进下,大城市和小城镇的差距在逐渐缩小,新一代小城镇人的文化追求也与大城市日趋一致,因此,书店经营也必须通过延长产品线、实施同心多元化等策略,进行多种业态搭配经营,努力为消费者提供一站式文化消费服务。这是未来发展趋势,也是小城镇书店经营的必由之路。

(二)新型工业化集镇调查结论

从中国塑料城为代表的新型工业镇调查情况来看,可以得出以下结论:

(1)由于新型的工业镇常住人口偏少,日常购买力弱,会展方式图书消费是新型工业镇人们图书消费的主要模式。

(2)流动供应是新华书店满足新型镇图书消费主要方式。

(3)随着新型工业镇的发展,新华书店从现在开始应该尝试寻找代销店,以低成本发展图书代销网点,以满足新型工业镇对图书消费的需求。

参考文献

[1]何树平.新型城镇化使命.瞭望新闻周刊,2013(29).

[2]周立伟.展望"燎原星火"——谈小城镇图书发行网点建设.中国出版,1998(12).

[3]王超.新农村建设中的小城镇发展.陕西:陕西人民出版社,2007.

[4]涂平.市场营销研究.北京:北京大学出版社,2012.

[5]简明.市场预测与管理决策.北京:中国人民大学出版社,2005.

[6]王玉华.市场调查与预测.北京:机械工业出版社,2010.

[7]周蔡敏.出版物市场调查.广东:世界图书出版公司,2013.

浅谈农村"小连锁"发行网点
健康发展之对策

浙江上虞市新华书店有限公司　朱可伟

【摘　要】本文分析了农村发行网点在发展中面临的问题,并对上虞市新华书店的几个"小连锁"网点发展和经营状况进行剖析,进而对农村"小连锁"发行网点实现持续、稳定、健康发展的对策进行了一些探讨。

由于重视经济效益,图书逐渐退出了他们的经营范围,导致了农村发行网点的全面萎缩。

在构建农村发行网点"小连锁"时面临着网点选址、合作伙伴的选择、网点管理、网点推广等一系列问题。

总之,只要合理规划,认真经营,在各方的共同努力下,"小连锁"这一农村图书发行网点模式一定能够在各地生根发芽,并且实现持续、稳定、健康发展。

【关键词】农村发行网点;小连锁;健康发展

我国出版物发行业"十二五"时期发展规划中明确要加快农村发行网点建设。提出到 2015 年力争实现出版物发行网点覆盖全国乡镇的发展目标。但自 20 世纪 90 年代来,我国的农村发行网点却一直处于萎缩和下滑的趋势中。虽然近几年通过下伸门市部、连锁经营、代理网点等多种形式使得农村发行网点数量和覆盖面稳中有升,但是如何使农村发行网点实现持续、稳定、健康地发展却是发行工作中的一个难点问题。本文分析了农村发行网点在发展中面临的问题,并对上虞市新华书店的几个"小连锁"网点发展和经营状况进行剖析,进而对农村"小连锁"发行网点实现持续、稳定、健康发展的对策进行了一些探讨。

一、上虞市农村发行网点概况

从 20 世纪 50 年代起,全国各地的新华书店和当地供销社建立图书购销关系,各乡镇供销社图书门市部不仅负责当地学校的课本,还担负着各类一般图书的销售任务。那段时期我国的农村发行网点以供销社为基地,可以说是遍布全国各个乡镇。上虞市也不例外,当时全县有农村发行网点57个。新华书店有农村发行科,专人负责对各网点进行业务指导和图书管理。

20世纪90年代后,随着市场经济的发展,新华书店和供销社都面临着体制改革,供销社自身网点大量缩减,仅剩的几家也转由私人承包。由于重视经济效益,图书逐渐退出了他们的经营范围,导致了农村发行网点的全面萎缩。到1997年,上虞市新华书店的农村发行网点全部撤销,全市除了新华书店在县城的门市部外,乡镇只有零星几家个体图书、文具商店经营着少量良莠不齐的图书。

近些年来,我国加强了社会主义新农村文化建设,逐步重视对农村发行网点的建设,新兴的网点也通过各种形式进行发展,但是面临着不少困境。特别是县以下的农村发行网点还是严重不足,而且已有网点经营困难,面临萎缩。上虞市新华书店自2007年以来,相继以"小连锁"的模式发展了3个网点,在几年的经营中,取得了一定的成绩,同时也存在不少问题。分析农村发行网点生存现状和面临问题,并加以解决,使其可以持续、稳定、健康发展,同时取其优秀样本进行复制,加快网点建设,是农村图书发行工作中的重点。

二、农村图书发行网点生存现状及面临问题

从目前的市场环境来看,农村图书发行网点面临着读者的消费需求、消费能力、经营成本、管理模式、经营品种规模等多方面问题。盈利能力低下是网点的基本现状。

(一)消费需求不足和消费能力低下严重制约农村图书发行市场

一方面农村整体受教育程度不高,受到生活条件、行为习惯等的影响,缺少读书的适宜场所和良好的阅读习惯。另一方面人们消费方式的改变,满足文化需求的方式不断多样化,使得人们对图书的需求不是十分迫切,农村图书发行的文化基础比较薄弱。

近几年来,农村人均收入虽有较大幅度的增加,但总体上未能摆脱以生活必需品为主的生存型消费模式。文化消费支出占收入的比例极低,特别是购买图书的比例一般只占总收入的1%左右。

(二)经营成本的居高不下成为农村发行网点生存和发展的瓶颈

近几年处于物价上扬时期,经营场所的费用、原材料的费用、用工成本等支

出的快速增长,直接加重了网点经营成本的压力。再加上日常的进货、退货等通过货运物流,运输成本的不断增大,导致网点的物流成本持续增长。甚至有些网点售书所产生的利润不足以支付这些费用。

(三)经营管理和运行机制不够健全,经营品种和营销模式不适应市场的需求

由于农村地区的消费能力、文化水平相对较低,人口较为分散,网点规模小、经济效益不显著等原因,使得农村发行网点的经营者缺乏科学管理的理念,导致经营管理和运行机制不完善。

农村发行网点品种较少,读者挑选余地较少,农村读者的满足率低下,更谈不上有的放矢地开展个性化的营销活动,购买力得不到充分挖掘,因此网点缺少生机和活力。

三、浙江新华发行集团农村发行网点"小连锁"规模及现状

"十一五"期间,我国的新华发行集团迈入了规模化、市场化的连锁经营时代,经营理念不断更新,浙江新华发行集团也不例外。使之能够以现代的流通方式构建农村经营网络,大力发展农村发行网点"小连锁"。浙江新华发行集团从2004年开始在嘉兴试点农村发行"小连锁",到2012年底,已经发展276家,经营面积2.8万平方米,年销售达到7050万。"小连锁"的农村发行网点通过计算机平台共享浙江新华书店的品种资源,并开展上门征订、缺书登记等一系列服务,农村经营户不用承担库存风险,同时可以自主经营文具等其他商品,实现综合盈利。同时提高了新华书店在农村的市场占有率,更大程度满足农村读者的需求。农村发行网点"小连锁"较好地找到了经营户和新华发行集团经营效益的结合点。

但是,在构建农村发行网点"小连锁"时面临着网点选址、合作伙伴的选择、网点管理、网点推广等一系列问题。经营过程中,各网点的盈利能力也有很大差别,甚至有些网点因各种因素导致经营不善而撤销。解决好这一系列问题,才可以使农村网点"小连锁"持续、稳定、健康发展。

四、上虞市新华书店3家农村发行网点"小连锁"经营情况

上虞市新华书店自2007年开始,有计划逐年发展3家"小连锁",这3个农

村发行网点有不同的合作伙伴,不同的规模。在全省各县级店中数量不是很多,但经过几年的经营,销售稳步上升,发展基本稳定,都实现了一定的盈利,在小连锁的发展中具有典型性。

上虞市新华书店在 2007 年发展的首家"小连锁"是万和城店。位于上虞城北新区的大型综合商场万和城,在上虞及周边市县有很大的辐射力,商场人流量大,购买力强。该店位于万和城四楼,营业面积 500 平方米,现有员工 9 人。经营者原来从事文具和电子产品销售,具备较强的经营能力和管理能力,拥有良好的客户资源。在全省"小连锁"中属于规模较大的网点。销售从开业至今一直稳定增长,从 2008 年的 183 万增加到 2012 年的 390 万。平均库存 120 万左右,库存周转 3 次以上,经营情况良好,经营者有较大的收益。但是商场的租金从前五年每年 36 万增加现在的每年 50 万,再加上用工进一步规范导致用工成本不断上升,影响到盈利能力。

2008 年,与崧厦供销社合作在崧厦镇设立"小连锁"崧厦店。崧厦镇是虞北中心镇,人口 10 万左右,同时能辐射到沥海、沥东、盖北等乡镇,经济基础较好,消费能力较强。该店位于崧厦商场三楼,面积 600 平方米,现有员工 6 人。2009 年就实现销售 70 万,2010 年 10 月增加文具连锁,到 2012 年销售 237 万(其中图书 102 万,文具 135 万)。在这几年的经营中,销售量虽然增幅不大,但是基本稳定增长。因经营场所为原来办公室改造,经营成本较低,网点的设立,既为供销社增加了收益,又解决了原有人员的出路问题。更重要的是为农村读者购买图书提供了方便。

2009 年底,在丰惠镇与个体合作在丰惠镇中门口设立"小连锁"丰惠店。一间店面,同时经营文具、学生用品,只有一个人员经营,年龄偏大,计算机操作能力较低,有事还要歇业。2010 年、2011 年图书销售都只有 4 万多。到 2012 年 4 月无法继续经营,由另一文具店经营者接管,在店内用 30 平方米经营图书。该文具店由夫妻两人经营,经过短时间的培训,对新华书店计算机系统很快就能熟练应用。在经营中,通过设立 QQ 群等方式加强与学生的联系,了解需求信息,开展多种营销方式,经常添配图书,对库存图书及时更新。销售很快有了起色,2012 年销售 10 万元,2013 年预计销售能达到 15 万元。在基本不增加经营成本的情况下,获得了一定的利润,使得"小连锁"丰惠店能够继续生存发展。

五、新华书店农村网点"小连锁"实现持续、稳定、健康发展的思考

如何才能使新华书店农村网点"小连锁"实现持续、稳定、健康发展,针对上

虞市3家农村发行网点"小连锁"的经营情况分析,就网点选址、合作伙伴的选择、网点管理、网点推广、各方利益均衡等问题进行探讨。

(一)网点选址和合作伙伴的选择

网点的选址是否科学,直接影响到"小连锁"以后的发展能力。网点的设立受到所在区域及周边区域的经济发展水平、交通状况以及人群的经济文化活动等因素的影响。所以最好先在人口集中、辐射能力强,经济基础较好,文化氛围浓厚的地方建立网点,在具体的选址上要有一定的便利性。在已有网点有一定的经营规模和水平后,再向周边纵深发展,形成更多的网点。网点建立前要进行评估和审核,保证发展一个、成功一个、盈利一个。

合作伙伴要能够诚信、守法经营,对于较大规模的网点要选择有较强经营能力和管理能力的合作伙伴,这点尤为重要。如有良好的客户资源则会产生更大的效益。经营人员要有较强的责任心和较高的文化水平,具备相应的计算机操作技能。

(二)网点的管理和服务工作

在网点的经营过程中,一方面要加强管理,在商品、财务管理方面制定相应的规章制度,严格执行计算机网络管理,杜绝从其他渠道购进图书,保证所售图书的质量。及时调配图书,保证图书的时效性和适销性。利用新华书店网络业务系统,提高读者对图书的满足率。流通环节层层检查,确保网点的规范经营。另一方面新华书店要提供专人服务,派出人员对各家农村网点"小连锁"进行技术指导,对经营人员进行培训后上岗。帮助解决经营管理中的问题,协助策划营销活动等。通过定期和不定期的巡查,及时发现问题、解决问题,为"小连锁"的畅通运行做好服务。

(三)农村网点"小连锁"各方利益要向经营户倾斜

农村网点"小连锁"是否具有较强的盈利能力是能否健康、持续、稳定发展的关键。针对合作人对农村图书市场盈利的信心不足,浙江新华集团和当地新华书店已经采取了一定的举措,例如:实行低门槛进入,不收加盟费用;商品由当地新华书店铺货,实销货款结算;免费配备计算机;免费进行人员培训等,都是为了降低经营户的经营成本和经营风险。

在货款结算中,出版社、新华集团、当地新华书店各个环节中都要降低一定的折扣,增加经营户销售图书的进销差价。在连锁经营的各个环节中,利益的分配都应该向经营户倾斜,使之利益最大化,保证其盈利能力和后续经营能力。

同时要建立长效的激励机制,对经营成绩突出或者有创新措施的经营户实行一定方式和金额的奖励。由政府设立基金,对边远地区的网点根据图书的销售情况实行一定的补贴。

(四)农村网点"小连锁"的宣传推广

每个农村网点建成后要加强在当地的宣传和推广工作。例如发放宣传册,报纸、广播、电视等多种形式的宣传,使得读者了解"小连锁"、喜爱"小连锁"。还可以配合农技讲座等活动进行流动售书,最大限度满足读者需求,扩大影响。

总之,只要合理规划、认真经营,在各方的共同努力下,"小连锁"这一农村图书发行网点模式一定能够在各地生根发芽,并且实现持续、稳定、健康发展,不断满足广大农民群众对图书的需求和多元化、个性化的文化消费的需求,为社会主义新农村建设添砖加瓦。

浙江"城乡出版物发行小连锁"
可持续发展研究

浙江丽水市新华书店有限公司　汤　勇

【摘　要】浙江新华的"城乡出版物发行小连锁"（以下简称"小连锁"）是浙江省新华书店集团有限公司利用国有资本整合行业产品资源及相关信息资源，依托自身完善的信息技术平台和成熟的配送系统的连锁体系，与社会资本嫁接，吸收农村、城镇个体经营户、民营书店、社会其他经营者加盟连锁经营的方式，发展起来的一种出版物发行网点。"小连锁"是目前出版物发行向县级县以下城镇农村市场延伸的一种新流通形式。本文从总结当下浙江"小连锁"网点建设和发展现状出发，研究了"小连锁"经营模式的意义及存在的问题，并提出了如何能使"小连锁"可持续发展的思路，以供同行进一步研究县级县以下城镇农村市场的出版物流通问题。

【关键词】新华书店；"小连锁"；城乡网点建设；出版物流通；工作研究

一、浙江"小连锁"概念及生存模式分析

（一）概念

浙江新华的"城乡出版物发行小连锁"（以下简称"小连锁"）是浙江省新华书店集团有限公司在完成对全省新华书店网点连锁经营以后，利用国有资本整合的行业产品资源和相关信息资源，依托自身完善的信息技术平台和成熟的配送系统的连锁体系，与合作社会资本嫁接，吸收农村、城镇个体经营户、民营书店、社会其他经营者实行加盟连锁，发展起来的一种城乡发行网点。

"小连锁"网点和历史上新华书店依托各种社会资本力量建设农村图书网点的最大不同是，它依托的是与浙江新华书店一致的、统一平台——出版物供应链

信息系统,共享了浙江新华整合的产品资源和相关信息资源,从图书流通的供应链上,真正解决了城乡特别是农村图书市场由于信息不对称造成的图书买书难和卖书难问题。

(二)"小连锁"网店的盈利模式分析

纵观建国以来新华书店农村发行网点的建设发展历史,凡有生存模式,就能发展,没有生存模式的,网点就没有生命力,就不能持续发展。所以,我们研究浙江的"小连锁"网点发展模式,除了研究它的运作模式外,还必须研究它的生存模式。浙江的"小连锁"店从 2004 年开始起步探索,到 2009 年在全省范围内推广发展,到目前为止,我归纳为"乡镇连锁店"、"校园连锁店"、"社区街道连锁店"、"商场超市连锁店"等四类小连锁网点模式,现就这四种网点的生存模式逐一做以下分析:

1. 乡镇连锁店

"乡镇连锁店"是指在农村乡镇所在地开设的连锁店。其经营面积一般在30—50 平方米左右,年销售在数万元到数十万元不等。"乡镇连锁店"是目前浙江"小连锁"网点四种模式中数量最多的,据 2013 年 6 月底统计,"乡镇连锁店"约有 205 家,占小连锁网点总数的 69.28%。这类店一般以夫妻或家庭经营为主,人员配置为两个人,一个主内,负责店内的销售;一个主外,负责店外的推销,经营品类上以图书和文具或其他产品混搭;网点地处农村集镇,供区人口有一定数量,一般来说,在经营上只要工作勤快,其销售量足能够支撑网点生存。如东阳新华书店现有 7 家"小连锁"店中,"乡镇小连锁"占了 5 家,销售额 2009 年为168.9 万元,2012 年为 279.8 万元,2013 年 370.8 万元。2013 年"乡镇连锁店"的销售占到整个小连锁销售的 90%,图书销量和经济效益逐年稳步增长。

2. 社区街道店

"社区街道店"是指在新老城市社区、街道开设的连锁店。"社区街道店"的区域位置在新老市区,网点地段一般较好,经营成本相对较高,这类网点的生存需要解决一个根据网点区域位置市场的需要配置合适的品类,进行组合销售,以支撑小连锁店的经营。如,嘉兴市店的万博汇店,原是房地产小区开发商开的书店,由于单一经营图书,其销售量不足以支撑网点生存,所以开设不久就关门了。而新昌文星店经营图书过程中,在 600 平方米卖场中,一方面通过举行画展、影展、艺术培训、小型聚会等富有文艺气息的活动吸引人流,另一方面还经营文化用品和提供咖啡与简餐。这种混业经营,使多种业态的收益得到叠加,确保了街道社区小连锁网点能生存,有效益。

3.校园连锁店

"校园连锁店"是指在大中专院校、中小学校校内开设的连锁店。校园店是"小连锁店"中最具活力的一类店,书店提供产品和计算机系统,学校出场地,以品牌共建的形式与校方合作。这类模式,网点租金相对便宜,其他费用也比较低,如水电费等很多是免费的。在销售方面,有教辅产品支撑,销售量足以保证能生存还有一定的盈利。如丽水市松阳县有4家校园店,2013年上半年销售额达62.9万元,占县店628.3万元销售的10.01%,占纯图书(除音像)205.5万元的30.6%,可见"校园连锁店"生存能力强,销售大有潜力。

4.商场超市连锁店

"商场超市店"是指在城市中心大型商场、超市内开设的连锁店。大型商场超市品类多、地段好、人气旺,这些网点若与商场经营者在合作上的思路一致,在生存和盈利上一般都没有什么大的问题。除此之外,商场超市连锁店还有以下几方面的特点:一是商场营业时间比书店长,弥补了新华书店晚间关门早的不足。二是顾客群比新华书店宽泛,一些平时不逛书店的顾客,也会由于逛商场、超市而产生随机销售。三是图书销售人员引入商场的员工管理方式,收入分配实行目标管理,下达全年目标销售及每月最低销售任务,完不成扣奖,超额完成按比例给予奖励,有效提高了员工的工作积极性。如上虞市的万和城连锁店,书店面积600平方米,营业员8人,营业额从2009年的257.3万元上升到2012年的430.1万元。四是网点复制快。如衢州市店和属地东方超市合作在超市中开设小连锁,跟随超市的扩张而扩张,从2008年5月开始,在衢州市先后开设了3家超市小连锁店。超市、商场小连锁店要注意的是合作方的经营理念和运作方式,如衢州市的大润发超市连锁店,因超市促销等费用不断加码,而图书产品是定价制,毛利空间有限,小连锁店有销售没有利润,造成亏损,由此而终止合作。

截至2013年底,在浙江省以拥有四种模式的"小连锁"网点324家,营业面积3.17万平方米,经营人员643人,销售各类图书码洋已达8381万元,已经成为城乡出版物流通的一支不可或缺的生力军。

二、"小连锁"模式网点发展与建设的意义

城乡网点"小连锁"发展模式的意义,不在于城乡图书销售数据有了增长,更重要的是在于它为政府、书店、个体经营者和居民提供了多赢的可能。"小连锁"书店虽小,发展模式有潜力,其存在意义巨大。

(1)"小连锁"网点为政府解决三农问题提供了有效途径。"小连锁"网点建设,是政府解决"三农"问题的有效途径,既让一部分人通过开办"小连锁"走向小

康生活,又让更多的农民接受平等的文化教育,使农村焕发新生命;相较于"农家书屋"这样的单次性、输血性质的工程,"小连锁"具有更强的活力和生命力,同时,对于农村集镇的居民而言,在家门口有书店,解决了购书、阅读、代订图书等问题,小连锁点弥补农村小城镇市场出版物网点的不足,填补了公共文化设施的空白,"小连锁"成为政府公共文化服务体系建设的重要一部分。

(2)小连锁网点建设,弥补了新华书店农村城乡网点建设的时间、空间和资金的不足。对于新华书店而言,"小连锁"是农村出版物发行网点建设的新形式,它建设成本低,效益高,浙江的"小连锁"的销售从推广阶段的 2009 年的 2200 万元,到 2013 年的 8381 万元,规模已相当于一个超大型卖场的年销售额。更重要的是,"小连锁"是以商业的方式,扩大了新华书店品牌的影响,弥补了新华书店农村城乡网点建设的时间、空间和资金的不足。

(3)"小连锁"的运行模式是国有资源和民营资本的嫁接,民营资本低成本、无风险进入行业,对于各类社会资本的小连锁加盟者而言,既解决了个人创业和社会就业问题也满足了部分创业者的文化情结和文化理想。

三、小连锁网点存在的问题与不足

小连锁网点的发展与建设的意义不容怀疑,但从目前发展的过程中的问题来看,也存在着一些制约发展的因素,有主观上的因素,也有客观上的原因,需要在发展中加以重视和解决。笔者认为,主要存在的制约因素是:

(1)销售不足,经营成本高于销售毛利。据测算,一家小连锁店,若年销售在 30 万元左右,那么配置两个日常经营管理人员,是能够有利润,并能生存和发展的。但近年来,由于农村年轻人向城市流动,农村阅读人口减少,造成"小连锁"店普遍销售不高。据统计,目前全省"小连锁"店中将近一半的店图书年销售额在 10 万元以内,毛利空间也就在两三万元之内,而租金、人员费用要远远超过销售毛利,造成好多"小连锁"店虽然建起来了,但是由于销售不足,难以维持经营,只能选择关门息业。如:丽水市莲都区碧湖镇 2011 年开出的一家连锁店,开始每月只有 1000 多元营业额,最高时只有 3000 多元,由于无法生存,开业不到 4 个月就关闭了。

(2)品类、品种单一,经营者能力参差不齐,也是一个发展瓶颈。农村小连锁的营业面积一般较小,据统计,100 平方米以内的占了全省"小连锁"总数的 2/3 强,近三成甚至在 50 平方米以下,这就使得小连锁店可陈列的图书品种和经营的品类比较少,也影响了小连锁店客流和销售额的提高。同时,由于小连锁网点的经验者能力参差不齐,经营者的能力不同,也就决定了连锁店经营的好坏。

（3）发展容易,管理困难。小连锁网点由于是国有资本的资源与社会资本嫁接而发展起来的,它的发展虽然有顺应市场、灵活机动的特点,但由于社会资本的经营者比较复杂,是怀着各种心态和动机加入到"小连锁"队伍中来的,所以难免鱼龙混杂,有的小连锁经营者在运行过程中出现不规范的一面。如有的店主违反合作规则,私自进货,有的只关注自营的文化用品,不关心图书产品的销售等。再加上负责小连锁网点管理的各基层新华书店的管理人员的管理能力参差不齐;"图书销售"也是个技术活,需要懂书并懂得推荐,而许多"小连锁"的经营人员受的专业培训不够,服务经验不足,也使小连锁网点的发展带来困难。

据不完全统计,浙江发展起来的"小连锁"受到上述因素的制约,2011 年至2013 年两年多时间,就有近 50 家"小连锁"点先后关门。

四、"小连锁"网点的可持续发展研究

"小连锁"网点建设的意义在于能生存能发展,所以,"小连锁"网点的发展,不能仅依靠输血发展,而是要研究小连锁网点发展的自我造血的能力,这样,我们建设起来的小连锁网点才具有可持续发展的能力。所谓可持续发展,就是要最大限度地发挥优势,同时尽可能地克服不足,从而获得发展的动力。

为推动小连锁这种惠及城乡公共文化服务体系能够健康持续发展,本人认为,政府部门、新华书店、经营者必须加强合作,各司其职,应着重加强以下几方面的建设:

1.政府部门应继续给予一定文化扶持政策

（1）对做得比较好,有一定规模和发展潜力的"小连锁"网点纳入"政府文化发展基金"补贴范围,给予一定的文化扶持政策。使这些网点在小连锁网点上成为城乡特别是农村市场的文化传播的中坚力量。

（2）继续给予建设一个小连锁网点一定的政府扶持资金。让小连锁网点成为政府公共文化建设的一部分,同时希望政府能够出台一些其他扶持条件,如在城乡公共文化站、社区服务中心等社会公共场所,免费或以低廉的租金为设立"小连锁"网点提供场地条件等。

（3）以政府部门名义举行评选活动,以对社会文化传播做出成绩和贡献的小连锁店或小连锁的经营者给予表彰奖励,以提高正能量,从精神上推动全省"小连锁"发展。

2.各级新华书店要加强对"小连锁"网点的服务和技术保障

（1）浙江省新华书店集团总部,应制定和完善"小连锁"的规章制度和统一操作平台的建设。从采购、销售、结算、服务等各环节理顺和打通出版物供应链,方

便经营者熟悉系统,建设"城乡一卡通"打通城市、农村市场消费。同时在管理和技术方面加强对"小连锁"网点健康运行的监管,加大不良经营者的违约成本。

(2)各市(地)县(市)新华书店要做好对小连锁网点的服务和具体指导工作。具体为:①巩固现有小连锁网点,切实解决小连锁网点存在的各种问题;②要根据政府公共文化设施发展规划去规划小连锁网点,将小连锁网点发展规划纳入政府公共文化设施建设体系;③加强城乡图书市场研究,对小连锁店的选址的供区服务人口、经济发展情况、合作对象的工作能力、社会人脉等方面都进行全面了解、细致筛选,成熟一个发展一个,不急功近利;④帮助连锁店不断地开拓市场,组织小连锁店经营者到所在地周边学校去开展流动供应;⑤加强小连锁店之间的相互学习和交流。不定期举办小连锁业务会议,共同分析和解决在经营过程中遇到的问题,分享经验。激发各小连锁的工作积极性。使连锁店能够健康持续发展。

(3)总结现有小连锁店的盈利模式,加以复制推广。如目前城镇小连锁店的图书+文具+数码+玩具的经营盈利模式;超市店的人流资源+图书品类相结合盈利模式;校园店的学生人数+单一图书品种集中供应模式,都值得进一步去总结和复制推广,以提高小连锁店的销售业绩和盈利能力。

(4)配备专职人员对"小连锁"开展业务上的"一对一""点对点"帮教服务。帮助连锁店经营者熟悉图书业务,将适销对路的图书商品及时地配送下去,不适销的要及时退回书店。做好图书调剂工作。对省公司不能及时供货的品种,各连锁店和中心门市部之间加强互助和调剂。同时要提高"小连锁"网点经营者的计算机系统操作能力。充分运用浙江新华已经整合的图书产品资源,服务读者,扩大销售。

3."小连锁"网点经营者在发展中需要改进之处

(1)尽快熟悉图书流通业务,掌握计算机操作流程、熟悉图书推荐技巧,利用好新华书店计算机平台,努力服务好当地的读者。

(2)做好区域半径的服务,千方百计扩大销售。要利用自己在当地的人脉,利用新华书店的品牌资源和新华书店图书品种资源,走出门店,扩大影响,开拓团购市场。

(3)规划好盈利模式,以图书为核心,做好相关产品销售。根据当地市场情况,创造小连锁店复合经营模式,提高盈利能力,以促进持续发展。

综上所述,为达到浙江省委省政府提出的"小连锁"建设发展"有活力,管得住,可持续"的要求,各级新华书店必须充分认识建设发展"小连锁"网点的意义,加强服务、加强管理,确保"小连锁"这一新颖的方便广大城乡居民的图书网点发展模式才能够持续健康发展,为传播社会文明和文化做出应有的贡献。

图书在版编目(CIP)数据

浙江省出版物发行优秀论文集/ 浙江省出版物发行
业协会编.—杭州:浙江大学出版社,2014.11
ISBN 978-7-308-14076-8

Ⅰ.①浙… Ⅱ.①浙… Ⅲ.①出版发行—文集
Ⅳ.①G235-53

中国版本图书馆 CIP 数据核字(2014)第 269982 号

浙江省出版物发行优秀论文集
浙江省出版物发行业协会　编

责任编辑	冯社宁
封面设计	刘依群
出版发行	浙江大学出版社
	(杭州市天目山路 148 号　邮政编码 310007)
	(网址:http://www.zjupress.com)
排　　版	浙江时代出版服务有限公司
印　　刷	浙江海虹彩色印务有限公司
开　　本	710mm×1000mm　1/16
印　　张	25.25
字　　数	490 千
版 印 次	2014 年 11 月第 1 版　2014 年 11 月第 1 次印刷
书　　号	ISBN 978-7-308-14076-8
定　　价	80.00 元